Transtorno da Personalidade Borderline Para leigos

Para ser formalmente diagnosticado com transtorno da personalidade borderline (TPB), uma pessoa deve apresentar sinais frequentes de pelo menos cinco dos nove sintomas do transtorno. Maneje o TPB compreendendo as várias opções de tratamento, e se você conhece alguém com essa condição, considere algumas maneiras de ajudá-lo a lidar com isso.

©Leremy/Shutterstock.com

OS SINTOMAS DO TRANSTORNO DA PERSONALIDADE BORDERLINE

É complexo diagnosticar o TPB, e mesmo profissionais de saúde mental treinados podem ter dificuldade com o diagnóstico, porque os sintomas variam drasticamente entre as pessoas. Existem vários sintomas, agrupados em nove categorias. Para ser diagnosticado, a pessoa deve apresentar, com frequência, pelo menos cinco deles:

Transtorno da Personalidade Borderline Para leigos

- Preocupações intensas com o abandono e grandes esforços para evitá-lo.
- Relações imprevisíveis e instáveis.
- Incerteza sobre a própria identidade.
- Comportamentos imprudentes e arriscados.
- Comportamentos de automutilação.
- Emoções altamente voláteis.
- Sentimentos profundos de vazio ou ausência de sentido.
- Fúria desencadeada com facilidade.
- Rápidas ausências da realidade.

INFORMAÇÕES IMPORTANTES SOBRE O TRANSTORNO DA PERSONALIDADE BORDERLINE

Não se desespere se você for diagnosticado com transtorno da personalidade borderline. Buscar ajuda e encontrar o tratamento certo é eficaz. Tenha em mente:

- O TPB não o define. Veja os sintomas como algo a ser tratado — eles não são você.
- Se você tem TPB, saiba que não está sozinho. Milhões de pessoas têm o mesmo problema.
- Entenda que o tratamento funciona, mas demanda tempo e esforço.
- Não se fie apenas em medicamentos para obter ajuda para seus problemas com o TPB — eles não bastam.
- Outros problemas, como ansiedade, depressão e abuso de substâncias, costumam acompanhar o TPB. Essas comorbidades exigem tratamento específico, além daquele para o TPB.
- Perceba que seu terapeuta está do seu lado. O medo de abandono pode fazer com que afaste seu terapeuta — resista a essa tendência.

Transtorno da Personalidade Borderline
Para leigos

Transtorno da Personalidade Borderline Para leigos

Tradução da 2ª Edição

Charles H. Elliott e Laura L. Smith

ALTA BOOKS
EDITORA
Rio de Janeiro, 2022

Transtorno da Personalidade Borderline Para Leigos ®

Copyright © 2022 da Starlin Alta Editora e Consultoria Eireli.
ISBN: 978-65-5520-942-6

Translated from original Borderline Personality Disorder For Dummies For Dummies®. Copyright © 2021 by John Wiley & Sons, Inc. ISBN 978-1-119-71430-9. This translation is published and sold by permission of John Wiley & Sons, Inc., the owner of all rights to publish and sell the same. PORTUGUESE language edition published by Starlin Alta Editora e Consultoria Eireli, Copyright © 2022 by Starlin Alta Editora e Consultoria Eireli.

Impresso no Brasil – 1ª Edição, 2022 – Edição revisada conforme o Acordo Ortográfico da Língua Portuguesa de 2009.

Dados Internacionais de Catalogação na Publicação (CIP) de acordo com ISBD

E46t   Elliott, Charles H.
       Transtorno da Personalidade Borderline Para Leigos / Charles H. Elliott, Laura L. Smith ; traduzido por Carolina Palha. - Rio de Janeiro : Alta Books, 2022.
       416 p. ; 16cm x 23cm.

       Tradução de: Borderline Personality Disorder For Dummies
       Inclui índice e apêndice.
       ISBN: 978-65-5520-942-6

       1. Saúde mental. 2. Transtorno da Personalidade Borderline. I. Smith, Laura L. II. Palha, Carolina. II. Título.

2022-2565   CDD 616.89
                                           CDU 613.86

Elaborado por Vagner Rodolfo da Silva – CRB-8/9410

Índice para catálogo sistemático:
1. Administração : Negócios 616.89
2. Administração : Negócios 613.86

Todos os direitos estão reservados e protegidos por Lei. Nenhuma parte deste livro, sem autorização prévia por escrito da editora, poderá ser reproduzida ou transmitida. A violação dos Direitos Autorais é crime estabelecido na Lei nº 9.610/98 e com punição de acordo com o artigo 184 do Código Penal.

A editora não se responsabiliza pelo conteúdo da obra, formulada exclusivamente pelo(s) autor(es).

Marcas Registradas: Todos os termos mencionados e reconhecidos como Marca Registrada e/ou Comercial são de responsabilidade de seus proprietários. A editora informa não estar associada a nenhum produto e/ou fornecedor apresentado no livro.

Erratas e arquivos de apoio: No site da editora relatamos, com a devida correção, qualquer erro encontrado em nossos livros, bem como disponibilizamos arquivos de apoio se aplicáveis à obra em questão.

Acesse o site www.altabooks.com.br e procure pelo título do livro desejado para ter acesso às erratas, aos arquivos de apoio e/ou a outros conteúdos aplicáveis à obra.

Suporte Técnico: A obra é comercializada na forma em que está, sem direito a suporte técnico ou orientação pessoal/exclusiva ao leitor.

A editora não se responsabiliza pela manutenção, atualização e idioma dos sites referidos pelos autores nesta obra.

Produção Editorial Editora Alta Books	**Coordenação Comercial** Thiago Biaggi	**Produtor da Obra** Thiê Alves	**Equipe Editorial** Beatriz de Assis Betânia Santos
Diretor Editorial Anderson Vieira anderson.vieira@altabooks.com.br	**Coordenação de Eventos** Viviane Paiva comercial@altabooks.com.br	**Produtores Editoriais** Illysabelle Trajano Maria de Lourdes Borges Paulo Gomes Thales Silva	Brenda Rodrigues Caroline David Gabriela Paiva Henrique Waldez Kelry Oliveira
Editor José Ruggeri j.ruggeri@altabooks.com.br	**Coordenação ADM/Finc.** Solange Souza	**Equipe Comercial** Adriana Baricelli Ana Carolina Marinho	Marcelli Ferreira Mariana Portugal Matheus Mello
Gerência Comercial Claudio Lima claudio@altabooks.com.br	**Direitos Autorais** Raquel Porto rights@altabooks.com.br	Daiana Costa Fillipe Amorim Heber Garcia Kaique Luiz Maira Conceição	**Marketing Editorial** Jessica Nogueira Livia Carvalho Marcelo Santos Pedro Guimarães Thiago Brito
Gerência Marketing Andréa Guatiello andrea@altabooks.com.br			

Atuaram na edição desta obra:

Tradução
Carolina Palha

Copidesque
Alessandro Thomé

Revisão Técnica
Daniela Sopezki
Mestra em Psicologia Clínica

Revisão Gramatical
Thaís Pol
Hellen Suzuki

Diagramação
Lucia Quaresma

Editora afiliada à:

Rua Viúva Cláudio, 291 – Bairro Industrial do Jacaré
CEP: 20.970-031 – Rio de Janeiro (RJ)
Tels.: (21) 3278-8069 / 3278-8419
www.altabooks.com.br — altabooks@altabooks.com.br
Ouvidoria: ouvidoria@altabooks.com.br

Sobre os Autores

Laura L. Smith é psicóloga clínica. Foi presidente da New Mexico Psychological Association. Tem experiência considerável em ambientes escolares e clínicos, lidando com pessoas com transtornos emocionais e de personalidade. Ela ministra workshops e aulas no programa de educação continuada de adultos da University of New Mexico. A Dra. Smith é uma autora amplamente publicada, com artigos e livros para profissionais da área e para o público em geral.

Charles H. Elliott é psicólogo clínico e o atual presidente da New Mexico Psychological Association. Também é professor emérito da Fielding Graduate University e integrou o corpo docente de duas faculdades de medicina. Tem uma vasta experiência no tratamento de transtornos emocionais e de personalidade. O Dr. Elliott é autor de muitos artigos para profissionais, capítulos de livros e livros na área de saúde mental e, em particular, das terapias cognitivo-comportamentais.

Os Drs. Smith e Elliott trabalharam juntos em várias publicações. São coautores dos livros *Quitting Smoking & Vaping For Dummies*, *Anger Management For Dummies*, *Child Psychology & Development For Dummies*, *Obsessive Compulsive Disorder For Dummies*, *Seasonal Affective Disorder For Dummies*, *Anxiety & Depression Workbook For Dummies* (todos publicados pela Wiley), *Ansiedade Para Leigos*, *Depressão Para Leigos* (ambos publicados pela Alta Books), *Hollow Kids: Recapturing the Soul of a Generation Lost to the Self-Esteem Myth* (Prima Lifestyles) e *Why Can't I Be the Parent I Want to Be?* (New Harbinger). Eles dedicam a carreira a tornar a ciência da psicologia ainda mais relevante e acessível ao público em geral.

Agradecimentos dos Autores

Queremos agradecer à nossa excelente equipe da Wiley. Como de costume, sua experiência, seu apoio e sua orientação foram de uma ajuda incomensurável. Desde o início, nossa editora de aquisições, Tracy Boggier, nos ajudou a formular e a executar um plano para desenvolver esta segunda edição de *Transtorno da Personalidade Borderline Para Leigos*; Tim Gallan, editor de desenvolvimento e preparação, garantiu que nosso texto ficasse no ponto e sem erros. Agradecemos também a Lin Ames, nossa editora técnica da primeira edição, por suas contribuições.

Sumário Resumido

Introdução..1

Parte 1: Os Limites do TPB..5
CAPÍTULO 1: Explorando o TPB...7
CAPÍTULO 2: O que É Personalidade?....................................19
CAPÍTULO 3: Descrevendo o TPB..29
CAPÍTULO 4: As Causas do TPB..59

Parte 2: Os Principais Sintomas....................................79
CAPÍTULO 5: Busca de Sensações e Automutilação: A Impulsividade do TPB...81
CAPÍTULO 6: Sentimentos e Humores Explosivos....................91
CAPÍTULO 7: Problemas de Identidade e TPB..........................99
CAPÍTULO 8: Perceber, Entender e Se Relacionar..................109
CAPÍTULO 9: TPB e Pensamento Extremo..............................119
CAPÍTULO 10: Fugindo da Realidade....................................133

Parte 3: Escolhendo Mudar...141
CAPÍTULO 11: Pesquisando e Escolhendo Tratamentos...........143
CAPÍTULO 12: Rompendo as Barreiras para Mudar................159
CAPÍTULO 13: Explicando o TPB para os Outros....................173
CAPÍTULO 14: Continue Se Cuidando...................................187

Parte 4: Tratamentos para o TPB.................................197
CAPÍTULO 15: Inibindo a Impulsividade................................199
CAPÍTULO 16: Acalmando as Tempestades Internas...............215
CAPÍTULO 17: Desenvolvendo Identidade.............................239
CAPÍTULO 18: Colocando-se no Lugar das Outras Pessoas......251
CAPÍTULO 19: Reestruturando as Crenças Nucleares.............265
CAPÍTULO 20: Medicações para o TPB..................................281

Parte 5: Lidando com Quem Tem TPB..........................295
CAPÍTULO 21: Cônjuges com TPB..297
CAPÍTULO 22: Amigos com TPB...317
CAPÍTULO 23: Filhos com TPB...331
CAPÍTULO 24: Pais com TPB...345
CAPÍTULO 25: Pacientes com TPB.......................................355

Parte 6: A Parte dos Dez 369
CAPÍTULO 26: Dez Formas Rápidas de Se Acalmar 371
CAPÍTULO 27: Dez Formas de Se Desculpar. 375
CAPÍTULO 28: Dez Coisas que Você Não Deve Fazer 381

Apêndice: Recursos para Você 387

Índice 391

Sumário

INTRODUÇÃO 1
    Sobre Este Livro 1
    Penso que... 2
    Ícones Usados Neste Livro 3
    Além Deste Livro 3
    Daqui para Lá, de Lá para Cá 3

PARTE 1: OS LIMITES DO TPB 5

CAPÍTULO 1: Explorando o TPB 7
    Esmiuçando o Transtorno da Personalidade Borderline 8
        Relações imprevisíveis 9
        Agindo sem pensar 9
        Emoções voláteis 10
        Pensamentos confusos 10
    Explorando as Origens do TPB 11
    Calculando os Custos do TPB 12
        Custos para a saúde 12
        Custos para a carreira 13
        Custos para a família e para os amigos 13
    Tratando o TPB 15
        Psicoterapia 15
        Medicamentos 16
    Relacionando-se com Quem Tem TPB 17

CAPÍTULO 2: O que É Personalidade? 19
    Caracterizando a Personalidade 20
    Saudável e Não Saudável 20
        Abertura: Buscando novas experiências 21
        Flexibilidade: Fluindo com as águas 22
        Regulação emocional: Controlando o que você expressa ... 23
        Capacidade de adiar as recompensas: Controle
          dos impulsos 23
        Conscienciosidade: Responsável e confiável 24
        Eficiência interpessoal: Bons relacionamentos 24
        Resiliência emocional: Recuperando-se 25
        Autoaceitação: Ver-se como você é 25
        Percepção precisa da realidade: Vendo o mundo como
          ele é 26
        Moderação: Evitando extremos 26

CAPÍTULO 3: Descrevendo o TPB 29
    Os Nove Sintomas do TPB 30
        1. Busca de sensações (impulsividade) 30
        2. Automutilação 31
        3. Oscilação emocional 31
        4. Explosões de raiva 31
        5. Medo do abandono 32
        6. Autoimagem confusa e instável 32
        7. Sensação de vazio 32
        8. Oscilações nas relações 32
        9. Dissociação: Sem contato com o real 33
    Diagnosticando o TPB: O Cardápio 33
    Funcionamento Alto ou Baixo 38
    O TPB ao Longo da Vida 38
    Outros Transtornos da Personalidade 38
        O estranho ou excêntrico 39
        O dramático ou errático 43
        O ansioso ou medroso 45
    Transtornos Mentais que Acompanham o TPB 50
        Ansiedade 51
        Traumas e transtornos relacionados ao estresse 52
        Transtornos obsessivo-compulsivos e relacionados ... 53
        Transtornos depressivos 53
        Transtorno bipolar e relacionados 56
        Outros transtornos mentais 57

CAPÍTULO 4: As Causas do TPB 59
    Começando com a Biologia 60
        Genética 60
        Química e funcionamento do cérebro 61
    Fatores Psicológicos 62
        Parentalidade problemática 63
        Abuso e trauma 66
        Separação e perda 67
        Famílias desorganizadas e desestruturadas 67
    Influências Sociais e Culturais 69
        A vizinhança 69
        Amigos e colegas 70
        Os anos da adolescência 70
        Redes sociais 70
        Fatores culturais 72

Misturando e Combinando Fatores de Risco 74
    Fatores biológicos e psicológicos.........................75
    Influências biológicas e sociais 76
    Causas psicológicas e sociais 77
    Uma mistura biopsicossocial completa 78

PARTE 2: OS PRINCIPAIS SINTOMAS 79

CAPÍTULO 5: Busca de Sensações e Automutilação: A Impulsividade do TPB 81
Rindo na Cara do Perigo: Impulsividade.....................82
Automutilação para Regular Emoções 84
    Tipos de automutilação 85
    Por que se machucar?.......................................86
Suicídio: A Fuga Definitiva..................................88
    Grito de socorro ou vingança?.............................89
    Quem corre risco?..89

CAPÍTULO 6: Sentimentos e Humores Explosivos................91
O Básico das Emoções 92
    Emoções primitivas 93
    Emoções subjetivas 95
Emoções ao Estilo Borderline 96
    Lutando para reconhecer e expressar as emoções........98
    Ter emoções sobre emoções 98

CAPÍTULO 7: Problemas de Identidade e TPB 99
O Conceito de Identidade..................................100
    O que é identidade? 100
    Como a identidade se desenvolve?........................102
Identidade Borderline: Instável e Frágil....................105
    Identidades aos montes...................................105
    Preocupações com a identidade 106

CAPÍTULO 8: Perceber, Entender e Se Relacionar 109
Colocando-se no Lugar do Outro...........................110
    Entendendo as outras pessoas 110
    Vendo a si mesmo pelos olhos alheios 112
    Causando danos não intencionais 113
Ultrapassando os Limites..................................115
    Parceiros e amantes 116
    Conhecidos e colegas de trabalho 117
    Cuidadores..117
    Crianças...118

CAPÍTULO 9: TPB e Pensamento Extremo 119
    Compreendendo como Você Vê o Mundo 120
        Como os esquemas cognitivos se desenvolvem?......... 120
        Tipos de esquemas cognitivos 121
        Por que os esquemas são difíceis de mudar 122
    Esquemas do TPB: Sem Meio-termo..................... 123
        Esquemas de autoconceito............................ 124
        Esquemas de relacionamento 127
        Esquemas gerais.................................... 130

CAPÍTULO 10: Fugindo da Realidade 133
    Descobrindo a Dissociação 134
    Sentindo-se Paranoico ou Delirante 136
    Tendo Alucinações 138
    Quando Você Tem TPB e Se Sente Louco 139

PARTE 3: ESCOLHENDO MUDAR 141

CAPÍTULO 11: Pesquisando e Escolhendo Tratamentos 143
    Explorando os Tratamentos para o TPB................... 144
        Terapia individual 144
        Uma chance aos grupos............................ 144
        Tratamento mais intensivo: Internação clínica........... 145
        Precisando de mais cuidados: Clínicas psiquiátricas 145
        Combinando e alterando tratamentos................. 146
    Pesquisando Estratégias de Tratamento 146
        Terapia comportamental dialética (DBT) 146
        Terapia baseada em mentalização (MBT) 147
        Psicoterapia focada em transferência (TFP) 148
        Terapia cognitiva................................... 148
        Terapia do esquema 149
        Tratamento transdiagnóstico 149
        Terapia metacognitiva (MCT)......................... 150
        Previsibilidade emocional e resolução de problemas
          (STEPPS) 150
        Terapia de aceitação e compromisso (ACT) 150
        Terapia focada na compaixão (CFT) 151
        Medicamentos..................................... 151
        Fatores comuns em terapias......................... 151
    Escolhendo o Profissional............................... 152
        Prestadores de cuidados primários 153
        Psicólogos.. 154
        Psiquiatras 155

       Conselheiros 155
       Terapeutas de casal e de família 156
       Enfermeiros psiquiátricos 156
       Assistentes sociais 156
   Iniciando o Tratamento 157
       Avaliando sua terapia 158
       Fazendo terapia por um tempo 158

CAPÍTULO 12: Rompendo as Barreiras para Mudar 159
   Superando o Medo da Mudança 160
       Perder-se de você: Isso não acontecerá 161
       Abertura: Fique frio 161
       Temendo ainda mais perdas: Não teste quem quer
          ajudar 162
       Temendo o tratamento: Não deixe que os mitos da
          terapia o impeçam....................................... 162
       Vendo os medos de mudança em ação. 163
   Assumindo o Controle e Desistindo do Papel de Vítima 165
       Terminando o jogo de culpa 165
       Pensar como vítima não ajuda 166
       Encontrando perdão e enfrentando. 167
   Parando de Procrastinar.. 167
       Acabando com as desculpas.............................. 167
       Debatendo a decisão 169
   Ficando Confortável com o Processo de Mudança 171

CAPÍTULO 13: Explicando o TPB para os Outros 173
   Decidindo Se e a Quem Contar............................... 174
       Os benefícios e os custos de contar 174
       Descobrindo a quem contar 176
   Decidindo o que Contar 180
       Educando-se 181
       Decidindo o quanto dizer.................................. 181
   Sabendo Contar Sua História 185

CAPÍTULO 14: Continue Se Cuidando 187
   Lidando com o Estresse 187
       Revendo como o estresse afeta a saúde............. 188
       Manejando e reduzindo o estresse. 189
   Cuidando Melhor de Seu Corpo.............................. 190
       Revisando a dieta 191
       Energizando-se com exercícios 192
       Dormindo o suficiente....................................... 194
       Tomando atitudes saudáveis 195
   Tendo Mais Tempo para Si Mesmo 196

PARTE 4: TRATAMENTOS PARA O TPB 197

CAPÍTULO 15: Inibindo a Impulsividade 199
- Aumentando a Percepção do Comportamento Impulsivo 200
  - Escreva seus atos impulsivos 200
  - Um estudo de caso sobre a impulsividade............. 203
- Pondo os Freios na Impulsividade 206
  - Colocando o tempo a seu lado........................ 207
  - Afastando os impulsos 209
  - Fazendo algo diferente............................... 209
  - Lidando com fogo.................................... 210
- Procurando Alternativas Mais Saudáveis 212

CAPÍTULO 16: Acalmando as Tempestades Internas 215
- Rotulando os Sentimentos............................... 216
  - Compreendendo a conexão pensamento-sentimento.... 216
  - Praticando a regulação emocional 217
- Proibindo os Sentimentos de Governarem os Pensamentos... 218
  - Fazendo o oposto do que você sente 219
  - Autoafirmações de enfrentamento.................... 220
- Relaxando e Praticando................................. 221
  - Fazendo os músculos relaxarem...................... 222
  - Acalmando-se com os sentidos 225
  - Visualizando a calma 227
- Descobrindo a Meditação................................ 227
  - Benefícios da meditação 227
  - Como meditar 228
  - Tipos de meditação 229
  - Mitos sobre a meditação 232
- Adquirindo Aceitação................................... 233
  - Descobrindo sua mente observadora 234
  - Brincando com a mente crítica....................... 236

CAPÍTULO 17: Desenvolvendo Identidade 239
- O que É Importante em Sua Vida?........................ 240
  - Encontrando suas prioridades pessoais 240
  - Criando uma declaração de missão pessoal 243
- Encontrando Perdão e Autocompaixão 246
  - Perdoando-se primeiro 247
  - Indo do autoperdão à autocompaixão................. 248
  - Aprendendo a perdoar os outros 248

CAPÍTULO 18: Colocando-se no Lugar das Outras Pessoas 251
   Pesando os Pontos de Vista Alheios 252
      Projeção: Pensar que os outros sentem o que você sente 252
      Praticando a tomada de perspectiva 254
   Seu Impacto sobre os Outros 258
   Diminuindo a Defensividade 259
      Tirando o "eu" das interações 259
      Imaginando um amigo do seu lado 261
      Sabendo se desarmar 261
   Vivendo Cada Vez Melhor 262
      Escutando 263
      Elogiando 263
      Usando um travesseiro 264

CAPÍTULO 19: Reestruturando as Crenças Nucleares 265
   Estratégias para Reestruturar Esquemas 266
      Reconhecendo os efeitos dos esquemas em seus sentimentos 267
      Expurgando esquemas disfuncionais arraigados desde a infância 270
      Analisando custos e benefícios 272
   Adotando Esquemas Mais Adaptativos 276
      Adotando uma abordagem direta 276
      Controlando o jogo com os flash cards 277

CAPÍTULO 20: Medicações para o TPB 281
   Testando os Medicamentos 281
   Obtendo Ajuda dos Medicamentos 283
      Casos em que considerar a medicação 284
      Precauções a considerar 285
   Caixinha de Remédios 286
      Antidepressivos 287
      Neurolépticos 289
      Estabilizadores de humor 290
      Medicamentos ansiolíticos (tranquilizantes menores) 291
   Problemas com a Estratégia da Polifarmácia 291
   Decidindo Tomar Medicações 292

PARTE 5: LIDANDO COM QUEM TEM TPB 295

CAPÍTULO 21: Cônjuges com TPB 297
   Compreendendo o Comportamento Borderline nos Relacionamentos 298
      Indo a extremos 298
      O tratamento do silêncio 300
      Gaslighting 301

        Iniciando o isolamento 302
        Agitando o presente 303
        Expressando direitos............................ 303
        Agindo impulsivamente 304
        Sentindo-se rejeitado e abandonado............... 305
        Interpretando mal as ameaças à autoestima......... 306
    Segurança Emocional e Física......................... 308
        Lidando com o autoabuso de seu parceiro.......... 308
        Saber o que fazer quando você é o alvo do abuso 309
    Afastando-se do TPB 310
        Debatendo a decisão 311
        Abandonando relacionamentos abusivos se decidir
          fazê-lo................................... 313
        Abandonando relacionamentos não abusivos se decidir
          fazê-lo................................... 314
    Permanecendo no Relacionamento 315
        O que o amor tem a ver com isso? 316
        Aguardando o longo prazo 316

CAPÍTULO 22: Amigos com TPB.............................. 317
    Reconhecendo Sinais de TPB 318
    Descobrindo Quando Você Está Vulnerável à Influência
      do TPB.. 321
    Detectando Sintomas Graves 322
    Lidando com Amigos com TPB 323
        O que fazer.................................. 323
        O que não fazer 325
    Lidando com Situações Perigosas 327
    Terminando um Relacionamento....................... 328
        Indo embora 328
        Lutando contra a culpa.......................... 329
    Ficar com um Amigo que Tem TPB 330

CAPÍTULO 23: Filhos com TPB............................... 331
    Os Primeiros Sinais de Alerta.......................... 332
        Comportamentos problemáticos................... 332
        Buscando um diagnóstico 334
    Observando os Fatores de Risco 335
    Encontrando a Ajuda Certa 336
    Amor Bandido 338
        Apoiando sem acatar 338
        Estabelecendo limites........................... 339
        Lidando com uma criança perigosa ou fora de
          controle 340
        Tempo de tela e redes sociais 342
    Cuidando de Todos os Outros: Incluindo Você Mesmo....... 343
    Paternidade de Adultos com TPB....................... 344

CAPÍTULO 24: Pais com TPB 345
    Vivendo o Luto pela Infância Perfeita 346
        O impacto do TPB nos filhos 346
        Revendo seu relacionamento com seus pais 348
    Seguindo a Vida 351
        Definindo limites 351
        Solicitando apoio 353
        Tornando-se mais resiliente 353

CAPÍTULO 25: Pacientes com TPB 355
    Detectando o TPB nos Estágios Iniciais da Terapia 356
    Mantendo a Objetividade 358
        Mantendo o ego de terapeuta na prateleira 359
        Mantendo as expectativas do terapeuta dentro dos limites 360
    Compreendendo os Limites 361
    Lidando com Limites 362
    Continue Se Cuidando 367

PARTE 6: A PARTE DOS DEZ 369

CAPÍTULO 26: Dez Formas Rápidas de Se Acalmar 371
    Tirando o Fôlego do Mal-estar 371
    Apaziguando as Emoções Fortes 372
    Ditando o Ritmo 372
    Dissipando a Tristeza 373
    Navegando para Se Distrair 373
    Lendo (ou Ouvindo) um Bom Livro 373
    Derretendo-se com um Filme 373
    Brincando de Melhorar o Humor 374
    Procurando um Amigo 374
    Dando uma Volta 374

CAPÍTULO 27: Dez Formas de Se Desculpar 375
    Dizendo as Palavras em Voz Alta 376
    Pedindo Desculpas 376
    Demonstrando com Atos 377
    Mandando Flores 377
    Enviando um Cartão 377
    Fazendo Tarefas 377
    Escrevendo Seus Pensamentos 378
    Encontrando um Poema 378
    Enviando um Presentinho 379
    Fazendo as Pazes 379

CAPÍTULO 28: Dez Coisas que Você Não Deve Fazer 381
    Esperando Soluções Rápidas. 382
    Ficando Paralisado 382
    Considerando a Quiropraxia 383
    Furando Tudo. 383
    Procurando um Coach. 383
    Preenchendo o Vazio com Comida e Bebida 384
    Indo com Tudo. 384
    Recorrendo ao Misticismo 385
    Fazendo Terapias Erradas 385
    Esperando que Medicamentos Curem. 385

APÊNDICE: RECURSOS PARA VOCÊ 387
    Livros para o Público em Geral. 387
    Livros para Profissionais 388
    Sites nos quais Obter Mais Informações 388

ÍNDICE 391

Introdução

Nos dez anos desde que escrevemos a primeira edição deste livro, o tratamento do transtorno da personalidade borderline (TPB) se expandiu e aprimorou. Cada vez mais, os estudos têm conseguido demonstrar que ele funciona e que as pessoas com TPB podem esperar melhoras. Esta segunda edição descreve essas novas estratégias e reflete o pensamento atual, o que justifica o tom mais otimista.

Pretendemos que esta edição de Transtorno da Personalidade Borderline Para Leigos apresente uma visão abrangente desse complexo transtorno emocional e comportamental. A maioria dos leitores sem TPB verá que esse conhecimento ajuda a entender melhor o problema e a se relacionar melhor com as pessoas que o têm. Pessoas próximas de alguém com TPB descobrirão um apoio extra com um terapeuta.

Se você tem TPB, este livro o ajudará a compreender melhor a si mesmo e as pessoas de quem você gosta. No entanto, recomendamos enfaticamente que também conte com a ajuda de um profissional de saúde mental com treinamento no tratamento do TPB. Esse transtorno é um problema com o qual você não deve lidar sozinho. Se estiver usando este livro em colaboração com um terapeuta, sugerimos que faça anotações e escreva suas respostas aos exercícios que oferecemos — em seu computador, tablet, smartphone ou em um caderno. Proteja com senha ou guarde bem seu material, porque, afinal, suas anotações são para você (e para seu terapeuta), e mais ninguém.

Se você é terapeuta, este livro o ajudará a identificar pessoas com TPB mais rapidamente e a definir melhores limites ao tratá-las. No entanto, se é novo no tratamento do TPB, definitivamente precisa receber um treinamento adicional e uma educação específica sobre o transtorno.

Sobre Este Livro

Se você ou alguém de quem gosta sofre de TPB, entendemos os desafios e obstáculos dolorosos que enfrenta. O objetivo deste livro é apresentar uma visão abrangente dos sintomas, das causas e do tratamento do TPB. Nós nos esforçamos para ajudar as pessoas que têm TPB e as que se preocupam com elas a obterem uma compreensão desse complexo transtorno mental. Como o tratamento requer intervenção profissional, este livro não foi elaborado como um programa de autoajuda autônomo. No entanto, você pode usá-lo como um complemento à psicoterapia. Compartilhamos a crença com outros profissionais de que os pacientes se beneficiam de saber sobre seus transtornos, as possíveis causas e os tratamentos que funcionam.

Acreditamos que histórias e exemplos são a melhor maneira de transmitir muitas ideias. Portanto, usamos muitos exemplos para ilustrar nossos pontos. As histórias e os casos que descrevemos aqui foram formulados a partir de situações de pessoas com TPB que conhecemos em nossa vida pessoal, bem como em nossa prática clínica. No entanto, nenhuma dessas histórias é um retrato preciso e reconhecível de uma pessoa específica. Qualquer semelhança com uma pessoa específica, viva ou falecida, é mera coincidência.

A expressão "transtorno da personalidade borderline" é um pouco extensa, então abreviamos para TPB ao longo deste livro. Além disso, usamos frases como "a maioria das pessoas com TPB" ou "pessoas com TPB fazem isso ou aquilo". Sabemos que o transtorno atua de forma diferente em cada pessoa. De certa forma, não existe "típico" ou "maioria" no mundo do TPB. No entanto, precisaríamos de umas mil páginas para discutir detalhadamente cada variante e permutação envolvida. (Veja no Capítulo 3 uma discussão das muitas constelações de sintomas do TPB.) Então, só para ficar claro, não queremos dizer "obrigatoriamente todos os que têm TPB".

Penso que...

Daremos um palpite e assumiremos que a maioria das pessoas que leem este livro está interessada no TPB. Esse interesse pode se originar de seus próprios problemas emocionais, ou você está preocupado com alguém com sintomas semelhantes.

Por outro lado, você pode ser um profissional que está procurando algumas informações acessíveis para repassar a seus clientes. Ou talvez queira algumas dicas sobre como lidar com questões terapêuticas difíceis. Você também pode ser um estudante de psicologia, aconselhamento, serviço social ou psiquiatria em busca de uma introdução geral sobre esse complexo problema.

Ícones Usados Neste Livro

Este ícone aparece para alertá-lo sobre uma visão ou estratégia específica para lidar com o TPB. Guarde algumas dessas ideias práticas.

Este ícone avisa sobre possíveis armadilhas ou perigos para os quais você precisa estar atento. Preste especial atenção a ele.

Este ícone destaca tópicos fundamentais. Concentre-se nas informações contidas nele e considere registrá-las.

Este ícone marca informações que você não precisa ler, a menos que esteja interessado. Apresentamos uma pequena explicação extra ao lado dele para aqueles que gostam de se aprofundar na discussão.

Além Deste Livro

Junto com o material deste livro, há também uma Folha de Cola gratuita, que você pode acessar na internet. Ela inclui informações sobre como se acalmar rapidamente, dicas para pessoas que se preocupam com quem tem TPB e muito mais. Para encontrá-la, acesse www.altabooks.com.br e digite o título do livro ou ISBN na caixa de pesquisa.

Daqui para Lá, de Lá para Cá

Enchemos este livro com muitas informações sobre o TPB, para que você escolha o que ler, na ordem que desejar. Use o Sumário e o Índice para pular para o que deseja saber ou siga a rota convencional de começar no Capítulo 1 e ler direto a partir daí.

Ainda não sabe por onde começar? A Parte 1 apresenta uma visão geral do TPB. A Parte 2 dá um mergulho profundo nos sintomas do transtorno. Nas Partes 3 e 4, você descobrirá como tomar a decisão de obter ajuda e que tipos de tratamento funcionam. A Parte 5 é para pessoas que se preocupam com outras que podem ter TPB ou que apresentam sinais do transtorno.

Aviso

Termos usados no livro padronizados em acordo com o Manual Diagnóstico e Estatístico de Transtornos Mentais (DSM)

1
Os Limites do TPB

NESTA PARTE...

Descubra como o transtorno da personalidade borderline funciona.

Conheça os aspectos de uma personalidade saudável.

Dê uma olhada mais de perto nos sintomas do TPB.

Entenda as múltiplas causas do TPB e como interagem.

> **NESTE CAPÍTULO**
>
> » Dando uma olhada nas características do TPB
>
> » Procurando as causas do TPB
>
> » Calculando os custos do TPB
>
> » Buscando ajuda para o TPB por meio de psicoterapia e medicação
>
> » Sabendo como ajudar quem tem TPB

Capítulo **1**

Explorando o TPB

Uma pessoa próxima, charmosa, atraente, inteligente e divertida de repente se torna distante, preguiçosa, irritada, autodestrutiva e sombria — uma mudança radical sem motivo aparente. O que causa os altos e baixos imprevisíveis — do medo à raiva, da intensidade da intimidade à distância e da euforia ao desespero — que algumas pessoas experimentam diariamente? O transtorno da personalidade borderline (TPB), sem dúvida o mais comum e debilitante de todos os transtornos de personalidade, causa caos e angústia tanto para as pessoas que sofrem com ele quanto para aqueles que se preocupam com elas.

Este livro o leva em uma incursão pelo mundo do TPB e mostra como é viver com esse transtorno. Diferentemente de alguns livros e artigos sobre o tema, nós nos esforçamos para manter uma perspectiva compassiva e gentil das pessoas que sofrem com ele. Você pode estar lendo este livro porque sabe ou suspeita que tenha TPB ou algum de seus principais sintomas. Em caso afirmativo, espere encontrar uma riqueza de informações sobre o TPB e suas causas. Descubra a esperança ao ler sobre tratamentos eficazes.

Talvez você se preocupe ou ame alguém que tenha TPB. Ao ler este livro, descobrirá por que as pessoas que têm TPB fazem o que fazem e também como se relacionar melhor com elas. Finalmente, mesmo que não tenha um relacionamento próximo com alguém com TPB, sem dúvida tem um colega de trabalho, vizinho, supervisor ou conhecido que sofre do transtorno ou, pelo menos, de alguns dos sintomas proeminentes. Mesmo relacionamentos superficiais com pessoas que têm TPB representam desafios surpreendentes. Este livro o ajudará a entender melhor o que está acontecendo e como lidar com os problemas que o TPB cria.

Se você é terapeuta, use este livro para expandir sua compreensão do TPB. Você verá como lidar com questões terapêuticas difíceis e descobrirá como definir limites melhores enquanto, ao mesmo tempo, cuida de si e de seus pacientes.

Neste capítulo, descrevemos os fundamentos do TPB em termos de como o transtorno afeta tanto as pessoas que o têm quanto as que se relacionam com elas. Apresentamos o que se sabe sobre as causas do TPB. Também calculamos os custos do transtorno para as pessoas que o têm e para a sociedade em que vivem. Finalmente, apresentamos uma visão geral das principais opções de tratamento e mostramos àqueles que se preocupam com alguém com TPB o que fazer para ajudar.

Esmiuçando o Transtorno da Personalidade Borderline

Personalidades são modelos relativamente consistentes que determinam como as pessoas se sentem, se comportam, pensam e se relacionam. Sua personalidade influencia o modo como outras pessoas o descrevem — como calmo, ansioso, irritável, sereno, atencioso, impulsivo, curioso ou reservado. Todas as pessoas se afastam de suas personalidades *habituais* de vez em quando, mas, na maioria das vezes, as personalidades permanecem bastante estáveis ao longo do tempo. (Veja o Capítulo 2 para obter mais informações sobre personalidade.)

Por exemplo, considere alguém que geralmente tem uma personalidade alegre; essa pessoa aproveita a vida e os demais. No entanto, quando passa por uma situação devastadora, é esperado ver luto e tristeza nesse indivíduo geralmente alegre, o que é normal. Por outro lado, alguém com algum transtorno da personalidade, como o TPB, experimenta problemas contínuos e generalizados com emoções, comportamentos, pensamentos e/ou relacionamentos. As seções a seguir descrevem os principais problemas que as pessoas com TPB frequentemente experimentam.

PAPO DE ESPECIALISTA

A American Psychiatric Association tem um manual que descreve os sintomas específicos do TPB. Ele os agrupa em nove categorias. No Capítulo 3, os descrevemos em detalhes. Neste capítulo, condensamos essas nove categorias de sintomas em quatro arenas maiores de funcionamento vital, mais fáceis de assimilar.

LEMBRE-SE

Embora o TPB tenha um conjunto identificável de sintomas, aqueles específicos e a intensidade deles variam muito de pessoa para pessoa.

Relações imprevisíveis

Pessoas com TPB desejam desesperadamente ter bons relacionamentos, mas sabotam seus esforços para criar e manter relacionamentos positivos. Você pode estar se perguntando como eles sempre terminam em relacionamentos difíceis.

Bem, a resposta está no fato de que seu desejo por relacionamentos é alimentado por uma necessidade intensa de preencher o enorme vazio que sentem dentro de si mesmas. Pessoas com TPB anseiam por preenchê-lo com um senso de quem são, um nível mais alto de autoestima e grandes quantidades de nutrição externa, amor incondicional e adoração. Mas ninguém pode preencher um abismo pessoal tão grande. Parceiros e amigos podem ser derrotados logo após entrarem no relacionamento. Suas tentativas de fazer seus amigos com TPB felizes muitas vezes falham. As pessoas com TPB respondem de forma reflexa aos esforços de seus amigos com uma surpreendente decepção, dor e, às vezes, até raiva.

Essa reação negativa intensa confunde os parceiros das pessoas com TPB, porque elas normalmente começam relacionamentos com entusiasmo, efusão e empolgação. Novos parceiros podem se sentir totalmente envolvidos por amor e carinho no início dos relacionamentos, mas as coisas acabam dando muito errado.

O que acontece para transformar um relacionamento tão cheio de amor e emoção em algo cheio de dor e confusão? Bem, muitas pessoas com TPB temem o abandono acima de quase qualquer outra coisa. No entanto, ao mesmo tempo, elas não acreditam que são dignas de conseguir o que realmente desejam. É difícil que elas acreditem que outra pessoa de fato as ame. Portanto, quando seus parceiros inevitavelmente deixam de atender a todas suas necessidades, elas acreditam que o próximo passo é o abandono.

Essa conclusão alimenta a pessoa com TPB com terror e raiva. Como resultado, ela afasta o parceiro. É melhor afastar alguém do que ser afastado, certo? Essa série de reações é extremamente autodestrutiva, mas nasce do medo, não da malícia. Veja o Capítulo 8 para obter mais informações sobre os relacionamentos envolvendo alguém com TPB, e o Capítulo 18 para saber como melhorá-los.

Agindo sem pensar

O cérebro humano tem sistemas de freio, que, em teoria, são parecidos com os que os grandes caminhões usam para desacelerar enquanto rolam ladeira abaixo. Esses sistemas de freio são úteis quando os caminhões descem montanhas íngremes ou, em termos do cérebro humano, quando a intensidade das emoções aumenta em certas situações. Infelizmente, a maioria das pessoas com TPB tem sistemas de freio adequados para carrinhos de golfe — não caminhões —, que dificilmente são suficientes para lidar com as emoções pesadas que acompanham o TPB.

Os *freios cerebrais*, como gostamos de chamá-los, impedem as pessoas de agir sem primeiro pensar nas consequências de suas ações. Como jogar dados em um jogo, comportar-se impulsivamente raramente resulta em vitória em longo prazo. Comportamentos impulsivos comuns em pessoas com TPB incluem:

» Gastos impulsivos.

» Jogos de azar.

» Sexo inseguro.

» Direção imprudente.

» Compulsão alimentar.

» Abuso de álcool ou outras drogas.

» Automutilação.

» Comportamento suicida.

No Capítulo 5, faça um tour pelo mundo perigoso e imprudente das pessoas que têm TPB, e, no Capítulo 15, saiba como começar a inibir essa impulsividade.

Emoções voláteis

As mudanças emocionais das pessoas com TPB são quase tão imprevisíveis quanto terremotos. Essas pessoas também são instáveis e desatentas, e depois que liberam suas emoções, geralmente não têm a capacidade de recuperar a estabilidade.

O terreno emocional em rápida mudança das pessoas com TPB faz com que aqueles ao redor pisem em ovos. No mesmo dia, e até na mesma hora, as pessoas com TPB podem demonstrar serenidade, raiva, desespero e euforia. Veja o Capítulo 6 para obter mais informações sobre esse drama emocional, e o Capítulo 16 para saber como controlá-lo.

Pensamentos confusos

Pessoas com TPB também pensam de forma diferente da maioria das outras. Elas tendem a ver as situações e as pessoas em termos de tudo ou nada, preto e branco, com pouca zona cinzenta. Como resultado, consideram os eventos maravilhosos ou terríveis, as pessoas em suas vidas são anjos ou demônios, e seu status de vida é elevado ou sem esperança.

Às vezes, os pensamentos das pessoas com TPB extrapolam os limites da realidade. Por exemplo, elas podem começar a pensar que outras pessoas estão conspirando contra elas. Também podem distorcer a realidade a tal ponto que pareçam incoerentes ou psicóticos. A psicose envolve dificuldade em entender o que é real e o que não é, incluindo crenças falsas e ver ou ouvir coisas que outras pessoas não veem. Esses afastamentos da realidade costumam ser breves.

Às vezes, pessoas com TPB também percebem o corpo como separado de si mesmas, o que é chamado de *dissociação*. Eles descrevem essas ocorrências como se olhassem para o que está acontecendo com elas de outro ponto de vista. Veja nos Capítulos 9 e 10 mais informações sobre os processos de pensamento de pessoas que sofrem com TPB, e, no Capítulo 19, formas de pensar mais bem adaptativas.

Explorando as Origens do TPB

Se você tropeçar em um tronco e machucar a perna, a causa de sua dor é óbvia. O médico pede um raio X e descobre uma fratura. Ele trata a fratura e manda você para casa para descansar. Você sabe de onde vem a dor na perna e o que fazer a respeito.

Da mesma forma, se plantar uma semente de tomate em solo fértil, em um local ensolarado e regar regularmente, verá o surgimento de tomates após alguns meses. As origens dos tomates são óbvias. Você sabe que a semente, o solo, o Sol e os cuidados fizeram com que os tomates crescessem.

Em contraste, o TPB não parece ter uma causa bem definida, um padrão consistente de sintomas ou mesmo uma resposta previsível ao tratamento. No entanto, diferentes fatores parecem se combinar para aumentar as chances de uma pessoa desenvolvê-lo. Os especialistas concordam que fatores biológicos, psicológicos e sociais se combinam de maneiras altamente complexas, que nem sempre são bem compreendidas. Esses fatores de risco incluem o seguinte:

- **Trauma:** Pessoas com TPB frequentemente — mas *não* sempre — têm histórico de abuso, negligência ou perdas.
- **Genética:** O TPB tende a ser perpetuado nas famílias.
- **Família:** Algumas pessoas com TPB relatam ter pais que lhes disseram que seus sentimentos não eram importantes ou precisos.
- **Fatores sociais e culturais:** A instabilidade familiar, uma cultura que estimula as necessidades e os desejos individuais sobre os da comunidade e até mesmo a angústia da adolescência podem contribuir para a alta incidência de TPB em certas populações no mundo ocidental.
- **Biologia:** Pessoas com TPB parecem ter diferenças na maneira como o cérebro funciona e como seus neurônios se comunicam.

Observando as múltiplas causas do TPB, vemos que é necessário ter compaixão por quem sofre do transtorno, porque elas provam que as pessoas não procuram o TPB. Elas o adquirem por razões além de seu controle. Para obter mais informações sobre as causas do TPB, veja o Capítulo 4.

Calculando os Custos do TPB

O TPB inflige um pedágio surpreendente aos portadores, às famílias e à sociedade. Por muito tempo, os especialistas presumiram que cerca de 2% a 3% da população tinha TPB. No entanto, alguns achados sugerem que essa estimativa pode ter subestimado muito a extensão do problema e que até 6% da população justifique o recebimento desse diagnóstico em algum momento da vida.

As próximas seções examinam os custos pessoais, tanto físicos quanto financeiros, do TPB para as pessoas que sofrem com ele e para as que se preocupam com elas.

LEMBRE-SE

Apesar dos tópicos sombrios que cobriremos nas seções a seguir, muitas pessoas com TPB conseguem ter carreiras brilhantes e viver uma vida longa e razoavelmente bem-sucedida. Além disso, a passagem do tempo resulta na redução da gravidade dos sintomas de TPB, e a terapia acelera o processo. Em outras palavras, não desista, porque você tem muitos motivos para ter esperança!

Custos para a saúde

Os especialistas consideram o TPB uma das doenças mentais mais graves. Cerca de 10% das pessoas com TPB acabam se matando, e muitas se ferem gravemente em tentativas de suicídio. Vários estudos conduzidos da década de 1940 até o presente descobriram que pessoas com doenças mentais graves (como o TPB) morrem jovens — os estudos mostram que pessoas com TPB vivem de 20 a 25 anos menos do que aquelas sem doenças mentais.

Muitos fatores contribuem para essas mortes prematuras. Primeiro, pessoas com transtornos, incluindo TPB, muitas vezes recorrem ao tabagismo — um fator de risco óbvio — como uma estratégia desesperada de enfrentamento. Além disso, as pessoas com doenças mentais têm maior dificuldade em controlar os impulsos e, portanto, acham o abandono ainda mais difícil do que as outras.

Além disso, os pesquisadores descobriram taxas mais altas de obesidade e diabetes entre aqueles que sofrem de TPB — os pesquisadores agora consideram essas duas condições quase tão ruins quanto o tabagismo em termos de riscos à saúde. Os riscos adicionais que as pessoas com TPB carregam incluem probabilidades aumentadas de doenças cardiovasculares e derrames. Infelizmente, alguns dos medicamentos que os profissionais de saúde mental usam para tratar doenças mentais pioram as coisas, levando a um ganho de peso adicional (e ao risco aumentado de doenças cardiovasculares, derrame e diabetes) — veja no Capítulo 20 mais informações sobre medicamentos e tratamento de TPB. Além disso, as pessoas com doenças mentais crônicas às vezes recebem cuidados básicos de saúde inadequados por falta de recursos financeiros.

As taxas de mortalidade acidental e de morte por violência também são significativamente mais altas em pessoas com doenças mentais como o TPB. Comportamentos arriscados e impulsivos podem resultar em mortes não intencionais devido a acidentes de trânsito, overdoses por drogas ou infecções sexualmente transmissíveis. (Veja nos Capítulos 8 e 15 mais informações sobre impulsividade e TPB.) Pessoas com doenças mentais também têm maior probabilidade de ficar sem teto, o que, por sua vez, cria riscos adicionais devido à má nutrição, falta de assistência médica, más condições de vida e vitimização.

Custos para a carreira

O TPB pode exercer um efeito ruinoso sobre o emprego e as carreiras. Pessoas com o transtorno tendem a ficar subempregadas — em parte idealizam novas possibilidades de emprego e acabam desiludidas e desapontadas quando elas não correspondem a suas expectativas exageradas. Como explicamos no Capítulo 7, as pessoas com TPB têm problemas para saber quem são, o que costuma fazer com que mudem de emprego, porque não sabem o que fazer da vida. Finalmente, como muitas pessoas com TPB lutam para se dar bem com outras pessoas, muitas vezes são demitidas ou pedem demissão por causa de problemas de relacionamento no local de trabalho.

Por outro lado, algumas pessoas com TPB são muito bem-sucedidas em suas carreiras. Elas podem ser excepcionalmente habilidosas e talentosas. A maioria dessas pessoas surpreendentemente talentosas ainda se relaciona com seus colegas de trabalho de maneiras problemáticas. Por exemplo, elas podem interpretar mal as intenções dos colegas de trabalho e reagir à menor provocação com hipersensibilidade e raiva. Suas carreiras de sucesso contrastam fortemente com seus relacionamentos fracassados.

Custos para a família e para os amigos

O casamento não é tão comum entre pessoas com TPB quanto entre pessoas sem o transtorno. E quando as pessoas com TPB se casam, poucas optam por ter filhos, em comparação com a população em geral. Talvez surpreendentemente, sua taxa de divórcio não parece ser muito diferente daquela do restante da população.

Os familiares de pessoas com TPB sofrem junto com seus entes queridos. Observá-los passarem por períodos de automutilação, tentativas de suicídio, emoções descontroladas, comportamentos de risco e abuso de substâncias não é fácil. Parceiros, pais e parentes em geral se sentem desamparados. Os amigos muitas vezes desistem de tentar ajudar e vão embora, frustrados e irritados.

Além disso, a família das pessoas que sofrem com o TPB deve lidar com as frustrações de programas de tratamento escassos, discriminação e estigmatização. Mesmo quando a família garante o tratamento, o processo é longo e caro. O TPB lança uma ampla rede de angústia que capta muitas pessoas além de suas vítimas específicas.

OS EFEITOS DO TPB NO SISTEMA DE SAÚDE

O TPB custa muito dinheiro ao sistema de saúde mundial e, surpreendentemente, custa mais quando não é tratado do que quando o é. Alguns desses custos resultam de problemas de saúde pessoais que costumam acompanhar o TPB (descrevemos esses problemas de saúde na seção "Custos para a saúde", neste capítulo). Esses problemas de saúde fazem com que as pessoas com TPB procurem o médico com mais frequência, e, por causa do subemprego crônico, um número desproporcional de pessoas com TPB recebe atendimento médico em prontos-socorros, que é a fonte mais cara de atendimento médico.

O TPB está associado a pelo menos 10% de todos os pacientes com problemas de saúde mental. Suspeitamos fortemente que essa estimativa seja baixa, porque muitos profissionais de saúde mental relutam em atribuir esse diagnóstico a seus pacientes. Essa relutância é uma reação direta às preocupações sobre estigmatizá-los. Além disso, como o TPB geralmente vem com outros diagnósticos de saúde mental, às vezes é esquecido.

Além disso, o TPB é responsável por 15% a 20% de todos os pacientes internados em hospitais de saúde mental. O tratamento hospitalar de saúde mental tende a ser extremamente caro, então os custos aumentam rapidamente. Os políticos veem esses custos como proibitivos — uma visão que resulta no subfinanciamento de tais serviços. Como os programas de tratamento de saúde mental com financiamento público são lamentavelmente inadequados, algumas pessoas com TPB acabam sem teto ou em prisões e cadeias, em vez de em hospitais e ambientes ambulatoriais.

Tratando o TPB

Por muitas décadas, a maioria dos terapeutas via o TPB como intratável. Os estudos eram poucos e esparsos, e os que os pesquisadores conduziam não conseguiram demonstrar resultados confiáveis e positivos. Felizmente, os últimos anos produziram um punhado de abordagens que foram consideradas eficazes. Vários tipos específicos de psicoterapia parecem ser as formas mais eficazes de tratamento.

Psicoterapia

A palavra *psicoterapia* refere-se a uma ampla variedade de métodos usados para ajudar as pessoas a lidarem com problemas emocionais e com dificuldades em suas vidas e relacionamentos. A psicoterapia ocorre no contexto de um relacionamento entre um cliente e um terapeuta. As técnicas envolvem diálogo, sugestões de mudanças de comportamento, fornecimento de percepções, comunicação e construção de habilidades. Uma ampla gama de profissionais — incluindo assistentes sociais, conselheiros, terapeutas matrimoniais e familiares, psiquiatras, psicólogos e enfermeiros psiquiátricos — fornece psicoterapia para alguns de seus pacientes.

CUIDADO

Se você tem TPB, não deve procurar qualquer psicoterapia, porque muitas abordagens psicoterápicas não se mostraram eficazes para esse diagnóstico específico. Em vez disso, procure terapia com base em estratégias que geraram suporte empírico para sua eficácia no tratamento do TPB.

No momento em que este livro foi escrito, as psicoterapias com suporte pelo menos moderado para sua eficácia no tratamento de TPB incluíam o seguinte:

- » Terapia comportamental dialética (DBT).
- » Terapia baseada em mentalização (MBT).
- » Terapia cognitiva comportamental (TCC).
- » Psicoterapia focada na transferência (TFP).
- » Terapia do esquema (ST).

Veja no Capítulo 11 mais informações sobre cada uma dessas terapias. Além disso, várias outras psicoterapias estão em desenvolvimento para o tratamento do TPB. Essas estratégias são bastante intrigantes, mas os dados que as suportam são limitados no momento. As seguintes terapias representam possibilidades promissoras:

- » Tratamento transdiagnóstico.
- » Terapia metacognitiva (MCT).
- » Treinamento de sistemas para previsibilidade emocional e solução de problemas (STEPPS).
- » Terapia de aceitação e compromisso (ACT).
- » Terapia focada na compaixão (CFT).

Os pesquisadores desenvolveram algumas dessas terapias, como a DBT, com o TPB em mente. Eles também modificaram algumas outras abordagens tradicionais, como a TCC, para aprimorar suas aplicações ao TPB. Depois de revisá-las, não encontramos nada incompatível entre elas. Na verdade, ficamos impressionados com a forma como se sobrepõem, mais do que divergem.

Portanto, como você pode ver na Parte 4 deste livro, adotamos uma abordagem integrada para tratar o TPB. Em outras palavras, selecionamos ideias e estratégias de vários dos tratamentos validados e as usamos para aliviar grupos específicos de sintomas do TPB. No entanto, não explicamos em qual tratamento cada técnica se baseia, porque isso seria muito confuso. Além disso, algumas das estratégias que usamos aparecem de alguma forma em mais de uma abordagem de tratamento.

Medicamentos

O objetivo dos medicamentos psicotrópicos é diminuir ou aliviar a dor emocional. Os medicamentos prescritos podem salvar a vida de muitas pessoas com problemas emocionais, no entanto, no caso do TPB, os medicamentos não parecem ser tão úteis quanto para outros problemas emocionais. Mesmo assim, a maioria das pessoas em tratamento para o TPB toma algum tipo de medicamento. E às vezes toma um número surpreendentemente grande deles.

Os profissionais de saúde mental costumam dar a seus pacientes esses medicamentos na esperança de que eles reduzam alguns dos sintomas de TPB. No entanto, até o momento, a pesquisa fornece apenas um suporte limitado para a utilidade do uso de drogas psicotrópicas para tratar o TPB. Para mais informações sobre medicamentos e TPB, veja o Capítulo 20.

Muitas pessoas com TPB também têm outros transtornos, como depressão ou transtornos de ansiedade, que são tratados com medicamentos. Portanto, o uso de medicamentos para tratar outros transtornos em pessoas com TPB pode ser uma forma útil de tratamento.

Relacionando-se com Quem Tem TPB

Se você é um amigo ou parente preocupado com alguém com TPB, aprender sobre os sintomas, as causas e o tratamento o ajudará a compreender melhor a complexidade do transtorno. Nos capítulos 21 a 24, fornecemos informações detalhadas para parceiros, pais, amigos e filhos adultos de pessoas com TPB. Enquanto isso, aqui estão algumas dicas para ter em mente:

- **Afaste-se da situação e não leve os comportamentos do TPB para o lado pessoal.** Perceba que o TPB torna o controle das emoções uma tarefa difícil. No entanto, as pessoas com TPB às vezes maltratam aqueles que amam. Ao dizer para você não levar as coisas para o lado pessoal, não estamos sugerindo que se permita ser abusado — mental ou fisicamente.

- **Peça a um grupo de apoio ou a um terapeuta para ajudá-lo a manter sua saúde física e mental e seu pensamento claro.** Pessoas com TPB podem tornar o mundo das pessoas ao redor altamente confuso e caótico, então você precisa manter algum nível de conexão com a realidade.

- **Não tente ser terapeuta.** Você não pode resolver os problemas que seu ente querido enfrenta. Na verdade, você pode piorar as coisas ao tentar fazer isso.

- **Entenda, mas não aceite.** Você precisa entender completamente o que está acontecendo e por quê, mas também precisa saber seus limites — não deixe alguém com TPB sobrecarregá-lo.

Se você é um terapeuta que trabalha com pessoas com TPB, ou espera fazê-lo em algum momento de sua prática, veja no Capítulo 25 mais informações sobre como se relacionar com pacientes com TPB. E não faça isso sozinho; procure supervisão ou aconselhamento — esses casos podem ser desafiadores e, às vezes, confusos. A contribuição objetiva das outras pessoas o manterá no caminho certo.

> **NESTE CAPÍTULO**
>
> » Entendendo o que é personalidade
> » Descobrindo o que é saudável e o que não é
> » Vendo problemas de personalidade

Capítulo **2**

O que É Personalidade?

Personalidade. Você ouve muito essa palavra. A maioria das pessoas presume que sabe o que ela significa. Por exemplo, para muitos de nós, as três frases a seguir são fáceis de entender e transmitem sucintamente informações consideráveis sobre uma pessoa:

- » **Ela tem uma personalidade alegre.** Esta mulher provavelmente ri muito, adora se divertir e gosta de estar perto de outras pessoas.
- » **Ele não tem personalidade nenhuma.** Este homem provavelmente parece monótono e chato e evita ficar perto de outras pessoas.
- » **Ele tem uma personalidade irritante.** Este homem provavelmente perde a paciência rapidamente e afasta as pessoas.

No entanto, você não pode realmente captar a personalidade completa de uma pessoa em uma ou duas palavras — ou mesmo em uma frase. Neste capítulo, exploramos o significado de personalidade. Descrevemos quais características constituem uma personalidade saudável e quais identificam uma personalidade patológica.

Este capítulo estabelece as bases para a compreensão do transtorno da personalidade borderline (TPB) e todos os outros transtornos da personalidade que discutiremos no Capítulo 3. Afinal, todos eles têm uma coisa em comum — a personalidade.

Caracterizando a Personalidade

A personalidade consiste em padrões amplos e duradouros de comportamento, relacionamento e expressão de emoções para outras pessoas. Alguns desses padrões são bastante saudáveis e adaptativos, enquanto outros, não.

O termo personalidade vem da palavra latina *persona*, que significa *máscara*. As pessoas usam máscaras não apenas para projetar identidades que desejam que os outros percebam, mas também para ocultar o que há sob a superfície. *Personalidade* representa uma tentativa de descrever a essência de uma pessoa, mas, como uma máscara, é determinada pelo que os outros percebem. Considere uma jovem que vai a uma festa. Ela conta piadas, flerta um pouco e parece se divertir muito. As pessoas ao redor podem descrevê-la como "a alma da festa". No entanto, ela se sente extremamente tímida e constrangida. Assim, a personalidade que os outros *percebem* dessa garota não é um reflexo direto de sua própria percepção.

Em contraste, algumas pessoas têm personalidades que são bastante consistentes com seus sentimentos e emoções interiores. Um adolescente pode se perceber como o palhaço da turma. Ele prega peças nos amigos e professores. Todos os colegas o veem como o palhaço da classe, assim como ele.

LEMBRE-SE

Personalidade é um padrão de comportamentos, percepções e reações relativamente consistentes a outras pessoas e ao meio ambiente. Termos semelhantes incluem temperamento, caráter, disposição e traços. Somente quando esses padrões se tornam extremos, são considerados patológicos ou não saudáveis.

A próxima seção discute as dimensões centrais que distinguem uma personalidade saudável de uma patológica.

Saudável e Não Saudável

Pessoas com personalidades saudáveis relatam ter uma considerável satisfação com a vida. Os outros as consideram bem ajustadas à vida em geral. Elas conseguem atingir a maioria de seus objetivos, enfrentam desafios com determinação e se recuperam rapidamente das adversidades.

Por outro lado, pessoas com personalidades patológicas descrevem a vida como insatisfatória e infeliz; geralmente ficam insatisfeitas com alguns aspectos de si mesmas ou com o que a vida tem a lhes oferecer. Os outros as veem como cronicamente desajustadas. Essas pessoas lutam para controlar as emoções e têm dificuldade em se relacionar bem com os outros. Pessoas com qualquer um dos transtornos da personalidade que descrevemos no Capítulo 3 têm pelo menos uma das características de uma personalidade patológica e relativamente poucas das qualidades de uma saudável.

No entanto, a linha entre saudável e não saudável é mais tênue do que se pensa. A maioria das pessoas, mesmo aquelas com personalidades saudáveis, apresenta uma mistura de qualidades saudáveis e patológicas. Quase todo o mundo luta em algumas áreas da vida de vez em quando. Entenda personalidades saudáveis e patológicas em um continuum. As seguintes dimensões da personalidade desempenham um papel no fato de uma personalidade ser saudável ou não:

- Abertura.
- Flexibilidade.
- Regulação emocional.
- Capacidade de adiar as recompensas.
- Conscienciosidade.
- Eficiência interpessoal.
- Resiliência emocional.
- Autoaceitação.
- Percepção precisa da realidade.
- Moderação.

Essas dimensões centrais que distinguem as personalidades saudáveis das patológicas interagem. Assim, as pessoas que ficam com raiva rapidamente (em outras palavras, que não têm a capacidade de controlar as emoções) geralmente também lutam para manter amigos (em outras palavras, têm baixa eficiência interpessoal). Consequentemente, depois que as pessoas adquirem um ou dois traços de personalidade prejudiciais, logo desenvolvem comportamentos mais prejudiciais. As seções a seguir descrevem essas dimensões em detalhes.

DICA

Selecionamos essa lista de traços de personalidade de uma variedade de fontes acadêmicas e clínicas. Há milhares de outras características, mas achamos que você prefere que as reduzamos ao que consideramos crucial. Veja no box "O Modelo Big Five", adiante neste capítulo, informações sobre uma lista particularmente popular de dimensões de personalidade.

Abertura: Buscando novas experiências

Quem tem abertura tem curiosidade sobre o mundo. Tende a buscar aventuras e experiências únicas. Gosta de variedade e é disposto a assumir um certo grau de risco em troca de novos entendimentos. Frequentemente apresenta um certo grau de criatividade e uma imaginação ativa. Pessoas abertas têm uma probabilidade maior de se descreverem como felizes e bem ajustadas, mas a relação é modesta.

Aqueles que são menos abertos tendem a preferir o que lhes é familiar. Eles se sentem mais confortáveis seguindo rotinas e regras do que se aventurando fora de sua zona de conforto e são um pouco mais inibidos do que pessoas muito abertas.

Flexibilidade: Fluindo com as águas

Os hábitos governam grande parte da vida das pessoas. Você provavelmente dorme no mesmo lado da cama todas as noites. Talvez tenha uma rotina para se preparar para o trabalho pela manhã. Você se levanta, liga a cafeteira, toma banho, lê o jornal e toma o café — todos os dias na mesma sequência, no piloto automático. Os hábitos são bons porque lhe permitem fazer as coisas mais rapidamente, sem ter de pensar em cada ação.

Por outro lado, às vezes as circunstâncias exigem flexibilidade. Na maioria dos países, você dirige do lado direito da estrada. Mas se dirigir no lado direito na Grã-Bretanha, provavelmente acabará em uma colisão frontal. Quem já experimentou dirigir em um país que usa um lado da estrada diferente do seu sabe como a mudança é estranha. Você tem que manter vigilância e cuidado para não voltar aos velhos hábitos.

No entanto, a maioria das pessoas consegue fazer o ajuste. Essa capacidade de se adaptar às mudanças das condições é a *flexibilidade cognitiva*. Se você não puder fazer essas mudanças, estará em desvantagem na vida. A flexibilidade psicológica é uma dimensão fundamental de uma personalidade saudável.

A vida exige algum grau de flexibilidade. Quando caminhamos pela estrada em Corrales, Novo México, costumamos dizer oi e sorrir para as pessoas que encontramos. O povo de Corrales espera essa cortesia. Em contraste, quando caminhamos pelas calçadas da cidade de Nova York, passamos por centenas de pessoas sem fazer uma saudação ou mesmo contato visual. As pessoas de Nova York esperam essa ação. Se aderirmos rigidamente ao nosso estilo do Novo México em Nova York, poderão nos ver com desconfiança.

As pessoas cuja personalidade é marcada pela rigidez e inflexibilidade cognitiva e psicológica lutam para se adaptar às mudanças de expectativas. Essa inflexibilidade ou inadaptabilidade é uma dimensão de uma personalidade patológica. Pessoas com personalidades altamente inflexíveis enfrentam problemas, em particular quando se deparam com ambientes diferentes.

Um homem inflexível pode aderir a horários rígidos para as atividades diárias, como se levantar e fazer as refeições nos mesmos horários todos os dias. Esses horários funcionam bem para ele até que ele saia de férias com vários amigos. Ele ficará com raiva quando seus amigos quiserem dormir um pouco mais tarde do que ele normalmente faz e fizerem refeições em horários diferentes a cada dia. Suas regras rígidas e raiva irritarão seus amigos. Ele se daria melhor com os outros se pudesse aprender a aceitar mais flexibilidade na vida.

Regulação emocional: Controlando o que você expressa

Pessoas com personalidades saudáveis têm a capacidade de modular suas emoções, o que significa que expressam emoções em momentos apropriados de maneiras apropriadas — não que elas sejam desprovidas de emoção. Elas podem chorar em um filme triste ou rir em voz alta em uma comédia. Podem sentir raiva, mas a expressam com inteligência. Podem ficar com raiva de um policial que lhes deu o que consideram uma multa injusta, mas não dão um soco no rosto dele. No entanto, quando você precisa se proteger ou a outra pessoa, pode descobrir que a raiva o ajuda a se defender do agressor com mais poder.

Por outro lado, as pessoas com personalidades patológicas não têm a capacidade de controlar as emoções. A irritação facilmente se transforma em raiva. O riso aumenta para a histeria. A ansiedade leva ao pânico. As emoções desenfreadas governam a vida de algumas pessoas com personalidades patológicas.

PAPO DE ESPECIALISTA

Ter a capacidade de controlar as emoções gera benefícios significativos para a saúde física. Pessoas que têm a capacidade de moderá-las também tendem a ter:

- » Menos dor física.
- » Melhor saúde cardiovascular.
- » Melhor funcionamento do sistema imunológico.
- » Expectativa de vida prolongada.
- » Melhor desempenho no trabalho.
- » Melhores relacionamentos.

Capacidade de adiar as recompensas: Controle dos impulsos

Pessoas com personalidades saudáveis são capazes de persistir nas tarefas e esperar pelas recompensas. Elas sabem economizar para os momentos difíceis. Elas melhoram a qualidade de suas vidas por meio de planejamento de longo prazo e trabalho árduo. Sabem como tolerar a frustração e até o desconforto quando estão trabalhando em direção a seus objetivos maiores.

PAPO DE ESPECIALISTA

Os psicólogos realizaram milhares de estudos que demonstram os benefícios de ser capaz de adiar as recompensas:

- » Melhora da saúde.
- » Desempenho acadêmico superior.

> » Menos vícios.
> » Menos divórcios.
> » Melhor ajuste psicológico.

Em contraste, uma marca registrada de uma personalidade patológica é a incapacidade de esperar pela recompensa. Na verdade, muito do que as pessoas consideram imoral envolve a falha em controlar os impulsos. Considere seis dos sete pecados capitais. A gula se refere ao consumo excessivo e ao prazer. A preguiça é inércia e falta de disciplina. Luxúria, ganância e inveja consistem em um desejo desenfreado que, na ausência de autocontrole, leva ao comportamento imoral. E a raiva sem autocontrole resulta em violência.

Conscienciosidade: Responsável e confiável

Outra característica de uma personalidade saudável é a *conscienciosidade*. Pessoas confiáveis fazem o que dizem que farão. São confiáveis, disciplinadas e motivadas. Elas abordam as tarefas com zelo, entusiasmo e meticulosidade. Como é de se imaginar, elas realizam mais do que as pessoas que não têm essa característica.

Em contraste, pessoas com personalidades pouco saudáveis podem não ser confiáveis. Costumam ter grandes planos e ambições, mas muitas vezes fazem pouco para levá-los adiante. Outras pessoas podem não estar dispostas a contar com elas. Sua falta de confiança e de motivação geralmente as impede de alcançar um sucesso significativo.

Eficiência interpessoal: Bons relacionamentos

Pessoas com personalidades saudáveis têm bons relacionamentos. Os outros as consideram agradáveis e amigáveis. As pessoas que exibem eficiência interpessoal confiam nos outros sem uma desconfiança excessiva, mas não encaram os relacionamentos com ingenuidade. São hábeis em perceber com precisão as motivações, os sentimentos e as perspectivas de outras pessoas. Procuram e permitem a proximidade com os outros, mantendo a própria autonomia. Encerram relacionamentos que se tornam tóxicos, mas trabalham duro para manter conexões com as pessoas que valorizam.

Por outro lado, pessoas com personalidades pouco saudáveis costumam ter dificuldade em manter, ou até mesmo começar, relacionamentos próximos. Algumas pessoas evitam relacionamentos completamente — desconfiam dos outros e os mantêm a distância. Outras apresentam o problema oposto da evitação e tornam-se extremamente dependentes de seus relacionamentos próximos. Como resultado, sentem-se inseguras nas relações e ficam ansiosas, pegajosas e ciumentas. Elas não têm a capacidade de compreender os pontos de vista alheios.

PAPO DE ESPECIALISTA

Os psicólogos estudaram a maneira como os bebês respondem a seus cuidadores primários. Alguns bebês demonstram o que é conhecido como estilo de apego *ansioso* ou *ambivalente* — respondem com tristeza quando seus cuidadores partem e com ambivalência, raiva e relutância quando eles retornam. Outros bebês apresentam um estilo de apego *evitativo* e mostram pouca angústia quando os cuidadores vão embora; muitas vezes, parecem indiferentes quando retornam. Em contraste, bebês com apego *seguro* mostram angústia e ficam chateados quando seus cuidadores partem, mas se consolam facilmente quando retornam. Você verá estilos de apego semelhantes nos relacionamentos das pessoas ao longo da vida, embora elas possam mudar seus estilos de apego em diferentes momentos. Pessoas com personalidades saudáveis exibem o estilo de apego seguro, enquanto aquelas com personalidades patológicas, os estilos de apego ansioso ou evitativo.

Resiliência emocional: Recuperando-se

Retrocessos, adversidades e até traumas afetam a todos ao longo da vida. Pessoas com personalidades saudáveis têm *resiliência,* ou a capacidade de se recuperar. Depois de decepções ou tragédias, são mais capazes de reunir seus recursos e seguir em frente do que as pessoas sem essa capacidade. Pessoas emocionalmente resilientes persistem mesmo quando a recuperação leva tempo e exige esforço intenso.

Claro, alguns eventos são tão horríveis ou traumáticos que a recuperação é inviável, mesmo para aquelas pessoas com personalidades extremamente saudáveis. No entanto, pessoas com personalidades saudáveis têm mais probabilidade do que as outras de aceitar com coragem seu destino — elas não desistem sem lutar.

Em contraste, pessoas com personalidades pouco saudáveis se recuperam das adversidades lentamente — se é que o fazem. Elas se concentram na injustiça e no horror de suas dificuldades. Têm uma gama muito limitada de habilidades de enfrentamento. Elas se veem como vítimas que precisam de resgate.

Autoaceitação: Ver-se como você é

As pessoas com personalidades saudáveis se veem de maneira semelhante a como os outros as percebem. Elas apreciam seus pontos fortes, mas também aceitam seus defeitos. Não se deleitam na própria glória, nem chafurdam na autodepreciação.

Por outro lado, pessoas com personalidades pouco saudáveis costumam pensar em si mesmas em termos extremos. Tendem a se ver como totalmente boas ou más. Um *narcisista* — alguém que se coloca em um pedestal em relação aos outros — exibe uma das autovisões mais extremas que uma personalidade patológica tem. Por outro lado, outras pessoas têm uma autoestima extremamente baixa e se consideram abaixo de todas as outras, merecedoras de nada além de aversão e desespero. Outras ainda oscilam entre esses dois extremos. Veja o Capítulo 7 para obter mais informações sobre como o problema da instabilidade afeta as pessoas com TPB.

PAPO DE ESPECIALISTA

Muitas décadas atrás, vários psicólogos promoveram a ideia de que se ver como melhor do que a realidade era, na verdade, um sinal de saúde psicológica. Eles acreditavam que ter uma autoestima inflada e excessivamente positiva ajudava as pessoas a realizar mais, a se sentir melhores e a ter mais amigos. No entanto, uma variedade de estudos desde então sugere fortemente que pessoas psicologicamente saudáveis têm uma visão geral positiva e *precisa* de si mesmas, que não é autoengrandecedora nem autocrítica, e sim autocompassiva.

Percepção precisa da realidade: Vendo o mundo como ele é

Pessoas com personalidade saudável tendem a ver o mundo ao redor com precisão. Elas veem as pessoas e os eventos como eles são. Não veem a feiura da vida por óculos cor-de-rosa nem encobrem as coisas desagradáveis. Entendem as ocorrências pelo que são e não interpretam significados negativos nas intenções de outras pessoas. Assim, raramente levam os comentários para o lado pessoal, a menos que isso seja claramente justificado.

Imagine que uma amiga lhe diga que não pode ir com você ao cinema. Se você tem uma personalidade saudável, presumirá que ela tem um bom motivo para não ir. Você não verá a intenção dela como um desprezo pessoal. Mas se aquela amiga disser que nunca mais verá qualquer filme com você porque ela te odeia, você provavelmente — e com razão — se sentirá pessoalmente insultado.

Como você já deve ter adivinhado, as pessoas com personalidades pouco saudáveis costumam fazer o oposto. Elas ampliam os eventos negativos e desconsideram os positivos. Tendem a pensar em termos de preto e branco, bom ou mau e tudo ou nada. Têm uma sensibilidade requintada às críticas ou um desrespeito flagrante pelos sentimentos e direitos das outras pessoas.

Moderação: Evitando extremos

Benjamin Franklin, um dos fundadores dos Estados Unidos, exaltou a virtude da moderação e aconselhou as pessoas a evitarem extremos. Da mesma forma, muitos psicólogos defendem a moderação para uma personalidade saudável. Alguém com uma personalidade saudável não é excessivamente introvertido nem excessivamente extrovertido.

O MODELO BIG FIVE

A personalidade é foco de atenção desde os tempos dos antigos filósofos gregos. Hipócrates acreditava que os temperamentos eram quentes *versus* frios ou úmidos *versus* secos. Platão pensava nas descrições da personalidade em termos artísticos, intuitivos, sensíveis ou racionais. A concepção de personalidade de Freud incluía id, ego e superego. Os teóricos da personalidade mais modernos examinaram adjetivos comuns que descrevem padrões de comportamento observáveis. Gordon Alport foi um psicólogo que descreveu a personalidade começando com mais de 4 mil adjetivos. Na década de 1980, o chamado modelo big five (FFM) se popularizou entre os pesquisadores. Esses fatores (aspectos incluídos em nossa lista de dez dimensões de personalidade descritas neste capítulo) são os seguintes:

- **Conscienciosidade:** Pessoas altamente conscienciosas são confiáveis e direcionadas a seus objetivos. Pessoas com baixo nível de consciência tendem a procrastinar, não gostam de estruturas e regras e não cumprem objetivos.
- **Agradabilidade:** Pessoas agradáveis são amigáveis, gentis e se dão bem com os outros. Aqueles com baixa agradabilidade tendem a ser manipuladores, egocêntricos e não cooperativos.
- **Neuroticismo:** Pessoas neuróticas são emocionalmente instáveis e reativas. Aquelas com baixo nível de neuroticismo são estáveis, relaxadas e resilientes.
- **Abertura:** Aqueles com alta abertura são curiosos, artísticos e têm interesses amplos. Aqueles com pouca são mais tradicionais, evitam mudanças e não têm imaginação.
- **Extroversão:** Pessoas extrovertidas gostam de festas e anseiam por conhecer novas pessoas. Fazem amigos facilmente. Aquelas com baixa extroversão (introvertidas) preferem atividades solitárias. Elas acham que conversar sobre amenidades é cansativo e se incomodam com a atenção dos outros.

De acordo com o FFM, alguém que não é saudável exibe essas características em um grau extremamente alto ou excessivamente baixo em comparação com as outras pessoas. Aqueles com transtorno da personalidade borderline (TPB) tendem a ter um alto nível de neuroticismo e baixo de agradabilidade. No entanto, como mostra o Capítulo 3, aqueles com TPB demonstram uma gama de características específicas adicionais que não são abordadas em detalhes pelo FFM. Assim, muitos psicólogos culpam o FFM por não ter uma aplicabilidade robusta a questões clínicas como o TPB.

Paradoxalmente, alcançar a moderação às vezes é mais difícil do que oscilar entre extremos, em particular para pessoas com personalidades patológicas. Assim, algumas pessoas são muito passivas e permitem que as outras abusem delas repetidamente sem protestar. Outros atacam com raiva ao menor desprezo e se tornam agressivos por pouca ou nenhuma razão racional. Uma abordagem mais moderada envolveria enfrentar os abusos, mas não ir à loucura por questões triviais.

Mesmo as boas qualidades tornam-se prejudiciais quando levadas ao extremo. Honestidade, coragem e generosidade parecem atributos positivos. No entanto, mais nem sempre é melhor. O excesso de coragem faz com que as pessoas corram riscos desnecessários, a generosidade excessiva pode facilmente ser aproveitada, e a honestidade excessiva pode ofender os outros. Pessoas com personalidades saudáveis têm muitas qualidades boas, mas evitam extremos — diferentemente de suas contrapartes.

> **NESTE CAPÍTULO**
>
> » Classificando os sintomas do TPB
> » Explorando a evolução do diagnóstico do TPB
> » Observando outros transtornos da personalidade
> » Relacionando o TPB a outros transtornos

Capítulo **3**

Descrevendo o TPB

Para pessoas com transtorno da personalidade borderline (TPB), autoimagem, sentimentos e relacionamentos mudam constantemente diante de seus olhos. Imagine um aplicativo que inclina, distorce, deforma, dobra ou curva imagens de pessoas, situações e emoções. Esse aplicativo de faz de conta muda as percepções das pessoas com TPB em imagens atormentadas, ridículas, loucas ou sinistras. Assim, pensamentos e sentimentos se tornam inadequados, aparentemente aleatórios ou exagerados. Como resultado, torna-se quase impossível para a pessoa com TPB distinguir a ilusão da realidade.

A exposição a essas experiências que mudam rapidamente leva a sofrimento, raiva e agonia inesperados naqueles com TPB. Os amigos e a família se preocupam e muitas vezes não conseguem entender como seus entes queridos com TPB percebem a si mesmos e ao mundo. Visões de mundo instáveis e não confiáveis ajudam a explicar o caos exibido por aqueles com TPB.

Neste capítulo, descrevemos os sinais e os sintomas do TPB. Damos exemplos de como esses sintomas atormentam as pessoas que têm TPB e aqueles que se preocupam com eles. Também exploramos a natureza de outros transtornos da personalidade, incluindo histriônico, narcisista, esquizotípico e antissocial. Você pode se surpreender ao descobrir que as pessoas costumam mostrar sinais de mais de um transtorno da personalidade. Finalmente, discutimos outros tipos de problemas emocionais que não fazem parte do TPB, mas que às vezes ocorrem em conjunto com ele.

Os Nove Sintomas do TPB

Saber se você ou alguém que conhece tem TPB requer um exame cuidadoso e a opinião de um profissional de saúde mental treinado. No entanto, mesmo os profissionais lutam para fazer esse diagnóstico, porque os sintomas do TPB variam drasticamente de pessoa para pessoa. De certa forma, o TPB é semelhante às inúmeras raças de cães. Cocker spaniels, terriers, cães de montanha de Bernese, pit bulls, wolfhounds russos, doodles dourados, vira-latas e chihuahuas diferem notavelmente uns dos outros, mas são todos cães. Da mesma forma, as pessoas com TPB não compartilham os mesmos sintomas, mas todas têm o mesmo transtorno.

Pessoas que sofrem de TPB apresentam uma variedade de sintomas, que os profissionais de saúde mental agrupam em nove categorias principais. Atualmente, para ser diagnosticado com TPB, você deve apresentar sinais de pelo menos cinco deles.

1. Busca de sensações (impulsividade)

Para contar como sinal de TPB, esse sintoma deve envolver no mínimo dois tipos de comportamentos impulsivos e autodestrutivos. Pessoas impulsivas tendem a agir sem pensar nas consequências. Esses comportamentos desencadeiam ondas de adrenalina e uma intensa excitação, e incluem o seguinte:

- Comportamento sexual desregrado.
- Abuso de substâncias.
- Gastos descontrolados.
- Compulsão alimentar.
- Comportamento imprudente, incluindo:
  - Direção altamente agressiva.
  - Esportes radicais.
  - Furtos em lojas.
  - Destruição de propriedade.

Os comportamentos impulsivos de que estamos falando aqui são arriscados e autodestrutivos. Frequentemente, colocam em risco a vida e o bem-estar das pessoas que os exibem. O comportamento sexual desregrado pode consistir em encontros sexuais frequentes, casuais e desprotegidos com completos estranhos, o que pode levar a ISTs e gravidez indesejada. Os excessos de gastos descontrolados podem envolver compras numerosas e desnecessárias, que estouram o limite dos cartões de crédito e acumulam dívidas. O furto em lojas envolve o roubo de itens estritamente para fins de entretenimento e pode levar à prisão.

A tendência a agir impulsivamente é predisposta por influências herdadas. A impulsividade aparece no início da vida e continua durante a infância, adolescência e idade adulta. No entanto, pode ser influenciada por experiências e aprendizados. Além disso, algum nível de impulsividade é tratável com medicamentos.

2. Automutilação

A automutilação é um sintoma particularmente comum e evidente em pessoas com TPB. As pessoas que o apresentam podem ameaçar ou tentar o suicídio, e o fazem com frequência. Outras se queimam com cigarros, cortam os braços com lâminas afiadas, batem a cabeça, mutilam a pele ou mesmo quebram ossos das mãos e do corpo. Embora esse sintoma seja separado da busca por sensações, também envolve um certo nível de impulsividade. As pessoas que apresentam esse sintoma precisam ser impulsivas o suficiente para tentar se matar repetidas vezes. O Capítulo 5 descreve os sintomas 1 e 2 com mais detalhes.

Um equívoco comum é pensar que ameaças suicidas raramente levam a tentativas reais de suicídio. Na verdade, você precisa levar a sério qualquer ameaça de suicídio de uma pessoa (esteja ela sofrendo de TPB ou não) e procurar ajuda profissional imediatamente.

3. Oscilação emocional

Pessoas com TPB experimentam oscilações emocionais extremas. Sentem-se no topo do mundo em um momento e mergulham em um profundo desespero no seguinte. Essas mudanças de humor são intensas, mas transitórias, durando poucos minutos ou horas. As oscilações emocionais ocorrem em resposta a gatilhos aparentemente triviais.

Uma colega de trabalho passa por alguém com TPB no corredor sem reconhecê-lo. Esse desprezo não intencional e mal interpretado pode desencadear uma forte ansiedade e angústia na pessoa com TPB. Esse mal-estar emocional pode levar alguém com TPB a ter uma reação exagerada. A maioria das pessoas que se relacionam com alguém que tem TPB acha essas mudanças de humor muito difíceis de entender ou de aceitar.

4. Explosões de raiva

Ataques dramáticos de raiva e fúria atormentam as pessoas que têm TPB. Mais uma vez, os eventos que os desencadeiam parecem irrelevantes para as outras pessoas. Como é de se imaginar, esses ataques costumam causar estragos nos relacionamentos e podem até resultar em confrontos físicos. Pessoas com TPB às vezes acabam em complicações legais por causa de seu comportamento ultrajante. A raiva no trânsito é um bom exemplo desse sintoma do TPB, embora nem todos que exibam raiva no trânsito tenham TPB.

5. Medo do abandono

As pessoas que apresentam esse sintoma ficam obcecadas, com medo de que um ente querido as deixe. Seu terror diante do abandono as torna pegajosas, dependentes e ciumentas a um nível ultrajante. Um marido com TPB pode verificar os registros do celular, e-mails e leituras do hodômetro do carro de sua esposa diariamente, sempre procurando evidências de infidelidade. Paradoxalmente, a obsessão por manter os entes queridos por perto geralmente os afasta.

LEMBRE-SE

Para reduzir a ansiedade relacionada à possibilidade do abandono, aqueles com TPB muitas vezes buscam garantias de seus amigos e entes queridos. Eles podem perguntar: "Você ainda me ama?" várias vezes por dia. Podem sentir terror com as críticas ou desprezos percebidos, presumindo que isso significa que não se importam mais com eles. Se for mesmo possível que alguma ação implique rejeição, é provável que a percebam como tal. Esse medo constante leva a muito sofrimento.

6. Autoimagem confusa e instável

Esse sintoma descreve a falha em encontrar um senso de identidade claro e estável. As pessoas que o apresentam podem se ver às vezes de maneira muito favorável, mas, em outras ocasiões, exalam um desprezo por si mesmas. Frequentemente, têm pouca ideia do que desejam na vida e carecem de um senso claro de valores e propósito. Mudanças frequentes de emprego, religião ou identidade sexual refletem a mudança de valores e objetivos. Navegar pela vida sem uma autoimagem clara é como tentar encontrar um caminho sem bússola no meio de um oceano.

7. Sensação de vazio

Muitas pessoas com TPB relatam sentir-se dolorosamente vazias por dentro. Elas têm um desejo irresistível de algo mais, mas não conseguem identificar o que é. Sentem-se entediadas, solitárias e insatisfeitas. Elas anseiam por algo que lhes dê um senso de propósito ou direção. Podem tentar preencher suas necessidades com sexo superficial, drogas ou comida, mas nada lhes parece realmente satisfatório — elas sentem que estão tentando preencher um buraco negro.

8. Oscilações nas relações

Relacionamentos que envolvem pessoas com TPB assemelham-se a portas giratórias, elas geralmente veem as outras pessoas como totalmente boas ou más, e esses julgamentos podem mudar até mesmo de uma hora para outra.

As pessoas que sofrem de TPB frequentemente se apaixonam de forma rápida e intensa. Colocam novos amores em pedestais, mas que desmoronam quando as menores decepções (reais ou imaginárias) ocorrem. Pessoas em relacionamentos com indivíduos que têm TPB (sejam amantes, colegas de trabalho ou amigos) experimentam uma chicotada emocional das mudanças frequentes de idolatria para demonização. Como resultado, muitas pessoas encontram dificuldade em manter relacionamentos significativos com aqueles que têm TPB.

DICA

Pessoas com TPB podem ser altamente interessantes, empolgantes, criativas e divertidas. Não estamos sugerindo que relacionamentos de longo prazo com elas nunca funcionarão. Com trabalho, paciência e compreensão, eles podem ser mantidos e apreciados. Veja na Parte 5 dicas sobre relacionamentos e TPB.

9. Dissociação: Sem contato com o real

Os profissionais descrevem a dissociação como uma sensação de *irrealidade*. Pessoas que se sentem dissociadas ou fora de contato com o real dizem que sentem que estão olhando para si mesmas e vendo a vida se desenrolar sem serem uma parte real delas.

Quando as pessoas com TPB perdem o contato com a realidade, geralmente não o fazem por longos períodos. Mas às vezes, quando o perdem, ouvem vozes lhes dizendo o que fazer. Em outras ocasiões, podem sofrer de uma desconfiança intensa e injustificada dos outros.

LEMBRE-SE

Como você, sem dúvida, percebeu, esses sinais e sintomas se sobrepõem e se alimentam. Assim, se alguém explode com pouca ou nenhuma provocação, demonstra um mau humor incomum e se apega excessivamente aos entes queridos, os relacionamentos dessa pessoa terão problemas. E quando os relacionamentos vão mal, a autoimagem despenca.

Na próxima seção, mostramos exemplos de pessoas com TPB que apresentam alguns sintomas proeminentes do transtorno (suficientes para justificar o diagnóstico), mas que não mostram sinais de outros sintomas importantes.

Diagnosticando o TPB: O Cardápio

Como um diagnóstico de TPB requer apenas cinco dos nove sintomas principais, você pode chegar a dezenas de combinações usando diferentes conjuntos de cinco sintomas. Por exemplo, uma pessoa pode ter os sintomas 1, 2, 3, 4 e 5; enquanto outra, 5, 6, 7, 8 e 9. Mesmo com sintomas diferentes, ambas podem receber um diagnóstico preciso de TPB. Para entender melhor essa ideia, considere os três exemplos de pessoas a seguir, todas com diagnóstico de TPB.

Renee, mãe solo de 42 anos de um menino de 18 meses, tem 3 filhos mais velhos, que estão sendo criados pelos avós. Ela se sente incapaz de cuidar dos filhos mais velhos. Seus 4 filhos têm pais diferentes. Renee foi hospitalizada 5 vezes por tentativas de suicídio — cada tentativa após um rompimento e subsequentes bebedeiras. Ela teme não poder viver sem um homem, mas nunca manteve um relacionamento por mais de um ano. Ela frequenta os bares locais e vai para casa com estranhos em um piscar de olhos.

Renee se destacava na escola. Frequentou 4 faculdades diferentes, mas nunca concluiu o curso de comunicação. Saltava de emprego em emprego e não tinha direção de vida ou plano de carreira. Ela não sabe o que quer da vida. Às vezes se deleita com a atenção que recebe dos homens, mas em outras ocasiões, sente-se inútil por causa de sua incapacidade de ser mãe. Renee teve momentos bastante estáveis — especialmente quando estava grávida.

Renee demonstra os seguintes sintomas de TPB (veja a lista completa de sintomas na seção "Os Nove Sintomas do TPB"):

1. **Busca de sensações: Renee bebe álcool e faz sexo sem proteção.**

2. **Automutilação: Renee tentou suicídio várias vezes.**

3. **Preocupações com o abandono: Renee acredita desesperadamente que precisa de um homem em sua vida para sobreviver. Quando está em um relacionamento, sente ciúme excessivo por causa da infidelidade imaginada. Esse ciúme faz com que ela brigue com o parceiro e o afaste.**

4. **Autoimagem confusa e instável: Renee carece de objetivos e direção. Ela alterna entre se sentir bem com seu valor como mulher, no sentido sexual, e desdém por sua incapacidade de ser mãe.**

5. **Oscilações nas relações: Renee teve muitos relacionamentos tumultuosos, nenhum durando mais de um ano.**

Apesar de seus muitos problemas, Renee consegue manter seu temperamento sob controle. Ela não se sente particularmente vazia nem entediada, nem tem a sensação de estar fora de contato com a realidade. Seu humor do dia a dia permanece bastante estável, com a única exceção de quando ela se sente abandonada.

A história de Frank ilustra um conjunto diferente de sintomas, mas ele tem o mesmo diagnóstico de TPB que Renee.

Frank, um carpinteiro de 34 anos, perde a paciência por pouco. Embora seja um artesão altamente qualificado, não consegue manter um emprego por causa de suas explosões. Ele perdeu o último emprego depois de atirar uma chave de fenda em um colega de trabalho. Agora, arruma bicos quando pode. O humor de Frank varia de neutro a ansioso, a temor, a raiva e a uma depressão sombria — tudo no decorrer de uma única tarde. Frank acredita em várias teorias da conspiração e teme que o governo esteja tramando para controlar a mente de todos os cidadãos.

Às vezes ele parece perdido em seu próprio mundo. Embora se sinta solitário e vazio, nunca namorou nem mostrou interesse. Quando se sente para baixo, corta-se com uma lâmina de barbear até sangrar. Usa calças e camisas de mangas compridas para esconder as inúmeras cicatrizes feias nos braços e nas pernas. Ele relata que o corte o acalma e diminui sua dor emocional.

Frank tem os seguintes cinco sintomas de TPB:

1. **Automutilação:** Frank corta os braços e as pernas com uma lâmina de barbear até sangrar.

2. **Oscilação emocional:** É raro que Frank se sinta bem emocionalmente, e seu humor foge do controle. Às vezes ele se concentra em suas ansiedades; outras vezes, sente-se consumido por uma depressão profunda.

3. **Explosões de raiva:** Frank perde o controle de seu temperamento.

4. **Sensação de vazio:** Embora solitário, Frank não busca nem deseja a companhia de outras pessoas. Ele se sente vazio e insatisfeito, mas não tem ideia do que pode melhorar sua situação.

5. **Dissociação (sensação de falta de contato com o real):** Frank desconfia das pessoas e tem crenças paranoicas intermitentes sobre o governo.

Como você vê, Frank tem um quadro diferente daquele de Renee. Ele não se preocupa com relações nem teme o abandono. Ele se preocupa pouco com sua autoestima e não busca excitação e sensações por meio de sexo, drogas, álcool ou direção imprudente.

Maria, como Frank e Renee, também tem um diagnóstico de TPB, mas ela tem a própria mistura particular de sintomas.

> **Maria,** uma vendedora de seguros de 28 anos, conquista clientes facilmente com seu charme. Ela fala de forma fluente e desenvolve muitos relacionamentos superficiais. Transforma clientes em melhores amigos instantâneos. Coloca-os em pedestais, mas os considera demônios quando não atendem a suas elevadas expectativas. Quando explode com os amigos, não tem consciência de sua maldade. Depois das explosões, tenta desesperadamente consertar as coisas comprando presentes e dando atenção aos amigos. No entanto, eles acabam indo embora por Maria continuar a perder o controle.

ABORDAGENS EM EVOLUÇÃO PARA DIAGNOSTICAR O TPB

Uma grande controvérsia cerca os diagnósticos de todos os transtornos da personalidade. Em particular, os profissionais de saúde mental gostam de discutir o diagnóstico do TPB. O fato de que diferentes indivíduos com TPB podem apresentar quadros tão variados tem levado muitos profissionais a defenderem abordagens alternativas para o diagnóstico. Alguns profissionais acreditam que parte desse problema está relacionada ao termo *borderline.*

Adolph Stern, um dos primeiros psicanalistas norte-americanos, cunhou o termo *borderline* em 1938 para descrever pacientes que pareciam estar na fronteira entre a neurose e a psicose. *Neurose,* um conceito popularizado pela psicologia freudiana na virada do século XX, descreve uma variedade de emoções, como ansiedade, depressão e angústia. Essas emoções perturbadoras derivam ostensivamente de um conflito inconsciente. *Psicose,* por outro lado, descreve uma perda de contato com a realidade, como alucinações, delírios e problemas sérios com o pensamento racional.

Os especialistas em TPB Dr. John Gunderson e Dra. Mary Zanarini desenvolveram uma entrevista (chamada de *Diagnostic Interview for Borderline Patients Revised* — Entrevista para Diagnóstico de Transtorno da Personalidade Borderline Revisada) para usar para o diagnóstico de TPB. Em resumo, a abordagem Gunderson-Zanarini concentra-se nos quatro sintomas a seguir:

- **Relacionamentos instáveis:** Os relacionamentos das pessoas com TPB tendem a ser tempestuosos e manipuladores; muitas vezes, são caracterizados por posse, dependência e mudanças rápidas de idealização para demonização.

- **Instabilidade de humor:** O humor das pessoas com TPB mostra uma elevada sensibilidade aos eventos e, muitas vezes, mudança por causa de percepções errôneas das intenções das outras pessoas. Sensações de vazio, raiva, ansiedade e fúria são comuns como resultado desse problema. Pessoas com TPB têm uma grande dificuldade em estabilizar suas emoções depois que elas saem do controle.

- **Impulsividade:** Pessoas com TPB geralmente agem sem pensar, na forma de imprudência, automutilação, tentativas de suicídio e/ou busca de sensações.

- **Deficiências cognitivas:** Pessoas com TPB geralmente têm distorções nas percepções e nos pensamentos. Sentimentos de intensa desconfiança, alucinações e delírios fazem parte desse sintoma.

A abordagem Gunderson-Zanarini essencialmente divide os nove sintomas usuais do TPB em quatro categorias principais. Essa abordagem recomenda usar o termo TPB apenas para as pessoas que exibem todos esses grupos de sintomas.

> No entanto, a edição atual do *Manual Diagnóstico e Estatístico de Transtornos Mentais* (DSM-5), publicado pela American Psychiatric Association em 2013, mantém o sistema de nove sintomas. Portanto, optamos por usar a perspectiva atual dos nove sintomas ao longo deste livro. Mas reconhecemos que é provável que uma definição mais restrita (ou completamente diferente) surja no futuro. Independentemente dos critérios diagnósticos finais com os quais os profissionais concordarem, as estratégias de tratamento permanecerão consistentes com as que descrevemos neste livro.

Quando faz uma venda, Maria costuma convidar todo o escritório para jantar e beber, estourando sua comissão arduamente conquistada. Embora Maria ganhe muito dinheiro, estoura o cartão de crédito e oscila à beira da falência. Tem problema de peso e toma muito sorvete quando se sente sozinha. Ela segue suas compulsões por privação alimentar, mas suas dietas não duram muito. Seu humor sobe e desce como um ioiô.

Maria demonstra os seguintes cinco sintomas de TPB:

1. **Busca de sensações: Maria vive uma farra descontrolada de gastos e tem episódios de compulsão alimentar.**

2. **Oscilação emocional: Maria reage exageradamente a eventos positivos e a negativos. Suas emoções fogem do controle.**

3. **Explosões de raiva: Maria explode com os colegas de trabalho e amigos. Ela não entende o impacto que tem sobre os outros.**

4. **Preocupações com o abandono: Embora ela não saiba como afasta outras pessoas, tenta desesperadamente trazê-las de volta quando vão embora.**

5. **Oscilações nas relações: Maria sabe quando e como atrair as pessoas — durante os primeiros estágios de um relacionamento. Mas quando estas a desapontam, ela reage com raiva.**

Por outro lado, Maria não se corta nem ameaça suicídio. Sua autoimagem permanece razoavelmente estável dia após dia. Ela não se apega a sentimentos de vazio, não ouve vozes nem sofre de paranoias.

LEMBRE-SE

Renee, Frank e Maria exibem o mínimo de cinco sintomas de TPB, e, como resultado, todos recebem o diagnóstico de TPB. No entanto, a maioria das pessoas com TPB apresenta mais de cinco sintomas. Além disso, a maioria delas também tem um ou mais outros transtornos da personalidade. Veja as seções "Outros Transtornos da Personalidade" e "Transtornos Mentais que Acompanham o TPB", neste capítulo, para uma compreensão desses outros problemas.

Funcionamento Alto ou Baixo

Algumas pessoas com TPB se saem muito melhor do que outras. Em outras palavras, nem todas as pessoas com o transtorno sofrem no mesmo grau. Algumas mantêm empregos importantes, têm relacionamentos de longo prazo e recebem grandes benefícios da psicoterapia. Essas pessoas podem ter a sorte de ver seus sintomas melhorarem apenas com o passar do tempo. O risco de suicídio é relativamente baixo, e elas conseguem sobreviver.

Por outro lado, outras sofrem de forma mais substancial. Tornam-se suicidas e têm repetidas hospitalizações por causa da instabilidade emocional. Têm dificuldade em cumprir suas obrigações diárias e correm um risco maior de abuso grave de substâncias e psicose. Eles têm mais dificuldade em se beneficiar da psicoterapia.

DICA

As categorias de funcionamento alto e baixo variam com o tempo. A boa notícia é que, com o tratamento adequado, a maioria das pessoas com TPB pode melhorar sua qualidade de vida.

O TPB ao Longo da Vida

Até o momento, não há um caminho consistente na infância que leve ao TPB na idade adulta. No entanto, muitas pessoas com TPB relatam problemas na infância. Abuso, negligência e famílias perturbadoras podem tornar o diagnóstico posterior mais provável. No entanto, não parece haver uma causa direta.

Os sintomas do TPB, no entanto, geralmente são detectados na adolescência. A adolescência é uma época de impulsividade, e aqueles que têm TPB tendem a ser muito impulsivos. Tentativas de suicídio, lesões autoprovocadas, abuso de substâncias e outros comportamentos de risco durante a adolescência são frequentemente precursores para o desenvolvimento completo do TPB.

A maioria dos adultos com diagnóstico de TPB apresentou sintomas na adolescência, principalmente impulsividade e desregulação emocional. O início da vida adulta é uma época particularmente perigosa para o suicídio e outros atos de automutilação. À medida que os adultos amadurecem, os sintomas impulsivos geralmente diminuem, e os problemas interpessoais e os transtornos mentais predominam. Os sintomas aumentam e diminuem com o tempo.

Outros Transtornos da Personalidade

Pessoas com transtornos da personalidade de qualquer tipo têm problemas com o cotidiano. Suas emoções estão fora de sincronia, e elas se relacionam mal. Em geral, não parecem muito felizes. Elas lutam com a própria identidade. Às vezes sentem-se inadequadas, desagradáveis, inferiores ou envergonhadas. Em outras ocasiões, sentem-se excessivamente confiantes, buscando poder, grandeza e superioridade sobre os outros. Não é incomum vê-las oscilar de eufóricas para o desânimo. Também têm problemas com autodireção, deixando de ter objetivos claros e padrões morais consistentes para a vida. Por fim, pessoas com transtornos da personalidade de todos os tipos lutam para ter uma intimidade duradoura. Elas podem parecer indiferentes, incapazes de compreender e se relacionar com os outros.

Os profissionais de saúde mental têm dez rótulos para descrever os vários transtornos da personalidade, conforme listado no *Manual Diagnóstico e Estatístico de Transtornos Mentais* (referido como DSM-5). Cada rótulo vem com uma lista específica de sintomas, mas os sintomas listados para um transtorno da personalidade geralmente se sobrepõem aos de outro. Pessoas com TPB quase sempre carregam um ou mais diagnósticos adicionais de transtorno da personalidade. Portanto, alguém com TPB pode apresentar uma série de sintomas, alguns dos quais fazem parte do TPB, enquanto outros, de outro diagnóstico de transtorno da personalidade.

Para ajudá-lo a compreender a variedade de sintomas e transtornos, a próxima seção analisa cada transtorno da personalidade. Os transtornos que discutimos nas seções a seguir atualmente se enquadram em três grupos principais:

- » Estranho ou excêntrico.
- » Dramático ou errático.
- » Ansioso ou medroso.

O estranho ou excêntrico

Sem dúvida, você conheceu pessoas que têm um ou mais dos transtornos da personalidade no grupo estranho ou excêntrico — transtorno da personalidade paranoide, transtorno da personalidade esquizotípica ou transtorno da personalidade esquizoide. No entanto, você pode não ter prestado muita atenção nelas, porque as pessoas com esse tipo de transtorno da personalidade não precisam muito dos outros. Na verdade, às vezes elas não estão nem um pouco interessadas nas pessoas. Têm menos necessidade de contato social do que a maioria, e seus pensamentos costumam ser um tanto distorcidos, pois elas percebem os eventos de maneira diferente da maioria.

As seções a seguir examinam cada transtorno individualmente.

Transtorno da personalidade paranoide

O *transtorno da personalidade paranoide* é uma doença surpreendentemente comum, que atinge de 4% a 5% da população em geral. Os pesquisadores acreditam que a genética desempenha um papel significativo no desenvolvimento desse transtorno. Pessoas com transtorno da personalidade paranoide olham o mundo com suspeita e desconfiança. Elas têm quatro ou mais dos seguintes sintomas:

- » Sentem-se maltratadas, enganadas e exploradas pelos outros.
- » Guardam rancor por muito tempo.
- » Interpretam erroneamente eventos benignos ou observações de outras pessoas.
- » Supõem que a maioria das pessoas está tentando atacá-las.
- » Não confiam nos outros.
- » Duvidam da lealdade de amigos, parceiros, familiares e amantes.
- » Sentem ciúme e procuram freneticamente sinais de traição.

Pessoas com transtorno da personalidade paranoide costumam interpretar eventos neutros como prejudiciais. Assim, nutrem muito ressentimento e hostilidade e normalmente culpam os outros por seus problemas.

Apesar da gravidade desse transtorno, os indivíduos raramente procuram tratamento de saúde mental, a menos que sejam encaminhados pelos tribunais ou seus problemas lhes causem um considerável sofrimento. Na maioria das vezes, eles não confiam em outras pessoas — amigos, amantes, conhecidos ou terapeutas —, de modo que não veem propósito em buscar a ajuda de outras pessoas. Eles acreditam que qualquer informação que divulgarem aos terapeutas será usada contra eles. Além disso, querem parecer fortes e autônomos, e, portanto, veem a terapia como um sinal de fraqueza.

PAPO DE ESPECIALISTA

O nono critério para o TPB é sentir-se fora de contato com a realidade, o que pode incluir sentimentos de paranoia. No entanto, sentimentos de paranoia não são um sinal especialmente proeminente do TPB. Você pode ter diagnósticos tanto de transtorno da personalidade paranoide quanto de TPB se seu comportamento mostrar sinais fortes de ambos os transtornos.

Transtorno da personalidade esquizoide

O *transtorno da personalidade esquizoide* afeta cerca de 1% a 3% da população. Mais uma vez, a genética parece desempenhar um papel importante e ser responsável por até metade do risco de desenvolvê-lo.

Pessoas com transtorno da personalidade esquizoide são solitárias por excelência. Elas exibem quatro ou mais dos seguintes sintomas:

- » Não têm relacionamento próximo com amigos ou familiares.
- » Escolhem atividades que não envolvam outras pessoas.
- » Têm pouco ou nenhum interesse em sexo.
- » Parecem incapazes de desfrutar qualquer atividade.
- » Parecem distantes, destacadas ou indiferentes.
- » Não têm conexões significativas com outras pessoas.
- » Parecem indiferentes a elogios ou críticas.

Em outras palavras, eles não têm amizades íntimas e não as desejam. Outras pessoas os consideram párias, e eles raramente se conectam com suas famílias. Têm habilidades sociais fracas e não entendem as nuances das interações sociais. Suas emoções são planas e distantes. Eles não se importam com elogios ou críticas.

Além disso, as pessoas com esse diagnóstico preferem fazer quase tudo sozinhas. Elas obtêm pouco prazer da maioria das atividades de que outras pessoas gostam, especialmente aquelas que estimulam os sentidos, como as seguintes:

- » Assistir a um pôr do Sol.
- » Ouvir o oceano.
- » Caminhar nas montanhas.
- » Receber ou dar um abraço.
- » Fazer sexo.

Se as pessoas com transtorno da personalidade esquizoide trabalham, escolhem empregos abaixo de suas habilidades porque não têm motivação. Assim como aqueles com transtorno da personalidade paranoide, as pessoas com transtorno da personalidade esquizoide nem sempre procuram serviços de saúde mental. Elas não veem razão para procurar ajuda porque não se sentem particularmente insatisfeitas com a vida. Deixadas à própria sorte, vivem vidas relativamente tranquilas e indiferentes.

Transtorno da personalidade esquizotípica

Pessoas com *transtorno da personalidade esquizotípica* compartilham uma grande semelhança com aqueles que têm transtorno da personalidade esquizoide: evitam relacionamentos íntimos e não têm habilidades sociais. No entanto, pessoas com transtorno da personalidade esquizotípica tendem a ter mais ansiedade em situações sociais do que aquelas com transtorno da personalidade esquizoide. Além disso, elas chamam mais atenção dos outros porque têm uma variedade de comportamentos e pensamentos muito estranhos ou excêntricos. Um diagnóstico desse transtorno requer cinco ou mais dos seguintes sintomas:

- Crenças de que os eventos do mundo giram em torno deles — manchetes de jornais, notícias de televisão (TV), e assim por diante.
- Pensamento mágico, como fortes sentimentos supersticiosos, fantasias bizarras e crença na telepatia.
- Percepções estranhas sobre o próprio corpo, como a sensação de que suas mãos são controladas por forças externas.
- Discursos ou pensamentos incomuns, que outras pessoas acham difíceis de seguir por causa da imprecisão ou do uso excessivo de metáforas.
- Emoções que parecem inadequadas para o que está acontecendo ao redor.
- Aparência estranha ou comportamento peculiar.
- Ansiedade em situações sociais.
- Poucos, se houver, amigos ou parentes próximos.
- Paranoia (mais uma vez, os sintomas de vários transtornos da personalidade costumam aparecer em mais de um transtorno).

A maneira como esses sintomas afetam a vida das pessoas com esse transtorno varia muito. No entanto, a história a seguir lhe dá um vislumbre de alguém com transtorno da personalidade esquizotípica.

> **Charlie**, que tem 37 anos, é conhecido em seu bairro como "o cara do boné". Ele mora sozinho em uma casa móvel decadente no quintal do tio. Seu apelido se refere aos diversos bonés de beisebol que usa aonde quer que vá. Ele tem bonés de cada time da liga principal e os usa em uma ordem particular que só ele entende. Charlie acredita que os jogadores da liga principal dependem dele para conselhos e que ele deve usar certos bonés para se comunicar com eles durante as jogadas. Ele tem um sistema a cabo que lhe permite assistir a todos os jogos e passa horas sozinho assistindo ao beisebol.
>
> Charlie recebe um auxílio mensal por causa de sua doença mental. Ele recebeu vários diagnósticos desde que estava na escola, incluindo retardo mental, esquizofrenia e transtorno bipolar. Recentemente foi avaliado e diagnosticado com transtorno da personalidade esquizotípica.
>
> Charlie tem um cuidador que o ajuda a comprar mantimentos e controla sua saúde, porque, sem alguém para ajudá-lo, Charlie passa o tempo todo separando sua coleção de bonés ou assistindo à TV. Seu cuidador lhe indicou tratamento, mas Charlie se recusa ir.

PAPO DE ESPECIALISTA

O caso de Charlie reflete os desafios de diagnosticar alguns transtornos mentais. Embora ele se encaixe em um diagnóstico de transtorno da personalidade esquizotípica, às vezes parecia fora de contato com a realidade e foi diagnosticado com esquizofrenia. *Esquizofrenia* é considerada uma condição mais séria, que envolve delírios, pensamento severamente desordenado e/ou alucinações. A linha entre os dois transtornos é tênue, mesmo para profissionais de saúde mental experientes.

O dramático ou errático

Pessoas com transtornos da personalidade no grupo dramático ou errático são difíceis de não notar. Esse grupo inclui transtorno da personalidade antissocial, TPB, transtorno da personalidade histriônica e transtorno da personalidade narcisista. Essas pessoas chamam a atenção para si mesmas por meio de extrema sedução, agressão hostil, emocionalidade excessiva, violação chocante de regras ou comportamento de autoengrandecimento — tudo exibido sem pensar.

Esses indivíduos exibem um notável egocentrismo e têm dificuldade em compreender como as outras pessoas se sentem. Embora o TPB pertença a esse grupo de transtornos da personalidade, não o descrevemos aqui porque o cobrimos com muito mais detalhes na seção "Os Nove Sintomas do TPB".

Transtorno da personalidade antissocial

O *transtorno da personalidade antissocial* atinge cerca de 2% da população em geral, com os homens superando significativamente as mulheres. No entanto, se você for a uma prisão, descobrirá que cerca de 50% a 80% dos presos têm esse transtorno. Se encontrar alguém assim em um beco sem saída, corra.

Pessoas com transtorno da personalidade antissocial têm pouca consideração pelas outras, por seus direitos e sentimentos. Elas quebram descaradamente as regras da sociedade e frequentemente acabam na prisão. Muitas agem com extrema violência, sem remorso por suas ações ou compaixão pelas vítimas.

Por outro lado, algumas pessoas com transtorno da personalidade antissocial não são particularmente agressivas, mas podem obter uma sádica sensação de prazer enganando as outras. Uma pequena porcentagem dessas pessoas consegue se tornar CEOs de grandes corporações — mas o fazem por meio da exploração e manipulação. Paradoxalmente, muitas vezes exalam charme e carisma. Para ser diagnosticado, deve-se exibir três ou mais das seguintes características. (Para obter mais informações sobre como esse transtorno pode ser confundido com o TPB, especialmente em homens, veja o box "Gênero e TPB", neste capítulo.)

- » Comportamento ilegal que pode levar à prisão.
- » Fraude, incluindo mentir e enganar os outros para obter lucro ou prazer pessoal.

- » Indiferença pela segurança dos outros ou de si mesmo.
- » Comportamento impulsivo sem preocupação com as consequências futuras.
- » Comportamento agressivo e irritável, incluindo alterações físicas.
- » Irresponsável em termos de obrigações.
- » Sem culpa e indiferente em magoar os outros.

Pessoas com transtorno da personalidade antissocial se preocupam mais em manter seu poder e imagem do que com relações de longo prazo. No início, podem enchê-lo de afeto, mas o abandonam no momento em que se sentem entediados ou quando você não serve mais ao propósito deles. O transtorno da personalidade antissocial é parte do motivo pelo qual tantas pessoas fazem verificações de antecedentes após conhecer novos funcionários, clientes ou até mesmo possíveis parceiros.

Transtorno da personalidade histriônica

Embora apenas cerca de 2% da população tenha *transtorno da personalidade histriônica*, você pode achar que a porcentagem é maior, porque raramente se esquece das pessoas com ele. Elas buscam atenção como as estrelas em ascensão de Hollywood.

Pessoas com transtorno da personalidade histriônica apresentam pelo menos cinco das seguintes tendências:

- » Inquietação quando não recebe atenção.
- » Ênfase excessiva na aparência para chamar a atenção.
- » Acredita que relacionamentos superficiais são de natureza profunda.
- » Comportamento sexualmente sedutor.
- » Demonstração exagerada de emoções.
- » Estilo de fala que tenta impressionar, mas não tem substância.
- » Bastante sugestionável e influenciado pelos outros.
- » Emoções superficiais e que mudam rapidamente.

Pessoas com esse transtorno são especialistas em bajulação e flerte, então se costuma considerá-los bastante interessantes e atraentes no início. Mas, com o tempo, o egocentrismo se desgasta e sua superficialidade se revela.

Transtorno da personalidade narcisista

O *transtorno da personalidade narcisista* atinge cerca de 1% da população em geral. Pessoas com transtorno da personalidade narcisista, como aquelas com transtorno da personalidade histriônica, anseiam por atenção. No entanto, elas se sentem incomumente presunçosas e acham que têm direito a ter um tratamento especial de todas as outras pessoas. São presunçosas e arrogantes.

Pessoas com transtorno da personalidade narcisista exibem cinco ou mais das seguintes características:

- Exageram sua autoimportância.
- São absorvidas por seu caráter especial e brilho.
- Pensam que só podem ser compreendidas ou apreciadas por outras pessoas especiais.
- Carecem de empatia.
- Querem atenção constante, alta consideração e elogios.
- Exploram e tiram vantagem dos outros.
- Têm expectativas irracionais de receber um tratamento favorável dos outros — em outras palavras, sentem que têm direitos a mais.
- São presunçosas e arrogantes.
- Invejam as realizações dos outros.

Pessoas com transtorno da personalidade narcisista tratam os outros mais como um público do que como pessoas reais. Elas fantasiam que têm talentos especiais ou que alcançarão uma grande fama ou fortuna. Apostamos que você pode pensar em alguém que conhece que tem esse problema.

O ansioso ou medroso

Este grupo de transtornos da personalidade é caracterizado principalmente por ansiedade, medo, timidez, retraimento e preocupação excessiva com as opiniões dos outros. Essas pessoas evitam o dano a todo custo e são excepcionalmente avessas a assumir riscos. Este grupo inclui transtorno da personalidade esquiva, transtorno da personalidade dependente e transtorno da personalidade obsessivo-compulsiva.

Transtorno da personalidade esquiva

Os pesquisadores consideraram que o *transtorno da personalidade esquiva* pode ser um tanto incomum, mas estudos sugerem que de 2% a 3% da população o têm. Essas pessoas se sentem inadequadas, tímidas e temerosas das opiniões negativas dos outros. Eles se afastam das pessoas, não por falta de interesse (como é o caso do transtorno da personalidade esquizoide, que discutimos na seção "O estranho ou excêntrico"), mas porque têm medo de rejeição e crítica.

Seus medos fazem com que pareçam socialmente desajeitadas e inibidas. Elas se envolvem com alguém apenas quando têm quase certeza de que esse alguém as aceitará. São passivas e não têm a capacidade de ser assertivas. Pessoas com esse transtorno trabalham em ocupações que requerem pouca habilidade interpessoal e, portanto, conseguem menos do que teriam sem o transtorno.

Aqueles que recebem um diagnóstico de transtorno da personalidade evitativa apresentam um padrão de pelo menos quatro dos seguintes sintomas:

» Evitam quaisquer atividades novas ou arriscadas.

» Evitam atividades profissionais que envolvam avaliação ou crítica potencial.

» Evitam pessoas desconhecidas quando possível.

» Ficam longe de relacionamentos íntimos por medo da rejeição.

» Consideram-se pouco atraentes, inadequados e inferiores.

» Preocupam-se constantemente com críticas e rejeições.

» São excessivamente inibidos, por medo de receber avaliações negativas.

Transtorno da personalidade dependente

O *transtorno da personalidade dependente* ocorre em menos de 1% da população em geral, mas é diagnosticado com mais frequência em mulheres do que em homens. Pessoas com esse transtorno se consideram desamparadas e precisam dos cuidados de outras. Elas são submissas, pegajosas e desesperadas por aprovação. Têm dificuldade em tomar decisões e pedem conselhos excessivos de outras pessoas. Evitam assumir responsabilidades e, em vez disso, tentam fazer com que os outros assumam suas responsabilidades por elas. São vulneráveis à exploração e ao abuso porque são pouco assertivas e incapazes de se defender.

Pessoas com transtorno da personalidade dependente tendem a apresentar um baixo desempenho, uma qualidade que compartilham com pessoas que têm transtorno da personalidade evitativa. No entanto, seu fracasso é resultado de uma falta de iniciativa e de sentimentos de inadequação, em vez da evitação do contato interpessoal. Como é de se imaginar, a carência excessiva expressa por pessoas com esse transtorno desgasta amigos e conhecidos.

QUANDO NÃO SE ENCAIXA NA CATEGORIA

Assim como pinos redondos em orifícios quadrados, as pessoas nem sempre se encaixam perfeitamente em um ou outro transtorno da personalidade. Às vezes uma pessoa tem dois sintomas de TPB, dois de transtorno da personalidade narcisista e um forte sintoma de transtorno da personalidade histriônica. Essa pessoa não se encaixa perfeitamente em nenhum desses três transtornos, embora provavelmente demonstre dificuldades crônicas no manejo das emoções, nos relacionamentos interpessoais e/ou no trabalho. Ela também pode agir sem considerar as consequências. Alguém que demonstra esses sintomas certamente mostra os sinais gerais de um transtorno da personalidade, mas não pertence a nenhuma categoria específica.

Os profissionais de saúde mental encontraram uma solução para esse dilema; são o "outro transtorno especificado da personalidade" e o "transtorno não especificado da personalidade". "Outro transtorno da personalidade especificado" é usado sempre que os sintomas de uma pessoa são mistos e não atendem aos critérios para um transtorno específico, como TPB, transtorno da personalidade histriônica ou transtorno da personalidade antissocial. O diagnóstico do transtorno não especificado da personalidade é dado quando fica claro que há um transtorno da personalidade, mas não há informações suficientes para diagnosticar especificamente um deles. Esses são os diagnósticos usados com mais frequência na categoria do transtorno da personalidade porque um grande número de problemas não é facilmente categorizado.

Este capítulo descreve todos os diagnósticos de transtorno da personalidade que nossa profissão aceitava oficialmente no momento em que este livro foi escrito. No entanto, os especialistas continuam a estudar outros transtornos da personalidade que podem eventualmente se tornar reconhecidos formalmente. Não se surpreenda quando ouvir profissionais discutindo outros diagnósticos de transtorno da personalidade. A forma como os profissionais de saúde mental veem os diagnósticos evolui com o tempo.

Aqueles que atendem aos critérios para um diagnóstico de transtorno da personalidade dependente devem apresentar cinco ou mais das seguintes características:

- » São incapazes de discordar dos outros por medo da rejeição.
- » Não tomam iniciativa por falta de autoconfiança.
- » Têm problemas para tomar decisões básicas sem consultar outras pessoas.
- » Precisam de outra pessoa para lhes fornecer proteção e aconselhamento.

- Preocupam-se desesperadamente em estar sozinhos.
- Têm uma sensação de desamparo.
- Querem que os outros assumam a responsabilidade pelas decisões diárias.
- Suportam condições desagradáveis para obter proteção.

Transtorno obsessivo-compulsivo

O *transtorno da personalidade obsessivo-compulsiva* (TPOC) aflige talvez de 2% a 7% da população em geral. Os homens são diagnosticados com TPOC mais frequentemente do que as mulheres, e é o transtorno da personalidade mais comum. Pessoas com TPOC são ordeiras, inflexíveis e extremamente orientadas para os detalhes. Elas seguem regras em excesso. A maioria das pessoas com TPOC tem uma grande devoção ao trabalho. Também tendem a trabalhar em excesso, em parte porque pensam que são os únicos que podem fazer o trabalho bem o suficiente e em parte por causa de sua excessiva determinação e perfeccionismo. Elas se concentram em detalhes de uma forma que a maioria das pessoas simplesmente não consegue imaginar. Organizam seu trabalho e sua vida *ad nauseam*. Pessoas com TPOC vivem frugalmente até o limite.

Mesmo quando assumem um hobby ou outro interesse, perdem a diversão examinando e estudando todos os detalhes da atividade. Uma pessoa com TPOC pode decidir viajar para um país estrangeiro a lazer. Em vez de relaxar e realizar as preparações normais, no entanto, ela:

- Passa meses lendo todos os guias de viagem imagináveis.
- Conhece a história e a cultura do destino.
- Domina a língua do destino.
- Faz uma programação exaustiva de museus e marcos históricos.

Claro, algumas dessas atividades podem enriquecer uma aventura. Mas alguém com TPOC não gosta de passar muito tempo na praia lendo romances por prazer ou tirando cochilos no meio da tarde. Em outras palavras, objetivos e atividades direcionadas substituem o prazer e o relaxamento.

O diagnóstico de TPOC é dado quando quatro ou mais dos seguintes sinais são demonstrados:

- Tende a ser mão fechada e a acumular dinheiro excessivamente para as futuras calamidades percebidas.
- Tem dificuldade em jogar fora bens sem valor.

» Tende a ser teimoso.

» Quer estar no comando de tudo.

» Focado demais em regras e detalhes a ponto de ignorar o que é mais importante.

» Excessivamente consciencioso e inflexível em relação a valores.

» Dedicado indevidamente ao trabalho em detrimento de família, amigos e lazer.

» Pensa na perfeição ao longo da conclusão de projetos.

PAPO DE ESPECIALISTA

Embora tenham nomes semelhantes, o transtorno obsessivo-compulsivo (TOC) não é a mesma coisa que o TPOC. Uma diferença particularmente notável é que a maioria das pessoas com TOC sente uma grande angústia pelos efeitos de seu transtorno. As pessoas com TPOC, por outro lado, acreditam que a maneira como vivem a vida é a correta e não querem mudar nada em si mesmas.

DICA

Para obter informações sobre o TOC, veja a seção "Ansiedade", neste capítulo.

Quando você pergunta às pessoas com TPOC se a vida que vivem as satisfaz, a maioria delas diz que se sente satisfeita. A seguinte história sobre Paulo descreve um dia na vida de alguém com TPOC.

> **Paulo** começa cada dia exatamente às 5h15. Sua rotina de banho leva exatamente 9 minutos. Ele se veste às 5h45 em ponto. No café da manhã, sempre come aveia (para o colesterol), um quarto de xícara de ameixas secas (para o intestino), uma xícara de leite desnatado e uma de café preto. Ele revisa sua agenda do dia e vai para o escritório às 6h15. É sempre o primeiro a chegar, às 6h55. Aproveita o tempo de silêncio antes que os outros funcionários cheguem, às 8h. Revisa sua agenda de novo e prioriza cada tarefa à frente.
>
> Paulo faz logon no computador e verifica seus fundos de aposentadoria às 7h30 e novamente no final da tarde. Todas as sextas-feiras, dá a si mesmo um mimo ao completar um check-up financeiro online. Ele fica satisfeito ao ver que todos os três analisadores de aposentadoria online indicam uma chance de 98% de ele ser capaz de viver em seu estilo de vida atual até os 105 anos, pelo menos. A secretária de Paulo chega às 8h. Ela sorri e o cumprimenta. Paulo acena com a cabeça e, sem olhar para ela, diz: "Olhei a carta que pedi para você escrever ontem e tenho 17 alterações. Quero que as faça e me reenvie."
>
> Ela revira os olhos, mas sabe que ele não notará, porque raramente olha para ela. A secretária trabalha para ele há 12 anos e quase nunca o viu sorrir. Pelo que sabe, ele não tem vida real, família ou amigos fora do trabalho.

Embora você possa ver Paulo como triste e avarento, ele não tem queixas sobre sua vida. Não deseja uma mudança nem nota seu empobrecimento emocional. No entanto, um profissional de saúde mental o diagnosticaria, com precisão, com TPOC.

Transtornos Mentais que Acompanham o TPB

Você pode comparar a diferença entre um transtorno da personalidade (TPB, por exemplo) e outros tipos de transtornos mentais agudos da mesma forma que se diferencia clima e tempo. *Clima* refere-se a padrões gerais razoavelmente previsíveis por longos períodos. *Tempo* refere-se ao que está acontecendo em um determinado momento em termos de temperatura, vento, chuva e umidade.

Por exemplo, o clima da Flórida é ameno, com um padrão duradouro de Sol e temperaturas amenas. Mas o tempo da Flórida muda de ensolarado para tempestades e furacões ocasionais. Assim como o clima, os transtornos da personalidade perduram por longos períodos. Em contraste, os transtornos mentais agudos, como ansiedade e depressão, são mais parecidos com o tempo — tempestades e furacões —, no sentido de que se manifestam em surtos mais intensos e mais curtos do que os transtornos da personalidade.

Pessoas com transtornos da personalidade apresentam padrões de comportamento de longa data que interferem na vida. No entanto, também costumam ter transtornos mentais que surgem como tempestades. As seções a seguir descrevem resumidamente os transtornos mentais que ocorrem com mais frequência com o TPB — ou que as pessoas às vezes confundem com ele.

DICA

Você pode se perguntar por que dedicamos tantas páginas a diagnósticos que às vezes acompanham ou podem ser confundidos com o TPB. Considere este cenário. Se você pegar malária, desejará que seu médico trate a malária, não a peste bubônica. Mas se tiver o infortúnio bizarro de contrair as duas doenças, desejará que seu médico trate as duas.

PAPO DE ESPECIALISTA

A diferença entre transtornos mentais agudos e da personalidade não é tão clara e distinta quanto a analogia com o tempo e o clima. Por exemplo, algumas pessoas experimentam ansiedade e depressão por muitos anos, senão por toda a vida, especialmente se nunca procurarem tratamento. Os profissionais ainda discordam se os transtornos da personalidade e os outros transtornos mentais são, de fato, entidades separadas.

Ansiedade

Quase todo o mundo sente um pouco de ansiedade de vez em quando. *Ansiedade* é uma sensação de mal-estar, angústia, preocupação ou apreensão. Algumas pessoas sentem ansiedade no corpo (aperto no estômago ou dificuldade em respirar, por exemplo). Outras acordam no meio da noite com preocupações passando pela cabeça; e, ainda, outras evitam ir a lugares que despertem sentimentos de ansiedade. A ansiedade se torna um transtorno apenas quando interfere significativamente na qualidade de vida ou na saúde de alguém.

DICA

Se quiser mais informações sobre transtornos de ansiedade comuns, recomendamos que leia nosso livro *Ansiedade Para Leigos* (Alta Books). Lá você encontrará detalhes sobre diagnósticos, bem como bons conselhos sobre como tratá-los. Felizmente, o tratamento para os transtornos de ansiedade costuma ser bem-sucedido.

Os tipos mais comuns de transtornos de ansiedade são:

» **Transtorno de ansiedade generalizada (TAG):** Este transtorno é caracterizado por um estado quase constante de preocupação e tensão, que não desaparece. As preocupações são geralmente excessivas e exageradas.

» **Transtorno de ansiedade social:** Este transtorno se concentra no medo do escrutínio público e da avaliação de outras pessoas. Pessoas com esse transtorno evitam socializar, falar em público, comparecer a festas e responder a perguntas feitas por instrutores.

» **Transtorno de pânico:** Pessoas com transtorno de pânico têm episódios intensos de medo opressor, geralmente acompanhados de sintomas físicos, como falta de ar, batimentos cardíacos acelerados e suor. Muitas pessoas relatam que os ataques de pânico as fazem sentir que estão prestes a morrer — algumas confundem ataques de pânico com ataques cardíacos.

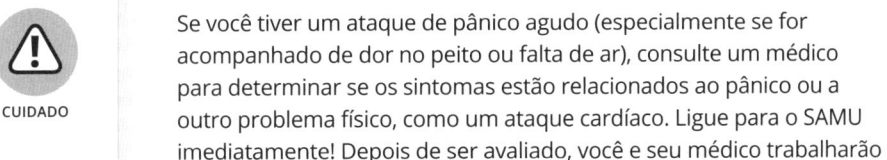

CUIDADO

Se você tiver um ataque de pânico agudo (especialmente se for acompanhado de dor no peito ou falta de ar), consulte um médico para determinar se os sintomas estão relacionados ao pânico ou a outro problema físico, como um ataque cardíaco. Ligue para o SAMU imediatamente! Depois de ser avaliado, você e seu médico trabalharão para lidar e avaliar ataques futuros.

» **Agorafobia:** Este transtorno frequentemente (mas nem sempre) acompanha os transtornos de pânico. A agorafobia envolve um medo irracionalmente intenso de ficar preso e ser incapaz de escapar de multidões, teatros ou grupos de qualquer tipo. Pessoas com este transtorno restringem suas atividades a ponto de ficarem presas em casa.

» **Fobias específicas:** As fobias envolvem medos exagerados de objetos, situações ou animais específicos. O medo faz com que as pessoas evitem essas coisas temidas a tal ponto que a vida delas fica restrita, um pouco como as pessoas com agorafobia. As fobias comuns incluem um medo intenso de altura, cobras, aranhas, aviões, insetos e relâmpagos.

A ansiedade também se relaciona a condições médicas (por exemplo, doenças cardiovasculares, doenças da tireoide e certos tumores) e a certas substâncias e medicamentos (como cafeína, anfetaminas e abstinência de álcool). Além disso, parte da ansiedade começa na infância. Algumas crianças ficam excessivamente amedrontadas quando separadas dos pais ou responsáveis. Elas são diagnosticadas com *transtorno de ansiedade de separação*. Outras crianças ansiosas desenvolvem o que é conhecido como *mutismo seletivo*, em que não falam em determinadas situações, apesar de saberem.

Traumas e transtornos relacionados ao estresse

Quase todas as pessoas passam por algum tipo de trauma ou estresse extremo em algum momento da vida. No entanto, algumas pessoas, devido a uma infinidade de fatores, incluindo genética, aprendizado e outras influências, parecem capazes de se recuperar sem sofrer efeitos prolongados e relevantes de interrupção. Por outro lado, muitas têm sérios problemas de adaptação após um trauma e podem ser diagnosticadas com *transtorno de estresse pós-traumático* (TEPT).

O TEPT geralmente ocorre após um evento horripilante ou com risco de vida. Esse transtorno envolve lembranças ou flashbacks indesejados, evitação de lembretes ou lembranças do evento e a sensação de agitação e constante alerta. Os eventos traumáticos que podem levar ao TEPT incluem acidentes de carro, guerra e crimes violentos (seja você testemunha ou vítima), entre outros. As pessoas que vivenciam esses eventos geralmente temem pela vida.

Muitas pessoas com TPB têm histórico de trauma, então alguns profissionais propõem que o TPB seja uma forma complexa de TEPT. No entanto, a maioria das pessoas que sofrem de trauma não desenvolve TPB, e algumas pessoas com TPB não têm histórico extenso de abuso ou trauma. Assim, a maioria dos profissionais acredita que o abuso e o trauma contribuem para o TPB, mas não são causas diretas.

Se você ou alguém de quem gosta tem sintomas de TEPT, procure ajuda profissional. É uma condição tratável, mas pode nunca desaparecer sem ajuda.

O *transtorno de estresse agudo* é semelhante ao TEPT. No entanto, a perturbação ocorre muito rapidamente após o evento traumático e geralmente diminui após um mês ou mais. Algumas pessoas com transtorno de estresse agudo desenvolvem TEPT total. As pessoas também podem desenvolver transtornos de adaptação, que envolvem transtornos de humor após um trauma.

Transtornos obsessivo-compulsivos e relacionados

O *transtorno obsessivo-compulsivo* envolve obsessões ou compulsões — e às vezes ambas. *Obsessões* são pensamentos, imagens ou vontades indesejadas repetitivas e perturbadoras. Um exemplo de obsessão é ter preocupações intensas com germes ou contaminação. *Compulsões*, por outro lado, são ações que reduzem os medos associados às obsessões. Assim, as pessoas com obsessões por germes podem lavar as mãos repetidamente (um exemplo de compulsão) para reduzir suas preocupações.

DICA

O TOC é um transtorno fascinante, mas altamente perturbador e sério. Para saber mais, leia nosso livro *Obsessive-Compulsive Disorder For Dummies* (Wiley).

Outros transtornos mentais relacionados ao TOC incluem o seguinte:

» **Transtorno dismórfico corporal:** Este diagnóstico envolve uma extrema preocupação e consternação com a aparência e o corpo ao perceber defeitos inexistentes ou triviais. Pessoas com esse problema passam muito tempo se observando no espelho, arrumando-se e buscando garantias de outras pessoas.

» **Transtorno de acumulação:** Esta condição difícil de tratar envolve a coleta excessiva de objetos essencialmente sem valor e uma extrema dificuldade em descartá-los ou separá-los.

» **Tricotilomania:** Este problema envolve o arrancamento frequente e compulsivo do cabelo, resultando em uma perda capilar significativa.

» **Transtorno de escoriação:** Este diagnóstico é aplicado para descrever pessoas que não conseguem parar de cutucar a pele, causando feridas e lesões.

Transtornos depressivos

Humores são estados emocionais que, em geral, são bons ou ruins. O humor da maioria das pessoas está relacionado ao que está acontecendo na vida delas. Portanto, você provavelmente está de bom humor quando está envolvido em atividades agradáveis, como velejar ou tomar sorvete. Por outro lado, pode ficar de mau humor ao ver as economias de sua vida virarem fumaça por causa da queda dos preços das ações.

No entanto, o humor às vezes assume vida própria e se transforma em um transtorno depressivo. Os transtornos depressivos são caracterizados por emoções negativas que fogem do controle e dominam a vida de uma pessoa.

GÊNERO E TPB

Mais mulheres do que homens recebem o diagnóstico de TPB. Os profissionais discordam sobre o porquê de essa tendência existir. Uma possível razão pela qual mais mulheres recebem um diagnóstico de TPB do que homens é que as mulheres procuram ajuda para seus problemas de saúde mental mais prontamente (e com mais frequência) do que os homens.

As diferenças de gênero no diagnóstico de TPB também podem ocorrer porque os profissionais de saúde mental, familiares, a comunidade legal e a sociedade em geral não veem os comportamentos de homens e mulheres da mesma forma. Por exemplo, as pessoas interpretam a violência e a agressão de forma diferente quando o perpetrador é um homem, e não uma mulher. As duas histórias a seguir sobre Randy e Tammy ilustram esse problema.

> **Randy** termina sua quinta cerveja na Mountain Brewery e exige uma última para viagem. O ***barman*** diz: "Randy, acho que você já bebeu o suficiente. Estou fechando a torneira. Que tal um refrigerante?" Randy joga as chaves do carro no balcão, errando por pouco outro cliente. Ele exclama: "Eu não estou dirigindo — me dê outra rodada!"
>
> O ***barman*** diz: "Deixe-me chamar um táxi. Não posso mais servir você." Randy começa a gritar e empurra o ***barman***. Vários clientes ligam para a polícia, que chega e prende Randy.

O comportamento de Randy o leva para a prisão. Em contraste, a história de Tammy mostra como o mesmo comportamento de uma mulher evoca uma reação e um resultado completamente diferentes.

> **Tammy** termina sua quinta cerveja na Mountain Brewery e exige uma última cerveja para viagem. O ***barman*** diz: "Tammy, acho que você já bebeu o suficiente. Estou fechando a torneira. Que tal um refrigerante?" Tammy joga as chaves do carro no balcão, errando por pouco outro cliente. Ela exclama: "Eu não estou dirigindo — me dê outra rodada!"
>
> O ***barman*** diz: "Deixe-me chamar um táxi. Não posso mais servir você." Tammy começa a gritar e empurra o ***barman***. Vários clientes vão até Tammy e um homem coloca o braço em volta dos ombros dela. Ele diz: "Tammy, deixe-me levá-la para casa. O ***barman*** tem que seguir as regras, ou será despedido. Você pode tomar outra cerveja em casa."

Tammy e Randy beberam muito. Eles agiram de forma agressiva e exagerada. No entanto, as pessoas geralmente consideram o comportamento agressivo nos homens mais ameaçador do que nas mulheres. Tammy e Randy demonstram sintomas idênticos (raiva e abuso de substâncias) que ocorrem com frequência em pessoas com TPB. No entanto, quando um profissional de saúde mental vê os dois, ele pode diagnosticar Tammy com TPB enquanto diagnostica Randy com transtorno da personalidade antissocial. (Veja "Outros Transtornos da Personalidade", neste capítulo, para mais informações sobre esse transtorno.)

Os dois diagnósticos apresentam alguns sintomas que se sobrepõem. No entanto, um diagnóstico de transtorno da personalidade antissocial envolve um comportamento que é mais ultrajante e fora de linha com as normas da sociedade do que um diagnóstico de TPB. As pessoas normalmente interpretam o comportamento agressivo por parte de uma mulher como menos sério, porque não parece tão ameaçador para os outros quanto o comportamento agressivo de um homem.

LEMBRE-SE Você pode tratar os transtornos depressivos usando uma variedade de métodos, incluindo psicoterapias específicas, medicamentos, mudanças no estilo de vida, exercícios e até mesmo terapia de luz em alguns casos.

O transtorno depressivo principal é caracterizado por um humor muito baixo, falta de prazer, perda de interesse e energia, alterações do apetite, transtornos do sono, baixa autoestima, falta de concentração e, muitas vezes, pensamentos suicidas. A depressão varia em gravidade, mas sempre é séria. O transtorno depressivo persistente (antes conhecido como distimia) é uma forma um pouco mais branda de depressão. Esse transtorno também envolve mau humor, mas não apresenta tantos sintomas de depressão. Também tende a ser mais crônico do que o transtorno depressivo maior típico.

CUIDADO Se você ou alguém que conhece já experimentou sintomas significativos de depressão por mais de uma ou duas semanas, considere procurar ajuda profissional — especialmente (e até antes) se os sintomas incluírem pensamentos suicidas.

PAPO DE ESPECIALISTA Os sintomas depressivos também podem ser causados por certos medicamentos ou condições médicas. As mulheres costumam sofrer de *transtorno disfórico pré-menstrual*, relacionado aos ciclos menstruais. Algumas pessoas experimentam depressão sazonalmente, em particular durante os meses de inverno. Você pode ler mais sobre esse problema em nosso livro *Seasonal Affective Disorder For Dummies* (Wiley).

Transtorno bipolar e relacionados

Humores flutuantes caracterizam *transtorno bipolar*. O humor de todo mundo oscila às vezes. No entanto, quem sofre de transtorno bipolar apresenta alterações de humor que ocasionalmente aumentam além do bom humor normal. Esses episódios são chamados de *mania* ou *hipomania*, dependendo da gravidade do episódio (a mania é considerada mais grave). Durante uma fase maníaca, o mundo de alguém com transtorno bipolar se torna muito bom. As fases maníacas envolvem os seguintes sintomas:

- » Pensamentos rápidos.
- » Autoestima inflada e grandiosa.
- » Juízo crítico prejudicado.
- » Diminuição da necessidade de sono.
- » Discurso rápido.
- » Irritabilidade.
- » Energia alta, mas sem foco.
- » Comportamentos arriscados e impulsivos.
- » Alta distração.

A maioria (mas não todas) das pessoas com transtorno bipolar também passa por fases de depressão, que varia de leve a grave. O humor das pessoas com transtorno bipolar parece ter vida própria e sobe e desce, independentemente do que está acontecendo na vida das pessoas que sofrem. Lembre-se de que o humor flutuante também é um sintoma do TPB, mas o humor das pessoas com TPB geralmente é desencadeado por eventos positivos ou negativos.

A maioria das pessoas que passa pelos altos e baixos do transtorno bipolar precisa de algum tipo de medicamento, além da psicoterapia, para ajudá-la a controlar as oscilações de humor.

PAPO DE ESPECIALISTA Existem vários subtipos de transtorno bipolar (incluindo transtorno ciclotímico e bipolar I e bipolar II). Os detalhes técnicos desses transtornos estão fora do escopo deste livro.

Nas últimas décadas, o diagnóstico do transtorno bipolar se tornou cada vez mais comum. Curiosamente, uma série de sintomas de transtorno bipolar se sobrepõem significativamente aos sintomas de TPB. Em nossa prática, observamos que algumas pessoas que são diagnosticadas com transtorno bipolar na verdade parecem se enquadrar melhor em um diagnóstico de TPB. No entanto, distinguir entre os dois transtornos é menos importante do que focar o tratamento dos sintomas específicos de uma pessoa.

Para obter mais informações sobre transtornos de humor e seu tratamento, leia nosso livro *Depressão Para Leigos* (Alta Books) e *Bipolar Disorder For Dummies*, de Candida Fink e Joe Kraynak (Wiley).

Outros transtornos mentais

Pessoas com TPB em geral agem impulsivamente, abusam de álcool ou outras drogas e, às vezes, perdem o contato com a realidade. Os três transtornos a seguir compartilham alguns desses sintomas com o TPB, mas são considerados transtornos separados e requerem um tratamento separado e específico:

Transtorno de deficit de atenção com hiperatividade

O *transtorno de* deficit *de atenção com hiperatividade* (TDAH) geralmente começa na infância e é caracterizado pelos seguintes sintomas:

- Foco fraco e dificuldade de acompanhar as situações.
- Esquecimento.
- Desorganização.
- Erros por descuido.
- Distração.
- Inquietação.
- Impulsividade.
- Impaciência.
- Perda do foco sem intenção.

Esses sintomas causam problemas na escola, no trabalho e nos relacionamentos. Pessoas com TPB também podem ter TDAH, mas não necessariamente. Mesmo que as pessoas com TPB tendam a ser impulsivas, podem não mostrar os outros sinais críticos de TDAH.

PAPO DE ESPECIALISTA

Os médicos distinguem em TDAH predominantemente desatento, TDAH predominantemente hiperativo-impulsivo e TDAH misto ou combinado. Eles podem ocorrer separadamente ou juntos. É por isso que é importante obter um bom diagnóstico de qualquer transtorno mental.

Abuso de substâncias

O *abuso de substâncias* envolve o uso excessivo de drogas, álcool ou medicamentos prescritos que resulta em problemas no trabalho, nos relacionamentos, dificuldades legais ou comportamentos perigosos. Pessoas com TPB frequentemente têm problemas de abuso de substâncias; entretanto, nem todo mundo com TPB abusa de substâncias. Diagnosticar e abordar o abuso de substâncias é muito importante quando alguém com TPB mostra quaisquer sinais desse problema.

Psicose

Na seção deste capítulo "Os Nove Sintomas do TPB", observamos que um sintoma do TPB é a perda ocasional de contato com a realidade. Pessoas com TPB às vezes ouvem vozes que não existem, experimentam crenças de que outros estão atrás delas ou têm fortes sentimentos de desapego ou irrealidade. Pessoas que são diagnosticadas com *psicose* têm experiências semelhantes, mas seus episódios costumam durar mais e envolvem uma perda mais grave de contato com a realidade.

CUIDADO

A perda de contato com a realidade, incluindo ouvir ou ver coisas que não existem, incapacidade de falar ou pensar logicamente e paranoia extrema, é um sinal de um transtorno grave. Esses sintomas requerem atenção médica imediata.

> **NESTE CAPÍTULO**
>
> » Observando como a biologia e a personalidade interagem
>
> » Explorando a contribuição dos desafios psicológicos e de desenvolvimento
>
> » Verificando as influências sociais

Capítulo **4**

As Causas do TPB

Nem todo mundo que teve experiências ou traumas terríveis na infância acaba com transtorno da personalidade borderline (TPB). No entanto, a maioria das pessoas com TPB relata infância difícil ou traumática. Estudos recentes sugerem que combinações de influências genéticas acompanhadas por fatores psicológicos altamente desafiadores estão presentes em pessoas que desenvolvem TPB. Além disso, fatores culturais e sociais (incluindo redes sociais) criam condições que facilitam ou inibem o desenvolvimento do TPB.

Os cientistas não conseguem identificar um caminho único e claro que leve ao surgimento do TPB em qualquer pessoa em particular. Considere a gripe como uma analogia grosseira. As pessoas não pegam gripe toda vez que são expostas ao vírus. Outros fatores, como composição genética da pessoa, saúde geral, níveis de estresse e histórico (ter recebido uma vacina contra a gripe, por exemplo), fazem a diferença para uma determinada pessoa ficar gripada ou não. Da mesma forma, a exposição a um ou dois fatores de risco não causa o TPB em todos.

Neste capítulo, exploramos os principais fatores de risco para o TPB. Como ocorre com a maioria dos transtornos emocionais, combinações de fatores de risco psicológicos, biológicos e sociais interagem para causá-lo. Essa conceituação multifacetada é muitas vezes referida como modelo *biopsicossocial*. Mostramos como várias combinações de fatores contribuem para o surgimento do TPB.

Começando com a Biologia

Estudos confirmam que o TPB ocorre em famílias. Se um membro tem TPB, as chances de um parente próximo também ter são cerca de dez vezes maiores. Mas lembre-se de que muitas pessoas na mesma família vivem juntas ou tiveram infância semelhante. Portanto, a infância, mais do que a genética, pode ser responsável pelas taxas mais altas do TPB na mesma família. Nesse ponto, você pode estar se perguntando como descobrir o que está nos genes e o que vem do ambiente. As seções a seguir examinam a biologia e seus efeitos no aumento dos riscos do TPB.

Genética

No final das contas, sabe-se que todos os transtornos da personalidade são influenciados por fatores genéticos. Na verdade, as pesquisas indicam que a genética contribui com cerca de 50% para a causa da maioria dos transtornos da personalidade. Mas a genética não fornece uma explicação completa de como os genes afetam o comportamento, que, em última análise, manifesta-se como TPB.

Os estudos com gêmeos ajudam a desvendar a questão da herdabilidade para o TPB. Lembre-se de que gêmeos idênticos compartilham a mesma composição genética, mas gêmeos fraternos, não. A maioria dos gêmeos, independentemente de serem idênticos ou fraternos, compartilham ambientes semelhantes quando crianças. Você pode observar a relação entre genética e TPB comparando esses dois tipos de gêmeos. Subtraia o número de gêmeos fraternos que têm TPB do número de gêmeos idênticos que o têm e você obterá uma estimativa decente do papel que a genética tem no desenvolvimento do TPB.

Apenas alguns desses tipos de estudos foram feitos (já que tendem a ser caros e os cientistas têm dificuldade em encontrar gêmeos suficientes com TPB), mas os resultados sugerem que de 40% a 60% do TPB é previsto por fatores genéticos.

CUIDADO

Não estamos dizendo que o TPB é uma característica herdada, como olhos azuis ou castanhos. Na verdade, esse transtorno é muito mais complicado do que isso. O que alguém com TPB pode ter herdado são simplesmente tendências para:

» Ser impulsivo.

» Ter emoções instáveis e altamente reativas.

Mas as pessoas podem ser altamente reativas e impulsivas e não terem TPB. Veja o Capítulo 3 para obter mais informações sobre esses estímulos e o problema do transtorno. No entanto, se você juntar tendências herdadas de ser impulsivo e ter emoções instáveis com outros fatores de risco, como traumas, infância difícil ou ambientes desafiadores, pode ser o caminho certo para desenvolver TPB.

Química e funcionamento do cérebro

A genética influencia o TPB por causa de seu impacto no cérebro, mas os genes não tornam alguém diretamente impulsivo ou altamente emocional. Em vez disso, os genes alteram o cérebro de maneiras que aumentam a probabilidade de ter impulsividade e fortes respostas emocionais. Os pesquisadores estão investigando sistemas biológicos específicos no cérebro e suas influências no TPB. Essas áreas envolvem substâncias químicas e o funcionamento de certos sistemas cerebrais.

Química cerebral

As células nervosas do cérebro se comunicam por meio de mensageiros químicos chamados de *neurotransmissores*. A serotonina, um desses neurotransmissores, parece ser particularmente influente no TPB. Ela está envolvida na agressão, impulsividade e estabilidade do humor. Estudos descobriram que muitas pessoas com TPB têm transtornos no uso da serotonina pelo cérebro. No entanto, os medicamentos que aumentam a disponibilidade de serotonina no cérebro não têm sido tão úteis no tratamento do TPB quanto no de outros transtornos emocionais, como depressão e transtorno obsessivo-compulsivo. Portanto, o papel exato da serotonina no TPB permanece obscuro.

Funcionamento do cérebro

O *funcionamento do cérebro* refere-se à capacidade de várias estruturas cerebrais de avaliar informações e realizar ações apropriadas em resposta a vários tipos de situações. Ao trabalhar com eficácia, esse processo permite que uma pessoa interprete as informações e determine se uma determinada situação é ameaçadora, angustiante, agradável ou gratificante. Cérebros que funcionam normalmente fazem um bom trabalho nisso. Quando há um tigre na vizinhança, o cérebro identifica corretamente uma ameaça. Mas, quando o tigre está atrás das grades em um zoológico, o cérebro percebe que ele não é perigoso, mas bastante interessante. Infelizmente, o cérebro de pessoas com TPB funciona de maneira diferente do cérebro de pessoas sem ele. Dois sistemas, o *límbico* e o *executivo*, muitas vezes levam à má interpretação das informações recebidas e a respostas mal planejadas.

O sistema límbico é um sistema sofisticado do cérebro que controla emoções, memórias e excitação. Esse complexo sistema cerebral é excessivamente reativo em pessoas com TPB; assim, elas falham em interpretar as situações e as intenções de outras pessoas com precisão. Pessoas com TPB respondem a interações benignas ou inocentes como se representassem ameaças ou danos potenciais.

Quando o sistema emocional (límbico) reage exageradamente, um sistema executivo funcionando de forma adequada ajuda a ordenar o caos. O sistema executivo governado pela parte frontal do cérebro permite que as pessoas tomem decisões racionais e ponderadas com base na lógica, em vez de na pura emoção. Essas decisões levam em consideração experiências passadas com as informações atuais e consideram as implicações futuras. Pessoas com TPB têm sistemas executivos que não funcionam de forma eficaz, portanto, podem ter dificuldade de planejar com antecedência, reagir sem pensar e ter problemas para dar respostas lógicas.

Então, o que veio primeiro? O ovo ou a galinha? Essas deficiências na química e na função do cérebro vieram antes ou depois do TPB? Nem cientistas do cérebro nem profissionais de saúde mental sabem. Eles precisam de muito mais pesquisas antes de compreender totalmente essas relações de causa e efeito.

Fatores Psicológicos

Os profissionais de saúde mental são adeptos da teoria de que os eventos da infância afetam significativamente a saúde mental na adolescência e na idade adulta. Os pais e a maneira como eles agem influenciam os estados mentais e emocionais de seus filhos ao longo da vida. Outros familiares, colegas, escolas, bairros, amigos e até estranhos também afetam as crianças. Além disso, eventos aleatórios, como furacões, crimes e incêndios, podem mudar a vida dos jovens para sempre.

O impacto da infância nas pessoas é alto, mas tenha em mente que as crianças são bastante resilientes. Muitos profissionais de saúde mental permitiram que suas opiniões ultrapassassem os dados ao traçar conexões entre os problemas da infância e os transtornos na idade adulta. Como a pesquisa mostrou, o desenvolvimento do TPB envolve muito mais do que apenas uma educação inadequada ou até mesmo eventos traumáticos. Muitas pessoas experimentaram traumas significativos, como pais negligentes, mas conseguiram levar uma vida emocionalmente saudável. Em geral, uma vulnerabilidade biológica desempenha pelo menos um papel no desenvolvimento do TPB. (Veja a seção "Começando com a Biologia" para obter mais informações.) No entanto, uma infância difícil aumenta os riscos do desenvolvimento do TPB.

Os quatro principais fatores que afetam negativamente a infância e, como resultado, aumentam o risco de desenvolver TPB são:

- » Parentalidade problemática.
- » Abuso e trauma.
- » Separação precoce e perda.
- » Famílias desorganizadas e desestruturadas.

LEMBRE-SE

O TPB não tem uma causa única. A maioria dos problemas que descrevemos nas seções a seguir deve ocorrer em formas extremas e/ou por um período muito prolongado para aumentar o risco do TPB. Mesmo assim, eles requerem alguma interação com fatores biológicos e sociais para que o TPB apareça.

Parentalidade problemática

A maior parte do que os profissionais de saúde mental sabem sobre os pais de pessoas que desenvolvem TPB vem de relatórios feitos por pessoas que sofrem do transtorno. Mas, quando as pessoas sofrem uma grande aflição, tendem a se concentrar nos eventos negativos e a se lembrar deles muito mais do que dos positivos. Quando se sentem melhor, suas lembranças desses eventos adquirem um tom um pouco mais alegre. Como resultado, os pesquisadores discutem sobre quanto peso dar aos estudos baseados nelas.

Infelizmente, muito menos estudos examinam objetivamente os estilos de criação dos filhos em um determinado momento e, depois, seguem os resultados em termos de como os filhos funcionam na idade adulta. Portanto, as perspectivas profissionais atuais sobre a paternidade e seus verdadeiros efeitos de longo prazo permanecem um tanto obscuras. Ao mesmo tempo, os profissionais de saúde mental chegaram a um grau razoável de consenso de que certas práticas parentais prejudicam as crianças. As próximas seções examinam alguns estilos parentais problemáticos.

PAPO DE ESPECIALISTA

Os *estudos retrospectivos* avaliam o passado e reúnem informações de memórias, registros antigos, dados escolares, e assim por diante. Não há ainda um meio de verificar a precisão desses dados, e eles contêm algum grau de parcialidade. Os *estudos prospectivos* acompanham as pessoas ao longo do tempo e coletam informações de forma mais sistemática e objetiva. Eles tendem a ser muito caros, demorados e difíceis de conduzir. Os cientistas dependem de ambos os tipos de estudos, embora permaneçam cientes das fraquezas inerentes a cada um deles.

A psicóloga Marsha Linehan defende a ideia de que a invalidação emocional desempenha um papel crítico no desenvolvimento do TPB. A *invalidação emocional* refere-se a uma variedade de maneiras pelas quais os pais diminuem, rebaixam, desprezam e desqualificam as experiências emocionais dos filhos.

Os pais que invalidam emocionalmente seus filhos transmitem uma ampla variedade de mensagens a eles, que, em última análise, os ensinam a desconfiar ou desacreditar das próprias reações emocionais. Na lista a seguir, exploramos algumas das mensagens mais comuns com que os pais invalidam as emoções dos filhos e descrevemos como afetam os sentimentos deles:

- **Você não deveria se sentir assim.** Os pais enviam mensagens como essa quando os filhos ficam magoados ou chateados. Os responsáveis podem se sentir incomodados com a angústia dos filhos e tentar reprimi-la com essa mensagem. Eles pensam que estão ajudando os filhos a se acalmar, mas o efeito da mensagem é induzir à culpa e invalidar os sentimentos.
- **Por que você está chorando?** A maioria das pessoas não gosta de ouvir outras chorarem. Na verdade, alguns pais têm uma tolerância muito baixa para lidar com o ruído áspero que o choro e o lamento geram. Infelizmente, as crianças não conseguem responder a essa pergunta, porque se sentem sobrecarregadas e muitas vezes nem sequer sabem a resposta. Com essa mensagem, os pais insinuam que angústia e tristeza não são emoções aceitáveis.
- **Você está exagerando.** Essa mensagem diz que as crianças estão interpretando mal a realidade. Como resultado, elas passam a desconfiar de suas percepções. Essa mensagem busca suprimir as emoções, em vez de ensinar a controlá-las.
- **Isso é ridículo!** Às vezes os filhos procuram os pais com opiniões sobre relacionamentos, escola ou mesmo política. Em vez de encorajar o pensamento independente, os pais levam os filhos a desconfiar dos próprios pontos de vista e, em vez disso, a confiar no conhecimento, supostamente superior, dos responsáveis. Essa declaração também é um obstáculo à conversa.
- **Você é igualzinho ao seu pai (irmão, tio, tia ou quem quer que seja).** Essa mensagem invalida a identidade das crianças. Geralmente, as comparações com outros familiares não são particularmente lisonjeiras. Essa mensagem inibe o crescimento das crianças e sua capacidade de acreditar nas próprias habilidades.
- **Eu queria que você fosse igual a seu irmão (primo, pai, tia ou outra pessoa).** Essa mensagem diz aos filhos que eles não são bons o suficiente e que os pais estão decepcionados com quem eles são. Novamente, a mensagem corrói a identidade das crianças.
- **Cresça!** Por natureza, as crianças são barulhentas, irritantes e, bem, apenas crianças. Os pais que não conseguem tolerar a frustração consideram o comportamento infantil turbulento. Essa mensagem não só falha em mudar o comportamento como as faz se sentirem culpadas por agirem como tal.
- **Diga-me algo bom que aconteceu.** Alguns pais dizem isso quando seus filhos relatam um acontecimento infeliz ou triste. Em vez de validar a tristeza, eles acreditam que redirecionar a criança para se concentrar em eventos mais agradáveis as ajudará a aprender a se sentir melhor. Em vez disso, essa abordagem ensina as crianças a suprimirem suas verdadeiras emoções.

» **Você está sendo egoísta.** Na verdade, a maioria das crianças é um pouco egoísta. Elas ainda não aprenderam a avaliar plenamente as necessidades, os desejos e as perspectivas dos outros ou a equilibrar essas necessidades com as suas. Infelizmente, porém, essa mensagem não as ajuda a se tornarem menos egoístas. Em vez disso, invalida as crianças por serem fiéis à sua natureza.

» **Você é muito jovem para isso. Você pode (se machucar, ter problemas, se perder etc.). Sempre me pergunte antes de fazer qualquer coisa!** Alguns pais usam mensagens como essa por causa das próprias inseguranças e do desejo de proteger os filhos. Infelizmente, essa abordagem suprime a curiosidade, a independência, a motivação, a confiança e a competência das crianças.

Crescer em uma família em que a invalidação emocional domina a atmosfera é muito doloroso para as crianças. Eles aprendem a se retirar passivamente para evitar essas mensagens ou a demonstrar emoções e comportamentos extremos para obter reconhecimento e atenção.

A invalidação emocional também pode levar a situações mais sérias. Considere como a invalidação emocional que uma criança recebe de sua mãe pode contribuir para uma situação de abuso sexual e prejudicar ainda mais a criança. A seguinte história sobre Daniela ilustra esse ponto:

"Mamãe, por favor, não saia de novo esta noite", lamenta Daniela, de 8 anos.

"Preciso dos meus momentos de diversão, sem crianças. Além disso, o tio Gordon vai cuidar de você", responde a mãe.

"Mas eu odeio o tio Gordon", declara Daniela.

"Não fale assim do seu tio. Ele sempre foi bom para você", repreende a mãe.

"Ele é esquisito. Não gosto do cheiro dele, e ele me dá beijos molhados nojentos", diz Daniela.

"Isso não é verdade. Ele é um bom homem. Você precisa mostrar respeito por ele", argumenta a mãe.

"Ele sempre me agarra e me faz sentar no colo dele. Ele me balança para cima e para baixo como um bebê. Não gosto disso", implora Daniela.

"Escuta. Você precisa ser legal com sua família. O tio Gordon é um bom homem. Pare de reclamar, não quero ouvir mais nada sobre o seu tio", adverte a mãe.

Muitas crianças como Daniela sabem quando algo está errado, mas não têm palavras para expressar isso de forma plena e completa. Dados os comentários invalidantes da mãe, Daniela provavelmente parará de reclamar, mesmo que os toques inadequados do tio virem um abuso sexual ainda mais intenso.

CUIDADO

Nem sempre o que a criança relata contém informações suficientes para você concluir que o abuso sexual ocorreu. No entanto, os pais não podem decidir se as preocupações de um filho são legítimas, pois isso invalida as emoções e as declarações dos filhos. Além disso, como o abuso sexual geralmente começa em um nível baixo e aumenta lentamente com o tempo, os pais devem garantir que os filhos se sintam totalmente seguros ao compartilhar suas preocupações com eles.

Abuso e trauma

Inúmeros estudos demonstraram que, entre as pessoas com TPB, há um alto índice de abuso — infligido pelos pais ou por outra pessoa, ou seja, um parente, um colega ou até um estranho — ocorrido na infância. Por causa de tais dados, alguns profissionais sugerem que o TPB é, na verdade, uma forma complexa de transtorno de estresse pós-traumático (TEPT). É um transtorno altamente angustiante, que ocorre com frequência após um evento traumático. (Veja no Capítulo 3 mais informações sobre o TEPT.) No entanto, a maioria dos pesquisadores agora afirma que o TPB *não* é uma forma de TEPT, embora o trauma aumente o risco de desenvolvê-lo.

Uma razão pela qual os pesquisadores acreditam que o TPB é separado do TEPT é que o primeiro também se desenvolve em pessoas que não mostram sinais claros de trauma na infância. Na verdade, muito menos de 50% das pessoas com TPB teriam sofrido traumas graves. As vulnerabilidades biológicas provavelmente se combinam com outras dificuldades, como experiências emocionalmente invalidantes ou infâncias caóticas, e levam ao TPB em algumas pessoas.

Por outro lado, algumas pessoas sofrem eventos traumáticos e não desenvolvem TPB ou mesmo TEPT. Muitas das pessoas que demonstram tal resiliência ao trauma provavelmente o fazem como resultado de sua composição genética, que lhes permite suportar dificuldades que outras não suportam. Fatores adicionais, como famílias altamente apoiadoras, a presença de um adulto cuidador especialmente envolvido ou psicoterapia, também têm uma função protetora para algumas pessoas que vivenciaram eventos traumáticos.

Além disso, o tipo de trauma que as crianças experimentam faz diferença no desenvolvimento de TPB ou de outros transtornos. O trauma infligido por um familiar de confiança parece ter um impacto maior do que aquele infligido por um estranho. O molestamento sexual que dura anos tem um impacto maior do que um único evento de molestamento. O incesto aumenta o risco de desenvolver TPB e outros transtornos emocionais mais do que o molestamento por um estranho.

Lembre-se, porém, de que qualquer evento envolvendo abuso ou trauma de crianças causa danos. No entanto, na ausência de vulnerabilidade genética e outros fatores de risco, um grande número de crianças supera muitos dos efeitos prejudiciais.

CUIDADO

Se você tem TPB, não presuma que foi abusado quando criança. Diferentemente das afirmações que alguns terapeutas mal treinados fizeram em contrário, a maioria dos casos de trauma tendem a ser pelo menos parcialmente lembrados com os anos. Terapias baseadas na suposição de que todos com TPB foram abusados fazem as pessoas construírem memórias que as evidências mostram que não ocorreram.

Separação e perda

Perdas inesperadas e afastamento de um ou mais pais por longos períodos parecem contribuir para um risco aumentado de TPB. Essas perdas podem ser bastante traumáticas, porque perturbam o desenvolvimento do vínculo normal entre os filhos e seus pais. Os filhos que perdem os pais muitas vezes ficam mais ansiosos e deprimidos, em parte porque se preocupam com quem cuidará deles.

No entanto, como no caso de trauma e abuso, algumas crianças perdem um dos pais e superam os efeitos. Essa recuperação é mais provável quando essas crianças têm uma resiliência biológica inata e não têm os outros fatores de risco do TPB.

Famílias desorganizadas e desestruturadas

Uma antiga tirinha mostra um homem sozinho em uma grande sala de conferências com uma faixa: "Encontro Mundial de Pessoas com Famílias Funcionais" no palco. Embora possamos ter citado um pouco erroneamente o desenho, o ponto é que a maioria das pessoas tem algum grau de disfunção em sua família.

Em contraste, disfunção e desorganização dominam em algumas famílias. A disfunção ocorre quando os pais experimentam uma grande discórdia e conflito conjugal. Os pais muitas vezes expressam abertamente esse conflito na forma de brigas barulhentas frequentes, que enchem os filhos de ansiedade e até medo de que um ou ambos os pais os deixem. Outros pais expressam essa discórdia conjugal a portas fechadas. Nesses casos, os pais podem encobrir e deixar de falar sobre suas divergências. Embora essa abordagem pareça menos estressante para as crianças, a maioria dos profissionais acredita que varrer os conflitos para debaixo do tapete só os torna mais inflamados. Os filhos percebem os sinais sutis de tensão, e, quando os pais não resolvem abertamente seus conflitos, os filhos deixam de aprender as habilidades necessárias para resolver seus próprios conflitos.

A disfunção também surge quando os pais atribuem papéis e expectativas confusas aos filhos. Alguns pais se sentem incapazes de cuidar dos filhos mais novos e atribuem responsabilidades excessivas aos mais velhos — transformando-os em pais dos filhos mais novos. Outros tomam o caminho oposto e tratam seus filhos como incompetentes — basicamente infantilizando-os.

Algumas casas estão cheias de um caos desorganizado, algo que as crianças também acham difícil de entender e de administrar. Esse caos vem em uma ampla variedade de formas, incluindo as seguintes:

» Problemas financeiros, contas não pagas e cobradores.

» Mudanças frequentes de emprego.

» Mudanças constantes de um bairro para outro.

» Conflitos que fazem com que vários familiares se aproximem e se afastem.

» Abuso de substâncias.

» Encarceração.

» Crimes na vizinhança.

» Deficiência, doença ou transtornos emocionais graves em um ou mais dos pais.

Esses tipos de ambientes caóticos desafiam as crianças e tornam muito difícil entender suas próprias emoções e as das outras pessoas. O caos desorganizado também interfere na tarefa crucial do desenvolvimento da criança de aprender como regular ou controlar as emoções.

Grandes famílias extensas compostas de várias gerações — primos, tias, tios e avós — não são tão comuns quanto eram no passado, especialmente nos Estados Unidos, onde 8% das crianças vivem com famílias extensas, em comparação com 38% no mundo todo. Como resultado, as fontes de apoio emocional são muito menos confiáveis e estáveis do que antes.

Além disso, cerca de um quarto das crianças norte-americanas com menos de 18 anos vivem em lares com apenas um dos pais. Essas famílias são mais propensas a sofrer de problemas de baixa renda, estresse e pressões por falta de tempo. Filhos de pais divorciados também têm maior probabilidade de experimentar problemas emocionais de todos os tipos, incluindo TPB. Novamente, não sabemos até que ponto a instabilidade familiar contribui para o desenvolvimento do TPB, mas os cientistas sociais há muito sabem que o apoio social serve como uma grande força protetora contra o declínio da saúde física e mental.

Influências Sociais e Culturais

Influências sociais representam a forma como as pessoas se comportam para atender às demandas e expectativas das pessoas ao redor. Essas influências incluem pessoas da vizinhança, amigos, família e a comunidade em geral. As expectativas, normas e os valores da comunidade são, em grande parte, determinados pela cultura. *Cultura* representa padrões duradouros de comportamento, atitudes, crenças e maneiras de expressar emoções que são comuns a uma grande comunidade de pessoas e passadas de uma geração para a seguinte. A cultura transmite grandes expectativas sobre a maneira como os membros individuais de uma determinada comunidade devem viver.

A cultura também influencia a maneira como as pessoas expressam sofrimento emocional. Na maioria dos países pobres, cortar-se intencionalmente é um evento raro e confuso. Em culturas mais ricas, no entanto, o ato de automutilação é uma ocorrência relativamente comum, sobretudo entre adolescentes problemáticos.

Alguns transtornos emocionais, como esquizofrenia e transtorno obsessivo-compulsivo, ocorrem aproximadamente na mesma taxa e de modos semelhantes na maioria das culturas. No entanto, os sintomas de TPB aparecem em taxas diferentes em diferentes culturas. As diferentes normas sociais das culturas explicam essa diferença na taxa de ocorrência, pelo menos em parte. As próximas seções discutem as influências sociais e culturais que afetam a probabilidade de TPB.

LEMBRE-SE O TPB não é causado diretamente por vizinhos, pela cultura, por redes sociais ou outras influências sociais, mas por interações de fatores biológicos, psicológicos e sociais.

A vizinhança

A vizinhança em que alguém cresce influencia a maneira como expressa seus sentimentos. Por exemplo, crescer em um bairro em que todos se conhecem pode inibir a agressão e o mau comportamento, que são um tanto preditivos de TPB. Se um menino briga com outro da vizinhança, todo o bairro fica sabendo da briga. Os pais são instruídos a disciplinar a transgressão do menino. Em tais bairros unidos, avós, professores e vizinhos, todos exercem influência sobre comportamentos desagradáveis, reduzindo a probabilidade de reincidência de ofensas e desenvolvimento de TPB.

Em outros bairros, poucas pessoas se conhecem e todos cuidam da própria vida. Nesses ambientes há menos chance de que o mau comportamento dos jovens caia sob os olhos vigilantes de parentes e vizinhos. Especialmente em bairros em que os adultos enfrentam pobreza ou más condições de trabalho, os adolescentes muitas vezes são deixados por conta própria, e seus comportamentos são menos influenciados por pressões sociais.

Amigos e colegas

Os amigos e colegas também afetam a maneira como os transtornos emocionais, incluindo o TPB, se desenvolvem. Por exemplo, um adolescente que sai com amigos bem ajustados tem menos probabilidade de agir impulsivamente, e é mais provável que se adapte aos padrões de um comportamento bom e bem controlado. Crianças atraídas por grupos que usam drogas ou cometem crimes menores e outros delitos não conseguem adquirir autocontrole e podem reagir exageradamente a contratempos e a frustrações triviais.

Os anos da adolescência

Então o que os adolescentes têm a ver com o TPB? *Adolescência* é um conceito relativamente moderno, que se refere ao período de transição entre a infância e a idade adulta. A adolescência surgiu como consequência da Revolução Industrial, como uma forma de manter as crianças na escola e fora das fábricas — o que não é uma ideia tão ruim. No entanto, à medida que evoluiu, a adolescência se tornou uma época tumultuada e traiçoeira para muitos adolescentes. Indiscutivelmente, a adolescência traz consigo grandes períodos de tempo livre, o que significa oportunidades para se envolver em comportamentos autodestrutivos. As pressões aumentam para que os adolescentes tenham mais, sejam mais e sejam notados.

A adolescência é uma época em que surgem transtornos psicológicos, incluindo sinais de transtornos de personalidade, como o TPB. Claro, não estamos dizendo que a própria adolescência causa transtornos emocionais; afinal, muitos adolescentes chegam à idade adulta sem nenhum sinal de transtorno emocional. No entanto, de uma perspectiva histórica, os sintomas e comportamentos do TPB foram descritos apenas no século passado, o que coincide com o surgimento da adolescência como uma característica da cultura moderna. Quando as crianças estavam ocupadas ordenhando vacas e fazendo colheitas, existia muito menos angústia entre os adolescentes. Talvez, se pudéssemos dar aos adolescentes tarefas mais importantes do que mensagens de texto, jogos e passear no shopping, eles não fossem tão facilmente seduzidos por comportamentos autodestrutivos.

Redes sociais

A tecnologia de computadores, celulares e aplicativos móveis aumentou a produtividade, o acesso às informações e a comunicação. Pessoalmente, adoramos computadores e nossos telefones. Eles nos permitem escrever mais e pesquisar com maior facilidade do que nunca. Às vezes passamos dias enfurnados em nossos escritórios, digitando, e não falando com outros seres vivos. No entanto, como não queremos perder a comunicação olho no olho, tentamos monitorar nosso isolamento para ter certeza de não exagerar com as redes sociais e a leitura de notícias online.

RUMINAÇÃO E AUTOABSORÇÃO

Às vezes a natureza cria experiências inesperadas. Susan Nolen-Hoeksema (1959–2013), ex-professora de psicologia da Universidade de Yale, topou com um desses experimentos durante um estudo que organizou. No final da década de 1980, Nolen-Hoeksema avaliou um grupo de universitários quanto à tendência de ruminar sobre si mesmos. *Ruminação* envolve se concentrar em si mesmo e nas causas de seus problemas, em vez de buscar soluções. Quatorze dias depois da experiência, a área perto da faculdade sofreu um terremoto. Dez dias depois, os pesquisadores de Nolen-Hoeksema voltaram aos alunos que haviam avaliado e mediram seus níveis de depressão e estresse. Os pesquisadores avaliaram esses níveis novamente sete semanas após o terremoto. Eles descobriram que os alunos que eram ruminadores desenvolveram níveis significativamente mais altos de depressão logo após o terremoto do que os que não eram, e que seus níveis de estresse e depressão foram mantidos na avaliação final, sete semanas após o terremoto.

Muitos outros estudos mostraram tendências similares. Vários mostraram que aumentar o autofoco de alguém causa picos indesejáveis de sentimentos depressivos e ansiosos, bem como uma capacidade reduzida de resolver problemas. Esses experimentos estudaram os efeitos da ruminação usando técnicas para aumentar o autofoco. Um experimento pediu aos participantes que passassem oito minutos refletindo sobre seus traços pessoais e estados emocionais. Outro pediu que se olhassem em um espelho por um determinado período, e um terceiro pediu aos sujeitos que escrevessem parágrafos que contivessem inúmeras referências a eles mesmos. Todas essas estratégias para aumentar o autofoco causaram um aumento nos sentimentos negativos e diminuíram a capacidade de resolver problemas.

Infelizmente, algumas pessoas se veem atraídas para um mundo digital que se torna mais emocionante do que sua vida real. Elas passam dia após dia socializando no Instagram, Facebook, Twitter e jogando online com estranhos. Perdem contato com as pessoas ao redor e ficam absorvidas por seu eu virtual. Considere as seguintes maneiras pelas quais muitas pessoas optam por se relacionar com as outras:

» Juntar-se a um time do World of Warcraft, em vez de um time de futebol.

» Assistir a um feed de vídeo ao vivo de uma celebridade online, em vez de se encontrar com amigos em um café local.

» Postar opiniões na seção de comentários, em vez de se comunicar cara a cara em ambientes sociais.

» Conversar por meio de mensagens de texto, em vez de conversas telefônicas.

> Fazer parte de grupos de apoio online anônimos, em vez de participar de reuniões de grupos de apoio locais.

> Rolar sem parar por fotos editadas, em vez de olhar para pessoas reais.

> Stalkear as pessoas, em vez de buscar conhecê-las de fato na vida real.

Claro, algumas dessas formas de "relacionamento pautado pela tecnologia" são divertidas e benéficas. Os componentes sociais da internet atraem muitas pessoas porque oferecem maneiras mais fáceis, seguras e rápidas de se conectar a outras. Ninguém sabe realmente até que ponto o isolamento do uso excessivo de formas tecnológicas de se relacionar com outras pessoas contribui para o desenvolvimento do TPB ou de outros problemas emocionais. No entanto, a tecnologia pode impedir o contato pessoal de que você precisa para construir relacionamentos e confiança.

DICA Para melhorar, as pessoas com TPB precisam de relacionamentos reais, apoio social real e feedback real sobre seu comportamento.

Fatores culturais

A comunidade mais ampla comunica temas culturais gerais que também podem afetar fortemente o comportamento, os valores e a personalidade de uma pessoa. Dois temas importantes são *individualismo* e *direitos*. O individualismo envolve uma ênfase na autossuficiência e nas realizações pessoais em detrimento das sociais. O direito é a crença de que alguém merece um tratamento especial, privilégio e estima.

Individualismo: Eu contra nós

Desde antes da Declaração da Independência, a cultura norte-americana encorajava fortemente o individualismo. Os pais, professores e outros modelos de hoje incentivam os jovens a se empenharem por suas próprias realizações — a serem tudo o que podem ser. O sucesso nos Estados Unidos é medido por quanto mais você realiza ou quão melhor você é em uma habilidade específica do que qualquer outra pessoa ao redor, e, em nosso mundo globalizado, não é muito diferente no Brasil.

As pessoas de muitas sociedades modernas são dinâmicas. Elas deixam suas famílias para melhorar a própria vida ou para experimentar algo novo. Muitos países industrializados modernos compartilham dessa cultura que celebra o indivíduo.

Em contraste, culturas mais tradicionais, como as do Extremo Oriente, incentivam a comunidade, a família e a interdependência. Essas culturas enfatizam honrar o grupo familiar. Nas culturas tradicionais, as pessoas têm mais estrutura dentro de suas comunidades. Famílias — tanto imediatas quanto extensas — fornecem apoio umas às outras. Diferentemente das culturas mais modernas, fazer parte de um grupo é mais importante do que ser um indivíduo nas culturas tradicionais.

O que a ênfase no indivíduo versus o grupo tem a ver com o TPB? Os pesquisadores lamentaram a surpreendente falta de estudos sobre o TPB em várias culturas. Embora os sintomas do transtorno apareçam claramente em taxas variáveis entre as culturas, ninguém sabe sua frequência exata em todo o mundo. No entanto, alguns pesquisadores notaram que muitos dos sintomas do TPB parecem ocorrer com mais frequência em culturas que enfatizam necessidades, valores e prioridades dos indivíduos em relação aos da comunidade em geral. Mais estudos são necessários para verificar essas tendências.

Alguns cientistas acreditam que um conceito conhecido como autoabsorção respalda essa observação. *Autoabsorção* se refere a um foco estreito em si mesmo e uma preocupação elevada em avaliar esse self. Os cientistas sociais descobriram que um foco excessivo em si mesmo aumenta substancialmente o risco de uma ampla gama de problemas físicos e emocionais, incluindo:

- Transtornos alimentares.
- Raiva.
- Alcoolismo.
- Abuso de medicamentos.
- Automutilação.
- Depressão.
- Ansiedade.
- Busca de sensações.

Conforme discutimos no Capítulo 3, a maioria desses problemas são sintomas comuns de TPB. Vários psicólogos sugeriram que uma ênfase excessiva no self cria estresse e pressão, o que leva a esses e a outros sintomas semelhantes. Uma comunidade com fortes conexões sociais e um sistema de apoio eficaz elimina grande parte dessa pressão.

Veja no box "Ruminação e Autoabsorção" mais informações sobre a relação entre os problemas emocionais e o foco excessivo em si mesmo.

LEMBRE-SE

Entenda que não estamos culpando as pessoas com TPB por serem egocêntricas. Ninguém quer ou pede para ter TPB, e as pessoas não buscam a autoabsorção. Em nossa opinião, a cultura moderna incentiva esse traço. Além disso, a autoabsorção é apenas um dos muitos fatores que contribuem para o desenvolvimento do transtorno.

Direito e altos níveis de bem-estar

Nos últimos anos, o valor do sofrimento — tanto físico quanto emocional — diminuiu. Centenas de anos atrás, as pessoas admiravam os outros por sua capacidade de suportar as adversidades. Os escritos religiosos antigos estão cheios de mensagens que exaltam as virtudes do sofrimento. Muitas pessoas acreditavam que o sofrimento fortalecia o caráter e as ajudava a valorizar os dons da vida.

Essa mensagem mudou drasticamente nas culturas industrializadas modernas. Hoje as pessoas procuram remédios para combater o menor mal-estar emocional, e as propagandas levam as pessoas a tratarem suas rugas e manchas como tratariam as doenças. Mesmo o luto normal em resposta à perda se tornou uma condição anormal, que necessita de tratamento médico.

Infelizmente, a incapacidade de aceitar quaisquer sentimentos negativos aumenta a vulnerabilidade de uma pessoa para ser oprimida pelo sofrimento emocional. Pessoas que acreditam que se sentir bem o tempo todo é um direito humano básico acabam se sentindo no direito de ter todas suas necessidades atendidas. Como resultado, ficam desapontadas quando o mundo deixa de atender a todos seus caprichos.

Não nos leve a mal; gostamos de nos sentir bem, como a maioria das outras pessoas. Definitivamente, não estamos promovendo a ideia de sofrer por sofrer. No entanto, como observamos no Capítulo 2, as habilidades de tolerar o mal--estar, adiar as recompensas e se recuperar das adversidades são marcas de uma personalidade saudável, e as pessoas que não as têm lutam para permanecer calmas e animadas com cada pequeno contratempo que surge no caminho.

Misturando e Combinando Fatores de Risco

Algumas crianças nascem com uma tendência genética a desenvolver transtornos emocionais. Mas estão surgindo estudos que indicam que os genes raramente funcionam sozinhos. Em outras palavras, outras forças devem se combinar com a genética para resultar na maioria dos transtornos emocionais.

Ao mesmo tempo, algumas crianças passam por infâncias horríveis e traumáticas. Outras crescem em ambientes carentes, com falta de recursos. Apesar dessas experiências, um grupo significativo de crianças que sobreviveram a uma infância surpreendentemente difícil consegue se tornar adultos bem ajustados. Novamente, vários fatores devem se combinar para resultar em um sofrimento emocional de longo prazo. Conforme declarado na introdução deste capítulo, os psicólogos chamam essa conceituação multifacetada de modelo biopsicossocial dos transtornos mentais. As seções a seguir fornecem exemplos de como esse processo funciona.

Fatores biológicos e psicológicos

Gêmeos idênticos compartilham um conjunto comum de genes. Assim, você esperaria que ambos os gêmeos experimentassem o mesmo risco de desenvolver TPB, especialmente se crescessem na mesma casa. Em outras palavras, praticamente 100% das vezes, se um dos gêmeos desenvolvesse TPB, o outro também o faria. Mas não é tão simples assim. Na verdade, esse resultado é encontrado apenas em cerca de 50% das vezes.

Por que um gêmeo teria TPB e o outro não, se ambos tivessem os mesmos genes e criação? Bem, o seguinte exemplo hipotético ajuda a esclarecer.

> **Brett** e **Brandon** são gêmeos idênticos de 10 anos. Eles sempre foram impulsivos e emocionalmente reativos. No entanto, seus pais conseguiram fornecer uma estrutura estável, e os meninos prosperaram. Os professores geralmente têm sido capazes de dar a ambos as saídas para expressar sua energia. Agora, na 4ª série, os meninos estão em salas de aula diferentes.
>
> O professor de Brett é extremamente severo, punitivo e tem pouca tolerância com sua turbulência. Infelizmente, ele não gosta de Brett, que tende a tirá-lo do sério. Em contraste, o professor de Brandon tem consequências claras para o mau comportamento, sendo caloroso e encorajador. Ele gosta da expressividade e criatividade de Brandon.
>
> Brett tem um ano difícil na escola. Outros professores da escola ouvem sobre seu mau comportamento e começam a esperar problemas dele. Brett cumpre suas expectativas. O problema o segue para casa. Os pais o comparam desfavoravelmente ao irmão gêmeo. Eles tentam argumentar com ele e acabam perdendo a paciência. Brett começa a se sentir ressentido, confuso e não amado.
>
> Ele continua a ir mal na escola e a ter conflitos com outras pessoas. Seu relacionamento com a família se deteriora. Ele passa a esperar rejeição e temer o abandono. Diferentemente do irmão, que vai bem na escola e tem relacionamentos pessoais próximos, Brett está constantemente em batalhas com os amigos e muitas vezes é rejeitado por eles. Anos mais tarde, após uma longa história de problemas na escola e com seus pais, ele é diagnosticado com TPB, aos 22 anos.

Não culpamos o professor da 4ª série pelo diagnóstico posterior de Brett. Suas reações a ele ativaram uma cascata de influências negativas e estressores psicológicos. A combinação de sua predisposição genética para a impulsividade e reatividade emocional combinada com fatores psicológicos levou a um eventual TPB.

LEMBRE-SE

Nessa história, as tendências genéticas de ambos os gêmeos foram expressas em seus comportamentos. No entanto, a tendência de Brett foi ampliada e reforçada por experiências psicológicas negativas. No caso de Brandon, a expressão do gene foi silenciada por experiências psicológicas positivas. Em alguns casos, uma tendência genética pode conseguir não se expressar de forma alguma — a menos que ocorra um fator adicional, como trauma ou rejeição severa.

Influências biológicas e sociais

Alguns bebês nascem com genes que podem levar a um risco aumentado de TPB, mas têm pais, famílias e outros relacionamentos importantes que lhes fornecem ambientes psicológicos e de apoio estáveis. No entanto, com influências sociais estressantes, o TPB pode ocorrer. O exemplo a seguir ilustra isso:

> **Corinna** é uma universitária de 19 anos encantadora, alegre, animada e inteligente. Ela sempre foi bem na escola e teve muitas amizades. Corinna é uma atriz talentosa e já atuou em muitas peças no teatro comunitário local.
>
> Corinna é próxima de sua tia, que foi diagnosticada com TPB. Ela acredita que compartilha muitos traços de personalidade com a tia, tende a ser excessivamente sensível à rejeição e fica passional facilmente. Ela tende a ficar mal-humorada às vezes e age de forma impulsiva, mais vezes do que é bom para ela. Mas essas características a ajudam na atuação. O público de Corinna é atraído por sua apresentação dramática. Ela está confiante de que está bem e não compartilhará dos problemas emocionais da tia.
>
> Corinna interpreta a protagonista de uma peça sobre uma jovem que se apaixona por um homem mais velho. Seu par romântico é um homem bonito de quase 30 anos. Durante os ensaios, ele flerta descaradamente com ela. Ela pensa que deveria ficar ofendida, mas acha o comportamento dele surpreendentemente sedutor e atraente.
>
> Após algumas semanas de ensaios, ele a convida para uma festa com alguns de seus amigos. A maioria dos que comparecem à festa bebe e se entrega a várias drogas. Ela fica nervosa e quer se adaptar, então fuma um pouco de maconha e relaxa, também bebe um pouco e acaba passando a noite com ele. Um relacionamento tórrido segue.

Corinna continua a socializar, beber e usar drogas. Ela se convence de que está completamente apaixonada por esse homem depois de apenas seis semanas. A peça termina, e o elenco dá uma grande festa. Corinna encontra seu par romântico em um quarto com outra mulher. Ela começa uma espiral descendente e continua bebendo e usando drogas. Em algum momento, descobre que as drogas não estão atendendo à sua necessidade de anestesiar a dor. Ela acaba se cortando, o que estranhamente parece funcionar.

Corinna pode muito bem ter um risco biológico de desenvolver TPB. Ela teve uma infância bastante estável e feliz. Embora tenha mostrado alguns traços associados ao TPB, não os demonstrou em um grau sério. No entanto, as influências sociais de sair com uma multidão mais velha que abusava de drogas e álcool a empurraram para um eventual diagnóstico de TPB.

Causas psicológicas e sociais

Quer alguém tenha ou não um risco biológico de desenvolver TPB, causas puramente psicológicas e sociais podem combinar forças e levar um indivíduo a desenvolver o transtorno. O exemplo a seguir ilustra como isso funciona.

Abner não tem ninguém em sua família que mostre sinais de qualquer transtorno da personalidade, incluindo TPB. No entanto, ele cresce em uma família atormentada pela falta de moradia periódica. Seu pai tem várias doenças crônicas causadas por abuso de substâncias que exigem atenção médica, mas eles não têm plano de saúde e às vezes precisam escolher entre aluguel e remédios. Abner passou muitas noites no carro da família, em abrigos e em moradias precárias.

Quando o pai de Abner bebe, ele se torna passional e fisicamente abusivo. Abner e sua mãe têm cicatrizes emocionais e físicas do abuso. Abner aprende maneiras de complementar o orçamento familiar cometendo pequenos crimes e se juntando à mãe para implorar por dinheiro nas esquinas. Ele fica mal-humorado e com raiva, se sente vazio e não tem objetivos claros na vida. Fica com medo de perder a mãe e o irmão mais novo, então se torna extremamente protetor com eles, tendo acessos de raiva violentos quando são ameaçados. Abner é suicida intermitentemente. Ele é detido de tempos em tempos e, quando está na prisão, acaba diagnosticado com TPB.

Infelizmente, as prisões se tornaram centros de saúde mental para muitas pessoas como Abner. Embora o diagnóstico possa ser preciso, o tratamento de acompanhamento é quase inexistente. Abner e pessoas em situações semelhantes provavelmente recorrerão às drogas e ao álcool para lidar com a situação. Mesmo que ele não tivesse predisposição biológica para desenvolver TPB, isso acaba acontecendo, porque fatores psicológicos e sociais o empurram nessa direção.

Uma mistura biopsicossocial completa

Claro, às vezes todos os três fatores do modelo biopsicossocial vêm juntos. Por exemplo, alguém pode nascer com uma predisposição biológica e crescer em uma família caótica e abusiva (criando problemas psicológicos) que vive em extrema pobreza (uma influência social). Essa combinação seria muito difícil de superar.

Também é importante considerar o "grau" em que cada um desses fatores exerce influência. Assim, uma casa levemente caótica, uma leve predisposição biológica e tensões sociais modestas podem não levar ao TPB. No geral, nem sempre podemos prever com precisão quem e quando alguém acabará com o TPB. A boa notícia é que, com tratamento adequado, as pessoas com o transtorno geralmente melhoram.

Os Principais Sintomas

NESTA PARTE...

Reconheça a busca de sensação e a impulsividade como sintomas do TPB.

Veja como os sintomas prejudicam a qualidade de vida.

Descubra as grandes diferenças das pessoas com TPB.

Entenda como o TPB afeta os relacionamentos.

Saiba como o TPB destrói o senso de identidade.

NESTE CAPÍTULO

» Encontrando emoção no risco

» Compreendendo a automutilação e as razões por trás dela

» Escapando por meio do suicídio

Capítulo **5**

Busca de Sensações e Automutilação: A Impulsividade do TPB

Sentimos uma grande compaixão por aqueles que têm transtorno da personalidade borderline. Isso porque ele afeta muito a vida dessas pessoas, causando caos e turbulência em relacionamentos, empregos, emoções e tomadas de decisão. Uma dor emocional excruciante é uma companhia frequente de pessoas com TPB. As tentativas de escapar dela assumem várias formas, incluindo abuso de substâncias, automutilação e tentativa de suicídio. Embora essas estratégias de fuga forneçam um alívio momentâneo, em longo prazo, causam aumento da dor para as pessoas com TPB e para aqueles que se preocupam com elas. No Capítulo 3, descrevemos os dois primeiros sintomas do TPB — busca de sensações e automutilação — como sendo de natureza impulsiva.

Neste capítulo, elaboramos esses dois sintomas e as ações impulsivas que envolvem. A automutilação e a busca de sensações podem causar danos emocionais, lesões físicas e, às vezes, até a morte. Primeiro, examinamos alguns dos comportamentos impulsivos que as pessoas com TPB exibem ao tentarem alimentar a necessidade de obter excitação ou de preencher o profundo vazio emocional. Após explorar os fundamentos da impulsividade, passamos para a automutilação, uma característica chocante, mas comum do TPB, que também envolve comportamentos impulsivos. Finalmente, descrevemos os pensamentos e sentimentos que estão por trás de uma forma extrema de comportamento impulsivo — ameaças e tentativas de suicídio.

Rindo na Cara do Perigo: Impulsividade

A *impulsividade* envolve três comportamentos críticos. Primeiro, as pessoas impulsivas tendem a ignorar o futuro, em particular os resultados negativos de seus comportamentos. Segundo, elas não processam totalmente as informações antes de tomar atitudes. Em outras palavras, não pensam antes de agir. Terceiro, elas não consideram a possibilidade das consequências negativas de suas ações.

Pessoas com TPB muitas vezes têm problemas para controlar seus *impulsos*, ou necessidades e desejos imediatos. Elas anseiam por emoção e drama, e anseiam agora — daí o termo *buscadores de sensação*. Elas se sentem impelidas a preencher o vazio que sentem, mas, a cada comportamento impulsivo, apenas o aumentam. Quanto mais tentam satisfazer seus desejos insaciáveis, mais eles crescem. Depois de se envolverem em um ato impulsivo, elas relatam que se sentem momentaneamente melhor. No entanto, esses sentimentos de satisfação são rapidamente substituídos por uma enorme culpa, ansiedade e aversão a si mesmo.

Pessoas com TPB tentam satisfazer seus impulsos de busca de sensação de muitas maneiras diferentes. Aqui estão alguns dos comportamentos mais comuns de que as pessoas com TPB dependem para satisfazer seus desejos:

> » **Gastos:** Gastar impulsivamente não significa passar por um pacote colorido no supermercado e comprá-lo. A maioria das pessoas compra algo por impulso de vez em quando. Em contraste, porém, os gastos problemáticos e impulsivos envolvem compras descontroladas. Algumas pessoas com TPB tentam preencher uma lacuna comprando quantidades excessivas de coisas desnecessárias. Alguns gastadores impulsivos acumulam dívidas como uma montanha de lixo em um aterro sanitário. Pessoas que gastam impulsivamente podem tirar férias extravagantes, gastar muito em luxos e encher os armários com roupas que raramente usam — tudo para preencher o vazio que sentem.
>
> » **Jogos de azar:** O jogo é um problema que cresce rapidamente na maioria dos países desenvolvidos. Pessoas que ocasionalmente vão a um cassino e gastam uma determinada quantia de dinheiro não se qualificam como jogadores compulsivos. A maioria das pessoas sabe que as chances de ganhar estão com o cassino, não com o jogador. No entanto, algumas pessoas com TPB ignoram essas probabilidades e jogam sem pensar. Às vezes pegam empréstimos para alimentar seus hábitos. Elas podem

até recorrer à falsificação, a desfalque e a roubo para levantar o dinheiro de que precisam para continuar jogando. Na maioria dos casos, como acontece com os gastos impulsivos, a motivação é preencher o vazio com uma onda de excitação, mas isso não funciona em longo prazo.

» **Compulsão alimentar:** Pessoas com TPB às vezes tentam regular suas emoções e preencher seu vazio comendo em excesso. Elas devoram um pacote inteiro de bolachas, um pote de sorvete ou uma porção enorme de batatas fritas. Comem quantidades tão grandes que muitas vezes vomitam, ou pelo menos sentem um desconforto agudo, em vez de se sentirem satisfeitas.

» **Furtos em lojas:** Ocasionalmente você lê sobre uma estrela de cinema ou outra pessoa rica e famosa que foi pega furtando uma loja. Você provavelmente se pergunta por que pessoas com muito dinheiro se arriscam a ser presas por algo que podem facilmente comprar. A resposta está na necessidade de sentir a adrenalina. Pessoas com TPB que são furtantes impulsivos preenchem o vazio com a empolgação — e o medo — que veem no furto. Às vezes elas roubam itens relativamente sem valor e os doam. Lembre-se de que esses furtantes não são pessoas que roubam por causa de condições econômicas deploráveis.

» **Direção imprudente:** Os motoristas imprudentes ignoram todas as consequências potenciais de seu comportamento. Iniciam um comportamento imprudente para adicionar excitação e uma sensação de perigo à vida. Pessoas com TPB que exibem esse comportamento fazem coisas incrivelmente perigosas na estrada — furam semáforos, mudam de faixa sem sinalizar, aceleram bem além do limite e fazem contornos de arrepiar. Se você está se perguntando se motoristas impulsivos e imprudentes acabam em mais acidentes do que as outras pessoas, estudos indicam que sim.

» **Comportamento agressivo:** Pessoas com TPB perdem a paciência facilmente. Como também tendem a ser impulsivas, podem se tornar desproporcionalmente hostis quando contrariadas. A raiva delas pode resultar em um comportamento agressivo verbal ou físico. Elas também podem se envolver em violência contra o parceiro, bem como contra relações em geral. Alguém com TPB pode abusar verbalmente de um garçom que levou comida fria para a mesa.

» **Sexo imprudente:** Para muitas pessoas, o sexo é empolgante. Pessoas com TPB que exibem comportamentos impulsivos tendem a aumentar seu nível de excitação procurando um parceiro após o outro. Mesmo temendo o abandono do parceiro atual, elas têm casos e se envolvem em atividades sexuais arriscadas e desprotegidas. Podem se sentir seduzidas por sadomasoquismo, sexo grupal, swing e exibicionismo. Para as pessoas que seguem seus impulsos sexuais, sexo com alguém novo representa uma tentativa de obter a validação que não receberam quando crianças. Ou podem usar o sexo para tentar preencher o vazio.

Obviamente, esse comportamento aumenta muito os riscos de infecções sexualmente transmissíveis, gravidez indesejada e, às vezes, até violência.

» **Abuso de substâncias:** O abuso de substâncias é uma das formas mais comuns de impulsividade em que as pessoas se envolvem, tanto as portadoras de TPB quanto as que não são. Além disso, o consumo de muitas substâncias (como álcool, maconha, cocaína e ecstasy) causa maior perda de inibição e desencadeia comportamentos mais impulsivos de outros tipos. Algumas pessoas com TPB abusam de substâncias para regular suas emoções descontroladas. Outras o fazem pelo anseio de preencher o vazio. Infelizmente, o abuso de substâncias aumenta o risco de suicídio em pessoas com TPB, que já estão sob alto risco de morte autoinduzida.

A impulsividade explica parcialmente por que a maioria das pessoas com TPB não vive tanto quanto aquelas sem o transtorno. Suicídio, acidentes de carro, abuso de substâncias ou estilos de vida insalubres — o TPB encurta a vida.

Automutilação para Regular Emoções

A automutilação é um sintoma impulsivo do TPB mais drástico do que os comportamentos que descrevemos na seção anterior. Muitas pessoas presumem que atos de automutilação são tentativas de suicídio; entretanto, o desejo de morrer não é o motivo que leva alguém a cometer a automutilação. Embora algumas pessoas que se machucam acabem cometendo suicídio, muitas o fazem por décadas sem nunca terem tentado o suicídio.

TPB E EMOÇÕES EM CASCATA

O senso comum diz que as pessoas tentam maximizar o prazer e minimizar a dor, e geralmente é isso o que elas fazem. Ainda assim, pessoas com problemas emocionais sérios, como o TPB, envolvem-se em comportamentos, aparentemente inexplicáveis, que resultam em dor física. Em outra parte deste capítulo, damos exemplos de tais comportamentos indutores de dor (incluindo cortar áreas selecionadas do corpo com um objeto pontiagudo, queimar a pele e bater a cabeça).

O *modelo de cascata* explica a relação entre emoções angustiantes e comportamentos que causam dor. O processo começa com uma emoção angustiante. A pessoa com TPB responde repetidamente pensando em como a emoção é horrível, e isso leva a uma maior angústia por causa da emoção. Em outras palavras, a emoção se intensifica e consome os pensamentos e sentimentos da pessoa afetada.

A pessoa com TPB busca freneticamente uma forma de se distrair da dor emocional. O ato de infligir dor física interrompe o ciclo e afasta a atenção da dor emocional avassaladora. O resultado é que a pessoa acaba se sentindo um pouco melhor por um tempo, embora sinta os efeitos nocivos da automutilação. Alguns até relatam que se sentem aliviados com a automutilação. O problema é que, por sentirem alívio, o padrão tem maior probabilidade de ocorrer. O ciclo emocional em cascata recomeça. Um elemento importante em alguns tratamentos para o TPB se concentra no ensino de comportamentos e habilidades alternativos para lidar com emoções difíceis (o que abordamos no Capítulo 15).

Tipos de automutilação

Pessoas com TPB cometem uma variedade surpreendentemente diversa de atos, todos com o objetivo de infligir dor ou dano a si mesmas, incluindo o seguinte:

» **Cortes:** As pessoas que usam este método de automutilação costumam fazer cortes nos braços, nas pernas e no abdômen. Algumas tentam esconder seus ferimentos, enquanto outras os exibem. Elas usam várias ferramentas, como lâminas de barbear, tesouras, clipes de papel, grampos, agulhas, facas e vidros quebrados. Às vezes até se arranham seriamente com as próprias unhas.

» **Queimaduras:** As pessoas costumam se queimar com cigarros, isqueiros e fósforos. Normalmente, cada ato de queimar envolve apenas uma pequena área do corpo, no entanto, várias cicatrizes podem se espalhar com o tempo.

» **Traumas:** Esta categoria de automutilação inclui socos nas paredes, em si mesmo, golpes com a cabeça em algo duro e uso de um martelo ou outra ferramenta para infligir dor ao próprio corpo. O trauma às vezes resulta em hematomas, cicatrizes, feridas e, em casos mais raros, ossos quebrados.

» **Arrancar a pele e puxar o cabelo:** Estes atos incluem cutucar cutículas e crostas, arrancar pelos e beliscar a pele até sangrar. Esses sintomas às vezes acompanham vários outros transtornos emocionais e podem estar relacionados ao transtorno obsessivo-compulsivo.

» **Acidentes intencionais:** Comportamentos desta categoria de automutilação podem parecer *acidentais*. No entanto, algumas pessoas com TPB evitam propositalmente tomar precauções razoáveis. Elas podem sofrer acidentes no trabalho ou em casa que poderiam ter evitado sendo mais cuidadosas ou usando equipamento básico de segurança. Como resultado de não serem cuidadosas, podem cair de escadas que montaram em um terreno instável ou se queimar ao usar gravetos para reorganizar a lenha na lareira.

» **Comportamentos raros:** Esta categoria de automutilação inclui ações raras, mas não inéditas, incluindo as seguintes:

- Engolir objetos pontiagudos.
- Friccionar-se ao extremo.
- Empurrar o globo ocular.
- Morder o próprio corpo.
- Inserir objetos em cavidades corporais.
- Ingerir produtos químicos prejudiciais, mas não fatais.

Comportamentos autoagressivos graves, como os que listamos aqui, afetam cerca de 2 milhões de pessoas apenas nos Estados Unidos, muitas das quais têm TPB. Alguns atos de automutilação chegam ao conhecimento de profissionais apenas em salas de emergência.

Por que se machucar?

Você pode ter dificuldades para entender por que se envolver em vários atos de automutilação proporciona alívio a alguém com TPB. Embora possa se perguntar por que algumas pessoas querem se machucar, pessoas com TPB e profissionais que as tratam desenvolveram teorias sobre as motivações por trás desses comportamentos chocantes e extremamente dolorosos. Elas incluem:

» **Chamar a atenção:** Muitos profissionais não acreditam que essa motivação desempenhe um grande papel na maioria dos comportamentos de automutilação, porque a maior parte das pessoas que o fazem tenta esconder o que fizeram. Às vezes, porém, as pessoas com TPB não têm as habilidades de que precisam para obter apoio de outras pessoas, então elas se sentem impelidas a se machucar como forma de buscar ajuda. No final, esses atos de busca de atenção podem despertar a preocupação e o cuidado de que as pessoas com TPB precisam, mas são maneiras desesperadas de atingir esse objetivo.

» **Distrair-se da dor emocional:** Muitos especialistas, incluindo nós mesmos, acreditam que as pessoas com TPB se envolvem em automutilação como uma forma de lidar com a dor emocional insuportável. A dor física é menor que a emocional, mas afasta a atenção das emoções avassaladoras temporariamente. (Veja o box "TPB e Emoções em Cascata" para obter mais informações.)

- » **Sentir-se melhor:** Quando você fere seu corpo, seu cérebro libera analgésicos naturais, como a *endorfina*. Essas endorfinas facilitam o retorno a um estado emocional não angustiante e incômodo. Assim, ironicamente, a dor física ajuda algumas pessoas a regularem as emoções. Para um exemplo muito menos extremo dos efeitos positivos das endorfinas, algumas pessoas mascam pimenta-malagueta, porque isso faz com que o corpo libere endorfinas. Assim, mesmo as pessoas que não sofrem de transtornos emocionais graves podem compreender em algum nível o apelo de obter endorfinas.

- » **Sentir algo diferente de dormência e vazio:** Algumas pessoas com TPB relatam que se sentem sem contato com a realidade e o mundo ao redor (veja no Capítulo 10 mais informações sobre esse sintoma de TPB). Essas pessoas às vezes infligem dor a si mesmas para sentirem algo "real".

- » **Punir-se:** Embora os profissionais de saúde mental não saibam com que frequência essa motivação leva as pessoas com TPB a adotarem a automutilação, algumas pessoas relatam que acreditam que merecem punição e maus tratos. Nesses casos, a automutilação é uma forma de elas se punirem.

- » **Vingar-se de alguém:** Algumas pessoas com TPB são incapazes de expressar raiva de maneira adequada e, como resultado, machucam-se para fazer os outros se sentirem culpados por algo que disseram ou fizeram.

- » **Reconstituir o abuso sofrido:** Muitas pessoas com TPB relatam que foram abusadas durante a infância (veja no Capítulo 4 mais informações sobre as causas do TPB). As crianças muitas vezes acreditam que merecem o abuso que recebem e, portanto, como adultos, continuam o padrão contra si mesmas.

Essas motivações representam hipóteses interessantes. No entanto, os profissionais não têm dados suficientes para determinar quais motivos melhor explicam a automutilação em pessoas com TPB. Os motivos para cada indivíduo variam. Embora você possa achar fascinante estudar as razões por trás dos comportamentos de automutilação, as pessoas com TPB que se machucam podem não achar seu insight útil. Em outras palavras, entender por que as pessoas se machucam nem sempre é suficiente para ajudá-las a parar.

Embora nenhuma situação de automutilação seja realmente *típica*, a seguinte história sobre Abigail ilustra como uma pessoa com TPB se envolve nesses comportamentos para lidar com o mal-estar.

> **Abigail** atira seu celular na sala. Ela ouve Ryan, seu agora ex-namorado, gritando. Então pega o celular e grita que ele se arrependerá de tê-la traído. Ryan implora para que ela se acalme, afinal, ele só estava falando com uma pessoa no trabalho. Ela desliga.

Agora sua raiva muda para ansiedade. Abigail não consegue parar de pensar na infidelidade imaginada do namorado. Ela sempre teve medo de que ele a deixasse. Está tensa, desesperada e sem fôlego.

A única forma de escapar da dor lancinante é o sangue. Ela puxa a faca da gaveta da cômoda. O desejo cresce. Abigail tira a camiseta e lentamente empurra a lâmina na pele do abdômen. Experimenta um único momento de dor deliciosa — depois, nada. Ela observa o sangue correr e puxa a faca mais para cima, vendo mais sangue jorrar. Ela corta mais um pouco. De alguma forma, a visão do sangue a acalma e a leva a um estado de paz. Ela se balança lentamente para a frente e para trás.

Nessa história, Abigail sente uma dor emocional lancinante e não sabe como lidar com isso. Então começa a se cortar como forma de se distrair das emoções avassaladoras. O Capítulo 16 oferece maneiras de ajudar as pessoas a lidar com as emoções intensas de maneira mais eficaz.

LEMBRE-SE Os comportamentos de automutilação são sempre perigosos e normalmente aumentam de gravidade e requerem tratamento. Veja na Parte 4 algumas ideias sobre como reduzir a automutilação.

Suicídio: A Fuga Definitiva

Pessoas com TPB correm um risco perturbadoramente alto de cometer suicídio. Esse risco apavora aqueles que se preocupam com elas e assusta os profissionais de saúde mental que as tratam. Estudos sugerem que até 10% das pessoas com TPB cometem suicídio — e precedem o ato final com várias tentativas. Esses atos suicidas estão entre os mais sérios e complexos dos comportamentos impulsivos que afligem as pessoas com TPB.

DICA Embora o risco de suicídio seja alto em pessoas com TPB, perceba que 90% delas não o cometem. Aquelas que recebem ajuda têm menos probabilidade de fazê-lo.

Grito de socorro ou vingança?

Pessoas que vivenciaram tentativas de suicídio relatam que sentiram uma dor emocional insuportável antes. Elas se sentiam desamparadas e sem esperança sobre suas opções e sua vida. Não viam nenhum potencial para um futuro melhor. O suicídio se tornou uma esperança de fuga da dor de viver.

As tentativas de suicídio às vezes são pedidos desesperados de ajuda. Infelizmente, para as pessoas que tiveram sucesso nele, a ajuda chega tarde demais. Para outras pessoas, as tentativas de suicídio parecem envolver a necessidade de se vingar das pessoas que as injustiçaram, abandonaram ou as machucaram. Nesses casos, as pessoas com impulsos suicidas acreditam que infligirão culpa e remorso a seus inimigos após sua morte.

Quem corre risco?

Os profissionais de saúde mental querem ter a capacidade de prever quem tem um risco particularmente alto de suicídio e quem tem um risco menor, mas tantos fatores influenciam quem está sob maior risco que eles não conseguem dizer exatamente quem tentará o suicídio e quem não o fará. No entanto, os profissionais sabem que o diagnóstico de TPB aumenta muito o risco. Os riscos de suicídio também parecem aumentar se uma pessoa já fez tentativas anteriores (ou teve comportamentos parassuicidas) ou se alguém na família se suicidou.

Os profissionais também sabem que o abuso de substâncias aumenta substancialmente o risco de um eventual suicídio. Estudos que examinam o suicídio sugerem que as pessoas com TPB não cometem suicídio durante a adolescência ou na casa dos 20 anos — o suicídio entre essas pessoas é mais comum durante a próxima década de vida.

Avaliar o risco de um determinado indivíduo é uma tarefa extremamente difícil, mas a psicoterapia para o TPB parece diminuí-lo. Além disso, tratadas ou não, as pessoas com TPB experimentam uma redução dos sintomas, incluindo comportamentos suicidas, na faixa dos 40 e 50 anos, então o tempo acaba se tornando um aliado.

CUIDADO Embora prever o suicídio em alguém com TPB seja extremamente difícil, você deve procurar ajuda profissional se seu ente querido apresentar os seguintes comportamentos:

- » Mostra uma perda acentuada de interesse nas coisas de que desfrutava.
- » Fala sobre se sentir totalmente desesperado e desamparado.
- » Expressa a opinião de que o mundo estaria melhor sem ele.
- » Fala sobre suicídio.
- » Chama as pessoas para se despedir.
- » Aumenta o abuso de drogas ou álcool.
- » Coloca assuntos pessoais em ordem.
- » Exibe uma calma incomum sem nenhum motivo claro após uma longa tristeza.
- » Começa a distribuir bens valiosos sem motivo.
- » Teve uma perda recente séria.

Ninguém pode prever ou prevenir com segurança todos os suicídios. Se alguém de quem você gosta comete suicídio, não é sua culpa. Mas, se você acredita que o suicídio é iminente, chame o SAMU ou a polícia.

CUIDADO Se estiver experimentando sentimentos de desamparo, desesperança ou desejo de acabar com sua vida, procure ajuda imediatamente.

Os comportamentos impulsivos abrangem apenas dois dos principais sintomas de TPB que descrevemos no Capítulo 3. Nem todo mundo que exibe impulsividade (especificamente busca de sensações, automutilação e ideação suicida) se qualifica para um diagnóstico de TPB. Algumas pessoas que apresentam esses comportamentos têm transtorno bipolar e só o exibem quando estão passando por um episódio de mania. Outras têm diagnósticos específicos, como cleptomania (roubo impulsivo), jogo patológico ou abuso de substâncias, e não mostram outros sinais de TPB. Além disso, nem todos que têm um diagnóstico de TPB se envolvem nos comportamentos impulsivos que descrevemos neste capítulo, embora muitos o façam.

NESTE CAPÍTULO

» Analisando as razões por trás das emoções

» Explorando a regulação emocional ou a falta dela

» Compreendendo a raiva borderline e seus efeitos

Capítulo **6**

Sentimentos e Humores Explosivos

Algumas pessoas com transtorno da personalidade borderline (TPB) ficam com raiva com pouca provocação, ansiosas com questões triviais e desesperadas quando coisas boas acontecem. Seus sentimentos podem mudar rapidamente, e muitas vezes elas têm dificuldade para se acalmar. Os profissionais de saúde mental se referem a essas reações que mudam rapidamente como *desregulação emocional*. A desregulação emocional é um sintoma central do TPB e causa muita dor e caos para as pessoas que a vivenciam.

Neste capítulo, avaliamos as emoções humanas básicas. Também exploramos o conceito de desregulação emocional, explicamos como os problemas de desregulação fazem com que as pessoas com TPB reajam com intenso medo, ansiedade, depressão e raiva a eventos que muitas pessoas consideram triviais, e, finalmente, revisamos a dificuldade que as pessoas com TPB têm em tentar identificar e rotular as emoções que experimentam.

O Básico das Emoções

Emoções são respostas mentais e físicas aos eventos da vida e incluem tudo o que acontece no mundo, bem como memórias, pensamentos e imagens que passam pela mente. As emoções são universais; a menos que haja algum transtorno específico, todos os seres humanos as têm. Os psicólogos identificaram seis emoções básicas que as pessoas de todo o mundo experimentam. Você pode identificar com segurança as seguintes emoções primárias no rosto das pessoas:

- » Felicidade.
- » Tristeza.
- » Raiva.
- » Medo.
- » Nojo.
- » Surpresa.

Inúmeras palavras evoluíram para discutir níveis e nuances dessas emoções principais, portanto, você pode descrever a felicidade como alegria, exaltação e deleite; ou pode dizer que é o estado de otimismo, plenitude, satisfação, gratidão, esperança, carisma, e assim por diante. Palavras que descrevem o medo incluem ansiedade, terror, horror, nervosismo, apreensão, desconfiança, preocupação e alarme.

PAPO DE ESPECIALISTA

As culturas de todo o mundo variam quanto ao número de palavras que têm para descrever cada uma dessas emoções principais. O inglês tem mais de 2 mil palavras para descrever emoções, enquanto o taiwanês tem apenas cerca de 750. Em contraste, a língua chewong (falada por um pequeno grupo de pessoas que vivem na Malásia) tem apenas sete palavras que descrevem emoções.

Além disso, algumas culturas têm palavras que descrevem emoções que não são definidas em outras. Imagine um grupo de adolescentes rindo de um colega que tropeça e cai no corredor. A língua alemã tem a palavra *Schadenfreude*, que significa o prazer sádico que uma pessoa sente pela desgraça alheia. A língua alemã vai além para distinguir entre uma Schadenfreude secreta (velada) e uma expressa. Apostamos que você não consegue pensar em uma palavra equivalente em português. Mas, embora não haja uma palavra, as pessoas experimentam esses sentimentos de prazer com o infortúnio de outra.

LEMBRE-SE

Emoções, mesmo as desagradáveis, não são inerentemente certas ou erradas. O que as torna saudáveis versus destrutivas é a maneira como você as expressa.

Filósofos e cientistas debatem sobre o que são as emoções, como categorizá-las e quais partes do corpo envolvem. Um grupo tende a se concentrar nas mudanças físicas do corpo que ocorrem em conjunto com as emoções, e outro argumenta que as emoções têm mais a ver com os pensamentos do que com as reações físicas. Ambas as perspectivas têm valor em termos do papel que as emoções desempenham no TPB. Descrevemos essas duas abordagens à emoção nas seções a seguir.

Emoções primitivas

Alguns profissionais abordam as emoções observando a relação entre as reações físicas e as emoções do corpo. Eles acreditam que as pessoas reagem instintivamente com pouco ou nenhum pensamento sobre alguns eventos — mesmo quando se deparam com o evento pela primeira vez. O medo de cair, de ruídos altos, de abandono e de alguns predadores, como cobras e aranhas, desencadeiam certas respostas instintivas codificadas geneticamente no corpo de uma pessoa, que a levam a sentir certas emoções. Em outras palavras, essas respostas físicas são pré-programadas para alertar as pessoas sobre possíveis perigos e prepará-las para reagir. Essas reações corporais causam as *emoções primitivas*. Pessoas com TPB podem ter respostas físicas exacerbadas aos medos, o que, por sua vez, leva a emoções exageradamente reativas. (Veja no Capítulo 3 mais informações sobre os sintomas do TPB, e no Capítulo 4, sobre as influências biológicas no surgimento do TPB.)

Respostas normais

Há profissionais que acreditam que as emoções têm mais a ver com o corpo físico do que com os pensamentos (analise a seção "Emoções subjetivas" para ver o outro lado da moeda). Eles afirmam que as respostas que seu corpo dá a certos eventos causam suas emoções. Em outras palavras, você se sente triste porque chora ou fica ansioso porque treme. Seu corpo envia sinais para sua mente, o que faz com que você sinta emoções específicas. A lista a seguir fornece uma série de respostas corporais comuns a eventos. As emoções que se seguem a essas reações corporais podem incluir medo, raiva, nojo, felicidade, tristeza ou surpresa.

- » Tensão muscular.
- » Frequência cardíaca aumentada.
- » Aumento da pressão arterial.
- » Transpiração.

- Sorriso.
- Risada.
- Engasgo.
- Pulos.
- Pupilas se dilatando ou se contraindo.
- Salivação.
- Ficar pensativo.

Respostas do TPB

Algumas pesquisas indicaram que pessoas com TPB têm respostas mais intensas a eventos do que as que não o têm. Um estudo analisou as reações das pessoas quando se assustavam com um ruído estático inesperado, ao mesmo tempo em que era mostrada uma série aleatória de palavras com significados neutros (como regular ou coletar) ou negativos (como abandono ou ódio). As pessoas com TPB foram mais reativas aos sons do que o outro grupo, especialmente quando as palavras que viam tinham significados negativos. Esse estudo, que foi publicado no jornal *Biological Psychiatry*, concluiu que as respostas emocionais instáveis de pessoas com TPB são exacerbadas. No entanto, as pesquisas atuais sobre um possível aumento da resposta de sobressalto entre aqueles com TPB permanecem inconclusivas.

Outra pesquisa não conseguiu demonstrar que as pessoas com TPB têm respostas corporais mais fortes após os mesmos tipos de eventos. Em um estudo, pessoas com e sem TPB viram imagens desagradáveis e tiveram as mesmas respostas físicas (incluindo respostas de susto e diminuição da frequência cardíaca). Essas descobertas contraditórias confundiram os cientistas, porque muitos profissionais de saúde mental acreditam que pessoas com TPB reagem com maior intensidade emocional do que outras. Possíveis explicações para essa inconsistência incluem:

- Pessoas com TPB às vezes se dissociam ou se afastam mentalmente de eventos estressantes. Por sua vez, essa dissociação pode silenciar suas reações físicas.
- Alguns dos métodos que os cientistas têm usado em estudos para desencadear emoções não são equivalentes aos eventos naturais que evocam as emoções. Em outras palavras, as pessoas com TPB podem de fato responder com reações corporais mais intensas a eventos reais, mas os cientistas podem simplesmente não ter captado a essência de tais eventos em seus estudos.

> Pessoas com TPB podem não ter reações corporais mais fortes aos eventos; em vez disso, podem simplesmente acreditar ou pensar que suas emoções são mais fortes do que as das outras pessoas. Como resultado, relatam emoções mais fortes.

Outros estudos, ainda, focaram emoções autorrelatadas, em vez de respostas corporais que as pessoas com TPB têm em vários tipos de eventos. Esses estudos sugerem que pessoas com TPB relatam emoções mais intensas do que aquelas sem o transtorno. Um estudo pediu aos participantes com e sem TPB para transportar dispositivos ao longo do dia. O dispositivo emitia bipes em momentos aleatórios durante o dia, e os participantes registravam seus estados emocionais a cada vez que o ouviam. Essa pesquisa demonstrou de forma consistente que as pessoas com TPB *alegavam* ter reações mais intensamente negativas aos eventos do que aquelas sem o transtorno. Além disso, as pessoas com TPB relataram que suas emoções também eram mais variáveis e instáveis.

Emoções subjetivas

Outros profissionais conectam as emoções mais aos pensamentos do que às respostas do corpo. Eles acreditam que a forma como as pessoas interpretam os eventos, em última análise, causa as emoções. Uma arma apontada para sua cabeça não o faz tremer e suar profusamente; o que o faz é o significado que uma arma tem para você — perigo ou mesmo morte. Se você tivesse crescido em algum vilarejo remoto em que não existissem armas, provavelmente responderia a uma arma com mera curiosidade, não com medo, porque seus pensamentos sobre uma arma não a associariam ao medo. Então, o significado que as pessoas dão aos eventos (ou coisas) causa as emoções.

Estudos têm mostrado que pessoas com TPB têm uma forte tendência a ver os eventos de forma mais negativa do que as outras. (Saiba no Capítulo 9 como as pessoas com TPB veem os eventos de maneiras distorcidas.) Essas distorções no pensamento podem causar uma turbulência emocional substancial, porque os pensamentos desempenham um grande papel nas emoções.

Por outro lado, as pessoas que são capazes de regular as emoções de forma eficaz usam a lógica e o raciocínio para reinterpretar os eventos de forma menos ameaçadora, o que as leva a vivenciar emoções menos extremas. Uma mulher com TPB pode interpretar a viagem de negócios do marido como prova de que ele está tendo um caso e a deixará. Em contraste, uma mulher sem TPB pode ter o mesmo pensamento inicial de que seu marido pode estar tendo um caso, mas descartá-lo revisando os aspectos positivos de seu casamento.

O antigo filósofo grego Aristóteles argumentou que a razão deveria triunfar sobre as emoções em uma vida equilibrada. Ele alertou contra o perigo de emoções excessivas, bem como de emoções altamente contidas. Veja na Parte 4 inúmeras ideias para seguir o sábio conselho de Aristóteles.

Emoções ao Estilo Borderline

Sintonizar-se com a vida emocional de alguém com personalidade saudável é como ouvir uma orquestra sinfônica. (Veja o Capítulo 2 para obter mais informações sobre personalidades saudáveis.) A partitura tem notas altas e notas baixas, períodos de tons suaves e crescendos violentos. A performance como um todo tem um fluxo e refluxo. Da mesma forma, as emoções podem subir e descer em uma pessoa com uma personalidade saudável, mas toda a experiência tem uma certa coerência — tudo parece se encaixar.

Por outro lado, dar ouvidos à vida emocional de uma pessoa com TPB é mais como ouvir uma orquestra composta de amadores que nunca praticaram ou tocaram os instrumentos designados. Altos e baixos vêm e vão aleatoriamente, os crescendos explodem mais alto e duram mais do que você espera, e é difícil encontrar coerência no desempenho.

Inúmeros estudos mostraram que as pessoas com TPB experimentam emoções negativas com mais frequência do que aquelas com personalidade saudável. Elas têm mais ansiedade, tristeza, raiva e ciúme do que a maioria. Ao mesmo tempo, parecem sentir menos euforia e felicidade. Suas emoções vão de 0 a 60 em segundos, e acalmá-las leva mais tempo do que você imagina.

Além disso, os eventos que desencadeiam as emoções negativas das pessoas com TPB não precisam ser enormes ou alterar a vida delas, porque elas veem o mundo através de lentes obscuras, distorcidas e com desconfiança. Elas tendem a pensar que o mundo gira em torno delas e, como resultado, muitas vezes personalizam acontecimentos — grandes ou pequenos — que pouco ou nada têm a ver com elas. Além desses processos de pensamento distorcidos, as pessoas com TPB às vezes reagem de forma exagerada, porque têm uma predisposição genética para isso.

Pessoas com TPB geralmente se enfurecem com aquelas que mais se preocupam com elas. Culpam os outros e se recusam a aceitar a responsabilidade por suas emoções descontroladas. Na história a seguir, Isabella (uma jovem que tem TPB) transforma o que poderia ter sido uma celebração feliz em um pesadelo.

Isabella vai para a cozinha, feliz e animada. "Sam, adivinha?!", exclama ela, segurando uma carta. "Fui aceita na pós-graduação!"

"Que ótima notícia. Vamos sair e comemorar. Pode ser que a gente não tenha muito tempo para sair depois de você iniciar a pós", responde Sam.

Isabella franze a testa, de repente com raiva. "O que você quer dizer com a gente não ter tempo?"

"Quê?! Estou muito orgulhoso de você, só estava brincando", diz Sam, com cautela.

"Você não consegue dizer nada de positivo sobre nada? Você sempre estraga meu sucesso com seu sarcasmo", a voz de Isabella fica mais alta. "Esquece a comemoração. Você acabou de destruir mais uma noite. Não aguento sua negatividade!"

"Isabella, por favor, não fica com raiva de mim. Estou muito feliz por você ter sido aceita. Não podemos recomeçar essa conversa?"

Isabella se afasta, recusa-se a falar e rasga a carta de aceitação em pedaços. Sam sabe que sua birra pode durar um minuto ou várias horas. Ele ouve ela batendo gavetas, jogando coisas e soluçando no quarto, seguido de silêncio. Com medo de que ela se corte novamente, ele vai até o quarto e a encontra sentada no chão do quarto.

"Eu me sinto horrível, Sam. Nunca vou ser feliz. Eu deveria esquecer a pós-graduação e acabar com tudo agora!", grita ela.

Sam implora: "Pare com isso, Isabella! Por favor, pare. Acalme-se!"

"Você não entende", soluça Isabella. Ela sai correndo do apartamento.

Sam balança a cabeça em descrença. Ele não entende como essa discussão começou ou sobre o que de fato se trata.

Isabella fica com raiva rapidamente, interpreta com exagero o significado dos comentários neutros de Sam e é consumida por sua raiva. Ela muda da raiva para o desespero em segundos. Além disso, precisa de várias horas para se acalmar de sua tempestade emocional. Por causa de suas emoções intensas, Isabella age impulsivamente e corre soluçando para fora do apartamento. (Leia no Capítulo 5 sobre a impulsividade e seu papel no TPB.)

As pessoas com TPB não só têm emoções extremamente fortes, mas também lutam para perceber como essas emoções afetam a própria vida e a daqueles que as amam. A próxima seção discute a dificuldade que elas têm de reconhecer e expressar emoções.

Lutando para reconhecer e expressar as emoções

Muitas pessoas com TPB sofrem de outro problema emocional — às vezes parecem alheias a seus estados emocionais. Nem sempre refletem sobre seus sentimentos ou tentam rotulá-los; em vez disso, são mais propensas a expressá-los, mesmo sem estarem cientes das emoções que estão sentindo. Elas não sabem como entender suas emoções, o que é quase como não ter um vocabulário para descrevê-las.

Um homem com TPB pode gritar e falar rapidamente enquanto balança o dedo, mas, ao mesmo tempo, negar que está com raiva. Ou uma mulher com TPB pode sorrir ao falar sobre acabar com sua vida. Às vezes as pessoas com TPB que não conseguem manter o controle das emoções demonstram uma profunda desconexão entre como expressam emoções e o que dizem que sentem. Essa luta para reconhecer e expressá-las confunde familiares, amigos e até mesmo terapeutas.

Em contraste, estudos mostraram que algumas pessoas com TPB são incomumente sensíveis às expressões faciais de outras pessoas. Quando veem fotos de rostos, percebem emoções negativas com uma precisão surpreendente. No entanto, elas também veem mais negatividade do que existe nas faces neutras.

Ter emoções sobre emoções

Pessoas com TPB que apresentam dificuldades emocionais tendem a ter mais ansiedade, depressão, ciúme e raiva do que a maioria. No entanto, elas se tornam ainda mais infelizes por se sentirem mal por se sentirem mal. Ficam deprimidas *por causa* de sua ansiedade e raiva. Elas chafurdam em culpa e desespero *por causa* de seu ciúme e raiva. Ficam emocionadas por serem passionais e permanecem presas em um ciclo de sofrimento recorrente — muitas vezes autoinfligido.

> **NESTE CAPÍTULO**
>
> » Descobrindo o que é identidade
> » Desenvolvendo identidade no século XXI
> » Explorando identidades borderlines e seus efeitos

Capítulo **7**

Problemas de Identidade e TPB

O roubo de identidade acontece com cerca de 6% dos cidadãos norte-americanos a cada ano. No entanto, com o tempo, até um terço dos norte-americanos pode esperar ser vítima desse tipo de crime. Antigamente, as pessoas se preocupavam principalmente em perder sua identidade para ladrões que vasculhavam lixeiras em busca de recibos de cartão de crédito, mas, hoje em dia, corre-se um risco maior de perder sua identidade por meio de golpes de mensagens e e-mail. As pessoas também podem revelar muitas informações pessoais nas redes sociais ou ter seus celulares ou computadores hackeados.

Não importa qual seja o método, a própria ideia de perder sua identidade leva a sentimentos de tristeza, perturbação, uma sensação de violação pessoal e pânico. Um ladrão de identidade pode usar seus dados para fazer empréstimos, arquivar declarações de impostos fraudulentas, estabelecer compromissos sociais e até mesmo obter tratamento médico. Há algo muito assustador em saber que outra pessoa está fingindo ser você.

Mas esse tipo de problema de identidade não é o assunto deste capítulo. Aqueles que sofrem de TPB muitas vezes têm o *senso* de que perderam sua identidade. Diferentemente daqueles que perderam a identidade financeira ou online, as pessoas com TPB perderam algo mais valioso e fundamental. Elas não têm noção de quem são e daquilo em que acreditam. Esse sintoma cria muita ansiedade, sentimentos perturbadores e falta de propósito e direção.

Neste capítulo, ilustramos o que *identidade* significa, bem como descrevemos seu desenvolvimento e sua evolução ao longo do tempo. E damos uma olhada nos aspectos positivos e negativos das identidades. Queremos que você se familiarize com essas informações antes de prosseguirmos para explicar os problemas de identidade que as pessoas com transtorno da personalidade borderline (TPB) costumam vivenciar. Veja no Capítulo 17 as técnicas de manejo de problemas de identidade. (Desculpe, não podemos ajudá-lo com o roubo material de identidade.)

O Conceito de Identidade

A maioria das pessoas sabe quem é, sem pensar muito a respeito, e sabem o que dizer quando alguém lhes pede que se identifiquem. Quando um policial pergunta quem você é, você provavelmente diz seu nome e mostra sua carteira de motorista. Contudo, a identidade *pessoal* é muito mais complexa do que um simples cartão. Esta seção examina o conceito de identidade de maneira pessoal e aprofundada.

O que é identidade?

Identidade é uma teoria ou conceito que alguém cria para sintetizar informações e conhecimento sobre si mesmo. Em outras palavras, sua identidade é sua própria tentativa de capturar os elementos essenciais que fazem de você quem você é. A identidade evolui com o tempo, à medida que assume diversas áreas de ênfase. Um bebê de 2 meses não tem noção de gênero, mas, com 13 anos, uma criança provavelmente pensa muito sobre a importância do gênero. Na escola primária, as crianças geralmente não têm muita identidade profissional, mas essa esfera importante assume um grande significado no começo da idade adulta.

A personalidade, por outro lado, descreve amplos traços de caráter que *outras* pessoas podem ver (dê uma olhada no Capítulo 2 para saber mais informações sobre personalidade). Por natureza, a identidade é mais pessoal do que a personalidade. Em outras palavras, a identidade envolve julgamentos de valor que as pessoas fazem sobre si mesmas, e não aqueles que outras pessoas fazem sobre elas. Por exemplo, a riqueza tem pouco ou nada a ver diretamente com a personalidade; no entanto, às vezes as pessoas vinculam muito de seu valor próprio e de sua identidade ao acúmulo — ou à falta — de dinheiro.

Assim, as pessoas podem ter personalidades extrovertidas e ser ricas ou pobres. Sua riqueza não tem automaticamente um efeito forte em suas personalidades. Por exemplo, algumas pessoas ricas acham que seu dinheiro tem pouco a ver com quem são como pessoa. Por outro lado, algumas pessoas ricas sentem que sua identidade — quem são e o que valorizam — reside em suas posses.

Como a personalidade, uma identidade pode ser saudável ou doentia. Identidades saudáveis se assentam em valores sólidos e variados. Elas não se concentram em um único aspecto de uma pessoa. Por exemplo, uma identidade saudável pode abranger várias fontes de autoestima. Em contraste, uma identidade doentia tem um escopo restrito e geralmente deriva de apenas alguns elementos.

As pessoas incorporam apenas alguns ou, com sorte, muitos aspectos da vida em sua própria identidade, incluindo o seguinte:

- Talento artístico.
- Conhecimento.
- Prosperidade.
- Gênero.
- Hobbies.
- Realizações.
- Carreira.
- Relacionamentos.
- Status e prestígio.
- Religião.
- Valores.
- Prioridades.
- Aparência.
- Saúde.
- Local de residência.
- Afiliação cultural.
- Idade.

Para formar sua identidade, você provavelmente olha esses vários aspectos de sua vida e tenta descrever quem você é com base em quais facetas mais *valoriza*. A identidade pessoal é como uma história de sua vida. Alguém que valoriza amizades terá uma história de vida, ou identidade, que as enfatiza. Para identidades saudáveis, essas histórias têm coerência e algum grau de continuidade, e, assim, a identidade delas orienta suas decisões e escolhas. No entanto, se sua identidade está embaralhada e carece de continuidade, não guia prontamente suas escolhas de vida.

Os termos que muitos profissionais de saúde mental consideram semelhantes à identidade incluem autoconceito, autoestima, autoconsciência, autoconfiança, autossatisfação e presunção. Embora um grupo de psicólogos possa falar por horas sobre as nuances que distinguem cada termo dos outros, todos os termos captam uma ideia semelhante — quem você é. Veremos nas próximas seções como desenvolver e definir quem você é.

Como a identidade se desenvolve?

A identidade se desenvolve e muda ao longo da vida. Torna-se mais complexa e incorpora mais aspectos do self com a idade. Alguns períodos apresentam maiores desafios para o desenvolvimento da identidade do que outros. Nas seções a seguir, descrevemos os estágios básicos do desenvolvimento da identidade.

Bebês e crianças pequenas

Os bebês começam a desenvolver cedo seu senso de identidade. Nos primeiros meses, começam a aprender que outras pessoas percebem e respondem a seus desconfortos. Eles lentamente se diferenciam em relação a seus cuidadores. À medida que começam a fazer essas distinções, as interações entre bebês e cuidadores se tornam cruciais para o estabelecimento da identidade, pois, dependendo de seus cuidados, os bebês aprendem como o que fazem afeta outras pessoas em seu mundo.

A identidade se desenvolve muito mais à medida que o mundo das crianças se expande para incluir uma ampla interação com as outras. Um momento particularmente crítico no desenvolvimento da identidade parece ser entre as idades de 4 e 6 anos, quando as crianças aprendem um conceito crucial — o de que outras pessoas têm pensamentos e ideias diferentes dos seus. Também durante essa fase, as crianças adquirem a capacidade de compreender o que outras pessoas provavelmente estão pensando e sentindo em várias situações. Quando genes ou experiências sociais interferem nesse desenvolvimento, as crianças se tornam inaptas para lidar com outras pessoas, o que pode levar ao desenvolvimento de TPB na idade adulta.

PAPO DE ESPECIALISTA

O mecanismo central que permite a autorreflexão, o desenvolvimento da identidade e a capacidade de se relacionar com os outros é conhecido como *teoria da mente*. A teoria da mente diz respeito a saber que os outros têm pensamentos diferentes dos seus e compreender os estados psicológicos e emocionais dos outros. Pessoas com TPB não têm uma teoria da mente bem desenvolvida, o que as leva a ter problemas para se relacionar apropriadamente com os outros.

Meia infância

Dos 6 aos 12 anos, a identidade das crianças continua a se desenvolver. A capacidade de regular as emoções, uma das habilidades que ajuda a fomentar o desenvolvimento de uma identidade saudável, ocorre nesta fase. Outros aspectos importantes do desenvolvimento positivo da identidade que surgem nessa época incluem o domínio dos trabalhos escolares, a convivência com outras crianças e a aquisição de habilidades mentais e físicas básicas. Quando as crianças não conseguem adquirir a capacidade de regular as emoções e essas outras habilidades básicas, passam por anos tumultuados na adolescência, o que prejudica o desenvolvimento de sua identidade na idade adulta.

Pessoas com TPB podem ter algumas habilidades muito desenvolvidas (podem ser altamente inteligentes ou extremamente detalhistas), mas muitas vezes não conseguem adquirir a capacidade de moderar suas emoções. Como resultado, as emoções disparam e despencam à menor provocação, o que caracteriza muitas pessoas com TPB.

Adolescência

Há muito tempo, a identidade estava bastante fixada no final da meia infância. Afinal, pais e professores colocavam as crianças em papéis predeterminados. As meninas aprendiam habilidades domésticas em preparação para o casamento, e os meninos, outros ofícios e aprendizados predeterminados.

No mundo moderno, entretanto, a identidade se tornou uma questão especialmente pungente durante a adolescência. Os adolescentes experimentam e vivem várias identidades, o que os psicólogos chamam de *eus possíveis*. Por meio desse processo de experimentação, eles descartam alguns desses eus possíveis e se apegam a outros. A desvantagem de toda essa experimentação é que fazer malabarismos com todas essas possibilidades é bastante estressante. Veja no Capítulo 4 uma discussão sobre as pressões da adolescência moderna.

Mesmo as pessoas que não desenvolvem TPB acham que a adolescência é um período estressante da vida, portanto, o fato de os principais sintomas do TPB começarem a aparecer no início da adolescência parece natural. Afinal, as pressões aumentam para estabelecer um senso claro de identidade durante a adolescência, e muitas pessoas com TPB emergente não conseguem definir claramente quem são nem durante a idade adulta, muito menos durante a adolescência.

Idade adulta

No cenário ideal, você consegue superar os desafios da adolescência com um senso de identidade razoável e equilibrado. Sua identidade adolescente provavelmente tinha alguma complexidade e incluía uma variedade de elementos, mas, se for uma identidade saudável, mantém um conjunto coerente de temas. Se um aspecto de sua identidade for ameaçado, você pode precisar recorrer a outras facetas de seu self para atenuar o sofrimento emocional.

Se um pai perde o emprego, pode lembrar a si mesmo de que tem muitos atributos positivos, como seus papéis de pai e marido, inteligência, genialidade e desenvoltura. Essas qualidades não apenas o protegem de um ataque massivo à sua autoestima — que a demissão repentina costuma causar —, mas também lhe dão a confiança de que outro empregador o verá como um candidato desejável.

A capacidade de usar diferentes facetas da própria identidade para lidar com o sofrimento emocional é um elemento-chave de uma identidade saudável. Pessoas com TPB lutam para manter a estabilidade emocional quando partes de sua identidade são ameaçadas.

Como muitas pessoas com TPB, Tyler, um consultor de marketing de 25 anos, teve uma adolescência turbulenta. No entanto, a combinação de genes razoavelmente bons, alguns bons modelos, oportunidades razoáveis e ausência de abusos e traumas graves lhe permitiram superar uma adolescência nada perfeita e formar uma identidade saudável.

> **Tyler** reflete sobre sua vida e se sente bem consigo mesmo. Ele viveu o que agora considera uma infância desafiadora. Seus pais se divorciaram quando ele tinha 4 anos, e cada um encontrou um novo parceiro. Tyler teve que se mudar, mas seus pais conseguiram mantê-lo no mesmo sistema escolar. Durante o ensino médio, usou algumas drogas ilícitas e abusou do álcool. Suas notas eram boas, mas ele nunca estudou muito. Ele se rebelou contra seus pais por não se importar com a escola e seu futuro, e às vezes parecia deprimido. Tyler não encontrou o verdadeiro sentido da vida até ir para a faculdade e descobrir o amor por viajar e aprender. Sem a necessidade de se rebelar, destacou-se na escola. Acabou percebendo que sua vida era muito boa e que era muito bem tratado. Agora, na idade adulta, suas emoções estão sob controle. Ele ainda bebe um pouco demais, mas gosta de seus muitos amigos e interesses. Bons genes, nenhum abuso extremo e a capacidade de adiar as recompensas, que ele aprendeu na faculdade, podem ter sido responsáveis pelo ajuste relativamente bom de Tyler à vida.

Tyler, como muitas pessoas, teve uma adolescência moderadamente desafiadora. No entanto, como a maioria dos adolescentes, passou pelos anos difíceis quase ileso. Ele agora tem a capacidade de desenvolver ainda mais sua identidade de uma forma equilibrada à medida que sua vida adulta se desenvolve. Pessoas que desenvolvem TPB experimentam muito mais problemas contínuos com suas identidades pessoais do que Tyler.

Identidade Borderline: Instável e Frágil

Pessoas com TPB têm identidade diferente daquela de outras pessoas. A identidade delas mostra menos estabilidade e menos coerência. Além disso, as pessoas com TPB geralmente reagem de forma exagerada a ameaças menores a sua identidade frágil. Discutiremos essas duas questões nas próximas seções.

Identidades aos montes

Embora todos se comportem de maneira inconsistente às vezes, as pessoas com TPB exibem grandes flutuações em atitudes, valores e sentimentos de identidade. A diferença entre a identidade de uma pessoa sem TPB e a de uma com é como aquela entre um filme bem editado da vida de alguém e uma caixa desorganizada cheia de fotos dessa mesma vida. Eis aqui apenas alguns exemplos:

» Uma mulher *sem* TPB valoriza a honestidade, e, como resultado, sua identidade tem um senso estável e coerente de honestidade. Portanto, em 99% das vezes, ela é bastante direta com as pessoas. É alguém com quem as pessoas acham que podem contar para ver a verdade. No entanto, na casa de uma amiga para jantar, ela elogia o anfitrião pela comida, embora não tenha gostado. Ela mantém sua identidade honesta e aceita o fato de que algumas circunstâncias exigem pequenas mentiras. O filme coerente de sua vida mantém o tema básico da honestidade.

» Uma mulher *com* TPB às vezes sente que é uma pessoa honesta e geralmente é honesta. No entanto, quando mente para a amiga sobre sua comida, sente uma onda de autodepreciação e nojo por seu comportamento desonesto. Essa situação pode levá-la a ficar com raiva de sua amiga por "fazê-la" mentir. Ela não consegue manter sua identidade básica de ser honesta em face de uma pequena indiscrição. De certa forma, seu senso de quem ela é muda a cada foto que é retirada da caixa de sua vida.

» Um homem *com* TPB pode se considerar extremamente justo e dedicado à sua família. No entanto, ele frequentemente tem casos e perde a paciência quando seus filhos não atendem a suas expectativas da maneira mais ínfima. Depois de entrar nesses episódios desagradáveis, ele se sente horrível consigo mesmo por um breve momento. Mas, dentro de horas ou dias, ele rapidamente recupera sua autoimagem de ser justo e devotado. Sua visão de si mesmo muda drasticamente à medida que cada foto é tirada da caixa.

Na falta de um senso forte e estável de sua própria identidade, muitas pessoas com TPB tentam adotar qualquer identidade que acreditem que seus atuais parceiros ou amigos desejam que tenham. Elas acreditam que fazer isso as tornará muito atraentes para seus parceiros ou amigos em potencial, porque parecerão a personificação dos sonhos deles. No entanto, a instabilidade inerente de sua identidade pessoal torna impossível manter as fachadas. Leia, no Capítulo 8, sobre os efeitos que esse problema traz para os relacionamentos que as pessoas com TPB tendem a ter ao longo da vida.

Preocupações com a identidade

Quando uma pessoa com TPB tem preocupações significativas sobre sua identidade e autoestima, uma das duas situações provavelmente ocorre:

» Ela tenta desesperadamente manter seu frágil senso de autoestima por meio de ataques.

» Sua identidade e seu valor próprio desmoronam, e ela cai em um ciclo de desespero.

A Tabela 7-1 ilustra como algumas pessoas com TPB usam essas duas estratégias em resposta a várias preocupações sobre sua identidade.

TABELA 7-1 Respostas a Ameaças Reais ou Imaginadas à Identidade

Preocupação com a Identidade	Ataque ao Parceiro	Conflito Interno
Sou uma pessoa fraca.	"Você não apoia ninguém, você não vale nada."	"Não sei lidar com o mundo. Preciso que alguém cuide de mim."
Traí meu marido, o que significa que sou desleal.	"É culpa sua eu ter traído, você não demonstra afeto."	"Sou uma pessoa horrível. Não consigo nem ser fiel ao meu marido!"
Não consigo controlar minhas emoções.	"Você me deixa fora de mim! Ninguém conseguiria lidar com você."	"Eu deveria me matar. Estou fora de controle."
Sou um péssimo pai.	"Quando você disse que gostaria que as crianças fossem melhor na escola, quis dizer que sou um péssimo pai. Eu seria melhor se você não me criticasse tanto."	"Sou egoísta. Eu deveria dedicar muito mais tempo para ajudar meus filhos com os trabalhos escolares. O que há de errado comigo?"
Nunca realizei nada do que deveria.	"Você não ganha dinheiro suficiente! Qual é o seu problema? Não temos salvação!"	"Nunca vou chegar a lugar nenhum. Não tenho disciplina por causa do transtorno. Estou desesperado!"

Você pode imaginar o efeito que essas maneiras de responder às questões de identidade têm sobre as pessoas que se preocupam com aqueles com TPB. Elas podem se sentir confusas, com raiva e mistificadas com os comportamentos de seus parceiros que têm TPB, porque não percebem os problemas subjacentes à identidade que causam essas reações intensas.

Veja no Capítulo 8 informações sobre os relacionamentos tempestuosos que as pessoas com TPB costumam ter. E leia a Parte 5 para ter mais ideias sobre como lidar com esses problemas de identidade de seu ente querido com TPB.

NESTE CAPÍTULO

» Descobrindo como o TPB afeta as percepções

» Vendo como as pessoas com TPB violam os limites alheios

Capítulo **8**

Perceber, Entender e Se Relacionar

Se você está em um relacionamento com alguém que tem transtorno da personalidade borderline (TPB), pode ficar confuso com as comunicações caóticas e as reações emocionais inesperadas que recebe de seu amante, colega ou amigo. Você pode se sentir incompreendido e perdido, porque em um dia você é maravilhoso aos olhos da pessoa, e no outro, é a pior pessoa do mundo. Você provavelmente está se perguntando o que fazer para melhorar o cenário.

O primeiro passo para melhorar a situação é ficar ciente do que está acontecendo. Embora as pessoas com TPB queiram ter bons relacionamentos, tendem a ter sérios problemas interpessoais. No geral, elas têm mais relacionamentos rompidos, problemas de convivência no trabalho e discussões com parentes e amigos do que a maioria. Curiosamente, as pessoas com TPB têm taxas de divórcio semelhantes às daquelas sem o transtorno.

Neste capítulo, descrevemos os problemas que as pessoas com TPB enfrentam para se dar bem com as outras. Esses problemas resultam de sua luta para se distanciar de situações e compreender as perspectivas alheias. A capacidade de recuar requer três habilidades diferentes, mas relacionadas, que as pessoas com TPB não têm:

> Compreender as necessidades, os sentimentos e as crenças de outras pessoas.

> Ver como as outras pessoas o percebem.

> Observar como seu próprio comportamento afeta os outros.

Os problemas com a compreensão de necessidades, sentimentos e perspectivas de outras pessoas levam as pessoas com TPB a ultrapassarem os limites alheios. Elas involuntariamente fazem exigências irracionais aos outros, sentem-se no direito de receber um tratamento especial e ficam furiosas quando não conseguem o que desejam. Discutimos todas essas questões e muito mais neste capítulo.

Colocando-se no Lugar do Outro

Assumir a perspectiva alheia envolve ser capaz de compreender pontos de vista, sentimentos e necessidades de outras pessoas. Essa habilidade leva ao sucesso nos relacionamentos e ao bom desempenho nos estudos e no trabalho, bem como desenvolve empatia pelos outros. Bons terapeutas têm essa habilidade em abundância. No entanto, essa capacidade não é algo de que todos compartilham.

Na verdade, os bebês não vêm ao mundo com a capacidade de compreender que outras pessoas têm pontos de vista diferentes dos seus. Tal capacidade evolui durante a idade adulta jovem, ou até depois. Além disso, em qualquer pessoa, a capacidade de entender as perspectivas alheias varia com o tempo. Alguém que normalmente tem boa empatia pelos outros pode não demonstrar compreensão por outro motorista depois que a chuva na estrada faz com que o carro dele raspe no seu. Os estressores da vida, como as experiências, alteram a habilidade de uma pessoa de compreender as outras.

Esta seção observa como a tomada de perspectiva afeta as pessoas com TPB e aqueles que amam.

Entendendo as outras pessoas

Às vezes as pessoas com TPB parecem surpreendentemente capazes de ler dicas de outras pessoas. Parecem quase capazes de entrar na psique alheia e se tornar a mesma pessoa. No entanto, na maioria das vezes, não conseguem entender as razões subjacentes e as implicações do que as pessoas pensam e sentem. Em outras palavras, elas sabem o que os outros estão sentindo, mas não entendem por que se sentem daquela forma ou o que seus sentimentos significam.

A seguinte história sobre Jasmine, uma mulher com TPB, e Carlos, seu namorado, ilustra a habilidade de pegar pistas, mas interpretar mal o significado delas.

Jasmine chega em casa e vê seu namorado, Carlos, jogado no sofá assistindo ao noticiário. Ela o cumprimenta com um beijo rápido e começa a descrever seu dia agitado. Carlos, ainda imerso na televisão, não responde. "Ei, bebê", ela se aproxima dele, "você parece desligado. O que houve?".

Jasmine percebeu corretamente que Carlos não está prestando atenção nela. Carlos se senta, imediatamente cauteloso: "Eu estava interessado na matéria, o mercado de ações caiu de novo. Desculpa, o que você disse?"

"Bem, obviamente nada importante para você", retruca Jasmine. Embora ela veja que algo está acontecendo com Carlos, interpreta mal o significado de sua falta de atenção. Ele foi simplesmente absorvido pelo mercado de ações, mas ela presume que ele não tem interesse nela.

Carlos suspira, sabendo que tem que ter muito cuidado ou haverá outro conflito, algo que ele quer evitar. "Jasmine, estou sempre interessado no seu dia. Lamento muito não ter ouvido você. Não faça disso um problema, não foi nada para mim. Vamos, conte-me de novo."

"Então você está me dizendo que não sou nada para você. Esquece. Assista ao seu programa estúpido."

Carlos percebe que está em uma esteira, indo a lugar nenhum. Ele não vê como chegar a Jasmine. Nada do que disser no momento deixará as coisas bem. Então ele não diz nada, e ela sai da sala.

Jasmine foi bastante precisa em perceber a distração de Carlos. Nesse aspecto, ela foi capaz de entender a perspectiva dele, mas se confunde quando interpreta mal o humor desatento dele como desprezo. Ela passa a interpretar tudo o que ele diz da mesma forma. Sua capacidade de ver a perspectiva de outra pessoa é prejudicada.

Terapeutas que trabalham com pessoas que têm TPB relatam que seus pacientes têm dificuldade em ver as coisas de outras perspectivas. Por exemplo, um terapeuta pode chegar a uma sessão se sentindo um pouco cansado ou distraído. O cliente com TPB vê a alteração do humor e pode acusá-lo de não se importar com ele ou de estar zangado.

Ser incapaz de assumir as perspectivas de outras pessoas obviamente dificulta ter relacionamentos bons e duradouros. Não é de surpreender que essa incapacidade atrapalhe o relacionamento terapêutico e torne a intimidade quase impossível. No Capítulo 18, mostramos como melhorar suas habilidades de percepção.

Vendo a si mesmo pelos olhos alheios

Entender a perspectiva alheia inclui ser capaz de se ver como os outros o veem. Infelizmente, muitas pessoas com TPB também apresentam sérios deficits nessa habilidade. Elas se envolvem em uma variedade de comportamentos problemáticos e explosões emocionais sem entender como as outras pessoas as verão. Afinal, eles veem seus próprios comportamentos como bastante racionais e razoáveis. Os comportamentos e as emoções que exibem e que os outros percebem como ultrajantes ou controladoras incluem o seguinte:

» **Ciúmes:** A ansiedade com a possibilidade de ser abandonado leva muitas pessoas com TPB a agir com ciúme intenso, enviando mensagens de texto excessivas a seus parceiros, buscando segurança constante e verificando cada movimento deles. Elas não entendem que comportamentos como esses costumam incomodar outras pessoas e afastá-las.

» **Sedução:** Muitas vezes, sem estarem cientes de como as outras pessoas interpretam seus comportamentos, muitas pessoas com TPB se envolvem em gestos sedutores e sexualizados, expressões faciais e toques que estão longe de ser inocentes. Frequentemente, ficam surpresas ou até indignadas quando os outros respondem com suas próprias investidas sexuais. Outras vezes, as pessoas com TPB têm casos ao mesmo tempo em que ficam com ciúmes ao pensar na possibilidade de que seus parceiros também os tenham.

» **Raiva:** Pessoas com TPB não entendem por que suas explosões agressivas fazem com que os outros as evitem totalmente ou se aproximem delas com receio. Discutimos essa emoção em detalhes no Capítulo 6.

» **Excessos:** Pessoas com TPB tendem a responder aos estressores do dia a dia com uma excessiva emotividade. Quer sua irritação se transforme em raiva; sua tristeza, em profunda disforia; seu prazer, em êxtase; ou sua preocupação, em terror, elas respondem com níveis muito mais altos de intensidade do que a maioria das situações justifica.

» **Impulsividade:** Quer se automutilem, façam ameaças e tentem o suicídio ou tenham gastos descontrolados, as pessoas com TPB não sabem como frear seu comportamento. Discutimos esse sintoma do TPB em detalhes no Capítulo 5.

Embora você possa ler sobre esses comportamentos em vários capítulos ao longo deste livro, o que queremos enfatizar aqui é que as pessoas com TPB se envolvem nesses comportamentos com uma consciência limitada de como seus comportamentos afetam os outros. Então, quando explodem, não percebem que sua raiva parece inadequada para as pessoas. A seguinte história sobre Karen, a sogra de Dawn, que tem TPB, mostra como as pessoas com TPB podem ser alheias ao impacto de seu comportamento nos outros.

Dawn ficará com a sogra, **Karen**, enquanto seu marido ficar fora da cidade por uns dias. Dawn inadvertidamente coloca uma faca de manteiga de prata na máquina de lavar louça. Mais tarde, Karen descarrega a máquina e vê a faca. Ela carrega a faca para a sala de estar, onde Dawn está lendo um romance. Sacudindo a faca para ela, a sogra grita: "Você é tão estúpida que não sabe que não se coloca prata na máquina de lavar louça?"

Dawn responde: "Puxa, sinto muito. Nem percebi. Sinto muito mesmo."

"Não vou substituir a faca. Você é um lixo, nem consegue apreciar as coisas boas. Eu queria que meu filho tivesse escolhido alguém mais refinado."

Dawn enrubesce e se retira para o quarto. Ela liga para o marido e pergunta o que há de errado com a mãe dele. Então, diz: "Acho que nunca vou poder confiar nela."

O marido suspira e responde: "Eu sei, você está tendo uma amostra da minha infância. Basta falar sobre o tempo ou algo assim. Eu volto amanhã."

Dawn diz: "Realmente não sei se poderei ficar aqui de novo."

Na manhã seguinte, Karen cumprimenta Dawn com um sorriso caloroso e uma xícara de café. Ela diz: "Que tal irmos ao shopping hoje?"

Dawn, agora totalmente confusa, diz: "Ah, claro." Seguindo o conselho do marido, ela acrescenta: "Parece que será um bom dia para fazer compras."

Karen tem uma rica história de buscar amizades e não conseguir fazê-las nem as manter. Ela não consegue entender por que outras pessoas permanecem tão distantes. Não consegue ver a si mesma e suas ações pelos olhos dos outros.

Karen acredita que, depois que um incidente acaba, acabou. Ela não consegue entender que Dawn agora a vê como um vulcão prestes a entrar em erupção. Nunca compreende por que Dawn parece tão distante nos anos seguintes. Na verdade, Karen não tem ideia de como a nora se sente em relação a ela.

Causando danos não intencionais

Amar alguém com TPB nem sempre é fácil, porque ele não apenas falha em entender como os outros se sentem sobre ele, mas também em ver como impacta os outros. Para aqueles que se preocupam com pessoas com TPB, a experiência de seu relacionamento pode ser assustadora e dolorosa. No entanto, as pessoas com TPB estão tão focadas na própria angústia e turbulência emocional que não conseguem dar um passo para trás e ver a dor e o sofrimento que causam aos outros.

A capacidade de assumir a perspectiva de outras pessoas é uma parte crucial dos relacionamentos. Ser capaz de entender como as outras pessoas pensam e se sentem permite que você se relacione bem com amigos, colegas e amantes.

LEMBRE-SE

Pessoas com TPB são deficientes em compreender a natureza dos pensamentos e sentimentos alheios. Elas não querem machucar a si ou aos outros de propósito.

A seguinte história sobre Gary, um homem que tem TPB, e sua esposa, Denise, retrata o desconhecimento de Gary sobre como seu comportamento afeta profundamente a esposa. Frequentemente, as pessoas com TPB ficam surpresas quando seus cônjuges as deixam. Os estranhos, por outro lado, não ficam tão surpresos.

"Denise, você lavou meu jeans?", pergunta **Gary**.

"Sim, eles não estão em cima da sua cômoda, com todas as outras roupas dobradas para a viagem?", responde Denise. "A propósito, precisamos ir para o aeroporto em cerca de quinze minutos. O trânsito está ruim agora."

Ele olha para o relógio. Sabe tudo sobre ficar preso no trânsito e chegar atrasado ao aeroporto. A raiva pulsa por seu corpo. Ele diminui propositalmente o ritmo e começa a se estagnar. À medida que a hora da partida se aproxima, ele vê que Denise está pronta. Ela olha os cartões de embarque, certificando-se de que está com os dois passaportes. Ele odeia o fato de que ela é superorganizada e joga isso na cara dele. Sua mala continua pela metade sobre a cama, e é hora de ir.

Denise sabe que Gary fica tenso antes de viagens. Ela tenta ficar fora do caminho dele e ser o mais útil que pode — infelizmente, nunca funciona. Ela carrega sua mala até o carro, verifica as fechaduras e sai apagando algumas luzes. Sem tempo para o tráfego, Gary sai correndo com sua mala e acelera pela entrada da garagem. Nenhum dos dois fala durante a tensa viagem ao aeroporto.

No avião, Denise pede uma bebida para acalmar os nervos. Ela sabe que Gary desaprova, mas beber na frente dele de alguma forma lhe dá uma sensação de controle. Gary, cheio de raiva, segura o jornal de forma que ela não veja seu rosto. Denise se acomoda com um romance, sabendo que será mais uma viagem de silêncio. Ela enxuga algumas lágrimas.

Denise sabe que Gary sofre de TPB e que ele não parece ser capaz de controlar suas respostas emocionais. Ela tenta não levar o mau humor dele para o lado pessoal, mas, com o passar dos anos, tornou-se cada vez mais retraída, amedrontada, magoada e irritada. Um dia ela o deixará.

A mente de Gary está tão absorvida em sua própria infelicidade, que ele simplesmente não consegue ver o quão prejudicial seu comportamento é para Denise. Ele não tem ideia de que ela o deixará um dia, embora o abandono seja um de seus maiores medos.

Ultrapassando os Limites

As cercas definem os limites em torno de uma propriedade, mas as pessoas também os têm. Os limites pessoais definem regras, barreiras, expectativas e até mesmo o espaço pessoal que as pessoas desejam. Como acontece com pessoas, culturas diferentes também tendem a ter limites um tanto diversos.

Por exemplo, os cidadãos dos Estados Unidos ficam a alguns metros de distância quando conversam. As pessoas na América Latina, França e região árabe preferem ficar um pouco mais próximas, e as pessoas do Japão e da Alemanha ficam um pouco mais distantes. Se você já viajou para o exterior, pode ter se sentido incomodado com as expectativas de espaço dos cidadãos do país que visitou.

O espaço é apenas um dos muitos limites que as pessoas estabelecem na esperança de que os outros as respeitem. Por exemplo, você provavelmente não faria uma visita social no meio da noite porque não gostaria de irritar seu amigo. E você deve saber que, quando liga com muita frequência para um novo contatinho, ele pode sentir que você está cruzando um limite importante.

Pessoas com TPB não entendem nem respeitam os limites das outras pessoas, portanto, frequentemente atropelam o que as outras pessoas consideram limites importantes. A história de Brianna tipifica algumas das várias maneiras pelas quais alguém com TPB ultrapassa os limites de outras pessoas.

> **Brianna** manda mensagens de texto freneticamente para Noah: "Onde você está? Pensei que chegaria às 19h. Vamos para a festa do escritório."
>
> Noah responde: "São 19h10. Estou indo. Trânsito péssimo." Noah está em dúvida sobre esse relacionamento. Ele conhece Brianna há pouco tempo. Eles se conheceram no trabalho, e ela veio com tudo. Embora eles estejam namorando há só duas semanas, ela agora fica louca quando ele está alguns minutos atrasado. Ela fala demais com ele enquanto ele está trabalhando e fica com ciúmes quando ele fala com colegas de trabalho sobre o trabalho. Noah para em sua garagem, distraído pelas preocupações.

Brianna está na porta. Ela joga os braços em volta do namorado, se joga nele e diz: "Vamos namorar para fazer as pazes antes de ir para a festa?!"

Balançado, Noah diz: "Poxa, adoraria, mas agora não dá. Meu chefe ficará bravo se aparecermos muito mais atrasados do que já estamos."

Eles chegam à festa e Brianna abraça o chefe dele e diz: "Noah não fez sexo comigo antes de virmos. Ele estava com medo de aborrecer você. Dá para acreditar? Você me acha fofa?"

Tanto Noah quanto o chefe ficam vermelhos. No final da noite, Brianna bebeu demais e flertou com a maioria de seus colegas de trabalho. Noah diz a ela: "Não tenho certeza se somos certos um para o outro."

Mesmo sendo 23h30, Brianna fica chateada e liga para o terapeuta em busca de apoio, embora ele tenha dito para ligar apenas durante o horário de expediente, a menos que fosse uma emergência. Ela diz ao terapeuta: "Meu namorado acabou de me largar e me sinto péssima."

O terapeuta pergunta: "Você está com vontade de se machucar?"

Brianna responde: "Poxa, não, só estou chateada e quero conversar! Você não se importa com como estou me sentindo? Você não me entende muito bem, não é? Se importa mesmo comigo?"

Brianna violou limites de várias maneiras. Ela flerta e ultrapassa limites no trabalho impulsivamente. Revela informações extremamente íntimas para o chefe do parceiro. E, é claro, ultrapassa os limites do terapeuta ligando tarde e pedindo uma atenção especial. Como muitas pessoas com TPB, ela passa de quente a fria e enfurecida em minutos.

CUIDADO

Esteja ciente de que a maioria dos terapeutas tem diretrizes para ligações após o expediente. Normalmente, eles solicitam que você faça essas chamadas apenas em casos de emergência. Seu terapeuta precisa lhe explicar essas políticas, ou você precisa perguntar sobre elas na sessão inicial.

Pessoas com TPB não conseguem entender e mensurar os limites interpessoais, como as que descrevemos na história anterior. As seções a seguir examinam mais de perto os problemas que as pessoas com TPB enfrentam com limites em vários tipos de relacionamento.

Parceiros e amantes

Pessoas com TPB falham em identificar os limites de seus parceiros e amantes. Um homem com TPB pode exigir saber onde sua parceira está o tempo todo e submetê-la a inquisições regulares pelo medo profundo de abandono. Outro homem pode exigir que sua parceira se afaste dos amigos por causa de um intenso ataque de ciúme.

Pessoas com TPB tentam controlar a vida dos entes queridos devido a preocupações com o abandono. Paradoxalmente, suas preocupações costumam causar exatamente o que esperam evitar.

Conhecidos e colegas de trabalho

Pessoas com TPB parecem viver no centro de um furacão, tendo várias crises a qualquer momento. Durante essas dificuldades, elas provavelmente levarão seus amigos ao extremo e os forçarão a apoiar suas causas. Às vezes, elas até pedem aos amigos que intervenham de forma inadequada em seu nome. Também podem quebrar limites ao revelar confidências a outras pessoas, e têm um talento especial para criar conflitos entre amigos e conhecidos.

Além disso, as pessoas com TPB muitas vezes fazem exigências irracionais a seus empregadores, solicitando tratamento especial, mudanças de horário, folgas adicionais ou reuniões privadas. Para receber considerações especiais, eles podem alegar ter emergências que os outros não veem como emergências.

Cuidadores

Os médicos ou terapeutas que trabalham com pessoas com TPB percebem que seus pacientes têm demandas frequentes que ultrapassam as fronteiras profissionais. Pessoas com TPB são mais propensas do que outras a fazerem o seguinte:

- Solicitar horários especiais de atendimento.
- Cancelar no último minuto.
- Ser invasivo.
- Comportar-se de forma sedutora.
- Fazer ligações tarde da noite.
- Ir para o pronto-socorro por estar entediado.
- Encerrar uma sessão difícil.
- Esperar descontos ou considerações financeiras especiais.
- Esperar ajuda especial de seus provedores.
- Fazer perguntas pessoais inadequadas.
- Exigir certos medicamentos de que acham que precisam.

Quando os profissionais trabalham com várias pessoas com TPB, podem se sentir oprimidos pela ampla gama de demandas que seus clientes e pacientes têm. Pessoas em profissões de ajuda às vezes lutam para permanecer atenciosas e empáticas, sem perder a objetividade profissional. Veja no Capítulo 25 informações sobre como os profissionais podem esclarecer os próprios limites e manter a sanidade ao trabalhar com esses problemas com pacientes que têm TPB.

Crianças

Pais com TPB cruzam limites com seus filhos de todas as maneiras. Às vezes eles se preocupam com a possibilidade de que seus filhos deixem de amá-los, então tentam se tornar os melhores amigos deles, em vez de serem os guias ou líderes que precisam ser. Frequentemente eles se envolvem em excesso na vida dos filhos e interferem em seu desenvolvimento normal ao:

- Fazer a lição de casa dos filhos.
- Criticar figuras de autoridade quando os filhos enfrentam problemas.
- Agitar discussões entre os amigos e/ou pais dos amigos dos filhos.
- Pedir aos filhos que revelem quase todos os detalhes da vida deles.

Profissionais de saúde mental chamam tal envolvimento excessivo de *emaranhamento*, o que se refere à dificuldade que algumas pessoas têm em distinguir entre a vida dos outros e a de si mesmas. Como você pode imaginar, crianças com pais enredados têm mais dificuldade em realizar as tarefas básicas da infância e da adolescência, como formar uma identidade clara e adquirir autonomia.

Em outras ocasiões, os pais com TPB falham em estabelecer limites adequados para os filhos, retirando-se, recuando e se tornando pouco envolvidos. Esses pais não estabelecem regras razoáveis e também negligenciam amor, atenção e apoio aos filhos. Filhos de pais que não conseguem estabelecer estruturas razoáveis muitas vezes deixam de aprender regras sociais críticas e acabam vulneráveis a vários transtornos emocionais mais tarde na vida.

Os pais com TPB às vezes continuam ultrapassando os limites dos filhos, mesmo depois que eles se tornam adultos. Às vezes pedem conselhos aos filhos adultos sobre o próprio casamento ou relacionamento tenso. Eles podem correr para os filhos em busca de apoio, tanto financeiro quanto emocional. Podem também fornecer conselhos não solicitados e indesejados aos filhos sobre seus relacionamentos, sua vida ou suas finanças.

Independentemente de as pessoas com TPB ultrapassarem os limites estabelecidos por seus amantes, seus terapeutas ou seus filhos, elas o fazem porque não entendem por que seus entes queridos estabelecem limites. Em suma, as pessoas com TPB têm dificuldade em respeitar os limites porque não conseguem entender as perspectivas alheias.

NESTE CAPÍTULO

» Observando os esquemas cognitivos e de onde eles vêm

» Compreendendo a relação entre TPB e esquemas cognitivos

Capítulo **9**

TPB e Pensamento Extremo

Os comportamentos, sentimentos e pensamentos de pessoas com transtorno da personalidade borderline (TPB) geralmente aparecem em formas extremas — em outras palavras, poucos aspectos do transtorno seguem o caminho do meio. Os profissionais colocam parte da culpa pela natureza turbulenta da vida das pessoas com TPB no que eles chamam de *esquemas cognitivos*, ou crenças poderosas que as pessoas têm sobre si mesmas e sobre o mundo ao redor. Basicamente, os esquemas cognitivos influenciam a maneira como as pessoas interpretam a realidade e ditam a maneira como se sentem.

Neste capítulo, elaboramos a natureza dos esquemas cognitivos e observamos que as pessoas vivenciam uma variedade deles ao longo da vida. Explicamos de onde vêm os esquemas cognitivos, abordamos a diferença entre esquemas cognitivos saudáveis e intermediários e esquemas cognitivos extremos doentios, perturbadores, e, por fim, exploramos a natureza dos esquemas cognitivos problemáticos que as pessoas com TPB comumente vivenciam.

Compreendendo como Você Vê o Mundo

Os esquemas cognitivos ditam como você pensa e se sente sobre o mundo ao seu redor, bem como a forma como o experiencia. Os esquemas são como óculos que ajustam sua visão. Às vezes essas lentes ajudam a ver o mundo com mais clareza, mas, com a prescrição errada, mostram uma visão turva, rachada ou grotescamente distorcida.

Por exemplo, uma pessoa pode ter uma crença fortemente arraigada ou esquema de *otimismo*. Assim, essa pessoa tende a esperar resultados positivos quase o tempo todo, quase independentemente da probabilidade real. Outra pessoa pode ter uma lente de esquema poderosa de *pessimismo*. Essa pessoa espera resultados negativos sempre. Nenhuma das pessoas é particularmente mais precisa ao fazer previsões do que a outra; elas apenas veem os eventos por meio de lentes diferentes.

Como os esquemas cognitivos se desenvolvem?

Os esquemas cognitivos começam a se formar durante a infância. Seus pais e responsáveis influenciam fortemente o desenvolvimento desses esquemas, mas colegas, professores e parentes também desempenham um papel importante. Junto com essas influências pessoais, os eventos da vida, como doenças e acidentes trágicos, e as predisposições genéticas também ajudam a determinar a natureza dos esquemas cognitivos que você desenvolve.

Os exemplos a seguir ilustram como as figuras dos pais podem fazer com que certos esquemas cognitivos se desenvolvam em seus filhos.

> O pai de **Daniel** rotineiramente o critica e pune com severidade. Quando Daniel trabalha ao lado dele em um projeto, o pai explode quando o filho comete o menor erro. Ele grita: "Como você pode ser tão estúpido e desajeitado?"
>
> Daniel cresce acreditando que é inerentemente inadequado para lidar com os desafios quando eles surgem. Ele desenvolve um esquema de inferioridade. Como consequência, responde às tarefas escolares com pouco esforço, porque não acredita em sua capacidade de ser bem-sucedido. Seu esquema de inferioridade continua a crescer, pois ele tem um desempenho ruim na escola.
>
> O pai de **Anna**, por outro lado, elogia regularmente a filha pelo bom trabalho e a corrige sem aspereza indevida. Quando ela pede ajuda com os trabalhos escolares, o pai a incentiva a encontrar as próprias respostas, mas lhe explica pacientemente os conceitos difíceis. Ele aplaude sua tenacidade. Um dia, ela leva para casa um 7 em um teste

— bem abaixo de seu desempenho normal —, e ele diz a ela: "Você não precisa ser perfeita o tempo todo. Pode aprender muito com notas medianas. Estou orgulhoso por você ter se esforçado. Agora tente ver o que pode aprender com o que fez de errado nessa tarefa."

Por causa da maneira como seu pai a trata, Anna desenvolve um esquema de competência quando os desafios da vida a confrontam. Portanto, quando ela recebe tarefas escolares difíceis, tem toda a motivação de que precisa para resolvê-las. Como se esforça, ela consegue e se sente ainda mais competente. Como resultado, seu esquema de competência continua crescendo.

LEMBRE-SE

Usamos os termos *pais* e *paternidade* por simplificação e conveniência. Outros cuidadores, além dos pais biológicos, podem desempenhar papéis parentais na vida de algumas crianças. Não queremos dizer que os pais são mais importantes do que esses outros cuidadores — cada família é diferente.

Embora os esquemas cognitivos comecem a se desenvolver na infância, eles continuam a se formar e a se adaptar aos acontecimentos da vida da adolescência até a idade adulta.

Tipos de esquemas cognitivos

Embora existam vários esquemas cognitivos diferentes, a maioria deles envolve questionar a si mesmo, aos outros e ao mundo ao redor, e são caracterizados:

» **Esquemas cognitivos de autoconceito:** Quem sou eu? Eu sou capaz? O quanto eu valho?

» **Esquemas cognitivos de relacionamento:** Posso confiar nos outros ou devo evitá-los? Como mereço ser tratado e como devo tratar os outros?

» **Esquemas cognitivos gerais:** O mundo é seguro ou perigoso? Previsível ou imprevisível?

A maioria dos autoconceitos e das visões de mundo se desenvolve a partir da apreciação dos opostos. Por exemplo, você sabe o que *belo* significa porque sabe o que *feio* significa. A mesma premissa vale para outros conceitos básicos, incluindo quente *versus* frio, baixo *versus* alto, triste *versus* feliz e molhado *versus* seco.

Essa mesma ideia fundamental se aplica aos esquemas cognitivos. Você pode pensar neles em termos de opostos, mas também deve se lembrar de que os esquemas cognitivos, como outros conceitos básicos, também têm posições intermediárias adaptativas. Afinal, a água pode ser quente, fria ou morna. Uma pessoa pode ser baixa, alta ou de estatura média. Os exemplos a seguir ilustram esse conceito em relação aos esquemas cognitivos:

- » Uma mulher pode ter uma crença ou esquema de incompetência sobre si mesma. Quando enfrenta uma dificuldade, ela provavelmente se sente oprimida e incapaz de resolvê-la.

- » O esquema oposto à incompetência é um esquema de onipotência. Uma mulher com o esquema de onipotência assume impulsivamente quase todos os problemas e pode deixar de buscar ajuda, mesmo quando necessário, porque acredita que pode fazer qualquer coisa.

- » Um esquema no meio desses dois é o da competência. Uma pessoa com o esquema de competência pondera cuidadosamente cada situação, considera como resolver um problema e procura ajuda quando necessário.

PAPO DE ESPECIALISTA

Não existe uma lista absoluta e definitiva de esquemas que os profissionais endossam. Existem várias listas e maneiras de categorizá-los. O que importa é se um esquema específico descreve com precisão a questão ou crença problemática de um cliente. Conheça a lista de Esquemas Cognitivos Disfuncionais, em inglês, desenvolvidos pelo Dr. Jeffrey Young, para embasar a Terapia de Esquemas, em `www.schematherapy.com`, ou em seu livro *Terapia do Esquema: guia de técnicas cognitivo-comportamentais inovadoras*.

Por que os esquemas são difíceis de mudar

Depois de desenvolver seus esquemas, você não os altera facilmente, por quatro motivos principais:

- » **Os esquemas atuam como filtros.** Eles impedem que as pessoas recebam informações que os contradigam, concentrando a mente apenas nas evidências que os confirmam. Se você tem um esquema de inferioridade, provavelmente ignora ou desconsidera todas as evidências, como um aumento no trabalho ou uma boa nota em um exame, que contradizem a crença de que você é inferior às pessoas ao redor. Se você tem o esquema ou a crença de que o mundo é um lugar perigoso, a presença de um policial em um estacionamento escuro provavelmente não o tranquiliza.

- » **Os esquemas encorajam interpretações erradas.** Eles levam as pessoas a mudar o significado dos eventos para corresponder às crenças envolvidas neles. Algumas pessoas têm um esquema de apego ansioso (um medo intenso de que as pessoas que amam as deixem). Quando alguém com esse esquema comparece a uma festa e seu parceiro não fica por perto durante a noite toda, o esquema de apego ansioso pode fazer com que veja as ações do parceiro como prova de que ele está procurando outra pessoa.

» **Os esquemas levam ao medo.** As pessoas têm medo de desafiar seus esquemas porque temem as consequências de fazê-lo. Se você tem um esquema de inferioridade, pode não querer se esforçar muito em nenhuma tarefa porque está convencido de que desafiar seu esquema de inferioridade dessa maneira resultará em fracasso. Portanto, você não quer desafiar seu esquema tentando ter um bom desempenho — em nada. Da mesma forma, se tem o esquema de idealização (em outras palavras, se vê outra pessoa como absolutamente perfeita), não pode fazer muitas perguntas a um amigo ou amante em potencial, porque tem medo de descobrir coisas que não quer saber.

» **Os esquemas são invisíveis.** Muitas vezes as pessoas não estão cientes de que existem esquemas ou de que eles ditam a maneira como veem a realidade. Sem surpresa, você não pode mudar facilmente algo que não sabe que existe.

LEMBRE-SE

Embora os esquemas não mudem facilmente da noite para o dia, às vezes mudam ao longo de muitos anos, porque as pessoas estão continuamente tendo novas experiências. Eles podem mudar ainda mais rapidamente quando uma pessoa vai para a terapia. Veja no Capítulo 19 algumas estratégias para remodelar esquemas.

Esquemas do TPB: Sem Meio-termo

Os esquemas que a mente com TPB cria tendem a ser extremos e mal-adaptativos. Além disso, as pessoas com TPB alternam entre extremos de esquemas opostos. Um homem com TPB se vê como indigno das coisas boas que acontecem com ele. No entanto, quando sua esposa não busca sua roupa lavada a seco porque tem que pegar as crianças na escola, ele fica furioso com a falta de cuidado dela com ele.

Por outro lado, um homem sem TPB pode responder à mesma situação com um leve aborrecimento ou até mesmo com uma compreensão empática da agenda lotada da esposa. Ele faz isso porque tem um esquema intermediário de merecimento, em vez de esquemas extremos de não merecedor e cheio de direitos especiais.

Muitas pessoas com TPB têm dificuldade em encontrar um esquema intermediário — essa dificuldade às vezes é chamada de *cisão*. Em outras palavras, as pessoas com TPB lutam para ver tons de cinza e, em vez disso, veem apenas os extremos de preto e branco. Não é de se admirar que os parceiros de pessoas com TPB sintam a necessidade de estar em alerta máximo — a oscilação entre os extremos causa um desgaste emocional naqueles que se preocupam com as pessoas com TPB.

As seções a seguir revisam alguns dos esquemas mais comuns que atormentam a mente da pessoa com TPB. Dividimos esses esquemas em três categorias básicas — esquemas de autoconceito, esquemas de relacionamento e esquemas gerais. Em cada categoria, comparamos os extremos opostos às visões de meio-termo, mais adaptativas, para lhe dar uma melhor compreensão da intensa diferença entre esquemas saudáveis e não tão saudáveis. Também damos uma olhada nas possíveis origens de cada esquema.

Esquemas de autoconceito

Todas as pessoas, incluindo nós e você, desenvolvem esquemas sobre quem são ao longo da vida. Eles são chamados de *esquemas de autoconceito* e influenciam diretamente como você se sente, o que faz e o que espera da vida. Você desenvolve esquemas de autoconceito por meio da experiência e das primeiras interações com seus cuidadores.

Duas dimensões importantes dos esquemas de autoconceito que resumem as visões extremas que as pessoas com TPB têm são: cheios de direitos *versus* não merecedor e inferioridade *versus* superioridade.

Cheio de direitos versus não merecedor

Um *esquema cheio de direitos* descreve pessoas que sentem que têm direito ao que quiserem, quando quiserem. Elas esperam que as outras pessoas atendam a todas suas necessidades em um piscar de olhos, mas, ao mesmo tempo, mostram pouca ou nenhuma preocupação com as necessidades alheias. Quando não conseguem o que desejam, ficam indignadas.

Pessoas que têm um *esquema de não merecimento*, por outro lado, não acreditam que são dignas de ter suas necessidades atendidas por outras pessoas. Essas pessoas não esperam nenhuma atenção ou consideração dos outros e não pedem o que querem, quando querem. Como resultado, suas necessidades não são atendidas.

Pessoas com TPB alternam entre achar que têm direitos especiais e que não os merecem. Uma mulher pode fazer uma cena em um restaurante por não receber atendimento imediato. Ela leva o serviço lento para o lado pessoal, em vez de culpar o excesso de tarefas dos garçons, acredita que o garçom a está insultando por não atender a suas necessidades imediatas. Quando ele se desculpa profusamente por ser lento porque é novo no emprego, a mulher se vê tomada pela vergonha. De repente, sente-se indigna da bondade por causa de sua explosão descontrolada.

O esquema de autoconceito intermediário ou mais adaptativo é a *autoestima equilibrada*. As pessoas com esse esquema esperam ter suas necessidades atendidas, mas não esperam lhes atender à custa dos outros ou o tempo todo. Elas equilibram suas próprias necessidades com as dos outros.

Esquemas extremos de direitos ou não merecimento se desenvolvem na infância por causa de pais desequilibrados que não atendem às necessidades básicas dos filhos, de nutrição, cuidado e amor. Em outras palavras, os pais que agradam ou negligenciam os filhos fornecem solo fértil para esses esquemas problemáticos.

Inferioridade versus superioridade

Pessoas com *esquema de inferioridade* sentem que são inadequadas em comparação com os outros. Elas não têm confiança em suas habilidades e em seus talentos. Como resultado, muitas vezes desistem facilmente, o que reforça a sensação de incompetência.

Em forte contraste, as pessoas com *esquema de superioridade* acreditam que são mais brilhantes e melhores do que os outros. Podem buscar conquistas ou status, independentemente do custo, e negligenciar ou abusar dos outros impensadamente, porque são tão egocêntricas e presunçosas que simplesmente nem sequer consideram os outros. As pessoas costumam se referir a pessoas com esse esquema como *narcisistas* ou extremamente egocêntricas.

A seguinte história sobre Bernie, um CEO de uma corporação, ilustra como alguém com esquema de superioridade pode quebrar e se destruir por causa de um golpe financeiro inesperado, o que o leva a um esquema de inferioridade.

> **Bernie** tem 62 anos e administra uma grande empresa de suprimentos hospitalares. Ele ganha um ótimo salário e tem um estilo de vida luxuoso. Seu negócio sofreu uma queda acentuada, e o conselho de diretores votou para substituí-lo por um novo CEO. Bernie está surpreso. Sempre se considerou insubstituível e responsável pelo sucesso da empresa. Ele presume que as empresas farão fila para contratá-lo, devido a seu brilho e sua perspicácia empresarial superior. No entanto, vários meses se passam, e Bernie começa a ver que o restante da comunidade empresarial não o vê da mesma forma. Seu esquema de superioridade se desintegra, e Bernie cai em um grave transtorno depressivo. Ele adquire um esquema de inferioridade e teme nunca mais trabalhar. Sua esposa se preocupa com suas finanças, porque Bernie nunca se preocupou em investir e economizar — sempre presumindo que um bônus e até mesmo um milagre o esperariam no futuro.

O esquema intermediário mais bem adaptativo, chamado de *autoaceitação*, consiste em ter crenças precisas sobre si mesmo. O esquema de autoaceitação envolve o reconhecimento de que as pessoas têm diferentes conjuntos de habilidades e talentos e que nenhuma pessoa é mais importante do que outra. As pessoas que alcançam esse esquema podem avaliar seus pontos fortes e fracos.

Os esquemas extremos de inferioridade e superioridade se desenvolvem como resultado de pais que dão foco excessivo a realizações ou a fracassos. Esses pais criticam duramente ou acumulam elogios desordenados e não merecidos aos filhos. Ambos os estilos parentais causam problemas à medida que os filhos crescem.

Esquemas de autoconceito em ação

A história a seguir ilustra como os eventos da infância são poderosos para formar esquemas de autoconceito. Jordan começou a desenvolver um esquema de direitos na infância. Depois que o pai foi preso, no entanto, esse esquema se desfez, deixando-o com um esquema de não merecimento. A vergonha que sentiu pela prisão do pai também o levou a desenvolver um esquema de inferioridade.

> A última vez que **Jordan** viu o pai foi há 10 anos, quando tinha acabado de fazer 13 anos. Desde então, tem recebido telefonemas ocasionais da penitenciária mais ou menos na época de seu aniversário. Mas Jordan nunca atende ao telefone quando vê o número da prisão no identificador de chamadas.
>
> O pai de Jordan negociava drogas e parecia muito bem-sucedido — por um tempo. Hoje Jordan se lembra de como o pai o estragou com tecnologia de ponta, equipamentos esportivos e roupas quando ele era jovem. Ele achava que as coisas não podiam melhorar. Sentia-se no topo do mundo e se gabava descaradamente para os amigos sobre seus bens luxuosos.
>
> Mas tudo mudou quando o pai vendeu drogas para um agente secreto. A mãe de Jordan fazia o possível e sempre tinha comida na mesa, mas a festa acabou. A família dele não podia mais pagar por mais do que o necessário. Jordan tentou roubar em lojas, mas parou depois que quase foi pego. Os amigos o abandonaram depois que ele não tinha mais o melhor de tudo.
>
> Jordan continua profundamente envergonhado porque o pai está na prisão e, como resultado, nunca fala com ninguém sobre sua família. Após esses eventos, ele formou um esquema de inferioridade. Embora antes se sentisse com direito ao melhor de tudo, Jordan agora se sente indigno de tudo de bom que acontece com ele. Teve uma série de empregos em um call center, mas não durou mais de dois meses em nenhum deles.

Na infância, os eventos encorajaram Jordan a desenvolver esquemas de direitos e de superioridade. No entanto, a natureza excessivamente positiva e inflada desses esquemas não preparou Jordan para a queda devastadora aos esquemas de não merecimento e de inferioridade quando o pai foi preso. Os esquemas inflados são facilmente perfurados por eventos negativos, e, como resultado, as pessoas com TPB que os apresentam correm um alto risco de sofrer transtornos emocionais.

Esquemas de relacionamento

As pessoas desenvolvem vários esquemas que influenciam o modo como se relacionam com as outras. Esses esquemas pavimentam o caminho ou colocam obstáculos sérios para a formação de boas amizades e relacionamentos.

Duas dimensões principais dos esquemas que influenciam fortemente a natureza dos relacionamentos que as pessoas com TPB têm são apego ansioso *versus* apego evitativo e idealização *versus* demonização.

Apego ansioso versus apego evitativo

Pessoas que têm um *esquema de apego ansioso* se preocupam muito que outras pessoas as deixem. Elas temem o abandono e ficam em alerta máximo para qualquer sinal de que alguém próximo a elas esteja pensando em ir embora. Elas são altamente sensíveis à rejeição imaginada e muitas vezes são intensamente pegajosas e ciumentas. Infelizmente, seus comportamentos excessivamente sensíveis e motivados por ciúme às vezes causam o próprio abandono que temem.

Por outro lado, as pessoas com um *esquema de apego evitativo* ficam longe de outras pessoas. Elas acreditam que não precisam de outras pessoas na vida, muitas vezes porque presumem que as machucarão se as deixarem entrar. Pessoas com esquema de apego evitativo parecem indiferentes e desinteressadas nas outras pessoas.

Muitas pessoas oscilam entre esses dois extremos. Uma mulher com TPB pode ter um esquema de apego ansioso, o que faz com que se envolva excessivamente na vida de sua filha adulta. Ela liga para a filha várias vezes ao dia, passa em sua casa inesperadamente e conta detalhes íntimos de sua vida. Ela faz todas essas coisas para se manter conectada e se assegurar de que a filha a ama. Um dia, a filha informa que estabelecerá um limite. Não atenderá a mais do que três telefonemas da mãe por semana, e a mãe não poderá mais aparecer na casa dela sem ser convidada. A mãe responde se lançando em um esquema de evitação. Ela se enfurece com a filha, acusa-a de ser ingrata e evita ligar para ela por um mês.

O esquema do meio-termo nessa dimensão é chamado de *esquema de apego seguro* e leva as pessoas a fazerem amizades com base no cuidado e respeito mútuos. Pessoas com esse esquema avaliam cuidadosamente os novos relacionamentos, sem serem excessivamente desconfiadas ou ingênuas, e não os sabotam com comportamentos de ciúme ou pegajosos.

Como é de se esperar, as práticas parentais afetam a probabilidade de uma criança desenvolver esquemas de relacionamento problemáticos. Pais que abusam ou negligenciam seriamente os filhos favorecem problemas de apego. Da mesma forma, pais que se envolvem excessivamente na vida dos filhos e tentam controlar e ditar cada movimento deles podem levá-los a desenvolver esquemas problemáticos.

Idealização versus demonização

Uma característica clássica do TPB é a tendência de ver as pessoas como totalmente boas ou totalmente más. Essa tendência se intensifica nos relacionamentos íntimos. Pessoas com TPB veem os novos parceiros como indivíduos perfeitos, sem manchas de nenhum tipo. Essa tendência é chamada de *esquema de idealização*. Pessoas com ele elevam as imagens de seus parceiros a padrões tão altos que não conseguem evitar a frustração.

O *esquema de demonização*, por outro lado, faz com que as pessoas vejam os outros como mal-intencionados e prestes a atacá-las. Elas interpretam o comportamento alheio como hostil e mau. Assim, a confiança é muito difícil de ser alcançada.

Frequentemente as pessoas alternam entre os dois extremos. Quando o parceiro ou amigo de alguém com esquema de idealização falha em viver de acordo com os padrões idealizados, impossíveis de serem alcançados, o esquema de demonização toma conta e eleva o parceiro ao status de demônio. Quando alguém desenvolve esse esquema, qualquer falha ou fraqueza em outra pessoa simplesmente prova seu status de demônio.

O esquema do meio-termo nessa dimensão é chamado de *esquema de visão realista*. Quando uma pessoa o desenvolve, não vê as outras nem como totalmente boas e nem como totalmente más. Ela espera que os outros tenham atributos positivos, mas também aceita suas qualidades negativas. Obviamente, esse esquema permite que as relações suportem os altos e baixos da vida com mais facilidade do que os esquemas de idealização ou de demonização.

Pais que dizem aos filhos que o mundo está contra eles e que eles nunca devem confiar em ninguém fertilizam o terreno para o desenvolvimento do esquema de demonização. Da mesma forma, os pais que modelam a ingenuidade e uma visão ao estilo Poliana dos outros inculcam um esquema de idealização. Além disso, as pessoas com TPB tendem a ver o mundo em extremos, o que significa que provavelmente dividem as pessoas em anjos e demônios.

Esquemas de relacionamento em ação

A seguinte história sobre Tara mostra como esquemas de relacionamento extremamente desequilibrados interferem na vida e nas relações. O relacionamento difícil de Tara com a tia resulta de oscilações entre um esquema de apego ansioso e um de apego evitativo. Tara também alterna entre idealizar e demonizar, o que causa problemas adicionais em seu relacionamento com a tia.

> **Tara** conversa com seu psicoterapeuta sobre uma discussão recente que teve com a tia. "Tudo começou quando minha tia me insultou. Sei que não sou perfeita, mas família é família. Devíamos defender um ao outro."
>
> O Dr. Feingold pergunta: "O que ela disse que a insultou?"
>
> "Ela basicamente me chamou de prostituta. Foi o que ela fez. Eu a odeio. Nunca mais falarei com ela de novo", responde Tara, o rosto começando a ficar vermelho.
>
> "Nossa, você deve ter ficado chateada", consola o Dr. Feingold. "Você é tão próxima da sua tia. Me ajude a entender. O que aconteceu?"
>
> "Minha tia perguntou se eu iria ou não levar alguém para o casamento da minha prima no mês que vem. Eu disse a ela que não estava saindo com ninguém. Ela disse que isso era incomum para mim."
>
> "E...", o Dr. Feingold espera que Tara termine.
>
> "Bem, ela obviamente quis dizer que tô sempre dormindo com alguém."
>
> "Não sei se entendi, Tara. Ajude-me a entender como dizer que ser incomum para você pode significar isso", responde o Dr. Feingold.
>
> Tara começa a chorar. Ela diz: "Minha tia sempre foi presente. Ela é a mãe que nunca tive. Quando minha mãe ficava bêbada, minha tia me enchia de amor e carinho. Ela era perfeita. Agora, tudo o que ela faz é falar sobre o casamento da minha prima. Minha prima é perfeita. Ela só teve dois namorados, e você sabe que eu tive muitos. Minha prima faz tudo certo, e eu faço tudo errado. Eu a odeio e odeio minha tia."
>
> "Tara, entendo o que está acontecendo aqui. Lembra quando conversamos sobre como às vezes você deixa de ser muito insegura e ansiosa em um relacionamento e passa a ser evitativa e esquiva? Suas reações são compreensíveis, porque você não confiava na sua mãe. Quando ela estava sóbria, cuidava de você, mas, infelizmente, ela se tornava abusiva quando estava bêbada. Não é de admirar que você passe de insegura a zangada. Sua mente ativa esses sentimentos porque você se preocupa com a possibilidade de sua tia nem sempre estar a seu lado", explica o Dr. Feingold.

A educação de Tara a preparou para adquirir esquemas extremos de relacionamento. Às vezes ela idealiza a tia e a vê como alguém com quem pode contar — alguém que não pode errar. Mas quando a tia dá atenção à prima de Tara, esta se sente desprezada e com ciúmes. Ela quer afastar a tia, o que indica uma mudança para um esquema de apego evitativo. Tara também demoniza a tia sem uma boa justificativa quando ela faz algo que Tara acredita ser errado. Como você pode ver, os esquemas de Tara vão de um extremo a outro e causam estragos em seus relacionamentos.

Esquemas gerais

As pessoas formam esquemas não apenas sobre si mesmas e sobre os outros, mas também sobre o mundo em que vivem. Esses esquemas influenciam fortemente a maneira como as pessoas vivem e fornecem uma sensação de segurança ou de paranoia e medo. Duas dimensões de esquema que muitas vezes influenciam como as pessoas com TPB se sentem ao percorrer as estradas da vida são perigo *versus* seguro e imprevisível *versus* previsível.

Perigo versus seguro

Pessoas que veem o mundo através de um *esquema de perigo* raramente se sentem seguras. Elas ficam hipervigilantes e tomam precauções excessivas sempre que se aventuram fora da segurança relativa de casa. Elas veem o mundo como uma selva e se preocupam constantemente com a época em que o próximo leão surgirá da vegetação. Às vezes seus medos crescem a tais proporções que as impedem de saírem de casa.

Por outro lado, as pessoas que veem o mundo através de um *esquema de segurança* assumem riscos desnecessários inadvertidamente. Alheias à necessidade de serem pelo menos um pouco cautelosas, elas se aventuram na vida e, é claro, frequentemente sofrem graves consequências por sua ingenuidade.

O esquema do meio-termo nessa dimensão é chamado de *razoavelmente seguro*. Pessoas com esquema razoavelmente seguro conseguem fugir da extrema paranoia e ao mesmo tempo se apegam aos cuidados apropriados.

Tanto as práticas que um pai usa quanto as características da vizinhança e da escola de uma criança influenciam fortemente o desenvolvimento desses esquemas. Pais abusivos criam filhos que podem apresentar esquemas de perigo por estarem acostumados a sentir um medo perene. Por outro lado, os pais que protegem abertamente os filhos tendem a ter filhos que vêm ao mundo com uma sensação exagerada de segurança, porque nunca os deixam sentir medo.

Imprevisível versus previsível

Pessoas com *esquema de imprevisibilidade* veem o mundo como caótico. Elas não tentam desenvolver um plano de vida porque acham que os planos nunca dão certo. Elas se veem como vítimas dos acontecimentos da vida. Sentem-se oprimidas e desamparadas, e, como você pode imaginar, o pessimismo prevalece sobre o otimismo na vida delas.

Em um forte contraste, as pessoas com *esquema de previsibilidade* se veem como os mestres de sua própria vida. Elas não vislumbram a possibilidade de fracasso porque acreditam que o mundo se dobrará à sua vontade. Pessoas com esse esquema decidem por apenas um plano para suas carreiras, investimentos e relacionamentos, e não se preocupam com um plano B. Infelizmente, quando as coisas não acontecem de acordo com seu plano magistral, elas tendem a desmoronar.

O esquema do meio-termo nessa dimensão é chamado de *esquema de possibilidade*. Pessoas com esse esquema percebem que o mundo e os resultados de seus esforços têm alguma previsibilidade, mas ninguém pode controlar todas as eventualidades possíveis. Essas pessoas estão bem preparadas para os obstáculos da vida e gostam de ter um plano A, B e C. Elas acham que o plano A geralmente funciona, mas não ficam arrasadas quando isso não acontece.

Tanto os estilos parentais quanto os eventos da vida moldam os esquemas gerais nessa dimensão. Crianças que crescem em famílias governadas pelo caos tendem a desenvolver esquemas de imprevisibilidade. Lembre-se de que algumas infâncias simplesmente têm mais do que sua cota de eventos imprevisíveis e incontroláveis, como mortes, divórcios, perda de empregos e assim por diante. No outro extremo do espectro, alguns pais planejam cada detalhe da vida dos filhos. Eles programam cada minuto de cada dia e ditam precisamente o que os filhos devem fazer e com quem. Essas crianças, que nunca precisaram enfrentar uma situação não planejada, geralmente acabam com esquema de previsibilidade.

Esquemas gerais em ação

Os esquemas gerais das pessoas podem surgir a qualquer hora e em qualquer lugar. A seguinte história sobre Lily, que não tem TPB, e Kaitlyn, que tem, mostra como os esquemas afetam as ocorrências diárias no trabalho. Pessoas com TPB tendem a ter esquemas mais extremos e, portanto, reagem aos eventos com maior emoção e intensidade do que aquelas que não têm o transtorno.

> Lily e **Kaitlyn** são enfermeiras que trabalham no turno da noite em um hospital de uma cidade grande. Ambas gostam do ritmo relativamente silencioso e mais tranquilo do turno da noite. Elas trabalham no quarto andar, atendendo partos.

Às 3h de uma madrugada tranquila, um anúncio perfura a atmosfera silenciosa do andar: "Chamando Dr. Firestone, leste 5." Lily, que está digitando notas em um computador, faz uma pausa. Kaitlyn, conversando com um pai que aguarda o nascimento do filho, para no meio da frase. As duas enfermeiras sabem que, no hospital, "Chamando Dr. Firestone, leste 5" significa que houve um incêndio na ala leste do quinto andar. Esses incidentes são triviais e rapidamente eliminados.

Lily tem esquema seguro e de previsibilidade. Ela reassume suas funções, mas também fica atenta a quaisquer novos anúncios. Não fica muito alarmada.

Em contraste, Kaitlyn tem TPB, junto com esquema de perigo e de imprevisibilidade, e logo entra em pânico. Eventos imprevisíveis e traumáticos marcaram sua vida. Ela engasga e deixa escapar: "Ah, meu Deus, há um incêndio no hospital!" O pai, com quem ela está conversando, fica branco e corre para o quarto da esposa para avisá-la. A notícia se espalha rapidamente, e os pacientes vão para os corredores.

Lily liga rapidamente para o quinto andar para confirmar que nada sério está acontecendo. A secretária do andar conta que um paciente acendeu um cigarro no banheiro e disparou um alarme de incêndio. Lily anuncia: "Acalmem-se! Não há fogo. Repito, não há fogo. Foi um alarme falso."

Como pode ver, Kaitlyn respondeu ao anúncio sem esperar para reunir mais informações. Seus esquemas a levaram a presumir o pior e, mais importante, a colocar seus pacientes em risco. Ela teve sorte que Lily estava lá para acalmar a todos, caso contrário, Kaitlyn poderia ter perdido o emprego.

NESTE CAPÍTULO

» Classificando a dissociação

» Detectando a paranoia

» Lidando com o fato de ouvir vozes

» Sentindo-se louco por causa do TPB

Capítulo 10
Fugindo da Realidade

A palavra *borderline* sugere borda ou fronteira entre duas propriedades, condições ou emoções. Originalmente, os profissionais de saúde mental pensavam que o transtorno da personalidade borderline (TPB) ficava no limite entre a sanidade e a insanidade, mais tecnicamente entre o neurótico e o psicótico. Embora os profissionais não acreditem mais que o TPB esteja em uma fronteira clara entre sanidade e insanidade, muitas pessoas que têm TPB relatam *se sentir* um pouco loucas ou insanas.

Psicose — o termo técnico que mais se aproxima do que as pessoas querem dizer quando falam de loucura e insanidade — se refere a uma perda de contato com a realidade. Embora as pessoas com TPB possam ter episódios de psicose, isso acontece apenas de forma breve e menos profunda do que com as pessoas com transtornos psicóticos, como a esquizofrenia. Veja *Schizophrenia For Dummies*, de Jerome e Irene Levine (Wiley), para mais informações.

Neste capítulo, exploramos os sintomas de deixar a realidade para trás. Começamos discutindo a forma mais branda de perder o contato com a realidade, que é conhecida como dissociação. Em seguida, falamos de paranoia e descrevemos as alucinações. Finalmente, contamos como esses sintomas se manifestam no TPB.

Descobrindo a Dissociação

A *dissociação* envolve a quebra de conexões ou associações entre aspectos do self que andam juntos. Essas facetas conectadas ou integradas do self podem incluir seu corpo, memórias, emoções, identidade, pensamentos e até mesmo a conexão de você mesmo com a realidade. Uma mulher pode ter uma memória vívida de ter sido estuprada, mas não sentir nenhuma emoção em relação a essa memória. Os profissionais não consideram a dissociação como psicótica, embora envolva algum grau de afastamento da realidade. Experiências dissociativas são comuns em pessoas com TPB, especialmente quando estão sob estresse extremo. Especialistas acreditam que a dissociação é uma forma de lidar com algum trauma grave e/ou estresse, que, de outra forma, sobrecarregaria emocionalmente a pessoa. A dissociação é uma forma de algumas pessoas manterem memórias perturbadoras a uma distância administrável. A dissociação ocorre nas seguintes formas:

» **Transtorno dissociativo de identidade:** Antes conhecido como *transtorno da personalidade múltipla*, essa condição ocorre quando alguém adota duas ou mais personalidades ou personas completamente diferentes. Na verdade, as pessoas com transtorno dissociativo de identidade assumem até quinze personalidades diferentes ao longo do tempo. Cada personalidade representa uma estratégia para lidar com um tipo diferente de estressor ou problema. As mudanças de personalidade para personalidade incluem tom de voz, vocabulário, dialeto e postura. Uma grande porcentagem de pessoas com esse transtorno passa de canhota para destra conforme muda de personalidade. Além disso, cada personalidade pode não ter acesso às memórias que ocorreram quando a pessoa estava vivenciando uma personalidade diferente. Como aqueles com TPB, quem exibe sintomas de transtorno dissociativo de identidade tende a ser altamente sensível a questões que envolvem confiança e rejeição.

PAPO DE ESPECIALISTA

O transtorno dissociativo de identidade é um diagnóstico controverso. Inúmeros profissionais são céticos e não acreditam que o diagnóstico seja válido. Isso se deve em parte a um livro de 1973, *Sybil*, que descreveu um caso do transtorno. Anteriormente, havia alguns casos raros desse transtorno, mas, depois de vender mais de 6 milhões de cópias e da produção de um filme popular, o diagnóstico disparou. Mais tarde, "Sybil" admitiu que grande parte da história foi planejada em sua tentativa de agradar o psiquiatra. Hoje ninguém sabe ao certo se a publicidade do livro revelou um grande número de uma doença preexistente que há muito não era reconhecida, ou se levou outras pessoas a buscarem atenção e conforto ao fabricar esses sintomas.

» **Amnésia dissociativa:** Envolve a perda de grandes partes de memória, muito extensas para terem o resultado de um esquecimento normal. Em geral, são memórias de natureza traumática. Algumas pessoas que sofrem dessa amnésia tentam impedir que outras pessoas saibam sobre a perda de memória. Às vezes sofrem um grande número de pequenas perdas de memória, em vez de uma grande perda, mas mesmo elas estão além do esquecimento normal.

» **Transtorno de despersonalização/desrealização:** Envolve períodos em que as pessoas se sentem desligadas de si mesmas e de suas experiências. Às vezes pessoas nesse estado se sentem desligadas do corpo — quase como se estivessem se vendo através de uma câmera de cinema. Como resultado, algumas pessoas dizem que a experiência é como a de um sonho ou filme.

Os estados dissociativos são provavelmente as respostas adaptativas da mente a situações intoleráveis. Eles representam a estratégia de fuga desesperada da mente. Uma grande porcentagem de pessoas com TPB relata ter sofrido abusos graves ou traumas em algum momento da vida. Dissociar-se do corpo é a maneira de a mente dessas pessoas lidar com o estresse desse abuso. A maioria das pessoas com ou sem TPB experimenta pelo menos breves experiências dissociativas durante ou após eventos altamente traumáticos.

A seguinte história sobre Nicole demonstra como funciona o processo de dissociação.

> **Nicole** ouve a porta bater; ela escuta quando os passos começam a subir as escadas. Ela se sente mal do estômago e puxa o cobertor até o queixo. "Talvez ele esteja muito bêbado esta noite", suplica ela.
>
> "Nicole, minha linda, estou em casa", sussurra seu padrasto enquanto abre a porta de seu quarto.
>
> Ela sente mãos frias puxando o cobertor, tocando-a. Ela sabe o que acontecerá a seguir — tem acontecido quase todas as noites nos últimos 2 anos, desde que tinha 12 anos. Nicole fica quieta e imóvel e fecha os olhos com força. Ela imagina que seu corpo não é dela, que ela não é real. Deseja que sua mente vá para outro lugar. Ela é uma borboleta, e voa para longe.

Nicole foi repetidamente abusada sexualmente pelo padrasto. Sua mente não conseguia lidar com o horror que ela experimentava. Como resultado, ela aprendeu a entrar em estados dissociativos — na forma de despersonalização — em que psicologicamente deixava seu corpo durante as agressões. Mais tarde na vida, é provável que ela entre em estados dissociativos sempre que for lembrada do abuso ou, talvez, mesmo durante qualquer momento de conflito ou estresse.

Sentindo-se Paranoico ou Delirante

A *paranoia* envolve mais desconfiança e medo. Pessoas que sofrem de paranoia ficam preocupadas com tramas imaginárias que outros podem estar planejando contra elas. Podem insistir em ideias infundadas de traição por parte de amigos, cônjuges ou conhecidos. Frequentemente leem significados injustificados e ameaçadores nos comentários inocentes de outras pessoas. Essa desconfiança e esse medo paranoicos costumam acompanhar o TPB.

A paranoia pode variar de uma desconfiança meramente exacerbada a delírios totalmente desenvolvidos de natureza psicótica, o que significa que eles têm pouco ou nenhum fundamento na realidade. No entanto, as pessoas com TPB em geral não experimentam delírios psicóticos extremamente intensos. Quando as pessoas com TPB experimentam paranoia, seus delírios tendem a ser breves e não se afastam muito da realidade.

A seguinte história sobre Alex, que tem TPB, ilustra um tipo de paranoia que costuma acompanhar o transtorno.

> **Alex** olha pela janela, esperando ver Madeline entrando no prédio. Ele anda para a frente e para trás, sua tensão aumentando. Liga para o celular dela pela centésima vez — vai direto para o correio de voz de novo. Ele não deixa mensagem. Ele diz em voz alta: "Onde ela está? Com quem ela está?"
>
> Finalmente, a campainha toca, e, alguns minutos depois, Madeline abre a porta. Alex começa: "Onde você estava? Por que não me atendeu?"
>
> "Eu estava no trabalho. Desliguei o telefone", responde Madeline.
>
> "Você saiu do trabalho mais cedo. Liguei para seu escritório. Não minta para mim. Sei que você está me traindo. Me diga a verdade", a voz de Alex fica mais alta.
>
> "Nossa, Alex, saí mais cedo para renovar a carteira de motorista. Eu disse a você na semana passada que ela havia vencido."
>
> "Deixa eu ver sua nova carteira", grita Alex.
>
> "Isso... é ridículo. Não vou mostrar a carteira. Se você não acredita em mim, o problema é seu." Madeline passa por ele.
>
> Alex a agarra pelo braço e a empurra contra a parede. "Nunca se afaste de mim. Eu quero a verdade. Com quem você está saindo?"
>
> "Não me toque. Você está fora de controle. Me deixa!", grita Madeline.

PARANOIA EXTREMA: ESQUIZOFRENIA PARANOIDE

A história a seguir, sobre Joshua, demonstra a paranoia que deixa a realidade para trás.

> **Joshua** trabalha para um escritório de contabilidade do governo. Ele destranca seu arquivo e pega uma pasta chamada "notas". Olha ao redor para se certificar de que nenhum colega de trabalho está por perto, abre a pasta em sua mesa e olha os nomes e comentários listados. Dezesseis pessoas estão na lista. Joshua olha em volta mais uma vez antes de adicionar outro nome. Em seguida, ele escreve: "Comportamento suspeito no refeitório. Sujeito pagando pela refeição com uma nota alta. Pode estar coletando dinheiro de terroristas internacionais."
>
> Joshua mantém o controle de seus colegas de trabalho porque acredita que a CIA em breve entrará em contato com ele para obter informações sobre espiões em seu escritório. Ele acha que a CIA se comunica com ele enviando ondas de pensamento para seu cérebro durante o sono. Quando acorda, é capaz de se lembrar de sua última tarefa.
>
> Embora Joshua trabalhe nesse emprego há anos, é solitário e não socializa. As pessoas o deixam em paz. Ele consegue fazer seu trabalho, apesar do pensamento paranoico. Joshua foi hospitalizado no final da adolescência depois de se recusar a tomar banho por dias e começar a falar incoerentemente. Ele está estável há anos com a medicação. Hoje consegue ser funcional e ganhar a vida.
>
> Joshua sofre de uma doença conhecida como *esquizofrenia paranoide*. Ele não mostra sinais de TPB, e seus tipos de delírios raramente — ou nunca — ocorreriam em conjunto com o TPB.

Alex demonstra uma desconfiança exagerada da namorada. No entanto, seus sentimentos um tanto paranoicos não chegam ao nível dos delírios psicóticos. A diferença entre um delírio psicótico e a desconfiança paranoica de Alex é que, embora ele chegue a uma conclusão sem evidências reais, a namorada pode estar traindo-o — a ideia não é completamente irracional ou irreal. Assim, nada em seus pensamentos de ciúme foge completamente à realidade.

Tendo Alucinações

Alucinações envolvem percepções que ocorrem sem a ação do meio ambiente. Assim, as pessoas que têm alucinações ouvem sons que não existem. Elas veem pessoas que não estão presentes. Cheiros, temperaturas e sabores não vêm de lugar nenhum. No entanto, as percepções têm todas as qualidades de eventos verdadeiros da vida real. Além disso, eles ocorrem enquanto as pessoas estão totalmente despertas e conscientes, não enquanto estão em um estado de sonho.

Alucinações leves são extremamente comuns na vida de muitas pessoas. Você pode ouvir telefones tocando ao tomar banho ou secar o cabelo, mas, quando verifica o identificador de chamadas, ele não mostra nada. Muitas pessoas sem transtorno emocional de qualquer tipo relatam que às vezes ouvem vozes fracas ou sentem cheiros sem origem aparente. Essas experiências breves e leves têm pouco significado, embora possam ocorrer com mais frequência quando alguém está estressado.

Um aumento na gravidade de ouvir um breve toque de telefone que não aconteceu é a experiência de ouvir sons distintos e muito reais e ver imagens que vêm do nada. Assim, alguém pode relatar ter ouvido vozes que soam nítidas, claras e presentes, mesmo que ninguém esteja na sala. No entanto, os especialistas não consideram experiências como essa uma psicose completa, desde que as pessoas pelo menos mantenham a consciência de que as vozes estão vindo da própria cabeça.

Por outro lado, às vezes as pessoas relatam percepções vívidas de vozes, imagens, sons e cheiros que ninguém mais percebe, mas acreditam que suas percepções estão realmente ocorrendo. Podem ouvir vozes lhes dizendo para fazerem algo e acreditar que alguma fonte de rádio alienígena está transmitindo as vozes em sua cabeça. Ou podem ver alguém parado bem na frente delas, embora não haja ninguém. Esse tipo de alucinação é bastante raro em pessoas com TPB, e, se ocorrerem, é apenas brevemente. Se essas alucinações ocorrerem com mais frequência e gravidade, a pessoa pode ter um tipo diferente de transtorno mental — talvez esquizofrenia.

A seguinte história sobre Eric descreve alguém que tem TPB e desmorona sob o estresse. Alucinações auditivas como a de Eric são o tipo mais comum em pessoas com TPB.

> **Quando criança, Eric** foi abusado física e emocionalmente pela mãe e por muitos dos namorados que ela levava para casa. Durante a adolescência, ele entrou e saiu de instalações de tratamento de drogas e de centros de detenção juvenil. Depois de terminar o ensino médio, ingressou no serviço militar como forma de se livrar do passado e começar de novo.

O treinamento básico começa. Ele odeia receber ordens e mal consegue atender às rigorosas exigências físicas. Eric lentamente começa a se desintegrar. Ele ouve vozes dizendo que ele é estúpido e que nunca será nada. Essas vozes parecem reais, mas Eric sabe que não podem ser.

O sargento de treinamento de Eric vê que o rapaz está perdendo o controle. Ele ordena que Eric se apresente ao centro de saúde mental da base para um check-up. A psicóloga do centro o entrevista e lhe dá alguns testes psicológicos. Depois de revisar todas as informações, a psicóloga diagnostica Eric com TPB. Ela não acha que as alucinações sejam episódios psicóticos de fato, no entanto, recomenda que ele receba uma dispensa honrosa por causa de sua condição mental e incapacidade de lidar com grande estresse e pressão.

A história de Eric mostra o tipo de alucinações auditivas breves que as pessoas com TPB às vezes experimentam. Ele ouve vozes, mas sabe que vêm de sua cabeça.

Quando Você Tem TPB e Se Sente Louco

Pessoas com TPB costumam dizer que se sentem loucas porque lutam para controlar seus impulsos e emoções. Elas frequentemente se pegam agindo de maneiras repreensíveis. Também costumam relatar que se sentem fora de si e dissociadas. No entanto, essas questões não são o que os profissionais rotulam como psicoticamente fora de contato com a realidade. Você pode começar a abordar os sintomas comuns de TPB lendo a Parte 4 deste livro, que cobre tudo, desde lidar com a impulsividade até mudar seu estado de espírito.

Em raras ocasiões, as pessoas com TPB experimentam o que os profissionais chamam de transtorno psicótico breve, nos quais experimentam alucinações ou delírios por algum tempo. Quando tais experiências ocorrem, os profissionais em geral podem tratá-las com facilidade com um breve regime de medicação antipsicótica. Geralmente as pessoas que sofrem desses transtornos psicóticos breves podem parar a medicação antipsicótica depois que os episódios diminuem. Veja no Capítulo 20 mais informações sobre os medicamentos que os profissionais usam para tratar o TPB e os sintomas associados a ele.

3
Escolhendo Mudar

NESTA PARTE...

Descubra o tipo de tratamento ideal para você.

Conheça os profissionais de saúde mental.

Descubra os obstáculos no caminho para a mudança.

Decida contar sua história e para quem fazê-lo.

Melhore sua saúde geral manejando estresse, dieta, sono e exercícios.

> **NESTE CAPÍTULO**
>
> » Olhando as diferentes opções de tratamento disponíveis
> » Escolhendo uma terapia para você
> » Sabendo qual profissional de saúde mental escolher
> » Definindo expectativas razoáveis para o tratamento

Capítulo **11**

Pesquisando e Escolhendo Tratamentos

O transtorno de personalidade borderline (TPB) consiste em uma ampla constelação de sintomas (veja mais informações no Capítulo 3). A variedade de problemas vivenciados pelas pessoas com TPB torna o tratamento um desafio. Algumas abusam de substâncias, têm dificuldade para manter um emprego, relações tumultuadas ou sérios problemas de humor. Outras se sentem vazias, preocupam-se em ser abandonadas ou se automutilam. Abordar até mesmo um desses problemas é extremamente difícil, então imagine como é difícil tratar uma combinação deles. O tratamento para o TPB leva tempo e parece opressor no início, no entanto vários estudos revelaram uma variedade de tratamentos eficazes. Com o tratamento correto, o prognóstico em longo prazo é bom.

Escolher o tratamento certo é um desafio para as pessoas que têm TPB e para aqueles que se preocupam com elas. Se você tem TPB, pode escolher entre uma hora por semana de psicoterapia individual, tratamento diurno (conhecido como internação clínica), tratamento de internação em tempo integral ou terapia de grupo. Neste capítulo, ajudamos você a lidar com essa variedade de opções.

Este capítulo descreve as várias opções de tratamento disponíveis para pessoas com TPB e explica quais comprovadamente funcionam. Oferecemos um glossário de provedores de tratamento, explicamos o que esperar da psicoterapia e, mais importante, mostramos como saber se você fez a escolha certa. Finalmente, discutimos como estabelecer metas realistas, em vez de esperar milagres improváveis.

Explorando os Tratamentos para o TPB

Há vários tipos de tratamento para o TPB. Cada um deles — seja trabalhar individualmente com um terapeuta, seja participar de uma terapia de grupo, seja passar um tempo em um hospital — tem certas vantagens e desvantagens. Nas seções a seguir, descrevemos o que esperar de cada um deles.

Terapia individual

A maioria dos profissionais de saúde mental atua de forma independente e oferece serviços aos indivíduos, um por vez. Eles atendem cada cliente por cinquenta minutos, uma ou duas vezes por semana. Para pessoas com TPB, especialmente em épocas de grande agito, a terapia individual uma ou duas vezes por semana nem sempre é suficiente, no entanto muitas pessoas com TPB melhoram com a ajuda dela. Um benefício da terapia individual é que ela pode ser flexível e adaptada às necessidades de cada cliente. Veja na seção "Escolhendo o Profissional", neste capítulo, uma lista de perguntas que você precisa fazer a seu terapeuta antes de iniciar a terapia individual.

Uma chance aos grupos

A psicoterapia de grupo existe há muito tempo, mas muitas pessoas a evitam por medo de confiar informações pessoais a outras pessoas, especialmente que não conhecem. Às vezes elas temem falar na frente de um grupo ou acreditam que os membros as rejeitarão.

No entanto, a terapia de grupo é uma parte muito útil do tratamento do TPB. As configurações de grupo fornecem uma forma eficaz de ensinar habilidades importantes e fornecer informações sobre o manejo do TPB. A terapia de grupo também é um pouco mais econômica do que a individual, porque os custos são repartidos entre os participantes. Além disso, ver que você não é a única pessoa sofrendo é reconfortante. A terapia de grupo é combinada com a individual para maximizar a eficácia.

DICA: Se você achar a ideia da terapia de grupo intimidante, inicie o tratamento com a individual. No entanto, sugerimos que converse com seu terapeuta sobre suas preocupações em relação à terapia de grupo, para que vocês dois os abordem. Além disso, o terapeuta saberá lhe dizer se existem ou não grupos projetados especificamente para o TPB em sua área.

Tratamento mais intensivo: Internação clínica

Alguns hospitais locais oferecem programas para tratamento de TPB em formato de *internação clínica*. Os programas de internação clínica combinam terapia de grupo, terapia individual, medicação e terapias adjuvantes, como arteterapia, terapia recreativa e terapia ocupacional. Essas atividades são válidas para muitas pessoas, independentemente do transtorno. Quando surge um conflito em uma sessão de terapia recreativa, um bom terapeuta usa essa oportunidade para mostrar ao paciente como aplicar algumas habilidades básicas de manejo de conflitos interpessoais.

Esses programas de internação clínica variam em número de horas por semana e podem variar de algumas horas, dois ou três dias por semana, até o dia todo, na maioria dos dias da semana. Até o momento, nenhum estudo demonstrou exatamente quantas horas por semana são ideais.

DICA Os programas de internação clínica podem ser difíceis de encontrar e bastante caros. O seguro geralmente não cobre esses serviços. A boa notícia é que a maioria das pessoas com TPB não requer programas de internação clínica e, quando o fazem, geralmente não precisam deles por longos períodos.

Precisando de mais cuidados: Clínicas psiquiátricas

Uma geração atrás, ver pessoas passarem longos períodos confinadas nos chamados hospitais mentais, por problemas como TPB e transtornos psicóticos, era uma ocorrência bastante comum (veja nos Capítulos 3 e 10 mais informações sobre transtornos psicóticos).

Hoje, no entanto, as clínicas ou hospitais de internação psiquiátrica não servem como pilares para o tratamento do TPB. Os profissionais de saúde mental usam esses ambientes de tratamento mais intensos apenas quando as pessoas parecem estar em perigo iminente de causar danos a si mesmas ou a outras pessoas. Quando os profissionais recorrem à internação, geralmente a usam apenas por um curto período (de alguns dias a semanas), principalmente com o propósito de estabilizar a pessoa e talvez regular o regime de medicação.

CUIDADO Alguns especialistas no tratamento do TPB alertam contra o uso de tratamento hospitalar, a menos que haja uma necessidade aguda e clara de manejar problemas de medicação. Em parte, isso se deve ao fato de alguns pacientes considerarem os ambientes de internação bastante gratificantes, de suporte e estimulantes, em comparação com o mundo assustador fora dos muros do hospital. Portanto, esses pacientes podem acabar buscando internação com maior frequência ao longo do tempo. Muitos especialistas acham que esse padrão de hospitalização frequente acaba causando mais mal do que bem.

Combinando e alterando tratamentos

Cerca de metade das pessoas que procuram tratamento para o TPB o recebe em mais de um formato ou ambiente, ao mesmo tempo ou um após outro. Assim, você pode começar com a terapia individual e, mais tarde, adicionar a de grupo. Pode até procurar internação clínica por algumas semanas, além da terapia individual e em grupo. Você também pode ir para um ambiente de internação, mas provavelmente não permanecerá nele por muito tempo ou mais de uma ou duas vezes.

Você e seu terapeuta podem trabalhar juntos para decidir quais tratamentos são melhores para você. Veja a seção "Escolhendo o Profissional" para obter ajuda sobre como encontrar o terapeuta certo para você.

Pesquisando Estratégias de Tratamento

Se reservar alguns minutos para ligar para diferentes terapeutas ou hospitais ou pesquisar na internet, vai se deparar com um caleidoscópio de diferentes tipos de psicoterapia. Você encontrará terapia junguiana, terapia primal, psicanálise (em várias formas), terapia cognitiva, terapia cognitivo-comportamental, terapia humanista, terapia rogeriana, terapia haiku, terapia hakomi etc. Confuso, não?

Não se deixe abater. Tornaremos um pouco mais fácil sua decisão sobre qual terapia escolher. Na realidade, apenas um número limitado de psicoterapias mostrou uma eficácia significativa para o tratamento do TPB.

CUIDADO

Sem dúvida, você não quer buscar um tratamento para o TPB que não seja especificamente projetado para ele. Evidências sugerem que o tratamento genérico pode retardar ou impedir a cura natural que ocorre ao longo do tempo.

As seções a seguir cobrem estratégias apoiadas por pesquisas para tratar o TPB.

Terapia comportamental dialética (DBT)

A Dra. Marsha Linehan desenvolveu a DBT, a primeira terapia projetada especificamente para o TPB. Inúmeros estudos demonstraram que essa abordagem reduz efetivamente as tentativas de suicídio, melhora a qualidade de vida e, de modo geral, ajuda as pessoas com TPB e problemas de abuso de substâncias. A maioria desses estudos analisou os efeitos de um ano desse tipo de terapia. Após um ano, as pessoas apresentaram uma grande melhora, mas algumas ainda relataram um sofrimento significativo na qualidade de vida. Linehan acredita que uma melhora mais substancial é provável após vários anos de tratamento, mas, até o momento, os pesquisadores não realizaram estudos observando esse período tão prolongado. Por outro lado, esforços de pesquisa mais recentes começaram a examinar a eficácia de regimes mais curtos de DBT (cerca de seis meses). Ainda não foram gerados dados suficientes para determinar se essa abordagem funcionará tão bem como o padrão de um ano de tratamento.

A DBT combina psicoterapia individual e terapia de grupo. A terapia de grupo ensina os pacientes a identificar suas emoções descontroladas e, em seguida, a aplicar uma série de técnicas para controlá-las. A terapia individual atua na redução de comportamentos de autoagressão e na remoção de obstáculos para a melhora. A abordagem da DBT se baseia fortemente nos princípios do zen budismo, como aceitação do mal-estar e meditação. A DBT também usa elementos de terapias cognitivas e comportamentais, para melhorar pensamentos e comportamentos.

PAPO DE ESPECIALISTA

A DBT é geralmente conduzida ao longo de um ano e requer terapeutas especializados. Assim, tende a ser bastante cara, o que inibe os esforços de pesquisa e limita sua disponibilidade. Em muitas áreas, essa terapia é difícil de encontrar.

A DBT é uma abordagem inovadora para o TPB e a primeira terapia a gerar pesquisas para apoiar sua eficácia. No entanto, é um pacote complexo de estratégias, e os profissionais de saúde mental não sabem ao certo quais técnicas são mais críticas para o sucesso. Muitas das técnicas específicas que discutimos nos Capítulos de 15 a 20 são encontradas na DBT.

Terapia baseada em mentalização (MBT)

Anthony Bateman e Peter Fonagy foram os pioneiros no desenvolvimento da MBT para o tratamento do TPB. Esse tratamento é baseado na crença de que a maioria das pessoas com TPB tem problemas com a forma como se apegam ou se relacionam com seus cuidadores primários. Como adultos, as pessoas com TPB continuam a ter problemas de relacionamento, em particular no que tange à confiança. A MBT busca melhorar as habilidades das pessoas com TPB de compreender seus sentimentos e pensamentos, bem como os das outras pessoas. A MBT também ensina as pessoas com TPB a entenderem o impacto de seus comportamentos nos outros.

Estudos de MBT ao longo do tempo demonstraram resultados encorajadores em pessoas com TPB mesmo oito anos após o tratamento. Os pacientes tiveram menos hospitalizações após o tratamento, reduziram seus comportamentos suicidas e melhoraram seu funcionamento diário. Estudos mais recentes continuam mostrando bons resultados. Os clientes relatam menos mal-estar, diminuição dos comportamentos suicidas e melhoria nas relações sociais. Várias técnicas do Capítulo 18 são consistentes com as ideias da MBT.

PAPO DE ESPECIALISTA

Como a DBT, a terapia baseada na mentalização tende a ser cara e demorada, portanto, também tem disponibilidade limitada em algumas áreas. No entanto, o conceito central de "mentalização" (a capacidade de compreender os pensamentos e sentimentos dos outros) foi sugerido para o tratamento de outros tipos de transtornos emocionais.

Psicoterapia focada em transferência (TFP)

A TFP é uma abordagem para tratar o TPB com base na teoria de que muitas pessoas com esse problema percebem as interações interpessoais de formas excessivamente rígidas e fragmentadas. Esse tratamento se baseia na teoria psicanalítica e ensina às pessoas com TPB que elas percebem erroneamente as interações com seus terapeutas. O terapeuta então fornece informações corretivas sobre essas interações. A maioria dos procedimentos terapêuticos da TFP foi escrita de forma manualizada para orientar os esforços de pesquisa. Esse nem sempre foi o caso com outras terapias psicanalíticas. A pesquisa inicial sobre a PTF é positiva, mas mais estudos são necessários antes que recomendemos essa abordagem de forma inequívoca.

PAPO DE ESPECIALISTA

A teoria psicanalítica foi desenvolvida por Sigmund Freud no final do século XIX. Ele propôs que todo comportamento deriva de interações entre o id (anseios e impulsos), o superego (que exerce inibições rígidas e morais) e o ego (que se esforça para mediar e equilibrar as outras duas forças). Presumia-se que o inconsciente desempenhava um papel importante na maneira como a pessoa reage e se sente. Por muitos anos, os psicanalistas evitaram se envolver em pesquisas ativas sobre suas abordagens, embora essa situação tenha mudado nas últimas décadas.

Terapia cognitiva

Aaron T. Beck desenvolveu a terapia cognitiva como uma terapia para a depressão, mas foi aplicada com sucesso a uma variedade surpreendentemente ampla de problemas emocionais, incluindo transtornos de ansiedade, transtorno obsessivo-compulsivo, abuso de substâncias, transtornos alimentares e esquizofrenia. Centenas de estudos apoiam sua eficácia para esses problemas, mas muito menos pesquisas investigaram a eficácia da terapia cognitiva no tratamento do TPB. Os estudos realizados descobriram que a terapia cognitiva se mostra promissora na redução da automutilação e em outros sintomas do TPB.

Algumas das técnicas da DBT são baseadas na terapia cognitiva, porém estudos de terapia cognitiva mostraram benefícios em menos de seis meses, que é um período de tempo menor do que a maioria das outras abordagens para o tratamento do TPB, incluindo a DBT, que revisamos neste capítulo.

A terapia cognitiva ensina as pessoas a verem a maneira como pensam ou interpretam as situações que acontecem com elas. Geralmente, as pessoas pensam de maneiras distorcidas quando estão passando por problemas emocionais. A terapia cognitiva as ajuda a verem essas distorções e, portanto, suas experiências de forma mais realista.

PAPO DE ESPECIALISTA

A terapia cognitivo-comportamental (TCC) inclui os princípios da terapia cognitiva, mas também incorpora técnicas da comportamental. A terapia comportamental ajuda a mudar comportamentos problemáticos, ensinando habilidades concretas e comportamentos mais bem adaptativos. Pesquisas iniciais sugeriram que a TCC é eficaz para o tratamento do TPB e pode ser mais curta e mais econômica do que a maioria das outras abordagens. Leia mais informações em *Terapia Cognitivo-comportamental Para Leigos*, de Rhena Branch e Rob Willson (Alta Books).

Terapia do esquema

Jeffrey Young desenvolveu a terapia do esquema como um desdobramento da cognitiva. Essa abordagem se concentra na tentativa de suavizar esquemas disfuncionais, que são um conjunto de crenças amplas e profundamente arraigadas sobre si mesmo e o mundo, que se originam na infância (veja no Capítulo 9 mais informações sobre os esquemas e, no Capítulo 19, ideias para transformar esquemas disfuncionais em esquemas mais adaptativos).

Embora a terapia do esquema tenha gerado muito interesse profissional, as pesquisas sobre sua eficácia são limitadas e demoradas. Um estudo na Holanda descobriu que duas sessões de terapia do esquema por semana durante três anos levaram a uma melhora substancial na qualidade de vida e à diminuição dos sintomas em cerca de metade dos pacientes da amostra. As melhorias na qualidade de vida relatadas não são típicas na maioria dos estudos para outras formas de tratamento do TPB, portanto esses resultados específicos foram altamente encorajadores, mas eles imploram para serem replicados por outros grupos de pesquisa.

PAPO DE ESPECIALISTA

Como tem acontecido com várias outras terapias para o TPB, o tratamento com a terapia do esquema é longo e caro na maioria dos estudos até o momento.

Tratamento transdiagnóstico

A abordagem transdiagnóstica considera os sintomas específicos de um transtorno, em vez do diagnóstico em si. Esses sintomas são, portanto, direcionados, em vez de terem o conceito mais global de "diagnóstico". Por exemplo, no TPB, a desregulação emocional é um sintoma crítico que também está presente em outros transtornos. As intervenções reais são retiradas da terapia cognitivo-comportamental. Assim, a terapia baseada nessa abordagem se concentra em quaisquer sintomas que uma pessoa apresente, independentemente do diagnóstico. Veja no Capítulo 3 informações sobre como os sintomas variam em pessoas com TPB.

Um estudo pequeno e recente usando a abordagem transdiagnóstica para conceituar e tratar clientes com TPB encontrou diminuições significativas nos sintomas do TPB e aumentos nas habilidades de regulação emocional. Além disso, foram relatadas melhorias no humor. Pareceu ser uma estratégia econômica, que não usou mais do que vinte sessões. No entanto, muito mais pesquisas são necessárias para que essa abordagem promissora seja verificada como eficaz.

Terapia metacognitiva (MCT)

A MCT é uma abordagem desenvolvida pelo Dr. Adrian Wells que visa a maneira como as pessoas interpretam ou pensam sobre seus próprios pensamentos. Essa terapia pressupõe que pensamentos negativos e perturbadores não são um problema tanto quanto a maneira como a pessoa pensa sobre eles ou os interpreta. Para esclarecer, ela assume que todos se preocupam. O problema surge quando a própria preocupação é vista como horrível ou como indício de que a pessoa está ficando louca. Outra visão problemática é supor que nunca se deveria ter certos tipos de pensamentos. Por meio de uma variedade de estratégias, essa terapia ajuda as pessoas a aprenderem que os próprios pensamentos são relativamente benignos.

Essa inovação terapêutica é bastante interessante e aplicável ao TPB. No entanto, a pesquisa atual é escassa.

Previsibilidade emocional e resolução de problemas (STEPPS)

O tratamento STEPPS foi desenvolvido para ajudar pessoas com TPB. É um tratamento em grupo no qual a educação e o treinamento de habilidades se concentram na mudança das reações emocionais e no aprimoramento das habilidades para resolução de problemas. Foi desenvolvido por Nancee Blum e teve aplicações particulares em prisões. É fácil de usar e de curta duração (geralmente, vinte semanas). Ele usa a terapia cognitivo-comportamental e uma equipe de treinadores para ensinar as habilidades. Dados derivados de alguns estudos sugerem que os sintomas do TPB são significativamente reduzidos entre aqueles que recebem esse tratamento. Ele geralmente é empregado como suplemento a outras terapias para o TPB, e são necessários grandes estudos controlados.

Terapia de aceitação e compromisso (ACT)

A ACT é um tipo de terapia parcialmente baseada nos princípios da terapia cognitivo-comportamental (TCC). Os clientes são orientados a se tornar mais atentos aos pensamentos e sentimentos do momento presente. Em vez de evitar emoções angustiantes, presume-se que o máximo de consciência e aceitação auxilie no enfrentamento. Além da aceitação radical, os clientes são encorajados a identificar seus valores e trabalhar para se comportar de maneira consistente com esses valores.

A ACT provou ser eficaz no tratamento de ansiedade, depressão, estresse, dor crônica e abuso de substâncias. Estudos mais recentes demonstraram que a ACT melhora os sintomas do TPB. É lógico acreditar que a ACT é útil para o tratamento do TPB porque compartilha suposições semelhantes aos elementos da TCC e da DBT, no entanto são necessários estudos extensos, randomizados e controlados.

Terapia focada na compaixão (CFT)

A CFT foi desenvolvida para ajudar aqueles que têm os problemas comuns de vergonha intensa e autocrítica severa, assim como muitos que têm TPB. Ela sugere que tais problemas começam na primeira infância e refletem dificuldades no apego precoce a pessoas importantes, e usa várias estratégias terapêuticas destinadas a encorajar a autocomiseração e a autocompaixão. Alguns estudos sugeriram que a CFT é eficaz para melhorar o humor e diminuir a vergonha e a autocrítica. Mais uma vez, essa abordagem exige estudos grandes, randomizados e controlados.

Medicamentos

Os profissionais de saúde mental usam medicamentos psicotrópicos para tratar a maioria dos transtornos emocionais, incluindo depressão, ansiedade, transtorno bipolar e psicose. No entanto, os medicamentos não se mostraram especialmente eficazes para o tratamento do TPB e de outros transtornos da personalidade; às vezes, são úteis para o tratamento de sintomas específicos do TPB. Veja no Capítulo 20 mais informações sobre o uso de medicamentos no tratamento do TPB.

Fatores comuns em terapias

Depois de estudar as terapias que acabamos de apresentar, não descobrimos nada que se pareça fundamentalmente contraditório ou incompatível entre os princípios principais delas. Na verdade, os fatores comuns entre a maioria delas incluem:

- » Relação terapêutica positiva.
- » Foco na resolução de problemas.
- » Ênfase nas habilidades para aumentar a capacidade de regular as emoções.
- » Metas estruturadas.
- » Orientação para compreender a si mesmo e aos outros.
- » Aceitação das emoções dos clientes.
- » Aumento da capacidade dos clientes de observar os próprios comportamentos e emoções.

Nos Capítulos de 15 a 20, apresentamos uma série de técnicas que refletem esses fatores comuns. Seu terapeuta pode usar principalmente uma dessas técnicas ou apresentar a você um tratamento que integre as melhores características de cada uma, como fazemos neste livro. Qualquer uma das abordagens será eficaz.

Escolhendo o Profissional

Se você tem TPB, precisa da ajuda de profissionais de saúde mental treinados. Alguns tratamentos envolvem uma equipe trabalhando em conjunto, e outros, apenas um terapeuta trabalhando com você. Ao procurar um profissional de saúde mental, pergunte sobre sua experiência e seu conhecimento no tratamento do TPB. Você precisa de alguém experiente, especialmente no fornecimento de um ou mais dos tratamentos que revisamos na seção "Pesquisando Estratégias de Tratamento". Não desanime se o primeiro profissional que contatar não se sentir confortável em tratar o TPB. Nem todo o mundo ficará, mas, se você procurar, encontrará alguém.

Ao entrar em contato com um profissional de saúde mental, faça a ele uma variedade de perguntas, incluindo as seguintes:

- » **Quando e com que frequência você está disponível?** Pergunte ao profissional em quanto tempo você pode marcar uma consulta. Infelizmente, em algumas áreas do país, eles têm listas de espera. Outros podem ter um número limitado de horários. Pergunte sobre o horário — especialmente se precisar do horário à noite ou aos finais de semana. O tratamento do TPB requer sessões regulares, portanto defina um horário semanal adequado para você e para o profissional.

- » **Você oferece serviços online?** A tecnologia transformou nossa economia, bem como a saúde. No caso da saúde mental online, o terapeuta aconselha por meio de um serviço de videochat (ou, em alguns casos, por telefone). As vantagens incluem facilidade de acesso, sem problemas de transporte, às vezes maior acessibilidade e, muitas vezes, tempos de espera mais curtos. Algumas pessoas se sentem mais confortáveis interagindo dessa maneira. Alguns estudos sugerem que tratar online a saúde mental é eficaz para uma variedade de problemas, mas é muito cedo para determinar se sua eficácia equivale à da terapia pessoal, especialmente para o tratamento do TPB. É importante perguntar sobre a licença do clínico, a segurança e a privacidade (incluindo HIPPA) das comunicações, seu nível de experiência ou treinamento em saúde online e a adequação para seus problemas específicos.

- » **Você oferece cobertura após o expediente e de emergência?** Parte do diagnóstico de TPB inclui comportamento de risco e automutilação. Pergunte ao terapeuta que provisões ele faz para emergências. As políticas dos terapeutas variam de estar de plantão 24 horas por dia, 7 dias por semana, com apoio quando o terapeuta está fora da cidade, a não estar disponível fora do expediente (caso em que o terapeuta dá instruções aos pacientes para entrarem em contato com o serviço de emergência ou irem a um pronto-socorro). Até o momento, nenhum estudo analisou especificamente como a disponibilidade do terapeuta ajuda ou dificulta o tratamento do TPB. Ambas as abordagens têm boas razões subjacentes. O que importa é que seu terapeuta explique as políticas e os procedimentos com antecedência e que você se sinta confortável com eles.

» **Quais taxas você cobra?** Pergunte ao profissional quanto ele cobra pelas sessões. Se seu tratamento envolver várias por semana, as taxas para terapia individual e de grupo são iguais? O terapeuta aceita seu plano de saúde? Alguns médicos não aceitam todos os planos, e outros não aceitam nenhum. Além disso, alguns planos não incluem saúde mental. Recomendamos que você verifique com seu plano de saúde, bem como com o terapeuta. Às vezes os profissionais podem convencer os planos a pagarem mais do que o reembolso normal quando o tratamento é validado para o TPB.

» **Você tem registro profissional?** Pergunte se o profissional tem licença para atuar. Se não tiver, procure outro. A única exceção é quando pós-graduandos estão praticando sob a supervisão de profissionais registrados.

Uma variedade de pessoas com diferentes títulos, níveis de educação e áreas de especialização fornecem serviços de saúde mental. Nas seções a seguir, apresentamos breves descrições dos diferentes papéis e formações que os profissionais de saúde mental têm.

Prestadores de cuidados primários

Sempre que você tiver problemas emocionais significativos, recomendamos que busque tratamento com um prestador de cuidados primários — seja um médico, seja um enfermeiro, seja um assistente — para fazer um exame físico completo. Vários problemas físicos podem causar sintomas que muitas vezes se parecem com os dos transtornos emocionais. Traumas cerebrais, medicamentos, vários desequilíbrios hormonais, suplementos dietéticos e certas doenças crônicas às vezes produzem problemas emocionais, como ansiedade, depressão e agitação.

Depois que seu provedor de cuidados primários descartar causas físicas, procure os serviços de um profissional de saúde mental registrado para um diagnóstico de sua condição específica. Os profissionais de cuidados de saúde primários raramente têm treinamento suficiente para compreender as diferenças sutis nos transtornos emocionais.

A PARTICIPAÇÃO NÃO É OPCIONAL

Se você está procurando ajuda para tratar o TPB, a boa notícia é que o tratamento funciona e você pode esperar melhora. A má notícia é que muitas pessoas nunca acessam o tipo de ajuda de que precisam.

Muitas pessoas com TPB marcam consultas com terapeutas, mas depois as cancelam. Outras marcam e vão a duas ou três sessões, mas depois param. Essas pessoas recebem a ajuda que procuravam quando começaram a terapia? Bem, não muita. Então por que tantas pessoas param a terapia ou nem sequer a começam?

As pessoas hesitam em marcar compromissos, cancelam ou desistem após algumas sessões porque a terapia envolve pontos difíceis. Algumas pessoas acham constrangedor admitir que precisam de ajuda para seus problemas emocionais. Outras acham opressor falar sobre sentimentos e problemas. E ainda outras são pessimistas e não acreditam que conversar com alguém as ajudará com a turbulência da vida delas.

Imagine que você tenha tido uma febre alta repentina e dor de garganta. Você falta o trabalho e não consegue sair da cama. Após alguns dias, ainda se sente péssimo. Você pode ligar para o consultório de seu médico para marcar uma consulta ou ir a um pronto-socorro. Você não se envergonha de que essa doença requeira atenção médica. O mesmo deve valer para quem sofre de TPB. Esse transtorno é doloroso e envolve a incapacidade de ser funcional, portanto não tenha vergonha de pedir ajuda.

Há tratamentos eficazes para o TPB. A orientação e o apoio de um terapeuta são extremamente úteis. Porém, para melhorar, você tem que participar e seguir com a terapia. Lembre-se de que *você* é a pessoa mais importante de sua equipe de tratamento.

Psicólogos

Psicólogos em atividade são registrados. Para tal, precisam concluir a formação. Além disso, os psicólogos geralmente precisam concluir um estágio de um ano e, muitas vezes, alguma outra especialização na área em particular. Eles também devem passar por um exame abrangente antes do registro.

Os psicólogos geralmente se concentram em tratamentos que têm suporte científico para sua eficácia. Eles também usam técnicas especiais de entrevista e testes psicológicos para ajudar a fazer diagnósticos precisos para os transtornos emocionais. Na verdade, alguns psicólogos se especializam apenas em avaliações e encaminham as pessoas a outros profissionais depois de terem determinado o diagnóstico preciso.

> ## POSSO TRATAR O TPB SOZINHO?
>
> De modo geral, a autoajuda não é suficiente para tratar o TPB. Mas você pode ajudar a si mesmo de muitas maneiras. Primeiro, descubra tudo o que puder sobre o TPB. Descubra as causas, os sinais e os sintomas. Pesquise os tratamentos mais eficazes.
>
> Aproveite o tratamento que escolher. Ou seja, vá a todas as sessões e execute as tarefas sugeridas entre as sessões. Seja honesto consigo e com seu terapeuta. Não embeleze seu comportamento nem esconda seus verdadeiros sentimentos.
>
> Há muitos grupos de apoio na internet para pessoas com TPB, seus amigos e seus familiares. Alguns desses grupos são extremamente úteis e bem administrados. Outros podem ser prejudiciais. Procure uma abordagem de resolução de problemas útil. Desconfie de grupos que se concentram em reclamações e comentários negativos.
>
> Tenha cuidado para não fornecer muitas informações online. Infelizmente, algumas pessoas se passam por pessoas com TPB ou por seus familiares para tirar vantagem das pessoas que estão realmente sofrendo e procurando ajuda. Tome um cuidado especial antes de concordar em encontrar alguém que conheceu online.

DICA

Se você tiver alguma dúvida sobre se seu diagnóstico está correto, consulte um psicólogo especializado em avaliação. Obter o diagnóstico correto faz uma grande diferença quando você e seu terapeuta estão decidindo quais tratamentos seguir.

Psiquiatras

Psiquiatras são médicos. Os psiquiatras credenciados também concluíram uma residência especializada em diagnóstico e tratamento de transtornos mentais. Além disso, eles foram aprovados em um rigoroso exame de psiquiatria. A maioria dos psiquiatras se concentra no tratamento de transtornos emocionais por meio de medicamentos psicotrópicos. Eles são especialistas nesses medicamentos. No entanto, variam muito em sua especialização em fornecer psicoterapias cientificamente validadas, de modo que psiquiatras e outros profissionais de saúde mental costumam se unir no tratamento dos transtornos emocionais.

Conselheiros

Nos EUA, os conselheiros licenciados para fornecer serviços de saúde mental geralmente têm mestrado em psicologia, teologia ou aconselhamento. Para obter a licença para exercer a profissão, os conselheiros devem realizar diversos exercícios de prática supervisionada após o diploma (dependendo do estado) e um exame escrito. Muitos conselheiros também trabalham para obter uma certificação da National Academy of Certified Mental Health Counselors, nos EUA. Embora não sejam tão bem treinados quanto os psicólogos na ciência do comportamento humano, muitos conselheiros qualificados receberam treinamento especializado no tratamento do TPB, usando uma das técnicas cientificamente comprovadas que revisamos neste capítulo (veja "Pesquisando Estratégias de Tratamento" para mais informações).

Terapeutas de casal e de família

Os terapeutas de casal e de família normalmente concluíram um mestrado em casamento ou em terapia familiar, seguido por dois anos ou mais de prática supervisionada e um exame escrito. Alguns têm doutorado em programas de serviço social, psicologia, aconselhamento, teologia ou algum campo relacionado. Como resultado, seu treinamento e sua experiência reais variam mais de um profissional para outro do que alguns dos outros profissionais de saúde mental. Terapeutas matrimoniais e familiares tendem a se especializar em trabalhar com casais e famílias. Certifique-se de perguntar se seu terapeuta de casal e familiar recebeu treinamento especializado no tratamento do TPB com uma abordagem científica.

Enfermeiros psiquiátricos

A formação dos enfermeiros psiquiátricos varia significativamente, desde o grau de associado em enfermagem ao doutorado na área. Os enfermeiros geralmente atuam como supervisores de casos para pessoas com problemas emocionais sérios. Alguns desses enfermeiros têm treinamento suficiente que os habilita a administrar medicamentos psicotrópicos. Outros se concentram em fornecer suporte emocional, embora, novamente, seu treinamento varie muito, então pergunte o que seu enfermeiro foi treinado para fazer.

Assistentes sociais

Assistentes sociais são graduados em serviço social. Depois de obterem o diploma, os assistentes sociais têm que concluir uma série de exercícios supervisionados antes de poderem fazer o exame escrito. Os assistentes sociais geralmente atuam como supervisores de caso para pessoas com graves transtornos emocionais. Dependendo de seu treinamento, muitos assistentes sociais também podem fornecer diagnósticos e psicoterapia para pessoas com TPB. Mais uma vez, pergunte sobre a formação específica de seu assistente social.

Outros praticantes que afirmam estar nas chamadas artes de cura às vezes pregam sinais em suas portas anunciando que prestam serviços para todos os tipos de doenças, incluindo o TPB. Nenhuma pesquisa apoia a maior parte do que esses praticantes fazem. Na verdade, você pode facilmente pagar muito dinheiro, perder muito tempo ou até mesmo piorar se for a um deles. Portanto, evite adivinhos, místicos e vendedores de óleos essenciais. Certifique-se de que seu provedor de saúde mental seja licenciado para fornecer aconselhamento, psicoterapia e/ou medicamentos.

DICA Obtenha referências para profissionais de saúde mental qualificados e licenciados por meio de seu plano de saúde, seu provedor de atenção primária à saúde, departamentos de psicologia e psiquiatria em universidades locais e associações estaduais para cada uma das profissões de saúde mental.

Iniciando o Tratamento

Supondo que você tome a decisão de iniciar o tratamento para o TPB, o que esperar? Primeiro, espere que algumas perguntas sejam respondidas. Essas perguntas são essenciais e foram elaboradas para ajudar o terapeuta a aprender sobre você e seus problemas. Esteja preparado para responder a perguntas sobre os seguintes problemas e preocupações:

» **Sintomas:** Os sintomas incluem raiva, irritação, tristeza, ansiedade, impulsividade, abuso de substâncias, comportamentos de automutilação, pensamentos ou ações suicidas, problemas de relacionamento etc. O profissional fará perguntas sobre todos seus sintomas: quando começaram? Como interferem no que você deseja fazer? Qual é a frequência deles? Que tipo de situação os piora? Quão angustiado você se sente por eles?

» **Problemas de saúde física:** O profissional fará perguntas sobre sua saúde física geral: como está seu sono? Como está seu apetite? Você tem alguma dor física? Você já teve ferimentos, cirurgias ou doenças significativas? Você fez um exame físico recentemente? Toma medicamentos prescritos para alguma coisa? Toma medicamentos ou suplementos de venda livre?

» **Histórico:** Muitos fatores, incluindo as circunstâncias da infância, contribuem para o desenvolvimento do TPB, então o profissional perguntará sobre seu histórico. Você já foi abusado? Já sofreu algum tipo de trauma? Já foi hospitalizado? Já pensou ou tentou suicídio? Já tomou medicamentos ou recebeu tratamento para algum problema emocional? Qual é sua formação? Qual é seu histórico de trabalho? Qual é seu histórico de relacionamentos?

» **Família:** Como a genética desempenha um papel no desenvolvimento do TPB, o profissional perguntará sobre sua família. Alguém em sua família tem algum tipo de problema emocional? Algum de seus parentes recebeu medicação ou psicoterapia para transtornos emocionais?

» **Finanças:** Algumas pessoas expressam desconforto ao discutir questões financeiras, mas seu terapeuta precisa saber alguns princípios básicos. Você tem cobertura de plano de saúde? Pode pagar pelo tratamento? As finanças são uma fonte de estresse para você ou para sua família?

Avaliando sua terapia

Um sintoma central do TPB envolve os problemas de relacionamento. Uma razão para essa dificuldade é que as pessoas com TPB facilmente interpretam mal o significado do que outras pessoas lhes dizem. Portanto, se a qualquer momento você se sentir criticado, sem apoio ou irritado com as palavras ou ações de seu terapeuta, precisa verificar suas preocupações. Tente não atacar e nem ir embora, mas descobrir o que levou à sua reação. Esteja aberto ao que seu terapeuta disser.

Depois de ter participado de meia dúzia de sessões ou mais e verificar todas as preocupações que tiver, você deve se sentir bastante confortável para divulgar e discutir praticamente qualquer coisa com seu terapeuta. Você deve sentir que seu terapeuta o ouve e o respeita como pessoa. A maioria dos terapeutas mostra cordialidade, empatia e preocupação razoáveis. Se o seu não o fizer, discuta suas preocupações. Se você realmente sente que não está se conectando com ele, peça uma segunda opinião, consultando outro terapeuta.

CUIDADO

Por outro lado, você não pode esperar que o terapeuta se torne seu melhor amigo ou sua mãe. Veja no Capítulo 25 mais informações sobre o que você pode razoavelmente esperar do relacionamento terapeuta/cliente.

Fazendo terapia por um tempo

A psicoterapia para o TPB leva um pouco de tempo. Alguns programas, como a terapia do esquema (veja a seção "Pesquisando Estratégias de Tratamento" para obter mais informações sobre essa técnica em particular), podem levar até três anos, mas os resultados podem valer a pena. Outros programas são projetados para ser muito mais curtos. No entanto, espere que o tratamento demore pelo menos alguns meses antes de você começar a sentir uma melhora moderada. Muitas pessoas com TPB permanecem em terapia por vários anos.

Dentro de seis meses a um ano de terapia, espere reduzir e controlar os impulsos de se envolver em automutilação ou suicídio. Outros objetivos, como maior satisfação com a vida, redução da impulsividade e melhores relacionamentos, provavelmente exigirão mais tempo. Seja paciente. É provável que você melhore quando dedicar tempo e esforço suficientes ao tratamento.

> **NESTE CAPÍTULO**
>
> » Dando uma olhada nos medos que as pessoas têm da mudança
>
> » Acabando com o jogo de culpa
>
> » Vendo os efeitos da procrastinação
>
> » Entendendo o processo de mudança

Capítulo **12**

Rompendo as Barreiras para Mudar

Solidão, vazio, tristeza, raiva, amargor, ansiedade, estresse e desamparo — essas são as emoções que muitas pessoas com transtorno da personalidade borderline (TPB) experimentam todos os dias. Não é de admirar que elas tentem suprimir a dor com dissociação, busca de emoções, automutilação ou abuso de substâncias. Muitas pessoas com TPB desejam se sentir melhor, mas lutam para obter o tratamento de que precisam.

Pessoas com TPB, como muitas outras, temem mudanças. Elas temem que obter ajuda para seus problemas seja difícil, talvez embaraçoso e possivelmente impossível. Então se perguntam: "Se o tratamento pode não dar certo, por que arriscar?" Para muitas pessoas, nem tentar parece melhor do que tentar e fracassar.

O medo, a culpa e a procrastinação também representam barreiras para a mudança. A busca por vilões ou vítimas acorrenta as pessoas no lugar, incapazes de seguir em frente. Ignorar os sintomas ou adiar o tratamento impede o progresso. Este capítulo descreve os principais obstáculos que impedem o tratamento e fornece estratégias para superá-los.

DICA Se você tem TPB, recomendamos que compre um caderno ou comece um documento eletrônico com anotações ocasionais, suas reações às nossas ideias, e no qual realize exercícios que lhe sejam pertinentes. Consulte essas notas de vez em quando para facilitar seu progresso. Idealmente, compartilhe as anotações com o terapeuta enquanto vocês dois colaborarem em seu tratamento.

Superando o Medo da Mudança

De vez em quando, consultamos outros profissionais de saúde mental sobre seus casos, incluindo os que envolvem TPB. Às vezes, nossos colegas expressam preocupação com o fato de seus clientes com TPB não quererem realmente mudar.

PAPO DE ESPECIALISTA

Os profissionais de saúde mental manterão em sigilo o que você lhes disser. No entanto, às vezes eles procuram supervisão e consultam colegas. Essa consulta não viola a confidencialidade por dois motivos. Primeiro, os profissionais não compartilham nomes e detalhes não relacionados. Segundo, as consultas de caso são protegidas pelas mesmas regras que protegem as consultas médico-paciente. Além disso, a consulta aumenta a capacidade de seu terapeuta de lhe fornecer um tratamento de qualidade.

Em resposta às preocupações de nossos colegas sobre as pessoas com TPB, perguntamos por que eles acham que essas pessoas não querem mudar. Eles nos fornecem vários motivos, como os seguintes:

» Nosso cliente nunca tenta nenhuma de nossas sugestões.
» Nosso cliente fica bravo quando lhe dizemos para tentar algo diferente.
» Nosso cliente diz que está desesperado e que ninguém pode ajudá-lo.
» Nosso cliente não escuta o que dizemos.

Depois de ouvir esses motivos, explicamos aos nossos colegas que esses pacientes não são simplesmente teimosos e certamente não querem ter TPB.

Portanto, se a teimosia não explica a resistência flagrante desses pacientes aos melhores esforços de seus terapeutas para tratá-los, o que explica? Com frequência, a resposta é *medo*; mais especificamente, o medo da mudança. Afinal, a mudança envolve assumir um risco e estar disposto a se envolver em novos comportamentos, reações e maneiras de pensar. As seções a seguir apresentam os riscos específicos que as pessoas com TPB mais temem.

DICA

Se você tem TPB, provavelmente tem medo de procurar tratamento e fazer mudanças em sua vida. Esses medos são normais, aceitáveis e esperados. Caso sinta que seu terapeuta está pressionando-o muito para fazer mudanças, discuta seus medos abertamente. Vocês dois podem desenvolver um plano para lidar com essas preocupações em um ritmo que funcione para você.

Perder-se de você: Isso não acontecerá

A maioria das pessoas com TPB se preocupa com quem são, o que valorizam, a que lugar do mundo pertencem e quais são seus objetivos de longo prazo. Não raro, as pessoas com TPB adotam apenas um aspecto de si mesmas em seu autoconceito — seu transtorno. Elas podem não gostar de ter TPB, mas acreditam que o diagnóstico as define.

Como resultado dessa crença, elas temem que perder o TPB as deixe sem identidade. Imagine passar cada dia sem ter ideia de quem você é ou do que se trata sua vida — um pensamento bem assustador, certo?

DICA Se você tem TPB e teme que a melhora o deixe sem identidade, considere o fato de que o tratamento prossegue lentamente, um passo de cada vez. Ao "experimentar" novas formas de ser, você sempre poderá abrir mão daquelas de que não gosta. Além disso, o tratamento o ajudará a construir uma nova identidade, que seja real e autêntica para você. Com o tratamento, você pode ser quem realmente é, não quem o TPB define que seja.

Abertura: Fique frio

Quando as pessoas com TPB falam sobre a infância, frequentemente se lembram de serem repreendidas com frequência pelos pais ou por outras pessoas importantes na vida delas. Essas pessoas lhes disseram que não deveriam fazer, dizer ou sentir o que faziam, diziam e sentiam. Por exemplo, algumas pessoas se lembram de ter ouvido os seguintes comentários:

- "Pare de ficar tão nervoso. Você me deixa louco."
- "Deixe-me fazer isso. Você não consegue fazer nada certo."
- "Isso não é verdade. Você deveria saber."
- "Pare de chorar. Você parece um bebê."
- "Você não tem o direito de ficar com raiva da sua irmã."
- "O que você estava pensando quando fez isso? Em nada, só pode."

Não é de admirar que muitas pessoas com TPB hesitem em se abrir quando começam a terapia. Elas ouviram ao longo da vida que o que dizem, fazem e sentem é errado.

DICA Os terapeutas não estão lá para reencenar o papel desempenhado pelas pessoas desde a infância. Em vez disso, eles aceitam todos os sentimentos como válidos e legítimos. A terapia o ajuda a manejar os sentimentos e o orienta para fazer mudanças — e o faz em uma atmosfera de aceitação. Você pode começar dizendo: "Tenho muito medo de revelar meu verdadeiro eu a você." O terapeuta provavelmente dirá algo reconfortante ou de aceitação em resposta.

Temendo ainda mais perdas: Não teste quem quer ajudar

A maioria das pessoas com TPB experimentou perdas, traumas, abuso ou negligência durante a infância. Como adultos, o humor instável e a impulsividade que desenvolveram na infância podem levar à perda de amigos, familiares e amantes. Como resultado, elas olham para novos relacionamentos com uma combinação de medo e esperança; anseiam por proximidade, mas esperam o abandono. Iniciar o tratamento engloba se envolver em um relacionamento terapêutico com outra pessoa, o que é extremamente assustador para alguém que já participou de inúmeros relacionamentos dolorosos.

Para se proteger contra o temido abandono, as pessoas com TPB frequentemente se comportam mal em situações sociais. Elas acham que rejeitar é melhor do que ser rejeitado, portanto testam os limites e a paciência das pessoas que tentam ajudá-las a se certificar de que causam a dor — e não o contrário. Pessoas com TPB, na maioria das vezes, testam os relacionamentos que têm com outras pessoas significativas, incluindo terapeutas. (Veja nos Capítulos 21 e 25 as informações que você precisa saber se for parceiro ou terapeuta de alguém com TPB.)

DICA

Pergunte diretamente a seu terapeuta se ele acha que você testa as pessoas em momentos específicos. Ouça com atenção e procure esse padrão em sessões futuras.

Temendo o tratamento: Não deixe que os mitos da terapia o impeçam

Quando conhecemos novas pessoas e lhes dizemos o que fazemos para viver, muitas vezes recebemos uma infinidade de perguntas sobre se podemos ou não ler mentes. Bem, infelizmente, não podemos — embora a ideia às vezes seja atraente. A leitura da mente é apenas um dos muitos mitos sobre psicologia e psicoterapia.

Infelizmente, alguns desses mitos impedem as pessoas de buscar terapia. Não deixe que os seguintes mitos da terapia o impeçam de prosseguir com o tratamento:

» **A terapia banaliza os problemas.** Algumas pessoas acreditam que os terapeutas minimizam questões profundas e complicadas quando pedem aos pacientes que façam mudanças. Essas pessoas podem ter sofrido abusos ou traumas horríveis e pensar em ser solicitadas a mudar banaliza o significado desses eventos. Se você se sentir diminuído ou banalizado dessa maneira, considere a possibilidade de contar ao seu terapeuta como se sente. Bons terapeutas se esforçam para ouvir e compreender o impacto total das experiências dolorosas dos pacientes. Eles trabalharão com você em um plano gradual de mudança que o fará se sentir apreciado, aceito e respeitado.

» **A terapia não pode me dar tudo de que preciso.** Este mito é incompleto. A terapia não pode fornecer tudo de que você precisa. Nenhuma pessoa na Terra pode atender à lista completa de necessidades de outra. O mito dessa crença, entretanto, é acreditar que você deve ter todas suas necessidades atendidas o tempo todo. O verdadeiro papel dos terapeutas é ajudá-lo a encontrar maneiras de atender às suas necessidades com mais frequência do que no passado.

» **A terapia não funciona.** Algumas pessoas acreditam neste mito porque fizeram terapia e não tiveram sucesso ou porque viram um amigo ou ente querido ir à terapia sem nenhum benefício óbvio. No entanto, centenas de estudos mostram que a terapia funciona para uma ampla gama de problemas, e estudos nas últimas décadas forneceram evidências convincentes de que a terapia reduz os sintomas do TPB. Lembre-se, entretanto, de que nem todo tipo de terapia demonstrou eficácia para o TPB — mas várias, sim (veja no Capítulo 11 informações sobre quais tipos de terapia funcionam melhor para tratar o TPB).

» **Os terapeutas não me entenderão.** Algumas pessoas se preocupam com que, por seus problemas serem profundos e complexos, ninguém as entenda totalmente. Esse mito também contém um grão de verdade — ninguém pode se conectar e apreciar cada faceta de seus problemas 100% do tempo. No entanto, os terapeutas passaram anos em treinamento e prática, ouvindo atentamente as pessoas enquanto elas explicavam seus sentimentos, suas histórias e sua dor. Seu terapeuta pode entendê-lo de uma forma que você nunca experimentou.

» **Os terapeutas me pedirão para fazer coisas que não posso fazer.** O fato de os terapeutas sugerirem que você teste várias novas maneiras de pensar e se comportar alimenta esse mito. No entanto, se você se sentir incapaz de seguir uma sugestão, converse sobre isso com seu terapeuta — os terapeutas éticos nunca pedem às pessoas que façam o que não estão preparadas para fazer.

DICA Se você tem TPB, escreva todas suas preocupações sobre terapia e tratamento em seu caderno e as leve a seu terapeuta para discussão. Esteja aberto à ideia de que o terapeuta deseja ajudá-lo.

Vendo os medos de mudança em ação

A seguinte história sobre Alexis ilustra como alguém com TPB pode recusar o tratamento por causa de alguns equívocos e medos. Alexis se preocupa em perder sua identidade, se sentir pior com o tratamento, fracassar depois de tentar melhorar e se abrir para alguém novo.

Alexis acorda tonta, desconfortável e grogue. Com a cabeça latejando, ela tenta se mexer, mas as tiras prendem seus punhos e tornozelos à cama do hospital. "Enfermeira. Enfermeira, me ajude!", grita. Ela se lembra pouco da noite anterior. Ela teve uma grande briga com o marido, Aaron, e acha que pode ter tomado analgésicos demais.

Uma mulher de jaleco branco e crachá entra na sala: "Bom dia, Alexis. Como você está se sentindo?"

"Um lixo", responde Alexis. "Tire essas alças idiotas. Quem é você?"

"Serei sua psicóloga enquanto você estiver aqui. Meu nome é Dra. Rachel Hunter. Você se lembra do que aconteceu ontem à noite?"

"Lembro que estava furiosa com meu marido, aquele lixo inútil e preguiçoso. Ele não trabalha há meses; ele se senta e assiste a reality shows enquanto faço turnos extras só para ver nossos cartões de crédito estourarem porque ele come pipoca o dia todo", Alexis fala rapidamente, e continua, sem pausar. "Fico de pé o dia todo, e meus pés doem como o inferno. Fiquei tão furiosa que devo ter tomado uns comprimidos a mais para dormir. Quando fico com raiva dele, fico tão agitada que não durmo. E me ferro para trabalhar no outro dia."

"Alexis, você tomou cerca de dez vezes a dosagem normal do analgésico. Estava inconsciente quando seu marido a encontrou. Quando chegou ao hospital, ficou combativa. Foi muito violenta. Colocamos as tiras para sua segurança", explica a Dra. Hunter. "Esta é sua terceira hospitalização este ano por overdose. Nas últimas duas vezes, você saiu do hospital contra orientação médica. Como sabe, acreditamos que você tenha transtorno da personalidade borderline. Estamos muito preocupados com sua ida para casa sem obter ajuda primeiro. Você consideraria um programa que temos aqui no hospital? Muitas pessoas que passam por ele melhoram e ficam mais capazes de lidar com o mundo."

"Olha, doutora, não há nada de errado comigo. Estou brava com meu marido, meu casamento é um fracasso e trabalho muito. Já fui a conselheiros antes, e nada mudou. Acho que não mudarei e não vou perder tempo à toa. Não preciso falhar em outra coisa. Só preciso romper com aquele otário."

"Então, Alexis, parece que você está preocupada em não se beneficiar desse programa, e acha que, para melhorar, basta deixar seu marido. Não admira que não queira ficar. Vamos continuar conversando enquanto tiro essas tiras. Você está calma agora", a Dra. Hunter começa a afrouxar as tiras em volta dos punhos de Alexis.

"Obrigada, estou melhor", Alexis aperta as mãos. "Desenvolvi um exterior bastante duro para me manter produtiva. Sempre vou trabalhar. Tenho que ir e tento não deixar que as pessoas percebam como minha vida é horrível. Então tenho medo de que, se eu começar algum tipo de tratamento, eu simplesmente baixe a guarda e isso acabe comigo. Sei que parece loucura, mas tenho medo de pedir ajuda. Acho que me deixará pior. Por mais que eu odeie meu marido, tenho medo de viver sem ele."

Hunter explica como o tratamento realmente funciona e ajuda Alexis a ver que alguns equívocos sobre a terapia estão impedindo-a de obter a ajuda de que precisa.

As preocupações e apreensões de Alexis sobre a terapia são legítimas e completamente compreensíveis. No entanto, a Dra. Hunter a ajuda a ver que o tratamento vale o risco. A terapia de Alexis demandará tempo, mas também a ensinará a estabelecer melhores limites com o marido e a lidar com as próprias emoções de maneiras menos autodestrutivas.

Assumindo o Controle e Desistindo do Papel de Vítima

As pessoas procuram respostas para explicar por que coisas ruins acontecem com elas — tentam descobrir de quem ou do quê é a culpa. Da mesma forma, muitas pessoas que têm TPB querem saber por que têm o transtorno e a quem podem culpar por ele. Infelizmente, essa busca pelo culpado acaba causando mais mal do que bem. Nenhuma causa é responsável pelo TPB e nenhuma pessoa é culpada (veja o Capítulo 4 para obter informações sobre a multiplicidade de causas).

Além disso, as pessoas com histórico de trauma costumam responder ao TPB se sentindo desamparadas e sem esperança. Esses sentimentos as levam a assumir o papel de doente ou de vítima. Embora esses papéis tenham certas vantagens, algemam as pessoas em seus estados mentais de desesperança e desamparo.

Terminando o jogo de culpa

A maioria das pessoas com TPB pode relatar vários episódios negativos de sua infância que lhes causaram dor, mal-estar, aversão ou angústia. Ao vasculhar uma série de episódios como esses, às vezes elas se culpam pelo que aconteceu com elas. Quando as crianças são vítimas de abuso, muitas vezes se consideram merecedoras dele. Como resultado, sua autoestima se desintegra, e elas aprendem a odiar a própria essência de seu ser. Infelizmente, muitas pessoas com TPB se apegam à mesma crença de que, de alguma forma, causaram os próprios infortúnios e possivelmente até mesmo seu TPB.

DICA Se você se engaja nesse jogo de autodepreciação e culpa, considere a leitura do Capítulo 4 para compreender as múltiplas causas do TPB. Se uma garota lhe dissesse que está sendo abusada, o que você diria a ela? Você a culparia e difamaria? Provavelmente não. Considere adotar a mesma perspectiva para si. Escreva em seu caderno seus pensamentos sobre como você se culpa e pense em como algumas das coisas pelas quais se culpa não são sua responsabilidade.

Por outro lado, muitas pessoas com TPB culpam os outros por sua angústia. Elas repetem cenas em sua mente em que os outros as atormentaram e feriram. Embora grande parte da culpa possa ser apontada na direção certa, repetir essas cenas faz pouco mais do que reforçar o trauma.

DICA Quando você se pegar culpando os outros por seus problemas, tente dar um passo para trás. Lembre-se de que a culpa abre um buraco. Reserve cinco minutos todos os dias para culpar os outros e depois se concentre em outra coisa. Se repetir esse exercício todos os dias por um tempo, provavelmente se sentirá cansado.

PAPO DE ESPECIALISTA Há várias terapias focadas no trauma que evocam as memórias dele, bem como seu significado para a pessoa que o vivenciou. Duas das terapias focadas no trauma mais comuns e empiricamente respaldadas são a *exposição prolongada* e o *processamento cognitivo*. Não recomendamos tentar essas técnicas por conta própria.

Pensar como vítima não ajuda

Quando você tem febre, ir para a cama e descansar ajuda seu corpo a combater o que quer que esteja causando o sintoma. Se estiver doente com algo mais grave, talvez seja necessário ir a um hospital, onde uma equipe de profissionais de saúde cuidará de você. Como o TPB é um tipo de doença emocional, parte de você provavelmente quer ir para a cama e deixar que os outros cuidem de você. No entanto, o tratamento do TPB exige sua participação ativa.

CUIDADO Quando o TPB faz com que alguém queira machucar a si mesmo ou a outras pessoas, um ambiente hospitalar se torna necessário. Em situações como essas, quando alguém corre risco de lesão física ou morte, uma equipe de profissionais de saúde oferece o melhor e mais adequado atendimento.

Pensar como vítima envolve acreditar que você é dependente, doente e incapaz de se ajudar. As vítimas sentem que seus problemas são especialmente opressores e costumam reclamar deles para os outros. As vítimas lamentam que seu sofrimento não é culpa delas — e, de fato, não é! Mas as vítimas se machucam com sua própria vitimização, porque se sentir assim não faz nada para inspirar uma mudança positiva.

No início, as vítimas podem receber atenção e ajuda extras. Outras pessoas sentem pena delas e são motivadas a tentar amenizar seu sofrimento, o que é uma das vantagens de assumir o papel de vítima. No entanto, as outras pessoas acabam se esgotando, porque tentam ajudar repetidamente, mas têm pouco ou nenhum sucesso. As vítimas estão tão arraigadas no desamparo que não podem ou não permitem que nada ou ninguém as ajude. Com o tempo, pensar como vítima leva a uma aceitação passiva do TPB tanto para os cuidadores quanto para os sofredores. Uma mudança significativa ocorre quando o sofredor se perdoa e aprende a começar a lidar com a situação.

Encontrando perdão e enfrentando

A raiva é uma emoção útil. Gera energia e concentra a atenção. Ela aumenta a capacidade do corpo de responder ao perigo. No entanto, quando você está com raiva de algo do passado, sua atenção e energia se concentram apenas no passado. Como resultado, você não consegue seguir em frente.

Quando você passa por um trauma, sentir raiva da pessoa que você acredita que o magoou é perfeitamente natural. No entanto, perceba que sua raiva o acorrenta ao passado — você fica preso no meio do antigo trauma. Às vezes as pessoas com TPB acreditam que perdoar significa admitir que o que aconteceu com elas foi aceitável. No entanto, aprender a deixar para trás não quer dizer que o que aconteceu foi bom; significa que está disposto a se curar.

DICA

Se estiver lutando contra o TPB, tente entender que, embora você não seja o culpado por ele, é responsável por fazer as mudanças que deseja em sua vida. Veja os Capítulos de 15 a 20 para muitas ideias sobre como fazê-las.

Parando de Procrastinar

A maioria das pessoas adia coisas que elas temem ou consideram especialmente difíceis. Talvez você tenha adiado a terapia por anos porque teme que ela vá doer mais do que o ajudar. Ou você inicia a terapia, mas não consegue chegar a lugar nenhum com ela. Seu cérebro fabrica desculpas para não buscar a terapia mais rápido do que a Casa da Moeda imprime dinheiro. As seções a seguir examinam algumas das desculpas mais problemáticas e como derrotá-las.

Acabando com as desculpas

As pessoas criam desculpas para evitar resolver problemas que parecem maiores do que aqueles com que elas podem lidar. Desculpas (algumas pessoas as chamam de *mentiras*) são histórias que criamos para promover a procrastinação. Muitas vezes, essas histórias parecem verossímeis. Portanto, antes de seguir em frente, aprenda a ver através das desculpas de sua mente para reconhecer as mentiras por trás delas. A Tabela 12-1 lista algumas desculpas comuns e alguns argumentos (*detonadores de desculpas*) contra elas.

TABELA 12-1 Esmiuçando e Acabando com as Desculpas

Desculpa	Detonador de Desculpa
Preciso encontrar o momento certo para lidar com meus problemas — só então agirei.	Essa hora certa nunca chega. A hora certa é agora.
Meu caso é muito difícil de tratar.	Sou capaz de aprender. Sobrevivi à minha infância e aprendi a falar, ler e andar. Portanto, também posso aprender algumas coisas com o tratamento.
Preciso de uma garantia de que o tratamento funcionará antes de investir meu tempo e minha energia.	Nada na vida tem garantia. Esse tipo de pensamento só me impede de agir. No entanto, posso usar este livro para descobrir o que os terapeutas sabem que funciona para as pessoas com TPB. Não há melhor garantia do que isso.
Tentei terapia três vezes e não funcionou, então sei que não funcionará para mim nunca.	Não experimentei um dos tratamentos eficazes para o TPB. Mas, mesmo se tivesse, às vezes uma pessoa precisa experimentar vários terapeutas.
Já estou sobrecarregado. A terapia apenas aumentaria minha dor.	Falarei com o terapeuta sobre minhas questões. Ninguém me pedirá mais do que posso dar.
Não tenho plano de saúde e não posso pagar o tratamento.	Algumas universidades e centros comunitários oferecem tratamento de baixo custo. E, ao me fazer perder empregos, o TPB me impede de atingir meu potencial. Preciso lidar com ele.
Não tenho tempo para o tratamento.	Perco muito mais tempo com comportamentos autodestrutivos, como me cortar, beber e análogos. Preciso de tempo para o tratamento.

DICA

Sua mente pode evocar muitas variações criativas das desculpas da Tabela 12-1. Considere a possibilidade de criar uma página em suas anotações escrita "Esmiuçando e Acabando com as Desculpas". Anote as razões pelas quais você deve adiar a abordagem de seus problemas, e então apresente um argumento com uma perspectiva mais realista. Aqui estão algumas perguntas para fazer a si mesmo e ajudá-lo a desenvolver os próprios detonadores de desculpas:

» O que eu diria a um amigo que usasse essa minha desculpa?

» Ficar onde estou me levará aonde quero ir?

» Qual parte de minha desculpa simplesmente não é verdade?

Se você tem problemas para inventar desculpas ou se acha que não está dando desculpas, mas adiando o tratamento, você não é uma causa perdida. Leia mais deste livro e veja se começa a se sentir um pouco diferente depois de um tempo.

Debatendo a decisão

Outra técnica para destituir o controle que a procrastinação exerce sobre você é a *análise de custo-benefício*, que os psicólogos vêm usando há décadas. A beleza de uma análise de custo-benefício é que ela é bastante fácil e direta — e surpreendentemente eficaz. Use a análise de custo-benefício para lidar com quase tudo que o está travando. Usamos essa técnica em vários capítulos deste livro.

A análise de custo-benefício é uma ótima forma de combater a procrastinação porque ela desperta sentimentos ambivalentes. Parte de você vê as vantagens ou benefícios de seguir em frente com o tratamento, enquanto outra teme os custos ou desvantagens de iniciá-lo. Uma análise de custo-benefício permite que você visualize objetivamente esses pensamentos e sentimentos conflitantes lado a lado.

O exemplo de Lucas descreve como uma análise de custo-benefício ajuda a convencer alguém de que o tratamento vale a pena — mesmo quando ele o recusa há anos.

> **Lucas** acelera em um cruzamento bem depois que o semáforo amarelo fica vermelho. Buzinas e freios guinchando acompanham o acidente. Uma caminhonete passa pelo lado do passageiro de seu carro. Seu carro compacto vermelho recebe todo o impacto do acidente e entra na contramão. Uma minivan parada no semáforo não consegue sair do caminho. O carro vermelho de Lucas bate na frente da minivan, acionando seus airbags. A essa altura, a motorista salta do veículo, tremendo e xingando Lucas: "Que diabos! Você avançou o sinal vermelho. O que há de errado com você?"
>
> A mulher sai de trás do airbag, gritando que acabou de deixar os filhos na escola. O sangue escorre de sua testa. Lucas afunda em seu carro destruído, sem falar. Logo a polícia e os paramédicos chegam ao local. Lucas murmura algumas palavras; ele cheira a álcool. Está com uma lata de cerveja aberta no porta-copos ao lado de seu assento, e o ar dentro do carro cheira a maconha. Depois de verificar se há feridos, a polícia prende Lucas. Esse acidente é o terceiro dele este ano, e essa prisão é a quarta por dirigir alcoolizado.

Na prisão, Lucas relutantemente concorda em fazer uma avaliação psicológica. Ele é diagnosticado com transtorno do uso de álcool, transtorno do uso de maconha e TPB. O juiz ordena o tratamento medicamentoso do paciente internado em uma instalação segura. Lucas tem apenas 20 anos, e o juiz quer dar uma chance a ele.

A polícia transporta Lucas da prisão para a reabilitação. Ele se recusa a falar com os outros, briga com a equipe e acaba se isolando. Depois de uma semana, um terapeuta o aborda novamente. Lucas, entediado com seu isolamento, concorda em encontrá-lo. Eles se sentam em uma pequena sala com um espelho unidirecional. O terapeuta pergunta a Lucas se ele está disposto a discutir todos os motivos para não desejar receber tratamento. Lucas concorda rapidamente, ansioso para mostrar ao terapeuta por que não precisa ir para a terapia. Juntos, eles começam uma análise de custo-benefício. Essa é a primeira vez que Lucas analisa os custos e benefícios de evitar o tratamento.

Lucas e o terapeuta conversam sobre a análise de custo-benefício. Pela primeira vez, o jovem começa a ver aonde sua vida pode chegar se ele não fizer algumas mudanças. Ele concorda em começar a trabalhar com um terapeuta individual e, após algumas sessões, concorda em iniciar a terapia de grupo. Também concorda em conversar com um psiquiatra sobre medicamentos que podem ajudá-lo com sua necessidade de beber.

Essa técnica simples ajuda as pessoas a verem quais pensamentos as impedem de prosseguir com o tratamento. Na maioria das vezes, as pessoas temem o fracasso, o constrangimento e a mudança. Analisar os custos de ceder a esses medos e permanecer em um lugar é um catalisador para avançar para o próximo estágio.

Use as etapas a seguir para criar sua própria análise de custo-benefício para atrasar o tratamento do TPB. Veja a análise de Lucas na Tabela 12-2 para um exemplo.

1. **Em uma página de seu caderno ou documento eletrônico, anote "Análise de custo-benefício sobre não buscar tratamento".**

2. **Faça duas colunas abaixo do título. Identifique a primeira como "Benefícios" e a segunda como "Custos".**

3. **Na coluna Benefícios, escreva todos os motivos pelos quais permanecer igual e não receber tratamento é bom para você.**

   Esses motivos podem incluir não ter que mudar o que você gosta em sua situação atual, não ter que sentir a dor da mudança, não ter que se abrir com alguém e não ter que pagar os custos (pessoais, financeiros e de tempo) do tratamento.

4. **Na coluna Custos, escreva todas as maneiras pelas quais não obter ajuda e tratamento pode lhe custar tanto em curto como em longo prazo.**

   Considere incluir como o TPB o prejudica, como prejudica sua família e amigos e como ele pode até mesmo ferir terceiros inocentes.

5. **Se quiser, acrescente algumas ideias e reflexões sobre os custos e benefícios que você encontrou.**

   Pense nas vantagens e desvantagens de procurar tratamento e, se já estiver trabalhando com um terapeuta, discuta os resultados.

TABELA 12-2 — Custo-benefício de Não Procurar Tratamento

Benefícios	Custos
Odeio falar sobre mim para psicólogos estúpidos. Se eu não buscar tratamento, não preciso falar com ninguém.	Se eu não iniciar o tratamento, eles podem me mandar para a prisão.
Não suporto ouvir outras pessoas reclamarem de seus problemas. A terapia de grupo está cheia de chorões.	Estou entediado sentado no meu quarto o dia todo.
Gosto de festas e de me divertir. Drogas e álcool são divertidos.	Eu não deveria ter batido meu carro. Agora não tenho locomoção. Talvez eu consiga ajuda para não fazer mais coisas estúpidas como essa.
Regras são feitas para serem quebradas. Não sou bonzinho.	Se eu não iniciar o tratamento, provavelmente serei morto ou matarei outra pessoa.
Não confio em outras pessoas quanto aos meus problemas e não vejo como falar com elas pode me ajudar.	Já vi algumas pessoas buscarem ajuda e ficarem limpas. Seria bom não estar sempre em apuros.

Ficando Confortável com o Processo de Mudança

Iniciar o tratamento parece uma decisão difícil e arriscada. Você não sabe o que esperar e se preocupa em não melhorar. Esta seção analisa o processo de mudança e como se sentir confortável com ele.

A mudança leva tempo, e o progresso varia. Você se lembra de como foi aprender a andar de bicicleta quando era criança? Você começou com muita ajuda. Rodinhas de apoio ou uma pessoa tinham que segurá-lo, ou você caía. Gradualmente, você aprendeu a se equilibrar em duas rodas com suporte. Em seguida, as rodinhas de apoio foram retiradas, ou a pessoa o soltou. Por um ou dois segundos, você ficou sozinho, equilibrado por apenas um curto período de tempo, então as rodas começaram a se balançar, e precisou de ajuda novamente.

Aprender a andar de bicicleta exige muitas tentativas e muitas quedas das crianças. Para algumas crianças, o equilíbrio é assustador e difícil. Elas podem desistir apenas para tentar novamente em alguns meses ou até anos. Algumas crianças têm tantos problemas, que nunca aprendem a andar de bicicleta. Mas, felizmente, a maioria persiste por tempo suficiente para aprender a andar sem ajuda. O ditado comum de que quando você aprende a andar de bicicleta, você nunca esquece, é verdade. Mesmo assim, a maioria dos adultos que não anda de bicicleta desde a infância recomeça lentamente, com um pouco de medo, mas logo recupera as habilidades.

Obter ajuda para o TPB (como ocorre com a maioria dos problemas da vida) é muito parecido com aprender a andar de bicicleta. No início, você precisa de muito suporte. Você pode falhar e cair algumas vezes no começo. Pode até desistir por um tempo. Mas a maioria das pessoas que escolhe insistir em aprender a andar de bicicleta — ou em fazer a psicoterapia — acaba ganhando habilidades e equilíbrio. Elas oscilam de vez em quando e até caem ocasionalmente, mas, com a prática repetida, as habilidades se tornam naturais. Assim como andar de bicicleta, depois de aprender a enfrentar seus problemas, você nunca esquece — pode se assustar e começar devagar, mas, com um pouco de apoio, você saberá se reerguer.

> **NESTE CAPÍTULO**
>
> » Falando sobre o TPB
>
> » Descobrindo o que dizer a quem
>
> » Decidindo a melhor maneira de dizer o que você precisa dizer

Capítulo **13**

Explicando o TPB para os Outros

Depois que as pessoas descobrem que têm transtorno da personalidade borderline (TPB), muitas vezes se perguntam o que, quando, onde e como contar às outras, sem mencionar a que "outras pessoas" contar em primeiro lugar. Elas relatam que se sentem incertas sobre se devem ou não contar a alguém e se preocupam em ser estigmatizadas ou mesmo discriminadas. Devem contar a amigos, familiares, colegas de trabalho, chefes, cônjuges ou outros? Se o fizerem, as outras pessoas compreenderão e expressarão empatia e apoio ou reagirão com críticas e escárnio?

Neste capítulo, ajudamos você a resolver:

» Se deve contar a alguém.

» A quem contar.

» O que dizer.

» Como dizer o que você quer dizer.

Não entre em pânico; você não *precisa* contar nada a ninguém. A escolha depende de você. Este capítulo o ajudará a tomar essa decisão e a saber como contar a alguém, se decidir fazê-lo.

Decidindo Se e a Quem Contar

Antes de decidir se contará a alguém que você tem TPB, é essencial verificar se você realmente tem o transtorno. Ler a lista de sintomas que fornecemos no Capítulo 3 não basta. É preciso um diagnóstico de um profissional com experiência no tratamento desse transtorno. Depois do diagnóstico, examine os sintomas no Capítulo 3 para ver se há identificação.

DICA

Se um profissional disser que você tem TPB, mas sua leitura do Capítulo 3 não o levar à mesma conclusão, busque uma segunda opinião de outro profissional de saúde mental experiente.

Depois de ter certeza de que o diagnóstico se ajusta, é preciso tomar algumas decisões. Aqui nós o conduzimos por esse processo — em termos de contar aos outros e a quem dizer, se o fizer.

Os benefícios e os custos de contar

Recomendamos que avalie cuidadosamente seus motivos para contar a alguém sobre o TPB. Considere por que deseja compartilhar essas informações e como acha que a pessoa reagirá. Pense nas duas perguntas a seguir ao decidir a quem contar.

Você acredita que fazer essa revelação o beneficiará de alguma forma?

A resposta a essa pergunta varia de acordo com cada pessoa a que considera contar sobre o TPB. Para algumas pessoas, contar ao cônjuge resulta em maior empatia, se ele for razoavelmente compreensivo. Contar a um cônjuge abusivo, entretanto, não resultará em nenhum benefício.

Além da maior empatia, outro benefício de contar a alguém sobre o TPB é uma maior proximidade com a pessoa a quem contou. Compartilhar informações difíceis com alguém às vezes leva a uma maior proximidade. Na maioria das vezes, no entanto, essa esperança é uma expectativa injustificada, porque muitas pessoas sabem pouco sobre o TPB, e o que ouviram veio com um rótulo negativo.

CUIDADO

Infelizmente, o próprio termo *transtorno da personalidade* carrega um forte estigma, como se significasse que algo está fundamentalmente errado com a pessoa que tem o transtorno. Como resultado, as pessoas podem acabar não confiando em você ou pensando que você é louco. Há o risco de o discriminarem. Como profissionais de saúde mental, sabemos que essa perspectiva está errada. Pessoas com transtornos da personalidade simplesmente têm diferenças nos perfis genéticos e nos históricos de desenvolvimento que as levaram às suas dificuldades atuais. No entanto, muitas pessoas não têm esse entendimento e a empatia que vem com ele.

Por outro lado, algumas pessoas podem ajudá-lo se você decidir explicar o TPB a elas (veja a seção "Descobrindo a quem contar"). Pedimos muito cuidado ao determinar se contar a uma pessoa em particular o ajudará ou prejudicará. Portanto, não tome uma decisão rápida ou de forma impulsiva. O tempo extra nunca é demais.

LEMBRE-SE

Mesmo quando pensar que contar a alguém será benéfico para você e para a pessoa, não há certeza sobre a reação alheia. Prepare-se para o inesperado. Nem todos serão empáticos.

Quais consequências negativas você prevê se contar a alguém?

Considere cuidadosamente todas as possíveis reações negativas que pode receber de qualquer pessoa a quem decida contar sobre o TPB. Discutimos a possibilidade de estigma e discriminação na seção anterior. Além disso, algumas pessoas a quem contar podem sentir medo, por ignorância, e, como resultado, tratá-lo como se você tivesse uma praga ou alguma doença contagiosa. Outros podem se preocupar por não saberem mais como interagir com você e, por sua vez, podem evitá-lo. Alguns podem querer ajudar, mas ficar petrificados com a ideia de agir errado e piorar o cenário. Outros ainda podem ver o transtorno da personalidade como uma desculpa para um mau comportamento e, portanto, acreditar que você está usando o diagnóstico para racionalizar ações inadequadas.

A história de Ava demonstra algumas das consequências negativas de revelar o TPB à pessoa errada na hora e no lugar errados. Infelizmente, ela foi pega de surpresa e sofreu com sua revelação.

> **Ava** puxa o suéter sobre os punhos para cobrir as bandagens. Ela espera que ninguém no banco as note. Está no emprego há apenas dois meses e precisa desesperadamente mantê-lo para se tratar. Ela está em período de experiência até completar noventa dias e já perdeu alguns dias de trabalho. Ela sorri para os colegas de trabalho reunidos na sala de descanso. "Oi, tudo bem?", ela aborda Ryan, um caixa que trabalha ao lado dela.
>
> "Não muito", responde ele. "Você teve um bom final de semana?"
>
> Ava começa a ficar ansiosa. Ela se pergunta por que Ryan quer saber sobre seu fim de semana. Então pensa: "Ele não pode saber que passei a noite de sexta-feira no pronto-socorro depois que os cortes em meus

punhos começaram a sangrar muito. Mas talvez também estivesse lá, ele tem dois filhos. Um deles tem asma. Talvez seu filho tenha tido uma crise e ele o tenha levado ao pronto-socorro." Os pensamentos de Ava começam a sair do controle. Ela sente que está corando.

Ryan segura o braço dela, preocupado. Quando ela se afasta, seu suéter sobe, revelando a bandagem. "Ava, você está bem? O que aconteceu com seu punho?"

"Eu me cortei me raspando", gagueja ela.

Ryan diz: "Ah, Ava! Isso é muito mais do que um corte de lâmina. E você raspa os punhos?!"

"Ok, Ryan. Prometa não contar a ninguém. Tenho transtorno da personalidade borderline e às vezes me corto para me sentir melhor. Dessa vez, ficou fora de controle. Sei que parece loucura, mas..."

"Puxa, Ava. Nunca imaginaria. Nunca ouvi falar disso. Sinto muito."

Ryan mais tarde pergunta à gerente da filial o que ela sabe sobre TPB e menciona que Ava o tem. A gerente leva Ava ao escritório e diz que ela não está trabalhando bem. Ava perde o emprego. Como ainda era funcionária provisória, a gerente não precisou dar a ela um motivo específico para a demissão. A gerente disse que ela não estava atendendo às expectativas. Ava tem certeza de que não foi coincidência, porque no mesmo dia em que confessou a Ryan que tinha TPB, foi demitida. Sua resposta honesta à pergunta dele sobre seus punhos lhe custou o emprego.

Ava não pretendia contar às pessoas do trabalho sobre o TPB. Quando Ryan viu as bandagens, ela deixou a informação escapar. A informação levou à demissão, por isso queremos que você esteja preparado para o inesperado e saiba o que quer dizer quando alguém o confrontar sobre alguns de seus comportamentos. Leia mais informações nas seções "Decidindo o que Contar" e "Sabendo Contar Sua História".

LEMBRE-SE

Tenha expectativas realistas. Discutir o TPB com outras pessoas pode sair pela culatra. Às vezes revelar informações sobre ele é uma boa ideia; outras, é praticamente inevitável.

Descobrindo a quem contar

É importante considerar as implicações de discutir o TPB com outras pessoas. É comum que as pessoas com TPB tenham dificuldade em se colocar no lugar das outras e de entender completamente suas reações. Esse é um dos principais problemas subjacentes aos sintomas dos transtornos interpessoais do TPB (veja no Capítulo 3 mais informações sobre os sintomas).

Portanto, reserve um tempo e leia cada uma das seções a seguir antes de decidir a quem contar. Não podemos tomar essa decisão por você, mas podemos destacar algumas das possíveis reações.

DICA

Se você foi diagnosticado com TPB, espero que esteja em tratamento com um terapeuta. É interessante trocar ideias com seu terapeuta antes de decidir quem, o que, quando e onde contar a outras pessoas sobre seu diagnóstico. Você pode fazer o role play de possíveis cenários na sessão de terapia para ajudá-lo a se preparar.

Contando à família

Nem todos os familiares devem ouvir a mesma coisa. Alguns podem precisar de muitas informações, outros, de pouca, e outros, de nenhuma. O quanto você contará aos familiares depende muito da natureza de seu relacionamento com eles. Mas você também precisa considerar alguns outros fatores, como idade, estabilidade emocional e pontos de vista sobre doenças mentais. Os diferentes familiares e as questões a serem consideradas incluem o seguinte:

CUIDADO

» **Parceiros e cônjuges:** Se você está em um relacionamento sério, sugerimos que discuta o diagnóstico de TPB com seu cônjuge ou parceiro. Muitas vezes, é útil se reunir com seu terapeuta e parceiro ou cônjuge em uma sessão. Um relacionamento de apoio é inestimável no caminho para a recuperação. Se seu cônjuge entender o que está acontecendo, oferecerá mais empatia e apoio.

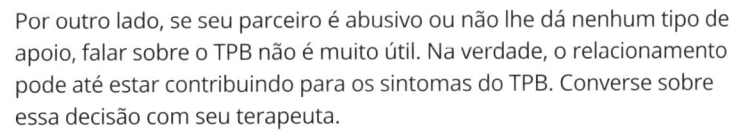

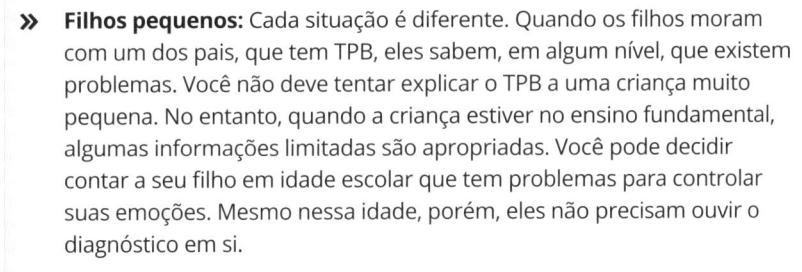

Por outro lado, se seu parceiro é abusivo ou não lhe dá nenhum tipo de apoio, falar sobre o TPB não é muito útil. Na verdade, o relacionamento pode até estar contribuindo para os sintomas do TPB. Converse sobre essa decisão com seu terapeuta.

» **Filhos pequenos:** Cada situação é diferente. Quando os filhos moram com um dos pais, que tem TPB, eles sabem, em algum nível, que existem problemas. Você não deve tentar explicar o TPB a uma criança muito pequena. No entanto, quando a criança estiver no ensino fundamental, algumas informações limitadas são apropriadas. Você pode decidir contar a seu filho em idade escolar que tem problemas para controlar suas emoções. Mesmo nessa idade, porém, eles não precisam ouvir o diagnóstico em si.

O objetivo de falar com as crianças sobre o TPB é que elas saibam que não fizeram nada de errado. Os filhos precisam saber que a mãe ou o pai se tornou excessivamente passional por causa de uma doença — não porque eles o aborreceram. Certifique-se de que as razões para falar sobre o TPB com as crianças sejam do interesse delas — obter o apoio delas não é uma razão válida. Discuta as razões para contar a seus filhos primeiro com seu terapeuta. Vocês dois podem fazer o role play da discussão para ajudá-lo a descobrir o que dizer.

» **Filhos adolescentes e adultos:** Filhos adolescentes e adultos podem ter sentimentos fortes sobre como é ser filho de alguém com TPB. Contar a eles sobre o transtorno será uma forma de ajudá-los a compreender os próprios sentimentos. Alguns filhos adultos de pais com TPB optaram por ficar longe deles. Se for esse o seu caso, respeite esse limite. Converse sobre suas preocupações com o terapeuta.

» **Pais:** Se você é adolescente, deve confidenciar a seus pais as preocupações sobre ter TPB. O ideal é que eles respondam com empatia e preocupação — além de ajudá-lo a procurar ajuda profissional. Por outro lado, eles podem tentar minimizar essas preocupações dizendo que você está fazendo tempestade em copo de água. Se seus pais o invalidam assim, provavelmente farão o mesmo aqui. Alguns pais também podem ficar na defensiva, pensando que você os está culpando pelos seus problemas.

De modo geral, achamos que essa conversa com os pais vale os riscos envolvidos. Mesmo que a reação seja defensiva ou desdenhosa no início, eles podem mudar de ideia com o tempo. Além disso, podem surpreendê-lo. A principal exceção para contar a seus pais sobre o TPB é se eles abusaram ou abusam de você emocional ou fisicamente. Nesse tipo de caso, é melhor consultar o conselheiro da escola, que o ajudará a determinar de que tipo de atendimento você precisa e onde obtê-los. É possível que um conselheiro recomende até mesmo relatar o comportamento de seus pais às autoridades.

Finalmente, se você for um filho adulto, terá menos riscos ao contar a seus pais. Você também tem um longo histórico de interação com eles, então tem uma ideia ainda melhor de qual será sua reação. Recomendamos que confie neles se achar que as chances de obter uma reação de apoio são razoáveis.

» **Irmãos:** A proximidade dos irmãos varia de amor a melhores amigos a ódio absoluto ou mesmo à neutralidade distante. Considere suas razões e expectativas para divulgar seus problemas emocionais a um irmão. Em circunstâncias ideais, os irmãos fornecerão o apoio tão necessário. No entanto, recomendamos conversar com seu terapeuta sobre a ideia antes de prosseguir.

» **Outros parentes:** Parentes distantes raramente precisam saber algo sobre o TPB. No entanto, alguns parentes podem ter estado intimamente envolvidos em sua vida e, por isso, são capazes de lhe dar suporte. Eles também podem ter se machucado por suas explosões emocionais ou outros sintomas do TPB, e talvez você deseje explicar seus comportamentos a eles.

Contando a amigos e conhecidos

Às vezes as pessoas com TPB desejam contar a amigos e conhecidos sobre o diagnóstico porque acham que todos estão interessados em suas lutas. Considere que falar sobre si mesmo nem sempre é do interesse deles (veja nos Capítulos 8 e 18 mais informações sobre como suas palavras e ações afetam outras pessoas). A maioria das pessoas de sua vida não precisa saber nem deseja ouvir todos os detalhes de seus problemas emocionais. No entanto, alguns amigos muito próximos provavelmente desejarão saber para apoiá-lo. Observe como eles reagem quando você toca no assunto e pare de falar sobre o TPB se parecerem desinteressados ou desconfortáveis. Não abuse do apoio deles dominando as conversas com seus problemas.

DICA Recomendamos não divulgar nenhuma informação sobre o TPB em relacionamentos recentes, a menos que o relacionamento evolua e pareça estável. Veja no Capítulo 18 mais informações sobre como lidar com relacionamentos íntimos.

CUIDADO O TPB leva muitas pessoas a esperar e querer que seus relacionamentos se tornem extremamente próximos logo. Recomendamos proceder devagar e com cautela. Dê tempo para que a relação se desenvolva e para revelar seu diagnóstico.

Divulgando no trabalho

Em geral, você não deve contar aos chefes e colegas de trabalho sobre o TPB. Não dá para esperar que eles entendam e mantenham atitudes simpáticas. Revelar detalhes de seus problemas emocionais pode limitar suas oportunidades de progresso ou atrapalhar suas buscas por um emprego.

LEMBRE-SE Pessoas com TPB têm dificuldade em confiar nas outras. No entanto, às vezes elas investem muito mais confiança do que a relação admite. De modo geral, recomendamos não confiar a colegas de trabalho e chefes informações sobre sua condição.

Por outro lado, se precisar de acomodações razoáveis no trabalho, que estejam diretamente relacionadas ao TPB, considere se o risco da divulgação vale a pena. Você tem o direito de divulgar sua situação a qualquer momento — inclusive depois de estar contratado. No entanto, divulgar essas informações não o ajudará se você o fizer quando estiver prestes a ser demitido. Recomendamos que converse com seu terapeuta e/ou conselheiro vocacional sobre essas questões antes de falar com seu chefe ou colegas de trabalho. Seu terapeuta ou conselheiro provavelmente discutirá com você também alguma lei cabível, se houver.

A ADA (Americans with Disabilities Act), dos EUA, protege as pessoas com deficiência da discriminação por parte dos empregadores. O ato protege pessoas com deficiências físicas e mentais. O TPB está sob a proteção da ADA; no entanto, o indivíduo com TPB deve ser qualificado e capaz de fazer o trabalho com acomodações razoáveis.

Apesar da ADA, um empregador pode demitir uma pessoa com deficiência se houver um dos três motivos a seguir:

> » A rescisão não tem nada a ver com a deficiência.
>
> » A pessoa com deficiência ameaça a segurança ou a saúde de outras pessoas.
>
> » O funcionário não atende aos padrões de produção ou requisitos do trabalho, apesar das acomodações.

CUIDADO

Os tribunais decidiram que os empregadores não devem considerar o comportamento impróprio como parte da deficiência. Os empregadores também devem esperar que as pessoas com deficiência se deem bem com seus colegas e ouçam seus supervisores. Essa expectativa é algo que algumas pessoas com TPB têm dificuldade para entender. Os sintomas do TPB incluem relacionamentos instáveis, impulsividade e desregulação emocional, o que muitas vezes causa os mesmos problemas que levam as pessoas a serem demitidas.

Revelando para profissionais

O que você divulga aos profissionais de cuidados primários, terapeutas e advogados é mantido em sigilo absoluto. Esses profissionais precisam saber os detalhes de seu estado físico e mental. Os advogados podem nem sempre exigir tantas informações, mas, se trabalham para você, a franqueza é uma boa ideia.

Decidindo o que Contar

Se decidir contar sobre o TPB, precisará descobrir exatamente o que dizer. Claro, saber do que você está falando ajuda. Portanto, sugerimos que aprenda o máximo que puder sobre o TPB antes de compartilhar informações com outras pessoas. Em seguida, decida quais aspectos específicos do transtorno deseja divulgar.

Educando-se

Compreender os meandros do TPB é como lidar com quase qualquer outro assunto. Este livro é um ótimo começo, porque cobre todas as informações sobre o transtorno que qualquer leigo deseja saber.

No entanto, recomendamos que leia livros adicionais também. A maioria das pessoas compreende melhor um tema quando lê as informações sobre ele de uma variedade de perspectivas. A internet também é uma boa fonte de informação, mas alguns sites são muito superiores a outros. (Veja fontes confiáveis no Apêndice.) Saber o máximo possível sobre o TPB ajuda a explicar as coisas mais claramente (para determinar a quem contar, veja a seção "Decidindo Se e a Quem Contar", anteriormente neste capítulo). Além disso, o tratamento ficará mais fácil de entender e lhe dará mais benefícios com um entendimento completo do TPB.

Decidindo o quanto dizer

A quantidade de informações a ser divulgada sobre o TPB depende de com quem você falará e por quê. Algumas explicações mostram a história completa, no entanto, a maioria das discussões é mais limitada. As descrições a seguir fornecem ideias sobre vários níveis de divulgação de informações sobre o TPB.

Dando uma explicação completa

Você deve fazer uma revelação completa para seu terapeuta e para seu cônjuge ou parceiro. Ocasionalmente, será uma boa ideia dar uma explicação completa para um filho adulto ou para alguma outra pessoa muito importante para você. Compartilhe as seguintes informações com essas pessoas:

- Os sintomas do TPB (veja o Capítulo 3).
- Quais sintomas do TPB você tem.
- As causas do TPB (veja o Capítulo 4).
- Quais tratamentos estão disponíveis e quão eficazes eles são (veja o Capítulo 11).
- Informações sobre o tratamento que você está recebendo.
- Dicas sobre como morar com alguém com TPB (veja a Parte 5).
- Um pedido de desculpas devido a como o TPB afetou a pessoa com quem for falar.

DICA As desculpas são muito úteis como parte de uma explicação completa. No entanto, tenha em mente que desculpas não são fáceis de dar e nem sempre geram simpatia e gratidão. Às vezes outras pessoas vivem assoladas por ressentimento há anos por causa da maneira como você as tratou. Ainda assim, um pedido de desculpas sincero é uma das melhores maneiras de melhorar um relacionamento. Lembre-se de que o processo de cura leva tempo.

A seguinte história sobre John e Emma ilustra como um pai decide fazer uma explicação bastante completa sobre seu TPB para sua filha adulta. Ele conta a ela seu diagnóstico e um pouco sobre as causas. Ele se desculpa por seu comportamento.

> Emma concorda em encontrar seu pai, **John**, para um café. Embora ela não o veja há muito tempo, tem sentimentos mistos. Sente raiva e tristeza. Durante a infância, ele não era confiável e era instável. Perdeu inúmeros aniversários e eventos familiares. Ele nem apareceu para a formatura dela, ano passado. Quando estava de bom humor, era divertido. Ela se lembra das risadas e das festas.
>
> Quando Emma se aproxima do café, vê o pai sentado sozinho em uma mesa. Ele está mais velho do que da última vez que ela o viu e meio triste. "Ei, pai", diz Emma. "Como você está? Não o vejo há muito tempo."
>
> John olha para a filha e diz: "Olá, Em, já se passaram uns dez meses. Que demora! Você está maravilhosa! Sua mãe me contou sobre seu novo emprego. Estou muito orgulhoso de você."
>
> "Eu nem sabia que você falava com a mamãe ou, na verdade, que se importava com o que eu faço", diz Emma, sentindo a raiva familiar crescendo.
>
> "Sim, mesmo quando não estou por perto, mantenho contato e pergunto sobre você. Mas quero falar sobre algo que é muito difícil para mim. Deixe-me pedir um café. Quer comer alguma coisa? Espero que você tenha um tempo para ficar comigo", diz John.
>
> "Eu tenho um tempinho, pai. Vamos tomar um café", responde ela.
>
> "Ok, o que quero lhe dizer é que me ausentei da cidade nos últimos dez meses para tratar meus problemas. Entrei em um programa ambulatorial intensivo para pessoas com abuso de substâncias e outros problemas mentais. Quero que saiba que, pela primeira vez em anos, estou completamente sóbrio. Eu me sinto ótimo com isso. Meu médico também me disse que tenho transtorno da personalidade borderline."

"O que você está tentando me dizer? Que você tinha algum tipo de doença que o tornava um idiota completo?"

"Não tenho como me desculpar por todas as vezes que a decepcionei", diz John. "Sabe, quando você estava crescendo, fui um pai horrível. Eu estava tão focado nos meus próprios problemas, que não estava presente para ajudá-la. Sinto muito mesmo."

"Então eu devo esquecer todas as vezes que você explodiu e saiu? Que tal as férias que nunca passou conosco? Ou que tal meus aniversários que você perdeu? Tenho 23 anos e agora você diz que sente muito? Parece meio tarde."

"Entendo que mereço isso. Você está certa. Não posso compensar, eu sei. Só quero que saiba que esses últimos dez meses abriram meus olhos para o que fiz e por que fiz. Não espero que você entenda. Só quero que saiba que me arrependo. E quero que saiba do que se trata. Veja, uma coisa que aprendi é que meu problema é parcialmente genético e pode ocorrer em famílias. Tenho certeza de que você não tem, mas precisa saber que seus filhos correm o risco."

Emma responde: "Estou perfeitamente ciente do risco de me tornar uma alcoólatra. É por isso que não bebo. Mas você está dizendo que há outra coisa com que devo me preocupar por sua causa?"

"Você não está facilitando as coisas para mim, mas não a culpo. Minha terapeuta disse que isso poderia ser difícil, e ela estava certa", John suspira e enxuga uma lágrima de seu olho. "O transtorno da personalidade borderline é uma condição que envolve enormes problemas com o controle das emoções. Mais uma vez, sem desculpas, essa é uma das razões pelas quais eu sempre perdia a calma. Minha mãe tinha, e provavelmente aprendi com ela, além de herdar a tendência. O engraçado é que ela conseguiu ser muito melhor avó para você do que mãe para mim. Novamente, não estou tentando dar desculpas para meu comportamento ultrajante. Sei que raramente disse isso, mas eu te amo."

Emma engasga e, por fim, diz: "Nem sei o que dizer, pai. Eu gostaria que pudéssemos voltar alguns anos e recomeçar. Talvez possamos conversar outra hora. Mas me dê um tempo. Isso também é difícil para mim."

Como você pode ver, a filha de John responde com uma considerável cautela. Ela ficou muito magoada ao longo dos anos e tem medo de se aproximar do pai. No entanto, mesmo relutante, concorda em se encontrar novamente e conversar. John e Emma podem acabar desenvolvendo uma relação pai e filha muito melhor.

LEMBRE-SE

O TPB provavelmente faz parte da sua vida há muito tempo, e, por esse motivo, o efeito sobre os outros é significativo. Dê tempo às pessoas a que decidir contar para ouvir suas desculpas. Além das desculpas, mudar o modo de se relacionar com elas acelerará a cura.

Contando parte da história

Se decidir revelar algo sobre o TPB a outras pessoas além de seu terapeuta e de pessoas muito próximas, limite a discussão. Sugerimos que se concentre em um ou dois aspectos-chave de seu comportamento ou TPB que pareçam importantes para transmitir à pessoa com quem está falando. Limitar a discussão significa evitar revelar o diagnóstico, porque o TPB carrega um estigma para muitas pessoas. Só as palavras "transtorno da personalidade" já são mal compreendidas e soam mais ameaçadoras do que a condição é. Portanto, não percorra toda sua lista de sintomas quando estiver contando apenas parte de sua história.

A história de Sophie e Adam mostra a decisão de fazer uma revelação parcial. Sophie está com Adam há cerca de seis semanas e gosta muito dele, mas percebe que deve se concentrar em tratar o TPB antes de ficar sério com alguém. Como não está com ele há muito tempo, e a relação deles ainda não é tão séria, ela decide revelar apenas alguns detalhes sobre o TPB.

Adam entra na emergência do hospital. Uma enfermeira caminha com **Sophie**, a namorada de Adam, e a ajuda a entrar no carro. "Deixe-me levá-la para casa", diz Adam quando a porta se fecha. "Sinto muito por não ter ligado para você na semana passada. Sabe o quanto eu a amo? Quero que resolvamos isso. Fiquei com muito medo quando você me ligou. Por que fez isso? Por que se cortou?"

Sophie olha para Adam. Sabe que ele se preocupa com ela e quer que ela fique estável. Ela percebe como ele ficou assustado quando ela ligou, drogada e se cortando. Mas Sophie teve uma série de longas conversas com seu médico, e os dois finalmente concordaram que ela não estava pronta para um relacionamento. Deve trabalhar primeiro nos próprios problemas. "Adam, obrigada por vir me buscar", começa. "Eu realmente me importo com você. Mas preciso dizer que tenho alguns problemas."

"Todo mundo tem problemas, Sophie. Eu posso ajudar. Vamos trabalhar nisso juntos", oferece Adam.

"Adam, tenho muita dificuldade em manter a calma. Preciso em concentrar em me recompor. Isso não tem nada a ver com você. Sou assim há muito tempo e estou apenas começando a entender tudo por mim mesma. Então eu gostaria que você me deixasse na minha casa e parasse de me procurar por um tempo. Preciso de um tempo."

"Nossa, um tempo. Já ouvi isso antes. Entendi, esse é o nosso fim", diz Adam.

"Talvez não, Adam. Ligo para você em alguns meses, se estiver melhor. Sinto muito", Sophie segura as mãos dele. "Isso é muito difícil para mim."

"Certo", Adam olha para a frente enquanto abre a porta do carro dela. "A gente se vê por aí."

Sophie não tinha nenhuma razão convincente para contar a Adam mais sobre si mesma e seu diagnóstico de TPB. Fazer isso apenas arriscaria que ele contasse aos outros sobre os problemas dela. Ele conhece muitos amigos e colegas de trabalho dela e poderia ficar tentado a contar a eles por se sentir magoado com a separação.

Sabendo Contar Sua História

Talvez você tenha tomado a decisão de contar a alguém sobre o TPB e decidiu o que quer dizer a essa pessoa. Recomendamos que pondere como deseja contar sua história. Considere as seguintes sugestões:

» Escolha um lugar privado para conversar.

» Reserve tempo suficiente para a conversa.

» Não use jargões que aprendeu na terapia.

» Considere falar durante uma atividade que o distraia suavemente, como caminhar ou dirigir, para ajudar a manter suas emoções sob controle.

» Pratique a conversa na sua mente ou com seu terapeuta. Reveja os cenários de melhor e pior caso.

» Case se torne muito passional, dê um passo para trás. Considere dizer à pessoa que você deseja conversar mais, mas que precisa fazer uma pausa.

» Se a outra pessoa reagir com raiva, pare e tente de novo mais tarde.

LEMBRE-SE Falar com outras pessoas sobre o TPB é um desafio. Você não precisa contar tudo a todos — nem de uma vez. Prepare-se para qualquer reação que você possa ter. Se as coisas ficarem muito passionais, pare e retome a conversa mais tarde.

> **NESTE CAPÍTULO**
>
> » Diminuindo o estresse em um mundo estressante
>
> » Trabalhando para manter a saúde física
>
> » Mantendo o controle do seu dia

Capítulo **14**

Continue Se Cuidando

Quando você se sente estressado, deprimido, com raiva ou ansioso, seu corpo responde, porque a mente e o corpo estão intimamente relacionados. Infelizmente, quando as pessoas com TPB têm emoções negativas, o corpo delas experimenta efeitos negativos como resultado.

Neste capítulo, veremos os efeitos do estresse emocional no corpo. Novas pesquisas surgem o tempo todo mostrando como o meio ambiente, a mente e o corpo interagem. Também lhe damos algumas ideias de como se manter saudável — tanto em sua mente quanto em seu corpo.

Lidando com o Estresse

Pessoas com TPB relatam sentir um estresse considerável em grande parte do tempo, e o corpo reage a esse estresse de inúmeras maneiras. O objetivo por trás dessas reações fortes é ajudá-lo a lidar com as ameaças. Respostas corporais intensas ao perigo provaram ser úteis quando os povos antigos tinham que lidar com ameaças diretas à vida, como tigres e ursos, todos os dias. Felizmente, no mundo moderno, você não precisa se deparar com muitos eventos com risco de vida (como ataques de animais selvagens). Embora a ameaça intensa tenha desaparecido, o corpo humano ainda responde às sensações de estresse da mesma maneira. Esta seção examina como o estresse de sua mente afeta a saúde de seu corpo.

Revendo como o estresse afeta a saúde

Você pode estar se perguntando o que as respostas do corpo ao estresse implicam e como afetam sua saúde física geral. Elas causam consequências graves? Afetam sua capacidade de lidar com estresses futuros?

Ao primeiro sinal de estresse, seu corpo se prepara para lutar ou correr como o diabo. Primeiro o sistema nervoso entra em estado de alerta máximo, liberando hormônios do estresse. Esses hormônios fazem seu coração disparar, sua respiração acelerar e o oxigênio se derramar nos grandes músculos de seus braços e pernas. As pupilas dilatam, a digestão fica mais lenta e você começa a suar. Todas essas respostas preparam seu corpo para a batalha. Quando alguém o corta no trânsito, seu corpo responde com uma onda de adrenalina para ajudá-lo a reagir rápido e evitar um acidente. Quando essas respostas ao estresse ocorrem com frequência e de forma crônica, elas danificam o corpo de várias maneiras. Esses danos incluem:

» Fadiga.
» Problemas gastrointestinais.
» Doenças cardiovasculares.
» Hipertensão.
» Sistema imunológico prejudicado.
» Insônia.
» Tensão muscular levando a dor intensa:
  - Nas costas.
  - De cabeça.
  - No pescoço.
» Problemas sexuais.
» Ganho ou perda de peso.

À medida que os danos físicos se acumulam, sua capacidade de lidar com o estresse diminui, porque a mente e o corpo trabalham juntos; o comprometimento de um sistema prejudica o outro. Pessoas com TPB sofrem efeitos na saúde por seus níveis crônicos de estresse. O Capítulo 16 fornece estratégias específicas para reprimir tempestades emocionais quando surgirem. Aqui explicamos como fazer o possível para manter seu corpo saudável e reduzir os níveis gerais de estresse em sua vida.

Manejando e reduzindo o estresse

Um dos melhores modos de manejar o estresse é reduzindo a quantidade dele no cotidiano. Atinja esse objetivo assumindo o controle do estresse e organizando a vida, conforme discutido nas próximas seções.

Assumindo o controle do estresse

As pessoas se sentem menos estressadas quando assumem o controle e planejam seus dias. Aqui estão algumas maneiras de fazer isso:

» **Aceite que há coisas que você não pode controlar**. Como a Oração da Serenidade aconselha, deixe de lado o que você não pode mudar, mude o que pode e trabalhe para perceber a diferença.

» **Mantenha uma atitude positiva**. Evite pensar e avaliar as coisas em termos extremos. Passe um tempo com pessoas positivas. Considere que a maioria dos eventos desagradáveis tem pelo menos algum benefício — procure.

» **Aprenda a dizer não**. As pessoas e a vida exigem muito de todos. Evite se comprometer demais e estabeleça limites. Você não tem que fazer tudo.

» **Faça listas de tarefas**. Verifique-as com frequência. Divida grandes tarefas em pequenas partes. Certifique-se de que a lista seja viável. Realizar pequenas tarefas incrementais é mais importante do que fazer tudo de uma vez.

» **Resolva problemas, em vez de catastrofizar**. É muito fácil se sentir oprimido pelos desafios da vida. Em vez disso, respire profundamente umas vezes. Depois, faça um brainstorm de soluções: anote todas as ideias que tiver, incluindo as ridículas (às vezes elas desencadeiam soluções úteis). Peça ajuda se precisar.

» **Anote seus compromissos e consulte esse calendário regularmente.** Não permita que horas de tela estúpida consumam seu dia. Organize e priorize suas metas diárias. Recompense-se ao longo do dia com pequenas pausas. Não se permita cair em um ritmo frenético. Devagar e sempre funciona melhor.

Organizando-se

A desordem e a bagunça fazem as pessoas se sentirem fora de controle. Nosso escritório, por exemplo, tem um jeito de nos deixar exaustos e frenéticos quando as pilhas em nossas mesas chegam a certa altura. Pessoas com TPB tendem a reagir de forma exagerada a eventos estressantes de todos os tipos, incluindo bagunça. Além de exaustas, elas podem ficar com uma raiva e um desespero opressor.

Se essa confusão despertar suas emoções, recomendamos que você se comprometa a administrar a bagunça — não importa o quão grande ela tenha se tornado. Comece traçando metas simples, como:

- Jogue fora três pedaços de papel por dia.
- Gaste cinco minutos por dia tirando o lixo.
- Passe cinco minutos por dia organizando seus armários.
- Faça uma doação para uma instituição de caridade a cada mês ou com alguma periodicidade.

Use uma ou mais das seguintes regras gerais para ajudá-lo a começar:

- Jogue fora as roupas que não usa há um ano ou mais, a menos que tenha um motivo convincente para guardar (como valor sentimental ou uma necessidade incomum e rara de usar certas roupas para casamentos ou análogos).
- Jornais e revistas são bons para reciclar, então recicle-os; você não se beneficia em mantê-los.
- Livros antigos têm mais valor para outras pessoas do que para sua estante.

DICA

As decisões são muito mais difíceis de tomar quando você está se sentindo passional e sobrecarregado, então organize e reorganize quando estiver calmo (veja no Capítulo 16 ideias para acalmar suas emoções). Além disso, divida as tarefas gerais em partes menores, para facilitar o manejo.

Após fazer um pequeno progresso nesse departamento, considere organizar os itens que deseja manter. Faça uma lista de categorias; em seguida, planeje onde armazenar os itens de cada uma delas. Para obter mais ideias de organização, confira *Decluttering For Dummies*, de Jane Stoller (Wiley).

Cuidando Melhor de Seu Corpo

Um corpo saudável é resistente ao estresse e, assim, faz você se sentir melhor emocional e fisicamente. Nas próximas seções, explicaremos como trabalhar com várias abordagens importantes para melhorar a saúde de seu corpo e mantê-la.

CUIDADO

Às vezes as pessoas com TPB se sentem tão sobrecarregadas com a vida em geral que a ideia de fazer qualquer coisa além de apenas viver parece fora de alcance. Se você se sentir assim, considere a leitura das seções a seguir, mas não implemente as sugestões até que esteja pronto. Leia a Parte 4, sobre as diferentes maneiras de tratar o TPB, antes de iniciar qualquer uma das tarefas a seguir.

Revisando a dieta

Uma boa nutrição é a base para uma boa saúde física. No entanto, se ler todos os livros e artigos atuais sobre nutrição e tentar seguir todos os conselhos que encontrar, causará ainda mais estresse a si mesmo, porque os conselhos nutricionais mudam quase tanto quanto o clima. Um dia você pode ler que deve evitar os carboidratos como a peste, porque aparentemente levam as pessoas a engordar. No dia seguinte, que os carboidratos ajudam a perder peso. Acompanhar as pesquisas sobre nutrição é quase tão difícil quanto rastrear uma agulha em um palheiro.

No entanto, algumas dicas nutricionais resistem ao tempo. Recomendamos que siga as seguintes ideias gerais sobre alimentação, em vez de se preocupar com as últimas tendências nutricionais:

- » **Evite alimentos processados.** O processamento de alimentos faz muito do trabalho do sistema digestivo e, como resultado, o corpo absorve açúcares muito rápido. Coma frutas, grãos e vegetais e evite alimentos processados, como bolachas, batatas fritas e pão branco e massas. Muitos alimentos não processados são ricos em nutrientes, o que significa que têm muitas vitaminas e minerais, pouco ou nenhum açúcar ou sal adicionado e, às vezes, poucas calorias.

- » **Coma gorduras boas com moderação.** Gorduras boas incluem peixes oleosos, azeite, abacate, nozes e sementes. A boa notícia é que o chocolate amargo se qualifica. A má notícia é que ele deve ter baixo teor de açúcar para ser saudável.

- » **Reduza o açúcar.** A maioria das pessoas come muito açúcar. Os açúcares são calorias vazias e causam problemas de saúde, como diabetes e pré-diabetes. Eles também são um fator de risco para obesidade e doenças cardiovasculares. Observe os rótulos dos alimentos e evite aqueles com adição de açúcar.

- » **Equilibre a proteína.** É preciso comer proteína na maioria das refeições, porque ela mantém os músculos saudáveis e é essencial para uma boa saúde geral. O feijão é uma fonte boa de proteína, porque também contém fibras, é pobre em gordura e é absorvido lentamente. Outras boas fontes de proteína incluem peixes, aves e carne de porco. A carne vermelha, embora seja uma boa fonte de proteína, não é tão saudável quando consumida com muita frequência.

- » **Consuma fibras.** A fibra mantém o sistema intestinal limpo. Também retarda a absorção de açúcares, o que ajuda a prevenir picos prejudiciais dos níveis de insulina. A maioria das pessoas não come fibra suficiente. Há fibras na aveia, em grãos inteiros, no feijão e em vegetais. Procure ingerir de 25g a 30g de fibra por dia.

Por fim, não use a alimentação como uma técnica de controle do estresse. Em vez disso, veja no Capítulo 16 ideias para se acalmar em tempos de turbulência. Comer até funciona, mas apenas em curto prazo. Em longo prazo, comer em excesso causa ganho de peso e autorrecriminação, e não calma geral ou autoestima elevada.

Energizando-se com exercícios

Outra ótima maneira de controlar o estresse é fazendo exercícios. Os benefícios dos exercícios são bem conhecidos no mundo de hoje — reduzem os riscos de doenças cardiovasculares, hipertensão, diabetes tipo 2, derrame e obesidade. Além disso, o exercício reduz a inflamação, fortalece os ossos, melhora as funções musculares e articulares e leva a uma melhor memória e funcionamento do cérebro nos idosos (incentivo suficiente para nós!). O exercício também diminui a ansiedade e a depressão, sintomas que acompanham o TPB. Além disso, os exercícios são uma forma rápida de eliminar o excesso de estresse. Recomendamos que considere quatro tipos principais de exercícios para manejo de estresse e saúde geral:

» **Resistência (aeróbico):** Os exercícios de resistência fazem com que o coração se acelere e o sangue flua rapidamente. Diretrizes recentes do Departamento de Saúde e Serviços Humanos dos EUA aconselham todos os adultos saudáveis a fazerem 2 horas e meia de aeróbico moderado ou 75 minutos intensos por semana (cada treino com pelo menos 10 minutos de duração). Exemplos de atividade aeróbica incluem corrida, caminhada rápida, natação, ciclismo, dança, jogar tênis e muitos dos exercícios de uma aula de ginástica.

» **Treinamento de força:** Ele fortalece os ossos e os músculos. As atividades incluem levantamento de peso, flexões, abdominais, agachamentos, pranchas e exercícios com aparelhos da academia. De acordo com o CDC (Centers for Disease Control and Prevention), você deve trabalhar todos os principais grupos musculares (pernas, quadris, braços, ombros, costas, tórax e abdômen) pelo menos duas vezes por semana.

» **Alongamento/flexibilidade:** Não há consenso para a quantidade de exercícios de alongamento e flexibilidade. No entanto, é razoável considerar alguns minutos dessa atividade antes e depois de outros tipos de exercício.

» **Equilíbrio:** Embora muitas vezes negligenciados, os exercícios de equilíbrio complementam o regime de exercícios recomendado. Você pode ficar em um pé enquanto levanta pesos, fazer aulas de tai chi, ficar em um pé sempre que escovar os dentes ou caminhar na trave de equilíbrio. Faça pelo menos um pouco de trabalho de equilíbrio diariamente.

TERAPIA COGNITIVO-COMPORTAMENTAL (TCC) PARA INSÔNIA

Embora os remédios para dormir funcionem em curto prazo, têm muitas desvantagens. Muitas pessoas começam a necessitar de dosagens aumentadas, o que gera dependência. Além disso, o uso de longo prazo é associado a problemas de memória e aumento do risco de demência. Portanto, a TCC (terapia cognitivo-comportamental) é uma opção muito melhor e funciona tão bem quanto ou até melhor.

A TCC para insônia é ensinada por psicólogos e outros conselheiros de saúde mental especializados. O tratamento começa mantendo um registro do sono por pelo menos uma semana. Depois, há várias etapas importantes a serem executadas. Primeiro, aprender a *associar* sua cama ao sono (ou ao sexo). Você pode fazer isso definindo horários para dormir e acordar, e sair da cama se não dormir em cerca de vinte minutos. Ao se levantar, tenha uma tarefa monótona (não estimulante) para fazer, como limpar a bancada da cozinha. Não volte para a cama até se sentir cansado. Repita o ciclo se não adormecer em cerca de vinte minutos. A razão é fazer seu cérebro associar a cama ao sono, e não ficar se revirando. É a etapa mais difícil, mas funciona!

A TCC para insônia também se concentra na higiene do sono. A higiene do sono inclui manter o quarto escuro, fresco, confortável e livre de distrações. Também evite álcool, cafeína e exercícios imediatamente antes de dormir. A TCC também ensina técnicas de relaxamento e/ou meditação (veja no Capítulo 16 mais informações).

Por fim, a TCC ajuda as pessoas com insônia a pensarem de forma diferente sobre o sono. Os pensamentos problemáticos podem incluir "Não suporto não conseguir dormir", "Nunca serei produtivo se não dormir oito horas" e "Meu chefe quer falar comigo logo cedo, nada de bom virá disso". A TCC ensina os clientes a reavaliar esses pensamentos e a chegar a respostas mais realistas, como "Não gosto disso, mas já passei por muitas noites sem dormir antes na minha vida".

Muitas pessoas relatam ter pensamentos interferentes de maneira rápida, acelerada e repetitiva quando tentam dormir. Quando isso acontecer, é útil combinar a análise de pensamentos com meditação.

Diferentemente dos medicamentos para dormir, a TCC para insônia permanece com você depois que aprende as habilidades. Acesse www.abct.org, em inglês, para encontrar um terapeuta treinado em TCC para insônia.

> **DICA**
> Para mais ideias sobre exercícios, veja *Fitness For Dummies*, 4ª Edição, de Suzanne Schlosberg e Liz Neporent; *Workouts For Dummies*, de Tamilee Webb e Lori Seeger; e *Weight Training For Dummies*, 4ª Edição, de LaReine Chabut (todos da Wiley).

Dormindo o suficiente

O sono é outra parte importante de qualquer plano para controlar o estresse. Em geral, as pessoas precisam de cerca de sete a oito horas de sono para serem saudáveis ao máximo. O sono permite que as células do corpo se reparem e ajuda na memória e na concentração. Muitos transtornos emocionais, incluindo o TPB, interrompem o sono — causando excesso ou falta de sono. A insônia leva a:

- » Aumento do mau humor.
- » Explosões emocionais.
- » Diminuição do funcionamento imunológico.
- » Diminuição da capacidade de lidar com a frustração.
- » Aumento de peso.
- » Pensamento inflexível.
- » Capacidade reduzida de enfrentamento.

DICA A maioria das pessoas sofre de crises ocasionais de insônia ou sono interrompido. No entanto, se você está constantemente tendo problemas para adormecer e continuar dormindo, consulte seu médico. A insônia pode resultar de uma doença física ou de um medicamento que esteja tomando.

LEMBRE-SE Leve uma lista de todos seus medicamentos prescritos e de venda livre, bem como de suplementos dietéticos ou vitaminas, quando for ao médico.

Sugerimos que tente controlar seus problemas de sono sem tomar pílulas para dormir, porque elas viciam. Experimente algumas técnicas simples para ajudá-lo a dormir antes de recorrer à medicação.

A primeira regra para dormir bem é ter uma rotina. Vá para a cama e levante-se quase à mesma hora todos os dias. Passe as últimas horas de sua noite relaxando. Antes de ir para a cama:

- » Tome um banho.
- » Ouça música.
- » Leia um livro.
- » Assista à TV (mas não a conteúdos perturbadores).
- » Faça pequenos lanchinhos.
- » Beba leite morno.
- » Evite tempo excessivo de tela, o que atrapalha o ritmo circadiano.

- » Não beba muito álcool (você pode adormecer, mas acordará logo).
- » Não beba nada em excesso (a menos que goste de se levantar no meio da noite).
- » Não beba nada com cafeína (se ela o mantiver acordado); experimente chá descafeinado quando quiser algo quente.
- » Não se envolva em discussões.
- » Não fume.
- » Evite exercícios uma ou duas horas antes de dormir.

Certifique-se de ter lençóis e travesseiros confortáveis. Para maximizar sua capacidade de dormir, durma em um quarto fresco, escuro e bem ventilado.

Durante o dia, evite cochilos e se certifique de fazer exercícios (veja a seção "Energizando-se com exercícios", anteriormente neste capítulo, para obter ideias sobre exercícios). Veja também o box "Terapia Cognitivo-comportamental (TCC) para Insônia" se quiser mais ideias para melhorar seu sono.

Tomando atitudes saudáveis

Muitas pessoas com TPB lutam para cuidar bem de si mesmas porque se sentem oprimidas pelo estresse e pela vida e, muitas vezes, não se sentem com energia para se dedicar à saúde. E permanecer saudável exige uma abordagem ativa. Mas não leva muito tempo. Você só precisa de um pouco de bom senso e tomar alguns cuidados. Incorpore os seguintes hábitos para melhorar e manter sua saúde:

- » **Lave as mãos com frequência, especialmente em pandemias ou temporadas de gripes.** Molhe as mãos na água limpa, passe sabão, esfregue por trinta segundos (o tempo de cantar "Parabéns pra você") e as enxágue.
- » **Use protetor solar.** Evite se queimar e limite sua exposição direta ao Sol. A exposição excessiva causa rugas, mas o câncer de pele representa um risco muito mais sério.
- » **Proteja seus ouvidos de ruídos excessivamente altos.** Com o tempo, sujeitar seus ouvidos a ruídos extremamente altos prejudica a audição.
- » **Faça pausas curtas e frequentes no trabalho (quantas puder).** Idealmente, levante-se e ande um pouco a cada hora mais ou menos.
- » **Conheça os sinais de derrame e ataque cardíaco.** Não queremos assustá-lo, mas conhecer esses sinais pode salvar sua vida (ou a de outra pessoa).
- » **Use fio dental diariamente.** Usar fio dental todos os dias não apenas melhora e mantém a saúde de seus dentes e gengivas, mas também reduz infecções que contribuem para doenças cardiovasculares.

- » **Ouça podcasts sobre saúde.** Você aprenderá muitas maneiras interessantes e saudáveis de viver se ouvir outras pessoas.
- » **Leia os rótulos dos alimentos.** Você pode ficar chocado ao ver a quantidade de açúcar, sal e gordura que alguns alimentos contêm. Ler os rótulos o ajudará a tomar melhores decisões alimentares.
- » **Mantenha as vacinas em dia.** Seu médico saberá lhe dizer quais medicamentos obter, quando e como.
- » **Faça exames de sangue anualmente, incluindo colesterol, glicemia, função hepática e renal e quaisquer outros exames que seu médico recomendar.** Converse sobre os resultados com ele.
- » **Sempre use o cinto de segurança.** Usar o cinto de segurança não apenas o mantém seguro ao dirigir, mas também é lei em muitos lugares.

Incorporar essas ações em seu cotidiano não garantirá uma saúde perfeita, mas será de grande colaboração. Além disso, seguir essas dicas simples o ajudará a sentir que está cuidando de si mesmo, o que melhorará seu humor e senso de controle sobre a vida (ambas preocupações típicas de pessoas com TPB).

Tendo Mais Tempo para Si Mesmo

Melhorar e se recuperar do TPB leva tempo, e o tempo é escasso para todos, não apenas para as pessoas com TPB. O primeiro passo para encontrar mais tempo para si mesmo envolve controlar o que você faz todos os dias. Por alguns dias, ou melhor ainda, semanas, anote os horários de início e término de todas as suas atividades. Não é preciso escrever ensaios ou ser muito específico. O simples fato de controlar como você passa seus dias o ajudará a determinar se precisa gastar mais ou menos tempo fazendo certas atividades, como exercícios, leitura, reflexão etc. Para os amantes da tecnologia, é uma boa registrar as atividades em um celular ou outro dispositivo eletrônico. Seja verdadeiro. Se estiver tentando escrever um livro e toda vez que se senta na frente do computador passa 75% do tempo nas redes sociais, não registre essa atividade como: "Escrever livro: 4 horas."

A informação é uma ferramenta poderosa. Observe o tempo que você perde com atividades que não o ajudam a chegar aonde deseja. Depois de alguns dias ou semanas registrando suas atividades diárias, reserve um tempo para refletir sobre seus dados. Pense em maneiras de mudar suas atividades para ser mais eficaz na realização de seus objetivos. Ou planeje uma reunião com um terapeuta para discutir algumas das mudanças que pretende fazer e como realizá-las.

Com algum esforço, você descobrirá três, quatro ou talvez até mais horas por semana que não sabia que tinha. Use esse tempo — que antes desperdiçava — em atividades mais produtivas. Isso o ajudará a se sentir melhor consigo mesmo.

4 Tratamentos para o TPB

NESTA PARTE...

Mude a maneira de lidar com impulsos destrutivos.

Encontre novas maneiras de manejar emoções difíceis.

Construa um senso de propósito, valores e identidade.

Crie relacionamentos melhores.

Mude sua percepção do mundo e dos outros.

Descubra as vantagens e as desvantagens dos medicamentos para o TPB.

> **NESTE CAPÍTULO**
>
> » Identificando seu perfil impulsivo
>
> » Avaliando e inibindo a impulsividade
>
> » Encontrando alternativas saudáveis para a impulsividade

Capítulo 15
Inibindo a Impulsividade

Os impulsos são anseios repentinos, fortes e irrefletidos de satisfazer uma necessidade ou desejo percebido. Na maioria das vezes, as pessoas com TPB desejam as mesmas coisas que as outras. Elas querem ser felizes; querem que os outros se preocupem com elas; querem se livrar dos sentimentos ruins; querem prazer. Pessoas com TPB não têm desejos inadequados, mas querem satisfazer seus desejos completa e imediatamente — o que as leva por um caminho primitivo que muitas vezes termina em calamidade.

Como você já sabe, um *impulso* é um desejo, anseio ou vontade, e a *impulsividade* descreve as ações tomadas por impulso. Imagine que você entra em uma joalheria e sente o impulso de ter um lindo broche de diamantes. Se decidir quebrar a caixa de vidro, pegar o broche e correr, estará agindo com impulsividade. No entanto, se perceber esse desejo, mas souber que não pode pagar e não deve compactuar com roubo, inibirá seu impulso. A maioria das pessoas com TPB não quebraria uma vitrine, pegaria algo e fugiria, mas elas agem impulsivamente e de forma autodestrutiva. Os Capítulos 3 e 5 fornecem mais detalhes sobre a impulsividade, que é um sintoma comum do TPB.

Neste capítulo, mostramos como aumentar sua percepção de sua própria impulsividade e das consequências das ações impulsivas. Munido dessa consciência, você pode se afastar da impulsividade e refletir sobre todas as opções. Damos-lhe ferramentas para ajudá-lo a frear a impulsividade e, finalmente, sugerimos algumas maneiras mais saudáveis de atender às suas necessidades.

CUIDADO: Como as pessoas com TPB tendem a ser impulsivas, às vezes tomam decisões sem pensar. Essa tendência é um prato cheio para que outras pessoas tirem vantagem delas. Assim, elas podem ser vítimas de golpes, enganações e fraudes. Nunca é demais apertar o botão de pausa antes de tomar decisões importantes.

Aumentando a Percepção do Comportamento Impulsivo

Antes de mudar algo em sua vida, primeiro é preciso estar ciente de que isso existe. Quando as pessoas com TPB agem impulsivamente, muitas vezes relatam pouca consciência de vários aspectos críticos do comportamento impulsivo, incluindo:

» O que fizeram.

» Como se sentiram.

» Quais eram seus objetivos.

» O que desencadeou a impulsividade.

Em vez disso, relatam que têm apenas lembranças vagas do que fizeram, seus sentimentos no momento, o que queriam que acontecesse e o que levou ao comportamento. Elas raramente refletem sobre essas questões e não ponderam se alcançaram seus objetivos, porque não se lembram de quais eram eles.

A mudança começa *monitorando* e *observando* todos os aspectos da impulsividade que você experimenta. A consciência por si só o ajuda a começar a colocar freios em seus comportamentos impulsivos.

DICA: Recomendamos que leia o Capítulo 5 para compreender toda a gama de comportamentos impulsivos que as pessoas com TPB às vezes adotam. Ler sobre o que os outros fazem o ajudará a identificar quais são seus problemas de impulsividade. Depois de reconhecer quais comportamentos impulsivos exibe, você conseguirá começar a mudá-los.

Escreva seus atos impulsivos

Escrever sobre sua impulsividade ajuda a organizar seus pensamentos e sentimentos em preparação para a mudança. Faça anotações com seu telefone, computador, tablet ou notebook. Não se preocupe com a ortografia nem com a gramática — não é um trabalho escolar.

A IMPULSIVIDADE COMEÇA NO CÉREBRO

Pense em seu cérebro como um sistema de muitas áreas interconectadas. Para se planejar e prevenir a impulsividade, seu cérebro tem que pisar no freio em todas essas áreas para que você não aja antes de pensar. Uma área de seu cérebro controla as memórias do passado. Outra área lida com pensamentos sobre o futuro, e outra processa o que está acontecendo no presente. Finalmente, uma quarta área considera e integra as implicações do passado, presente e futuro — e então toma uma decisão. Manejar todas essas áreas é uma tarefa difícil para muitas pessoas, mesmo sem TPB.

Uma pequena cidade com ritmo de tartaruga fora de Albuquerque, Novo México, chamada de Corrales, contém apenas uma longa estrada que serpenteia pelo centenário distrito comercial. Galerias, lojas de antiguidades, restaurantes e escritórios enchem a cidade. Ruas pequenas (algumas de terra, outras pavimentadas) cruzam a rua principal e levam os moradores para suas casas. Nessas ruas secundárias, o limite de velocidade varia de 25km/h a 40km/h. Inúmeros policiais dedicados em carros de patrulha estacionam sob e atrás de enormes choupos ao longo das pequenas ruas. A taxa de criminalidade é bastante baixa em Corrales, então esses policiais monitoram a velocidade dos carros para passar o tempo. Como resultado, a maioria dos residentes aprendeu a dirigir devagar e aproveitar o Sol.

Você pode se perguntar o que essa pequena cidade tem a ver com impulsividade. Bem, as pessoas em Corrales pensam nas multas anteriores e em suas repercussões, ponderam sobre os efeitos futuros do aumento das taxas de seguro de automóveis, percebem a abundância de carros de polícia enquanto dirigem e se ajustam. No entanto, de vez em quando, alguns não residentes, bem como alguns residentes impulsivos, não conseguem resistir à vontade de zipar pelas estradas sinuosas. Eles não são estúpidos; o cérebro deles simplesmente não freia suas ações refletindo sobre as implicações passadas, presentes e futuras do excesso de velocidade.

CUIDADO

Algumas das etapas do automonitoramento que descrevemos a seguir parecem difíceis, se não impossíveis, de ser executadas agora. Não tem problema. Faça as partes que conseguir. Vá devagar. Com o tempo, você conseguirá seguir mais e mais etapas. Além disso, como acontece com a maioria dos exercícios deste livro, você tirará mais proveito dele fazendo-o ou, pelo menos, discutindo-o com um profissional de saúde mental.

As etapas a seguir o ajudarão a monitorar sua própria impulsividade — e, assim, aumentar sua consciência dela:

1. **Descreva toda vez que age impulsivamente, sem pensar.**

   Alguns exemplos de comportamentos impulsivos comuns incluem automutilação, gastos excessivos, jogos de azar, furtos em lojas, compulsão alimentar, direção imprudente, sexo inseguro e abuso de substâncias. Os comportamentos impulsivos envolvem quase tudo o que você faz sem pensar, especialmente ações que podem resultar em danos diretos ou indiretos a você ou a outra pessoa. Em sua descrição, inclua detalhes sobre o que você fez.

2. **Anote onde estava e o que estava fazendo antes de agir impulsivamente.**

   Você estava no trabalho, com um namorado, em uma festa, em um bar ou sentado em casa assistindo à televisão quando teve um impulso? Essas informações o ajudarão a ver quais situações desencadeiam o comportamento impulsivo.

3. **Explique como você se sentia antes de agir impulsivamente.**

   Os sentimentos comuns antes de exibir comportamentos impulsivos incluem o seguinte: entediado, ansioso, ciumento, invejoso, carente, amedrontado, zangado, vulnerável, chateado, triste, excitado, sexy, crítico, envergonhado, culpado, entorpecido, irreal, desconectado, ressentido.

4. **Registre o que você pensou ou esperava que acontecesse como resultado de seu comportamento impulsivo.**

   Por exemplo, você pode ter pensado que se sentiria menos entediado, mais conectado ou mais vivo. Pode ter pensado que se sentiria mais no controle de uma interação social, menos ciumento ou menos zangado. Pergunte a si mesmo quais objetivos gostaria de alcançar por meio do comportamento impulsivo.

5. **Expresse como se sentiu após o comportamento impulsivo. Você alcançou seus objetivos?**

   Você pode descobrir que, embora sinta uma excitação momentânea durante a ação impulsiva, seus sentimentos rapidamente voltam à neutralidade ou pioram depois de concluí-la. Sentimentos comuns após ações impulsivas incluem culpa, vergonha, remorso, arrependimento, aversão a si mesmo e uma sensação de isolamento. Anote quaisquer sentimentos e resultados que experimentar.

Um estudo de caso sobre a impulsividade

Destiny, uma jovem mulher casada e com TPB, luta contra a impulsividade. A história a seguir analisa sua experiência com a impulsividade e descreve vários atos impulsivos típicos e seus gatilhos, sentimentos e resultados associados.

Destiny e o marido, Scott, moram em uma grande casa situada nas montanhas com vista para Tucson, Arizona. A comunidade ao redor conhece bem suas festas com muito entretenimento e bebidas alcoólicas.

Destiny se acalmou desde seus anos selvagens. Ela gosta de ter um marido, embora ele seja muito mais velho do que ela. Não ter que se preocupar com dinheiro lhe agrada, bem como a atenção que Scott dedica a ela.

Hoje à noite eles estão tendo sua festa anual de verão. Destiny dá os últimos retoques na maquiagem e pede a Scott para fechar seu novo colar. "Uau", Scott olha para ela com apreço, "você está muito gostosa. Os caras não vão tirar os olhos de você. Não acha esse vestido decotado demais?".

Destiny lhe dá um abraço e diz: "É tudo seu, querido." Ela fica animada com a ideia de ter homens bajulando-a. Ela não tem um caso há mais de um ano e anseia tanto pelo perigo quanto pela emoção. Afinal, está se sentindo um pouco entediada ultimamente.

Quando a festa começa, Destiny percebe Stephen, um velho amigo, parado com uma mulher que ela não reconhece. Embora nunca tenha tido nada com Stephen, ela sente ciúmes, porque eles estão obviamente próximos um do outro. Ela sente um desejo urgente de chamar a atenção dele. Então caminha até Stephen e o beija na bochecha, pressionando os seios em seu peito. O beijo dura um pouco demais.

"Quem é ela?", pergunta Destiny a Stephen, apontando para a acompanhante. "Ela me parece séria."

"Esta é Stacy, minha namorada", responde ele.

Destiny diz: "Oi, Stacy, preciso falar com Stephen por um momento. É pessoal. Você não é do tipo ciumenta, é?!"

Stacy gagueja: "Ah, não. Tudo bem, é claro. Tenho uns conhecidos ali na sala."

Depois que fica sozinha com Stephen, Destiny diz: "Que tal dar um perdido nela e subirmos um pouco? Meu marido está ocupado e bêbado; ele não vai notar. E sua Stacy parece chata."

Stephen, chocado, diz: "Destiny, não. Você é uma mulher atraente, mas não posso fazer algo assim. O que deu em você? Você é casada. Eu fui ao seu casamento."

Destiny, agora furiosa, invade a cozinha e começa a beber uísque. Depois de jogar um copo cheio de uísque na mesa, ela procura outro alvo masculino. O primeiro cara que ela encontra está tão bêbado quanto ela e prontamente aceita seu convite para uma interação no andar de cima. Depois, ela se sente péssima e vai para o banheiro. Chorando, ela se senta na borda da banheira e corta as coxas com uma lâmina de barbear.

Destiny tem uma consulta com seu terapeuta dois dias depois. Ela se sente horrível e envergonhada. Seu terapeuta ouve as descrições de Destiny sobre sua noite e a ajuda a identificar e a compreender a impulsividade. Eles identificam comportamentos impulsivos, como sedução, bebida e sexo. A Tabela 15-1 mostra o que eles descobriram juntos em relação à tentativa dela de seduzir um amigo.

TABELA 15-1 Observando os Impulsos de Destiny: Sedução

1. Descreva cada vez que age impulsivamente, sem pensar.	Tentei seduzir um velho amigo. Fui direto até ele e sua namorada e os afastei.
2. Anote onde estava e o que estava fazendo antes de agir impulsivamente.	Estava em casa. Bebi um ou dois drinques antes de os convidados começarem a chegar à festa. Festas sempre me deixam animada.
3. Explique como você se sentia antes de agir impulsivamente.	Eu estava me sentindo entediada antes da festa. Mas então fiquei com ciúme quando Stephen apareceu com uma nova namorada.
4. Registre o que você pensou ou esperava que acontecesse como resultado de seu comportamento impulsivo.	Achei que seduzir um cara me faria sentir viva novamente e aliviaria um pouco o tédio que vinha sentindo ultimamente.
5. Expresse como você se sentiu após o comportamento impulsivo. Você alcançou seus objetivos?	Fiquei irritada. Não acreditei que ele me rejeitou. Ele me irritou tanto que comecei a beber. Então, não, acho que não alcancei meus objetivos.

Depois de revisar essas informações com seu terapeuta, Destiny percebe que festas, tédio e até um pouco de álcool desencadeiam seu comportamento impulsivo. Ela também vê que não se sentiu melhor depois; na verdade, ficou com raiva. Uma revisão de seu próximo registro de comportamento problemático, mostrado na Tabela 15-2, a ajuda a entender ainda mais a impulsividade.

TABELA 15-2 Observando os Impulsos de Destiny: Bebida

1. Descreva cada vez que age impulsivamente, sem pensar.	Comecei a beber uísque puro.
2. Anote onde estava e o que estava fazendo antes de agir impulsivamente.	Fui rejeitada na minha própria casa. Eu estava cercada por uma atmosfera de festa e álcool.
3. Explique como você se sentia antes de agir impulsivamente.	Eu estava totalmente irritada e com raiva. Também me senti magoada.
4. Registre o que você pensou ou esperava que acontecesse como resultado de seu comportamento impulsivo.	Só pensei que um pouco de uísque me faria sentir melhor — menos zangada e magoada. Eu não tinha outros objetivos.
5. Expresse como você se sentiu após o comportamento impulsivo. Você alcançou seus objetivos?	A bebida me fez querer fazer sexo ainda mais. Depois de tomar bastante uísque, me joguei em alguém que sabia que toparia. Nesse aspecto, acho que beber me ajudou a atingir meus objetivos — transei.

Destiny e seu terapeuta falam sobre o modo como o beber compulsivo leva a comportamentos ainda mais impulsivos. Destiny inicialmente sentiu que a bebida a ajudou a atingir seus objetivos, e, na verdade, ajudou por um curto período. Mas beber também levou a um resultado muito mais sombrio — sexo com um desconhecido. A Tabela 15-3 mostra o que ela descobre sobre sua próxima ação impulsiva.

TABELA 15-3 Observando os Impulsos de Destiny: Sexo

1. Descreva cada vez que age impulsivamente, sem pensar.	Eu me joguei em um cara e fiz sexo com ele. Eu nem me lembro do nome dele.
2. Anote onde estava e o que estava fazendo antes de agir impulsivamente.	Eu estava na cozinha bebendo adoidado. Arrastei aquele cara escada acima e fiz sexo com ele.
3. Explique como você se sentia antes de agir impulsivamente.	Eu me senti bêbada. Mal conseguia ficar de pé. Uísque e sexo foram bons, entretanto.
4. Registre o que você pensou ou esperava que acontecesse como resultado de seu comportamento impulsivo.	Eu esperava que isso acabasse com meus sentimentos de rejeição, mágoa e raiva.
5. Expresse como você se sentiu após o comportamento impulsivo. Você alcançou seus objetivos?	Eu me senti horrível e com nojo de mim mesma. Eu me senti uma vagabunda, completamente envergonhada. Também me senti culpada pelo que fiz ao meu marido. Não sei como ele não descobriu, mas ele pode descobrir em uma próxima. Não tirei nada da experiência. Eu nem me lembro de como foi o sexo.

Destiny soluça enquanto repassa seu terceiro conjunto de observações com o terapeuta. Ela percebe que seus impulsos momentâneos a levam a se sentir pior consigo mesma e que, em longo prazo, eles não a ajudam a conseguir o que deseja. Pela primeira vez, ela confessa ao terapeuta que se corta quando sente vergonha. Ambos concordam que se cortar também é um comportamento impulsivo. Veja a Tabela 15-4 para a observação final dos impulsos de Destiny.

TABELA 15-4 **Observando os Impulsos de Destiny: Cortes**

1. Descreva cada vez que age impulsivamente, sem pensar.	Cortei minhas coxas com uma lâmina de barbear novamente.
2. Anote onde estava e o que estava fazendo antes de agir impulsivamente.	Eu estava na cama fazendo sexo com um homem que nunca tinha visto.
3. Explique como você se sentia antes de agir impulsivamente.	Eu me senti muito envergonhada de mim mesma. Eu me senti enjoada e culpada. Estava preocupada que meu marido me pegasse. Foi horrível.
4. Registre o que você pensou ou esperava que acontecesse como resultado de seu comportamento impulsivo.	Eu queria me punir. Achei que me sentiria melhor se fizesse isso.
5. Expresse como você se sentiu após o comportamento impulsivo. Você alcançou seus objetivos?	Depois que me cortei, acalmei um pouco. No entanto, agora sinto vergonha de todas as cicatrizes que tenho. Me machucar não está me dando o que quero.

A noite de Destiny foi de mal a pior — graças à longa série de comportamentos impulsivos. Alguns benefícios de curto prazo, como um breve alívio de sentimentos perturbadores, resultam do comportamento impulsivo, mas os ganhos são passageiros e geralmente levam apenas a um comportamento ainda mais impulsivo.

Pondo os Freios na Impulsividade

Pessoas com TPB que apresentam impulsividade ficam em apuros. Esse problema varia de pequenas discussões com parceiros a acabar algemado no banco de trás de um carro da polícia. Assim, para muitas pessoas com TPB, parte de sua recuperação deve se concentrar em desacelerar a impulsividade. Nesta seção, oferecemos as quatro estratégias a seguir para ajudar você ou alguém que você ama a controlar os impulsos:

» Colocar o tempo a seu lado.

» Afastar os impulsos.

- » Fazer algo diferente.
- » Lidar com fogo.

Colocando o tempo a seu lado

Pessoas com TPB que agem impulsivamente se arrependem de suas ações. Casos, abuso de substâncias, automutilação e outros comportamentos de risco têm resultados negativos. Mas o remorso vem na manhã seguinte; às vezes, até mais tarde.

A estratégia a seguir tira proveito desses sentimentos de arrependimento, trazendo-os à superfície *antes* da ação impulsiva ocorrer. Se você descobrir como diminuir o ritmo e considerar as consequências de sua impulsividade, não descerá ladeira abaixo com tanta frequência. Começamos fornecendo instruções sobre como usar seu arrependimento para ajudá-lo a controlar a impulsividade e, em seguida, daremos um exemplo da vida real para esclarecer a técnica.

Reservar um momento para se fazer algumas perguntas antes de agir é uma forma de ajudá-lo a controlar seus impulsos emocionais. Escreva as seguintes perguntas em um pedaço de papel ou em seu smartphone ou outro dispositivo. Quando tiver um forte desejo de se envolver em um comportamento impulsivo, pare um minuto para olhar estas perguntas e pensar em suas respostas:

- » Quão importante é para mim fazer esta ação?
- » Se eu seguir em frente e fizer esta ação agora, como me sentirei amanhã?
- » Quais são as consequências em longo prazo se eu continuar esta ação?
- » Como me sentirei amanhã se eu *não* realizar este impulso agora?

Essa estratégia de perguntas e respostas nem sempre é fácil de implementar. Obviamente, a impulsividade envolve agir sem pensar — e essas questões requerem reflexão. Se parar para pensar antes de agir, muitas vezes não fará algo que pode causar problemas em longo prazo. No entanto, não espere que as perguntas surjam em sua mente — encorajamos você a escrevê-las por um motivo. Se tem o hábito da impulsividade, precisa de tempo e esforço para quebrá-lo.

A seguinte história sobre Justin ilustra como fazer essas quatro perguntas o ajuda a considerar as consequências de seu comportamento impulsivo. Ele não está totalmente pronto para se comprometer a nunca mais fumar maconha, mas a estratégia lançou as bases em sua mente.

Justin, um jovem adulto com TPB, abusa de maconha. Ele fuma na garagem depois do trabalho. É eletricista e ganha um bom dinheiro. Foi fichado na adolescência por porte de drogas, mas nunca como adulto, e acredita que a maconha o ajuda a manter a calma e a controlar a raiva. Embora a maconha tenha sido legalizada em seu estado, o empregador de Justin faz testes de drogas aleatórios. Justin sabe que pode perder o emprego se for pego. Ele começou a terapia alguns meses atrás, depois que seu namorado o deixou, em parte por causa do uso de maconha. O terapeuta sugere que ele tente responder a algumas perguntas na próxima vez que sentir vontade de acender um cigarro. Ele vem com as seguintes respostas:

Quão importante é para mim fazer esta ação?

Parece importante porque é algo que quero fazer e não tenho certeza do que mais fazer para ficar calmo se não fumar. Não consigo imaginar a vida sem maconha. Eu desmoronaria. Acho que estou viciado e não gosto disso.

Se eu seguir em frente e fizer esta ação agora, como me sentirei amanhã?

Eu sei a resposta. Tento não pensar no amanhã, mas sei que toda vez que fumo, me sinto culpado e estúpido por ter gastado o dinheiro e assumido os riscos.

Quais são as consequências em longo prazo se eu continuar esta ação?

Posso perder o emprego em um piscar de olhos. Se eu for demitido, não terei nem seguro-desemprego. E não tenho ideia do que mais eu poderia fazer.

Como me sentirei amanhã se eu não realizar este impulso agora?

Essa é uma pergunta interessante. Admito que, nas poucas vezes em que me contive, me senti muito orgulhoso de mim mesmo. Na verdade, não me senti mais tenso ou com raiva sem a maconha.

Enquanto Justin discute essas respostas com o terapeuta, ele expressa interesse em deixar a maconha, pela primeira vez em muito tempo. Ele diz ao terapeuta que o aprecia por não lhe dizer para parar de fumar e, em vez disso, por ajudá-lo a ver os problemas que o fumo pode causar e causa em sua vida. Mais tarde, diz que também está interessado em mudar alguns de seus outros comportamentos impulsivos.

DICA Para obter mais informações sobre como lidar com o comportamento impulsivo relacionado ao fumo e/ou à vaporização, leia *Quitting Smoking and Vaping For Dummies*, de nossa autoria (Wiley).

Se você se envolver em comportamentos impulsivos, considere escrever respostas a essas quatro perguntas sobre seus próprios impulsos específicos. Não estamos tentando fazê-lo desistir, mas você descobrirá que discutir suas respostas com um terapeuta o fará pensar duas vezes antes de ceder a todos os impulsos.

Afastando os impulsos

Você pode achar que não está pronto para acabar com os comportamentos impulsivos depois de tentar a estratégia anterior. Ou pode não estar convencido de que é capaz de parar, mesmo que queira. Sem problemas. Eis uma segunda estratégia.

Essa estratégia envolve testar os comportamentos impulsivos. Quando você sentir necessidade de fazer algo impulsivo, como furtar ou se cortar, veja o que acontece se *atrasar* esse comportamento (veja no Capítulo 5 uma lista completa de comportamentos impulsivos). Por exemplo, se tiver vontade de dirigir de forma imprudente, tente dirigir como todo o mundo por quinze minutos e depois veja como se sente. Ou, se tiver o impulso de jogar, espere pelo menos meia hora antes de ir a um cassino. Com o tempo, aumente esses atrasos para uma hora ou até um ou dois dias. Isso o ajudará a desenvolver a capacidade de tolerar a frustração e adiar a recompensa — ambos elementos-chave de uma personalidade saudável (no Capítulo 2, leia mais sobre personalidades saudáveis e não saudáveis). Depois de praticar adiar seus impulsos, você descobrirá que não sente falta da impulsividade como pensava.

CUIDADO

Só porque não pedimos que pare de se envolver em comportamentos potencialmente destrutivos, não significa que lhe damos permissão ou o encorajamos a continuar a praticá-los. Simplesmente reconhecemos que algumas pessoas não estão prontas ou desejosas de interromper essas ações. Nesses casos, começar com táticas de retardo ajuda a levar as pessoas à conclusão de que interromper seus comportamentos impulsivos está ao seu alcance.

Fazendo algo diferente

Quando você sente um forte desejo de fazer algo sem pensar, fazer algo completamente diferente do que seu impulso lhe diz ajuda a suprimi-lo. A melhor maneira de usar a distração como estratégia é planejar com antecedência. Quais são as atividades que você gosta de fazer e que mantêm sua mente focada? Participar dessas atividades o ajudará a evitar atos impulsivos.

Todo o mundo tem uma lista de atividades de distração de que gosta. Aqui estão alguns exemplos de atividades que ajudam a desviar a atenção do ato impulsivo:

- » Dar um passeio ou correr.
- » Assistir a um filme.

- » Fazer tricô ou crochê.
- » Fazer uma colagem de como você está se sentindo (tenha algumas revistas antigas em mãos).
- » Ir para a academia ou se exercitar em casa.
- » Ler um bom romance.
- » Bebericar uma xícara de chá em uma cafeteria.
- » Ligar para um amigo.
- » Navegar nas redes sociais.
- » Tomar um banho quente.
- » Fazer uma massagem em um spa.
- » Limpar a casa.

Reserve um tempo para pensar em quais atividades você acha interessantes e lhe chamam a atenção. Certifique-se de incluir algumas que pode fazer rapidamente. O aspecto mais importante dessa técnica é planejar com antecedência para que esteja pronto para uma atividade alternativa quando seu corpo pedir um comportamento impulsivo.

Lidando com fogo

Lidar com fogo é uma técnica para se defrontar com os picos emocionais que precedem o comportamento impulsivo. Esses aumentos nas emoções nem sempre são altamente negativos e nem sempre são extremamente intensos. Por exemplo, quando você está sentindo tédio, pode impulsivamente buscar a excitação por meio da sedução sexual, de uma direção arriscada ou de compras. Outras vezes, um evento positivo, como receber um bônus inesperado ou um elogio de um amigo, pode desencadear o desejo por sentimentos ainda mais positivos e, por sua vez, levar a comportamentos impulsivos que você julga necessários para obtê-los.

DICA

Se explosões emocionais extremamente poderosas e negativas costumam desencadear sua impulsividade, sugerimos que dê uma olhada no Capítulo 16 para obter ideias sobre como lidar com emoções explosivas. Depois de fazer isso, retorne a este capítulo para descobrir mais sobre como inibir seus impulsos.

A técnica de lidar com fogo consiste nas seguintes etapas:

1. **Faça uma lista de autoafirmações de enfrentamento para dizer a si mesmo, em vez de agir de acordo com seus impulsos (discutiremos essas afirmações em detalhes logo após essas etapas).**

2. **Imagine situações que tendem a desencadear seus impulsos (veja a seção "Aumentando a Percepção do Comportamento Impulsivo", anteriormente neste capítulo) e se imagine usando as autoafirmações de enfrentamento, em vez de ceder aos impulsos.**

3. **Repita essas cenas em sua mente indefinidamente.**

4. **Termine as cenas com algum tipo de gesto de autoparabenização, como dizer a si mesmo o ótimo trabalho que fez.**

Então, o que é uma *autoafirmação de enfrentamento*? As autoafirmações de enfrentamento são o que você diz a si mesmo para ajudá-lo a lidar com emoções como o tédio, o desejo de excitação ou a ansiedade. Essas declarações ajudam a lembrá-lo dos motivos pelos quais deseja controlar seus impulsos, em vez de agir de acordo com eles. Aqui estão alguns exemplos de autoafirmações de enfrentamento:

» Posso ceder a esse impulso mais tarde, então por que não o atraso um pouco?

» Posso não gostar desse impulso, mas ele diminui quando espero um tempo.

» Percebo que minha impulsividade está me machucando; só preciso me distrair (na seção "Fazendo algo diferente", algumas atividades para se distrair).

» Toda vez que controlo meus impulsos, aumento minha determinação e força.

» Quero me orgulhar de meus esforços, em vez de sentir que só cometo erros.

» Os sentimentos não precisam ser postos em prática.

» O que é bom em curto prazo muitas vezes é terrível em longo prazo.

» Só porque quero algo, não significa que preciso disso.

Percorra essa lista e escolha uma ou duas autoafirmações de enfrentamento para ajudá-lo a aumentar sua determinação. Ou faça uma ou mais afirmações semelhantes específicas para você. Considere gravar essas declarações em seu smartphone, notebook ou tablet para facilitar a consulta. Pelo menos três ou quatro vezes por dia, imagine-se em uma situação que o faça querer ser impulsivo e que lhe permita usar uma de suas autoafirmações de enfrentamento.

Veja a seção "Aumentando a Percepção do Comportamento Impulsivo", anteriormente neste capítulo, para descobrir quais situações desencadeiam sua impulsividade. Use esses gatilhos em conjunto com a técnica de lidar com fogo para se preparar melhor para lidar com seus impulsos.

DICA: Ao imaginar essas situações desencadeadoras, certifique-se de também se imaginar usando suas autoafirmações de enfrentamento repetidas vezes. Use várias delas ao mesmo tempo. Deixe sua mente evocar uma cena de sucesso em que você inibe seu impulso com uma de suas declarações. Então diga a si mesmo que excelente trabalho você fez. A prática repetida de tais cenas aumentará seu autocontrole em longo prazo. Não se esqueça de trabalhar em conjunto com seu terapeuta nessa abordagem.

Procurando Alternativas Mais Saudáveis

Comportamentos arriscados e impulsivos costumam ser tentativas de satisfazer uma necessidade de excitação. Essa necessidade, que os psicólogos chamam de *busca de sensações,* é em parte o resultado de uma predisposição genética. Algumas pessoas nascem com um forte desejo de estimulação e emoções, enquanto outras preferem atividades mais moderadas e seguras.

Você pode ter ouvido o termo *viciado em adrenalina* para descrever uma pessoa com essa tendência para a excitação. Pessoas com TPB têm muito mais probabilidade do que pessoas sem o transtorno de exibir essa necessidade de excitação, que está enraizada em seus genes e em sua biologia. Portanto, faz sentido que os comportamentos impulsivos mais associados ao TPB envolvam risco e, às vezes, perigo.

Se sentir essa necessidade intensa de excitação, você pode se envolver em atividades que o colocarão em apuros. Também pode gostar tanto de algumas dessas atividades que não tenha vontade de desistir delas. O pensamento de tédio é pior do que o risco que você corre para exercer a atividade. Bem, não estamos pedindo que leve uma vida de total segurança e entorpecimento; estamos simplesmente pedindo que procure maneiras de alcançar a empolgação que não envolvam arriscar sua vida ou a de outras pessoas.

Buscar alternativas mais saudáveis envolve reconhecer a necessidade de entusiasmo e encontrar atividades que a satisfaçam. Essas alternativas mais saudáveis são diferentes de seus comportamentos impulsivos porque não resultarão em prisão ou problemas com outras pessoas. Essas atividades de busca de sensação mais saudáveis envolvem jogar em um time de softbol ou praticar asa delta. Aqui estão alguns outros exemplos de alternativas saudáveis para o comportamento impulsivo:

- » Viagem para fazer trilhas ou aventuras análogas.
- » Mochilão.
- » Bungee jump.

» Automobilismo.

» Competição em equipes esportivas adultas.

» Cursos de corda alta.

» Heli-ski.

» Balão de ar quente.

» Andar de caiaque.

» Andar de mountain bike.

» Montanhismo.

» Participar de esportes radicais.

» Escalar.

» Ir a rodeios.

» Mergulhar.

» Andar de skate.

» Esquiar.

» Fazer paraquedismo.

» Surfar.

» Ter aulas de voo.

» Participar de competições equestres.

» Fazer rafting.

CUIDADO Algumas dessas atividades são um pouco perigosas. Aborde-as com o máximo de cuidado e treinamento. Entregue-se a esses esforços usando o bom senso. Felizmente, essas atividades serão uma válvula de escape mais saudável para as necessidades de sensação e estimulação. Ah, sim, e que tal usar um capacete também?

Nem todas as pessoas que anseiam por emoção precisam competir em esportes ou realizar proezas físicas difíceis para alcançar a sensação que procuram. Algumas pessoas ficam entusiasmadas com a mudança de emprego ou ocupação, enfrentar um projeto difícil em casa, jogar pôquer competitivo ou bridge, debater política com amigos, observar o mercado de ações subir e descer, explorar alimentos e temperos incomuns, concluir diplomas avançados, fazer day trading na bolsa de valores ou até mesmo escrever livros *Para Leigos* (nós realmente dissemos isso?). A questão é que há estímulo em muitas atividades que não são autodestrutivas.

LEMBRE-SE A necessidade de busca de sensações não é de todo ruim — se moderar sua necessidade, poderá apreciá-la como uma qualidade que o tornará mais interessante.

> **NESTE CAPÍTULO**
>
> » Vendo como sentimentos e pensamentos se relacionam
> » Entendendo os sentimentos
> » Aprendendo a relaxar com uma variedade de técnicas
> » Dominando a meditação
> » Aceitando onde você está e seguindo em frente

Capítulo **16**

Acalmando as Tempestades Internas

Olhe para cima e imagine uma pipa colorida voando no céu em um dia de vento. Céu azul, alguns fiapos de nuvens, tudo está calmo e tranquilo, mas, de repente, uma rajada de vento captura a pipa, que fica fora de controle e cai no chão. A vida emocional das pessoas com transtorno da personalidade borderline (TPB) funciona assim. Às vezes elas voam alto, mas, como uma pipa em um vento forte, facilmente giram fora de controle e caem.

Neste capítulo, ensinamos como identificar emoções e explorar alguns mitos sobre o que significam. Afinal, reconhecer e rotular as emoções é o primeiro passo para contê-las. Apresentamos algumas técnicas específicas para conter e reprimir tempestades emocionais. Essas habilidades aumentarão sua capacidade de tolerar o mal-estar, um desafio fundamental para muitas pessoas que têm TPB. Assim como acontece com as outras estratégias deste livro, recomendamos que as pessoas com TPB trabalhem com um profissional de saúde mental para executá-las.

Rotulando os Sentimentos

Muitas pessoas têm dificuldade em identificar e reconhecer seus sentimentos. No entanto, não perceber seu estado emocional a cada momento é perfeitamente normal. Na maioria das vezes, você não pensa sobre como se sente, a menos que esteja extremamente triste, zangado, amedrontado ou feliz. Alguém já lhe disse "Por que você está de mau humor hoje?" e você respondeu "Não estou de mau humor" sem realmente pensar nisso?

Então, alguns minutos depois, você percebe que estava irritado e um pouco mal-humorado (não que admita). Mesmo assim, sua resposta não foi uma mentira ou uma tentativa de esconder seus sentimentos. Você negou automaticamente o sentimento porque não tinha consciência dele.

Compreendendo a conexão pensamento-sentimento

Então qual é o problema em não pensar no que sente? Os sentimentos são ferramentas profundas de comunicação — mantêm as pessoas conectadas umas às outras, e essa conexão gera vida e amor. Os sentimentos fornecem motivação e aconselham cautela. Em essência, eles nos dizem como nos comportar. Por exemplo:

- » Quando as pessoas sofrem, elas tendem a se retrair.
- » Quando as pessoas estão com medo, elas se defendem ou fogem.
- » Quando as pessoas estão com raiva, elas atacam.
- » Quando as pessoas estão curiosas, elas exploram.
- » Quando as pessoas estão alegres, elas comemoram.

Embora os sentimentos afetem o modo como você se comporta, também se tornam opressores e inúteis quando não são equilibrados por seus pensamentos. Tanto os pensamentos quanto os sentimentos devem desempenhar um papel em seu comportamento, porque os pensamentos ajudam a modificar os sentimentos. Quando seus sentimentos determinam suas ações, sem qualquer entrada de seus pensamentos, suas ações não são modificadas pela sabedoria e podem gerar problemas.

Allison tem TPB, mas se beneficiou muito de um ano de terapia. Ela descobriu como identificar seus sentimentos e controlar sua tendência reflexiva típica de permitir que seus sentimentos controlem suas ações. A história a seguir mostra como Allison agora reconhece seus sentimentos sem agir de acordo com eles:

> Caminhando de um restaurante para casa à noite, **Allison** vê um grupo de adolescentes barulhentos parados na esquina, fumando e rindo. Sua reação emocional imediata é ter medo. No ano passado, invadiram sua casa, e ela se sentiu vulnerável e violada. Mas Allison decide que agir com confiança é a melhor maneira de lidar com eles. Então ela passa calma e rapidamente por eles, sem fazer contato visual. Não vira a cabeça quando um dos adolescentes diz algo depreciativo. Furiosa por não conseguir andar alguns quarteirões de um restaurante para casa sem ser assediada, ela quer se virar e gritar com os adolescentes. Mesmo sentindo uma raiva intensa, ela opta por continuar caminhando. Em vez de permitir que suas emoções a controlem, usa seus pensamentos racionais e bom senso para evitar o potencial perigo.

Allison sente medo, mas não demonstra. Ela acredita que demonstrar medo encorajaria os adolescentes a intensificarem o assédio. Ela sente raiva, mas se afasta, sabendo que um confronto não mudaria a situação e poderia ser perigoso. O que Allison demonstra é chamado de *regulação emocional*. Ela escolhe como expressar suas emoções com base no pensamento racional, não nos sentimentos.

Praticando a regulação emocional

A capacidade de controlar sentimentos e mudar comportamentos aumenta com o tempo. Por exemplo, uma criança age de acordo com seus sentimentos, não com seus pensamentos. Quando uma criança está chateada, ela chora; quando está feliz, ri; quando está com raiva, dá um chilique. Conforme amadurece, suas expressões emocionais se tornam mais complexas — não chora sempre que está chateada — e ela pode reclamar ou pedir ajuda aos pais. A criança percebe que tem outras opções para expor seus sentimentos. Se ela se desenvolve normalmente, quando chega ao ensino fundamental, começa a pensar em como se sente e em como se expressar, então pode ficar com raiva de um companheiro no parquinho, mas se abster de bater nele. Ou se sentir magoada com a provocação de alguém, mas não chorar.

Mesmo com o passar do tempo, no entanto, as pessoas com TPB não dominam a arte da regulação emocional. Para saber mais sobre as razões biológicas, psicológicas e sociais para esse deficit, veja o Capítulo 4. Basicamente, as emoções assumem o controle e ditam o comportamento das pessoas com TPB porque elas não têm as habilidades necessárias para modificar os sentimentos com os pensamentos. Emoções e pensamentos não estão conectados para elas, e essa desconexão interfere em sua capacidade de moderar os sentimentos e controlar as explosões. Compreensivelmente, a vida emocional da maioria das pessoas com TPB fica repleta de instabilidade.

LEMBRE-SE

Os sentimentos podem ser positivos, como felicidade, ou negativos, como tristeza, ou uma mistura de ambos, mas não são inerentemente bons ou ruins do ponto de vista moral.

DICA

Se tiver problemas para perceber e descrever aquilo que sente e como, mantenha um registro diário por algumas semanas. Reserve alguns momentos, de três a cinco vezes por dia, para anotar como se sente em cada momento. Observe as sensações corporais que acompanham seus sentimentos. Anote seus sentimentos, suas sensações físicas, a situação no momento em que fez a anotação e quaisquer pensamentos que tiver. Não se preocupe com pontuação e gramática. Escreva sem pensar muito. Se estiver em terapia, discuta os resultados com seu terapeuta.

É interessante revisar o Capítulo 6 para obter mais informações sobre a relação entre as emoções e o TPB. Também fornecemos vários termos e palavras para descrever suas emoções neste capítulo. Sinta-se à vontade para usar esses termos quando estiver anotando seus sentimentos.

Proibindo os Sentimentos de Governarem os Pensamentos

Algumas pessoas com TPB ficam muito sintonizadas com seus sentimentos. Sua atenção está tão focada nos sentimentos, que elas chegam a ignorar ou refutar os fatos. Agem com a falsa crença de que os sentimentos indicam com precisão a realidade e devem ser verdadeiros. Então, sob essa premissa, quando você está com raiva, deve haver algo por que ficar bravo. Quando está com ciúme, seu parceiro deve estar traindo. Quando está com medo, algo deve ser assustador.

O problema com essa maneira de pensar é que as emoções e os sentimentos às vezes retratam a realidade com imprecisão. Para as pessoas com TPB, os sentimentos negativos — sejam elas memórias de abuso ou de vazio — surgem de algum lugar interior. Esses fortes sentimentos distorcem o aqui e agora. A seguinte história sobre Jack demonstra como sentimentos intensos obscurecem a realidade.

> **Jack** observa sua esposa, Sara, cortar os pimentões vermelhos para a salada. Logo seus convidados chegarão. Jack fica nervoso quando convidam pessoas para jantar. Ele está ficando irritado com o modo como Sara está cortando os pimentões. "Deixe-me fazer isso", diz ele, arrancando a faca da mão dela.
>
> Sara sabe como Jack fica. Ela tenta evitar o conflito. "Pode fazer", diz ela enquanto se afasta, "colocarei a mesa".

Jack começa a golpear violentamente os pimentões. Ele erra, e a faca atinge a bancada. Sara pergunta se ele está bem. Sem dizer nada, Jack larga a faca e sai. Sara sabe que ele não descerá quando os convidados chegarem.

Jack não sabe por que fica tão chateado sempre que eles têm companhia. Ele se sente extremamente ansioso e irritado e costuma se retirar e deixar Sara dando as desculpas. Ao longo de seu casamento, Sara descobre que receber pessoas não vale o custo emocional.

O pai de Jack era emocionalmente abusivo. Na infância, todos os jantares tinham humilhação brutal e críticas cruéis. Jack não entende que seus sentimentos em relação às refeições refletem o terror que sente do pai.

Jack sofreu repetidos abusos emocionais quando criança. Suas fortes emoções são compreensíveis. No entanto, como seus sentimentos negativos transbordam para o presente, eles confundem as outras pessoas. Sem ajuda, Jack acabará perdendo as pessoas de quem mais gosta.

LEMBRE-SE

Só porque você se sente de determinada maneira, isso não torna esse sentimento verdadeiro. A realidade e os sentimentos nem sempre coincidem. Se você tem TPB, tem emoções intensas que confundem e distorcem a verdade. As próximas seções oferecem estratégias para ajudá-lo a controlar essas emoções intensas.

Fazendo o oposto do que você sente

Você sente o que sente. Não há nada inerentemente errado com nenhum sentimento. No entanto, quando se comporta ou age de certa maneira com base *só* em seus sentimentos, você pode não conseguir o que deseja e até piorar as coisas.

Se estiver muito zangado com seu chefe e repreendê-lo, provavelmente terá uma breve sensação de poder. Mas, quando for despedido, logo ficará péssimo. Se, em vez de repreender seu chefe, você lhe disser algo que realmente aprecia nele (sempre há algo!), terá um resultado diferente e mais desejável.

Fazer o oposto do que sente significa tomar uma resposta negativa e prejudicial e transformá-la em uma ação positiva ou mesmo neutra. Veja na Tabela 16-1 exemplos de como fazer o oposto.

TABELA 16-1   Fazendo o Oposto

Emoção Desencadeadora	Comportamentos Prejudiciais	Comportamentos Opostos
Depressão	Ficar na cama, sozinho, fomentando pensamentos tristes, sem fazer nada.	Exercícios, sair de casa, passear com o cachorro, ligar para um amigo, realizar uma pequena tarefa.
Raiva	Atacar, gritar, contorcer o rosto, levantar a voz.	Suavizar a voz, manter a calma, esboçar um sorriso sutil (de Mona Lisa), elogiar um pequeno item (roupas, cabelo etc.).
Medo	Evitar, distanciar-se, dar as costas, fugir.	Abordar seu medo, suavizar e relaxar o rosto e o corpo, mover-se lentamente em direção ao seu medo.
Vergonha	Evitar as pessoas, baixar a cabeça, insistir na autoculpa e nas críticas.	Abordar as pessoas com um leve sorriso, manter a cabeça erguida, envolver as pessoas na conversa.

Ao fazer o oposto do que sente, você muda o resultado e reduz a intensidade do sentimento original. Mas, obviamente, você não deve sempre fazer o oposto do que sente. Temos algumas diretrizes para ajudá-lo a saber quando agir de acordo com um sentimento e quando fazer o oposto:

» **Quando o sentimento não parecer corresponder à realidade da situação:** Pergunte a si mesmo se outras pessoas teriam a mesma reação ou uma diferente da sua. Do contrário, talvez outra abordagem seja justificada.

» **Quando a intensidade do sentimento é desproporcional ao evento ou situação:** É possível que você esteja exagerando o significado do que aconteceu? Você olhará para esse evento de forma diferente amanhã? Nesse caso, fazer o oposto do que sente é uma opção melhor.

» **O sentimento está lhe dizendo para ter uma reação drástica?** Se sim, mais uma vez, fazer algo diferente proporcionará um resultado melhor.

LEMBRE-SE Às vezes você desejará agir de uma forma que seja consistente com seus sentimentos. Os sentimentos fornecem informações que podem ou não ser precisas. O objetivo é usá-las com sabedoria.

Autoafirmações de enfrentamento

No Capítulo 15, revisamos o uso de autoafirmações de enfrentamento para lidar com impulsos. Aqui, sugerimos que você faça uma lista de autoafirmações de enfrentamento para acalmar suas tempestades emocionais.

Uma autoafirmação de enfrentamento é algo que você diz a si mesmo que lhe dá motivação, que lhe lembra de sua capacidade anterior de lidar com a situação e aumenta seu senso de empoderamento. A seguir, alguns exemplos para considerar. Registre tudo o que parecer relevante para você e possivelmente útil.

- Eu sou mais forte do que me sinto agora.
- Isso é muito difícil, mas já passei por coisas piores antes.
- Todos os sentimentos terríveis desaparecem com o tempo.
- Eu posso superar isso.
- Tudo bem eu me sentir assim; isso não durará para sempre.
- Posso crescer com isso se trabalhar nisso.

DICA Coloque algumas de suas autoafirmações de enfrentamento em "Lembretes" no seu smartphone. Quanto mais repeti-las, mais elas funcionarão para você.

Relaxando e Praticando

Emoções frequentes e intensamente negativas afetam seu corpo, porque, a cada vez que você sente uma forte emoção negativa, seu corpo se prepara para o perigo e para correr ou lutar. Pessoas com TPB relatam mais emoções negativas e menos positivas do que a maioria (veja no Capítulo 6 mais informações sobre essas emoções negativas). Essas emoções altamente negativas são estressantes e aumentam os riscos para os seguintes problemas de saúde:

- Hipertensão.
- Dores de cabeça crônicas.
- Dores musculares.
- Diabetes tipo 2.
- Dores nas costas.
- Síndrome do intestino irritável.
- Refluxo gastroesofágico.
- Depressão do sistema imunológico.
- Doenças cardiovasculares.
- AVC.

A simples motivação por trás do controle das emoções pela descoberta de como relaxar é baseada em uma verdade biológica: você não pode estar relaxado e frenético ao mesmo tempo. Quando você está em um estado de relaxamento, seu corpo se desacelera, sua frequência cardíaca diminui, seus músculos relaxam e você tem tempo para refletir. Portanto, o relaxamento ajuda as pessoas a controlar suas emoções. Nas próximas seções, descrevemos várias ideias e métodos de relaxamento.

Fazendo os músculos relaxarem

O *relaxamento muscular progressivo* existe desde o final dos anos 1930, quando o médico Edmund Jacobsen escreveu pela primeira vez sobre o procedimento. Basicamente, a técnica envolve contrair um grupo de músculos e, em seguida, liberar a tensão. Você deve prestar atenção ao grupo de músculos que está tensionando e, então, perceber como eles ficam ao liberar a tensão. Quase qualquer pessoa pode se beneficiar dessa técnica simples. Obviamente, se você tiver problemas nas costas, artrite, dores musculares ou se tiver sofrido uma lesão, consulte seu médico antes de tentar essa técnica.

Preparando-se para relaxar

Se considerar essa técnica de relaxamento muscular, mantenha as seguintes dicas em mente:

- » Encontre um lugar tranquilo e desligue o celular.
- » Não use substâncias que alterem a mente.
- » Não esteja com o estômago cheio.
- » Use roupas largas.
- » Use meias se seus pés ficarem frios.
- » Tente manter conscientemente o rosto relaxado.
- » Se sentir dor ao tensionar os músculos, pare.
- » Ao soltar os músculos, concentre-se na sensação de relaxamento.
- » Se você se sentir muito ansioso durante esse exercício, pare.
- » Não se preocupe se adormecer; apenas retome quando acordar.
- » Não espere ser perfeito, afinal, essa técnica deve ser relaxante.
- » Espere levar um tempo para dominar o processo.

Relaxamento muscular progressivo total

Você pode começar com relaxamento muscular progressivo total. Embora não precise seguir exatamente as instruções desta seção, elas o ajudarão a começar. Depois de praticar algumas vezes, use o relaxamento muscular progressivo sem roteiro.

DICA

Se optar por usar essa técnica para controlar suas emoções fortes, pratique-a todos os dias por pelo menos uma semana. Depois de praticar várias vezes, trabalhe em uma versão mais curta até que você seja capaz de relaxar seus músculos deliberadamente, sem nenhum procedimento formal.

Para iniciar o relaxamento muscular progressivo total, siga estas etapas:

1. **Fique confortável e respire algumas vezes. Inspire profundamente pelo nariz. Prenda a respiração por alguns segundos; em seguida, expire lentamente.**

   LEMBRE-SE

   Cada vez que sugerimos tensionar os músculos, mantenha a tensão por dez segundos. Quando sugerirmos que você libere a tensão e relaxe, concentre-se no relaxamento por dez a quinze segundos. Mas não se preocupe com o tempo exato nem use cronômetro!

2. **Comece pelos pés. Contraia os dedos dos pés; tensione todos os músculos dos pés. Agora relaxe. Concentre-se na sensação de relaxamento em seus pés.**

3. **Subindo, contraia as panturrilhas empurrando os calcanhares para baixo e apontando os dedos dos pés para cima, na direção do rosto. Cuidado com as cãibras musculares e pare se sentir dor. Libere; sinta a tensão de suas panturrilhas sair.**

4. **Aperte suas coxas. Segure e solte.**

5. **Contraia as nádegas. Mantenha o foco. Relaxe e observe o alívio.**

6. **Contraia seu abdômen. Imagine seu umbigo tocando sua coluna. Aperte; em seguida, solte. Sinta a tensão se dissipando.**

7. **Feche os punhos e os aperte. Libere. Observe a sensação.**

8. **Contraia os músculos do braço. Empurre os braços perto do corpo. Prenda os antebraços como se estivesse segurando algo à sua frente. Use toda a sua força; agora deixe seus braços relaxarem, liberando o estresse.**

9. **Para relaxar os ombros, você precisa de dois movimentos separados. Primeiro, levante os ombros e tente tocar as orelhas. Segure e solte. Em seguida, puxe as omoplatas para trás e estenda o peito. Pense em seus ombros se encontrando atrás de você. Então relaxe.**

10. Tenha cuidado com o pescoço. Não empurre com muita força e não tente fazer isso se tiver uma lesão no pescoço ou algo do tipo. Empurre o pescoço até o peito. Segure e relaxe. Agora, vire para um lado. Incline sua orelha em direção a um ombro; segure e solte. Faça o mesmo movimento do outro lado, orelha a ombro. Por fim, puxe suavemente a cabeça para trás e solte.

11. Agora, o rosto. Amasse — contraia a testa, a boca, a língua e os lábios. Acalme-se.

12. Com os olhos fechados, imagine fazer um inventário de seus músculos. Se ainda sentir tensão em qualquer área, repita o ciclo de tensão e liberação muscular. Passe alguns minutos respirando e se sentindo relaxado.

DICA

Muitas pessoas sentem tensão nos ombros, nas costas ou no pescoço. Sinta-se à vontade para modificar ou aumentar o número de vezes que tensiona e libera essas áreas. Você também pode contrair e relaxar uma área do corpo várias vezes ao dia como um redutor instantâneo do estresse.

Relaxamento muscular curto

Após praticar o relaxamento muscular, conforme descrito na seção anterior, junte grupos de músculos. Busque o relaxamento usando a técnica a seguir.

1. Fique confortável e respire fundo algumas vezes.

2. Contraia todos os músculos da cintura para baixo. Contraia as nádegas, curve os dedos dos pés e contraia as coxas. Mantenha essa tensão por cerca de dez segundos; então relaxe.

3. Contraia o abdômen e tente empurrar as costas contra o chão (ou cadeira). Segure e solte, sentindo a tensão fluir para longe de você.

4. Pressione os braços contra o corpo, aperte as mãos e empurre os ombros até as orelhas. Quando relaxar, imagine ondas de água morna o lavando suavemente de cima para baixo.

5. Contraia os músculos do rosto — sorria, faça uma careta e aperte os olhos. Mantenha os músculos tensos e depois relaxe-os.

6. Fique focado em seu corpo. Existem áreas de tensão? Nesse caso, contraia e relaxe os músculos dessas áreas. Respire e aproveite. Observe como seu corpo se sente.

Se atingir um estado relaxado usando a técnica de relaxamento curto, prepare-se para imaginar seu corpo relaxando sem tensionar nenhum músculo. A ideia é praticar as versões mais longas do relaxamento muscular até que você fique bem familiarizado com a sensação de estar fisicamente relaxado. Seu corpo se lembra da experiência de estar relaxado, e, com bastante prática, essa memória lhe permite relaxar à vontade.

Um tipo de relaxamento muscular mais mental

Quando estiver pronto para relaxar os músculos sem os tensionar fisicamente, experimente a técnica a seguir. Estas etapas ajudam seus músculos a ficarem soltos e relaxados:

1. Feche os olhos e respire fundo.
2. Preste atenção ao topo da sua cabeça. Relaxe e deixe toda a tensão sair de sua mente.
3. Lentamente, mova sua atenção descendo pelo seu corpo, começando pela cabeça. Pense em seu pescoço e em seus ombros. Relaxe os músculos.
4. Desça pelos braços e abdômen. Respire e relaxe.
5. Agora continue descendo. Libere qualquer tensão que houver.
6. Decida ficar calmo e quieto.

Acalmando-se com os sentidos

Ouvir música clássica acalma e relaxa algumas pessoas. Outras, por outro lado, acham que sentar para apreciar uma sinfonia é uma tortura. Um banho quente para alguns traz paz e sossego; outros acham chato sentar na banheira. Embora a aromaterapia faça algumas pessoas espirrarem, outras se acalmam com ela.

Nós o encorajamos a examinar as atividades a seguir para encontrar algumas que possa usar para relaxar. Se você tem TPB, faça uma lista de cinco a dez atividades para ajudá-lo a se acalmar. Ter uma lista o ajudará a se lembrar de fazer uma de suas atividades calmantes quando se sentir dominado pelas emoções.

Escreva sua lista em alguns cartões. Afixe um em casa em um lugar visível (como o espelho do banheiro), outro no carro e outro no trabalho. Escolha pelo menos uma atividade que possa realizar na maioria dos lugares em que se encontrar. Por exemplo, você provavelmente não pode se sentar em uma banheira de hidromassagem enquanto dirige, mas pode ouvir uma música relaxante em seu carro. Você provavelmente não pode fazer uma fogueira no trabalho, mas pode tomar uma xícara de chá. Aqui estão algumas de nossas sugestões para atividades relaxantes (mas não se limite às nossas ideias — sinta-se à vontade para sugerir outras):

- **Som:** Quer você escolha jazz, música clássica, rock and roll ou hip hop, uma música o leva para um lugar melhor. Ouça sua música favorita. Experimente gravações de sons da natureza, como o som da água fluindo. Existem muitos aplicativos que reproduzem esse som para você. Ou compre (ou mesmo faça) uma fonte interna pessoal. Dependendo de onde morar, sair e ouvir o vento, o tráfego, os pássaros ou o oceano ajuda.

- **Visão:** Olhe para fora, vá a um parque, observe os animais brincando, vá a um museu, olhe um álbum de fotos ou um aquário, aprecie uma cachoeira ou observe uma fogueira, lareira, oceano ou um lago. Se não mora perto do mar, de uma cachoeira nem de qualquer outra parte da natureza que o acalme, compre um livro com fotos dela e folheie-o quando se sentir dominado pelas emoções.

- **Cheiro:** Acenda uma vela, asse alguns biscoitos, cheire flores, queime incenso, experimente a aromaterapia, coloque um pouco de perfume ou dê um passeio no shopping perto de uma loja de pães.

- **Gosto:** Saboreie uma xícara de café quente, um pequeno pedaço de chocolate, um copo de água gelada, uma torrada com geleia, um guisado de chili verde (quanto mais quente, melhor), uma xícara de sopa de macarrão com frango ou uma tigela de sorvete. Beba um copo de vinho, leite ou chá de camomila — o que acalmá-lo.

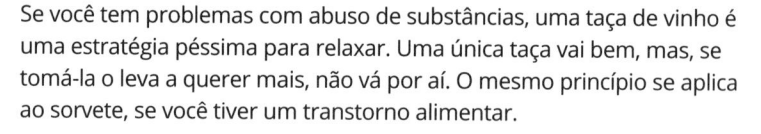

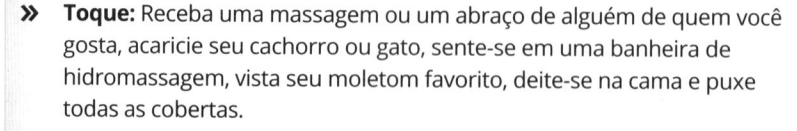

  CUIDADO: Se você tem problemas com abuso de substâncias, uma taça de vinho é uma estratégia péssima para relaxar. Uma única taça vai bem, mas, se tomá-la o leva a querer mais, não vá por aí. O mesmo princípio se aplica ao sorvete, se você tiver um transtorno alimentar.

- **Toque:** Receba uma massagem ou um abraço de alguém de quem você gosta, acaricie seu cachorro ou gato, sente-se em uma banheira de hidromassagem, vista seu moletom favorito, deite-se na cama e puxe todas as cobertas.

DICA: Você também pode acalmar seu estado emocional alterando radicalmente a temperatura de seu corpo. Realize essa mudança com um banho quente ou sauna. Ou de uma forma surpreendente — mergulhando o rosto em uma pia com água gelada! Sim, você leu certo. Mergulhar o rosto em água gelada enquanto prende a respiração por quinze ou vinte segundos faz seu corpo mudar a taxa metabólica, o que faz com que seu humor também mude. Essa técnica é especialmente eficaz para problemas emocionais graves e não é tão desagradável quanto parece. Nós já testamos! Mergulhe o rosto duas ou três vezes para obter o efeito total dessa estratégia.

Depois de fazer sua lista de atividades relaxantes, não espere por emoções avassaladoras para experimentar uma delas. Prepare-se. Praticar o relaxamento agora o ajudará a se preparar para os momentos em que estiver estressado. A prática lhe fornece o conhecimento de como é seu corpo quando está relaxado, e saber como é estar relaxado ajuda-o a acalmar o corpo e a mente quando se sentir tenso.

Visualizando a calma

Remova distrações do ambiente. Permita-se passar, pelo menos, quinze minutos nesse exercício. Sente-se em uma cadeira confortável. Respire fundo algumas vezes e feche os olhos. Imagine um lugar tranquilo. Pode ser um lugar para o qual você tenha viajado ou uma imagem mental. A maioria das pessoas pensa em um belo cenário na natureza, mas também pode ser uma livraria favorita ou um café confortável. O objetivo é visualizar algo que lhe pareça pacífico e calmante.

Depois de criar seu lugar, faça uma jornada mental em torno dele. Observe os detalhes, os sons, os cheiros, as brisas, o que for. Respire lenta e profundamente. Passeie um pouco por ele.

LEMBRE-SE Não espere resultados instantâneos e milagrosos da visualização. Dê a si mesmo tempo e prática para trabalhar. É uma habilidade como qualquer outra.

Descobrindo a Meditação

Como uma pipa sem amarras pega por uma mudança repentina de vento, as emoções de quem tem TPB oscilam com pouca provocação. Suas emoções sobem às alturas rapidamente e caem de forma inesperada. A ideia de controlá-las por meio da meditação parece difícil, senão impossível, mas não feche o livro ainda.

A meditação ajuda a conter as tempestades emocionais. Não existe uma definição clara e universalmente aceita de meditação, no entanto, ela envolve atenção concentrada e sustentada, bem como reflexão e contemplação. Com a prática, a mente pode se tornar um lugar de paz e contentamento. Uma mente equilibrada é estável e capaz de aceitar os desafios diários. A meditação estabiliza a mente desequilibrada.

Benefícios da meditação

Milhares de estudos respaldam o valor da meditação para melhorar vários aspectos da vida de uma pessoa. No entanto, a meditação não é mágica e não funciona para tudo e todos, como afirmam alguns defensores.

É possível categorizar os benefícios da meditação assim:

- **Emocionais:** A meditação diminui o risco de recaída da depressão (embora não seja tão eficaz quanto outras abordagens para o tratamento inicial dela), diminui a ansiedade e é uma boa ferramenta para reduzir o estresse.
- **Físicos:** Foi constatado que a meditação reduz a pressão arterial, ajuda no tratamento das dores crônicas, melhora os sintomas gastrointestinais e ajuda com os desejos dos vícios. É uma estratégia muito boa para a insônia.
- **Cognitivos:** A meditação ajuda com foco e memória. É especialmente útil para diminuir o pensamento repetitivo e improdutivo.

DICA

Depois de nos tornarmos consistentes com apenas dez a quinze minutos de prática diária de meditação, ambos notamos a capacidade de desligar a tagarelice negativa hiperativa que às vezes passa por nossa mente às 4h da manhã. Ela realmente ajuda a reduzir os surtos de insônia.

PAPO DE ESPECIALISTA

Embora vários estudos tenham mostrado que a meditação resulta em tais benefícios, ainda não sabemos quais tipos e durações específicos de meditação funcionam melhor para quais áreas problemáticas.

Como meditar

Para que a meditação funcione, a prática frequente é necessária. Não há regras ou diretrizes definidas para quantas vezes você deve meditar, mas uma vez por dia, por cerca de cinco minutos, é um bom começo. O objetivo é se tornar regular na meditação. Depois de começar a praticá-la, estender os cinco minutos é uma boa ideia. Quanto tempo você dedica, porém, é uma decisão sua. Muitas pessoas descobrem que realmente gostam de meditar por dez, trinta ou até sessenta minutos todos os dias. Aqui estão algumas dicas para adquirir o hábito de meditar:

- **Use roupas largas e confortáveis.** Nenhum traje especial é necessário (apenas não use jeans colados ao corpo).
- **Desligue o telefone e os dispositivos (a menos que esteja usando um aplicativo de meditação).** Não assista à TV nem use o computador. Ouça uma música baixa se quiser.
- **Medite onde quiser.** Ar livre é ótimo (embora talvez não seja tão fácil de fazer no meio da Quinta Avenida em Nova York). Se quiser, monte um lugar especial na sua casa; pegue uma vela, um quadro especial, uma pintura, alguns objetos com significado espiritual ou uma fotografia para observar.

» **Sente-se em uma cadeira, um tapete — chamado de *zabuton* — ou em um travesseiro.** Algumas pessoas também usam tijolos de madeira, cobertores ou um pequeno travesseiro chamado de *zafu* para ficarem mais confortáveis sentadas. O importante é se sentar direito.

» **Sente-se em silêncio.** Você pode se sentar em várias posições diferentes: com as pernas cruzadas e as mãos apoiadas nos joelhos, com as palmas para cima. Ou com os calcanhares pressionados um contra o outro. Você também pode simplesmente se sentar confortavelmente como costuma fazer. No início, manter uma posição por muito tempo pode ser difícil para você, e é por isso que a prática ajuda. Além disso, considere fazer aulas de meditação ou ioga para encontrar a posição certa para você.

» **Comece observando sua respiração.** Você pode fechar os olhos ou deixá-los abertos. Tente não se concentrar em nada além de sua respiração. Deixe os pensamentos irem e virem.

DICA

Muitas pessoas presumem que a meditação só funciona se aprenderem a eliminar todos os pensamentos supérfluos que tendem a passar pela mente e que devem permanecer totalmente focadas e imóveis durante uma boa sessão de meditação. Isso não é verdade. Você terá pensamentos e seu nariz coçará! Coce-o se quiser e deixe sua mente vagar às vezes. A meditação não visa atingir algum estado místico e perfeito. Talvez alguns monges encontrem esse controle perfeito, mas a maioria de nós faz o que pode.

Tipos de meditação

Há muitas formas de meditação para escolher. Aqui está uma breve visão geral da meditação na respiração, meditação caminhando, meditação do escaneamento corporal, meditação baseada em mantra, meditação com vela e aplicativos de meditação:

» **Meditação respiratória:** Fique quieto — mantenha os olhos parcialmente abertos ou fechados. Direcione a atenção para a respiração. Ao inspirar pelo nariz, preste atenção ao fluxo de ar. O ar flui suavemente das narinas para os pulmões, depois mais profundamente, até que o abdômen o expulse. Coloque uma das mãos sobre o abdômen para sentir o ar enchê-lo; em seguida, puxe esses músculos com mais força para empurrar o ar para fora. Respire profundamente e se concentre na sensação da respiração. Concentre-se no ar entrando e no ar saindo. Se sua mente começar a divagar, leve-a de volta à respiração. Faça essa meditação até que sua mente se acalme.

» **Meditação caminhando:** Faça uma caminhada lenta em um bom dia. Não vá a um shopping lotado. Respire fundo algumas vezes antes de começar. Observe seu corpo se movendo. Concentre-se nas suas pernas, como os músculos das panturrilhas, tornozelos e coxas se movem de maneira eficaz para impulsionar o corpo no espaço. Pense na magia do movimento. Mantenha o foco em suas pernas, em seu corpo e em seus pés. Se outros pensamentos vierem à mente, deixe-os ir, mas não sinta que precisa destruí-los. Volte a pensar em caminhar. Concentre-se no ritmo de sua passada, no ritmo de sua respiração. Concentre-se no barulho de seus pés. Mantenha uma caminhada firme e focada. Preste atenção às sensações de seu corpo — a temperatura, sua respiração, seus músculos. Caminhe assim por dez minutos ou mais.

» **Meditação de varredura corporal:** Este tipo de meditação pode ser conduzido em quase todas as posições. Geralmente, é usado por pessoas com dor crônica com sucesso significativo. Comece ficando confortável e respirando profundamente algumas vezes. Feche os olhos. Concentre-se na sensação do corpo da cabeça aos pés. Faça o escaneamento lentamente e deixe que as áreas de relaxamento entrem e substituam as áreas de tensão. Demore pelo menos 10 minutos. Alguns programas de meditação de varredura corporal recomendam 45 minutos por dia. É um grande compromisso, e já sabemos que práticas mais curtas, entre oito a doze minutos, também são eficazes.

» **Meditação baseada em mantra:** Este tipo de meditação envolve o uso de palavras, sons ou frases repetidas para transformar e curar. Alguns mantras têm uma base espiritual presumida, outros, não. Todos os mantras tendem a ajudá-lo a focar a atenção. Eles podem ser ditos em voz alta ou em sua cabeça. Crie sua própria meditação baseada em mantras. Aqui estão algumas sugestões:

- Om ou aum.
- Shamanah.
- Aceitação entra, julgamento sai.
- Paz e bondade para todos.
- Inspirando, eu acalmo meu corpo; expirando, eu o relaxo.
- Sentindo paz, eu inspiro; sentindo alegria, eu expiro.

» **Meditação com vela:** Observar a chama de uma vela enquanto respira profundamente é outra forma de meditação. Sente-se calmamente e concentre toda sua atenção na chama. Veja as diferentes cores do fogo; observe a chama subir e crepitar. Fique focado por cinco ou dez minutos.

» **Aplicativos de meditação:** Cada vez mais, os aplicativos estão se tornando uma forma barata e popular de aprender habilidades básicas de meditação. As vantagens são que eles são simples de usar e são uma base. Portanto, é fácil encontrar a motivação para meditar com mais frequência. Muitos aplicativos oferecem testes gratuitos. Pesquise e verifique as avaliações antes de baixar.

LEMBRE-SE

Existem dezenas de "tipos" de meditação, mas pouca pesquisa foi feita para apoiar o valor de um tipo em relação a outros. Não parece importar tanto por quanto tempo você medita ou que tipo de meditação pratica. O importante é a regularidade.

Experimente várias práticas de meditação. Não espere obter um resultado rápido. Os benefícios da meditação podem não ser óbvios por algum tempo, mas as mudanças sutis em sua mente, em suas emoções e em seu corpo são muito curativas. A história a seguir, sobre Grace, que usa a meditação para manter o equilíbrio emocional, descreve como essa prática é curativa.

> **Grace** vagueia para o refeitório no trabalho. Alguns de seus colegas estão sentados em outra mesa rindo. Quando Grace entra, eles a percebem e param de rir. Grace pergunta: "Interrompi uma conversa particular?"
>
> "Não, estávamos fofocando e rindo de você", brinca uma das mulheres. Grace sente seu rosto enrubescer e começa a ficar com raiva. "Brincadeira, Grace", diz outro colega. "Não estávamos falando de você. Você leva tudo para o lado pessoal. Supera."
>
> Grace se vira e sai do refeitório. Ela volta para seu escritório e fecha a porta. Está em terapia há cerca de seis meses por causa do TPB. Aprender a controlar sua raiva tem sido o foco de seu trabalho na terapia. Ela se sente muito bem por ter saído do refeitório. Percebe que, até alguns meses atrás, teria reagido com um discurso explosivo. Agora ela se senta em sua mesa e fecha os olhos. Respira fundo algumas vezes e começa a sentir seu corpo relaxar. Depois de alguns minutos, sente uma profunda paz e alegria. Grace retorna ao refeitório e se desculpa com os colegas de trabalho.

A história de Grace tipifica a experiência da maioria das pessoas com a meditação. A meditação não é mágica e nem uma habilidade adquirida rapidamente. No entanto, com a prática, ela o ajudará a obter um certo controle sobre suas emoções, que você não tinha antes. E não há nenhum limite para o quão longe a meditação pode levá-lo. Grace pode se tornar tão hábil em meditação a ponto de ser capaz de interromper sua raiva reflexiva antes mesmo que ela apareça. Leia mais informações em *Meditação Para Leigos*, de Stephan Bodian (Alta Books).

Mitos sobre a meditação

Existem muitos conceitos errados sobre a meditação. Aqui está uma lista dos dez principais equívocos que encontramos repetidamente:

- » **Você nunca aprenderá a meditar, a menos que consiga parar de pensar.** Não é verdade. Quase todo o mundo que medita tem vários pensamentos que entram e saem da mente. Quando isso acontecer, aprenda a deixá-los ir. Eles são interessantes, mas não precisam de sua atenção.

- » **A meditação é inerentemente religiosa.** Algumas formas de meditação têm uma base espiritual. No entanto, muitas formas de meditação não têm conexão com religião ou espiritualidade. A escolha é sua.

- » **Você deve aprender a tolerar posições desconfortáveis.** Alguns meditadores gostam de aprender a tolerar enormes quantidades de desconforto ou mesmo dor. Não é necessário, a menos que você queira.

- » **A meditação é cara.** A maioria das formas de meditação não envolve custos elevados. (Alguns aplicativos podem ter custo.) Na verdade, você pode aprender a meditar gratuitamente lendo livros e usando recursos online gratuitos. (Você pode até começar hoje, depois de ler esta seção.) No entanto, existem alguns programas que parecem cultos e começam com preços modestos, mas depois chegam a somas muito grandes. Fique atento a taxas altas e excessivas e faça sua lição de casa!

- » **Você precisa praticar a meditação por anos e frequentar retiros prolongados para obter melhores resultados.** Você pode praticar a meditação por quanto tempo quiser. Não é tão claro quanto é necessário para se ter vários tipos de benefícios. Mais uma vez, programas semelhantes a seitas frequentemente promovem retiros caros e extensos.

- » **A meditação é uma solução que melhorará radicalmente sua vida.** Encorajamos fortemente a prática de meditação para uma variedade de benefícios, no entanto, não é mágica e não funciona para todos e para tudo. Pessoas com TPB devem sempre trabalhar com um terapeuta para obter melhores resultados.

- » **Existe um valor substancial em um mantra personalizado.** Essa ideia não é comprovada por pesquisa. É usada por programas de culto para transmitir o "caráter especial" de seu programa. Cuidado!

> **Você deve atingir um estado muito profundo para ter os benefícios da meditação.** Algumas pessoas acham que alcançaram tais estados, outras, não. É provável que você encontre uma sensação de um estado mais profundo em alguns dias e menos em outros.

> **Meditar demanda tempo.** Todos têm dez minutos por dia. Há benefícios tanto pela consistência quanto pela duração. Apenas faça.

> **Meditação é difícil de aprender.** Não é verdade. Praticamente qualquer um é capaz de fazê-la.

Adquirindo Aceitação

O que estamos prestes a dizer parece um pouco estranho, mas tenha paciência conosco. Se você tem TPB, já passou muito tempo lutando contra o que o TPB o leva a fazer, como:

> Explosões emocionais.

> Impulsos.

> Problemas de temperamento.

> Desejo de beber ou usar drogas.

Na verdade, você provavelmente vê seus sintomas de TPB como abomináveis e inaceitáveis. No entanto, apesar de todos seus esforços, sente-se preso pelo estrangulamento que esses problemas exercem sobre você.

O que não percebe é que tem lutado muito. O quê?! Estamos sugerindo que desista de suas lutas e aceite todos seus problemas? Não exatamente.

Considere que sua experiência com o TPB é muito parecida com ser pego em uma correnteza. Correntes são faixas estreitas de água que fluem fortemente para longe de onde você deseja (a segurança da costa). Mesmo nadadores talentosos que tentam nadar contra uma correnteza podem se afogar. Os especialistas aconselham as pessoas que forem apanhadas pela correnteza a não nadarem contra ela. Em vez disso, recomendam que os nadadores nessa situação "aceitem" que estão enredados na correnteza e nadem paralelamente às correntes até que elas diminuam. Depois que o fluxo diminuir, eles podem nadar com segurança até a costa.

Da mesma forma, escapar das correntezas do TPB requer primeiro aceitar onde está — o que significa que é preciso parar de se impugnar, punir e esmurrar simplesmente porque você tem TPB. Ninguém pede para ter transtornos como o TPB, e muitas forças fora de seu controle contribuem para isso (veja exemplos no Capítulo 4). Conforme você aceita onde está agora, encontra mais energia para ir para um lugar melhor.

Oferecemos duas estratégias para encontrar um estado de espírito de aceitação. Conforme pratica as duas habilidades a seguir, é provável que se encontre nadando lentamente em direção à costa, longe do local para onde o TPB quer levá-lo:

» Descubra sua mente observadora.
» Brinque com sua mente crítica.

Descobrindo sua mente observadora

O cérebro humano é um órgão notável. Os seres humanos o usaram para criar a linguagem e explorar os mistérios do Universo, desde o nível do cosmos até o subatômico. O cérebro também avalia e julga quase tudo o que percebe.

Com muita frequência, essas avaliações são negativas, perturbadoras e alarmantes. Na verdade, a maioria das pessoas se envolve em tal julgamento severo mais do que o necessário, mas as pessoas com TPB levam esse hábito a extremos.

LEMBRE-SE

Pessoas com TPB não são menos inteligentes do que as outras, mas elas fazem um uso excessivo da parte julgadora e avaliativa do cérebro, o que aumenta seus pensamentos negativos. Por exemplo, um médico brilhante com TPB se preocupa profundamente com a saúde de seus pacientes, mas os julga com severidade por seu estilo de vida pouco saudável. Se ele não julgasse e avaliasse tanto, poderia influenciar mais seus pacientes com uma compreensão gentil.

Uma forma de sair desse dilema é promover a consciência e o desenvolvimento do que é chamado de *mente observadora*. Para encontrar sua própria mente observadora, feche os olhos por alguns minutos. Enquanto seus olhos estão fechados, observe quando um pensamento entrar em sua mente. Pode levar alguns segundos ou minutos, mas temos certeza de que um pensamento surgirá — mesmo que seja simplesmente: "Me pergunto quando um pensamento surgirá na minha mente" ou "Isso é estúpido e chato".

Depois de perceber o pensamento, abra os olhos. Pergunte a si mesmo quem percebeu o pensamento. Claramente, você não é seus pensamentos. Em vez disso, uma parte observadora de sua mente percebe o que está acontecendo dentro de você sem oferecer julgamento ou avaliação. Seu pensamento pode ter acarretado um julgamento, mas sua *observação* dele era apenas isso — uma observação.

Quando viajamos, gostamos de combinar um pouco de trabalho com lazer. Carregamos nossos computadores e dedicamos partes de nossa viagem à escrita. Escrever fora de casa nos dá uma perspectiva diferente — e às vezes é surpreendentemente produtivo. Hoje é um dia para escrever. Fizemos uma longa caminhada e pedimos que as camareiras limpassem nosso quarto enquanto estávamos fora. Mas, quando voltamos, elas ainda estavam em nosso quarto.

Para não perder um só momento, permita-nos mostrar a diferença entre a mente avaliadora ou crítica e a observadora em termos da nossa experiência no hotel.

» **Mente crítica:** Somos forçados a esperar do lado de fora, porque o hotel não conseguiu ninguém para limpar nosso quarto quando pedimos. Nossos computadores estão trancados na sala. Não temos nada para fazer. Está quente demais aqui. Os trens e o tráfego estão barulhentos. Você mal consegue ouvir o oceano. Como vamos terminar este livro a tempo? Isso é horrível. As folhas amarelas estão nas vinhas, e as folhas mortas, espalhadas pelo pátio. Pessoas horrivelmente magras nadando na piscina nos lembram das batatas fritas que comemos no almoço.

» **Mente observadora:** Estamos sentados do lado de fora. A temperatura é de cerca de 23ºC. O Sol está brilhando e o céu está azul. Dá para ver o oceano atrás do gramado. Flores roxas, vermelhas, rosa, brancas e azuis nos cercam. Uma treliça suporta uma videira verde com algumas folhas amarelas. A brisa sopra algumas folhas mortas no pátio. Trabalhadores da manutenção do hotel passam barulhentos com seus carrinhos batendo nos paralelepípedos. Um apito de trem corta o silêncio. Ao longe, alguns carros passam.

Estamos trapaceando um pouco. Acontece que estamos em Santa Bárbara, Califórnia, no meio do inverno. Poderíamos ter tornado idílica a cena da mente observadora porque o cenário em Santa Bárbara é belíssimo. No entanto, a mente observadora apenas descreve o que é. Em contraste, a mente crítica julga e normalmente o faz com severidade. Quando confiamos apenas em nossa mente crítica, podemos nos tornar infelizes em qualquer lugar — até mesmo em Santa Bárbara!

LEMBRE-SE A mente observadora aceita tudo o que está ao seu redor e apenas descreve o que está lá. Quanto mais você usa sua mente observadora e aceita o que está acontecendo ao seu redor e dentro de você, menos angustiado ficará.

DICA Tente se lembrar de uma época em que você se sentiu chateado. Anote todos os pensamentos críticos e avaliativos que geraram sua angústia. Em seguida, reescreva sua história, evitando fazer qualquer tipo de julgamento. Concentre-se na descrição de eventos e cenas de uma perspectiva neutra e imparcial.

Para lhe dar uma ideia da disparidade entre essas duas partes de sua mente, observe a diferença entre os seguintes pensamentos gerados pela mente crítica e as descrições da mente observadora das mesmas cenas na história de Sharon.

> O caixa do banco devolve o cheque para **Sharon** e diz: "Sinto muito, senhorita. Este cheque é de um banco de fora do estado. Podemos depositar, mas os fundos só estarão disponíveis em cinco dias úteis."
>
> Sharon, que está nessa agência há seis anos, pergunta ao caixa: "Você pode verificar isso com o gerente? Já troquei cheques nesse valor desse banco."
>
> **A mente crítica de Sharon:** Aquele idiota, como ele ousa! Não acredito no que está acontecendo! O que ele pensa? Que estou tentando roubar dinheiro desse maldito banco? Como ele tem coragem?! É isso, vou pegar meu dinheiro e encontrar um banco que me respeite.
>
> **A mente observadora de Sharon:** Bem, isso nunca me aconteceu antes. Será que o banco implementou uma nova política? Talvez o gerente que conheço esteja trabalhando hoje. Tenho certeza de que posso mostrar a alguém que tenho o suficiente em minha conta para pagar o cheque. Se não, acho que posso esperar alguns dias pelo dinheiro.

Como Sharon se sente ao usar a mente crítica? Provavelmente com muita raiva. No entanto, quando permanece em sua mente observadora, fica calma na maior parte do tempo. Talvez se sinta um pouco incomodada, mas não cheia de raiva.

DICA

Ter uma mente observadora não o livra de todos os sentimentos angustiantes. No entanto, ajuda a reduzir o domínio que esses sentimentos exercem sobre você, permitindo que aceite o que é, em vez de piorar as coisas ao julgar seus sentimentos. Paradoxalmente, permitir-se ter sentimentos negativos suaviza o impacto geral.

Brincando com a mente crítica

Outra estratégia para lidar com a tendência da mente de gerar pensamentos severos e críticos é fazer uma abordagem lúdica. Os psicólogos sabem que parar completamente os pensamentos negativos é quase impossível. Na verdade, pesquisas mostram que, quando você tenta suprimir esse tipo de pensamento, ele o soterra e aumenta de intensidade.

No entanto, você pode fazer um grande progresso na redução do impacto emocional de seus pensamentos autodestrutivos descobrindo como se relacionar com eles de maneira diferente. Recomendamos que tente duas estratégias para levar seu pensamento negativo menos a sério — agradecer à sua mente e colocar seus pensamentos em uma música.

Agradecendo à sua mente

Agradecer à sua mente envolve usar o poder do sarcasmo para dissipar a turbulência emocional que o pensamento negativo causa. Quando ouvir pensamentos ásperos e críticos passando pela sua mente, agradeça a ela por ser tão útil. Aqui estão alguns exemplos de pensamentos negativos e maneiras de responder para agradecer à sua mente por tê-los produzido:

Pensamento negativo: Estou desesperado.

Pensamento sarcástico e grato: Obrigado, mente; esse foi um pensamento muito útil.

Pensamento negativo: Eu sou uma pessoa má e odiosa.

Pensamento sarcástico e grato: Isso foi uma coisa criativa de se dizer. Muito obrigado pela ajuda, mente.

Pensamento negativo: Eu nunca serei feliz.

Pensamento sarcástico e grato: Que previsão fantástica para o meu futuro! Como posso lhe agradecer o suficiente, mente?

A técnica de agradecer à sua mente parece um pouco boba no início. Mas, de certa forma, a bobagem é o ponto. Usar essa estratégia o ajuda a se relacionar com seus pensamentos de maneira diferente. Com a prática, você verá que os pensamentos são, na verdade, apenas pensamentos e não refletem a realidade diretamente. Agradecer à sua mente é outra forma de esfriar o fogo emocional causado por pensamentos intensos.

Colocando seus pensamentos em uma música

Da próxima vez em que se pegar ruminando sobre como você é horrível, como sua vida é um lixo ou como as pessoas o tratam mal, tente cantar seus pensamentos ao som de uma música. Quase qualquer música serve, desde que não tenha um tom melancólico. Consideramos especialmente úteis canções de ninar, canções de Natal e sucessos pop. Cantar seus pensamentos em voz alta com melodias otimistas muda o significado deles.

> **NESTE CAPÍTULO**
>
> » Descobrindo seus valores
> » Desenvolvendo uma declaração de missão pessoal
> » Perdoando a si mesmo e aos outros

Capítulo **17**

Desenvolvendo Identidade

Pessoas com transtorno da personalidade borderline (TPB) acordam uma manhã e ficam intensamente entusiasmados com uma pessoa, um trabalho, uma ideia política, um projeto ou uma religião. Sua paixão é contagiosa, e outras pessoas se juntam a elas com entusiasmo. Então, sem aviso, elas rejeitam ou perdem o interesse naquilo. Seus interesses fugazes e sua lealdade inconstante fazem com que elas se sintam fragmentadas e desarticuladas e confundam as pessoas ao redor, especialmente aquelas que compartilham de suas paixões.

Quando pressionadas a pensarem em seus valores, seus objetivos e suas crenças, as pessoas com TPB geralmente ficam inquietas e desorientadas. Elas não conseguem definir seus ideais e princípios em palavras. O menor empurrão de uma nova pessoa ou ideia muda seu foco completamente. Portanto, elas podem ter problemas para desenvolver uma identidade consistente ou um senso de quem são. A vida delas costuma ser repleta de amigos, relacionamentos e interesses descartados.

No Capítulo 7, descrevemos com mais detalhes os problemas com as identidades instáveis que as pessoas com TPB experimentam. Neste capítulo, damos ideias sobre como trabalhar para obter um senso de identidade mais estável. Fornecemos estratégias para identificar seus valores e, em seguida, mostramos como usá-los para escrever uma declaração de missão de vida. Para facilitar esse processo de viver por uma nova missão de vida, traçamos um plano para abandonar a culpa e a raiva e encontrar o perdão.

O que É Importante em Sua Vida?

Lembra quando você era criança e parecia uma eternidade até as férias de verão ou seu aniversário ou o próximo feriado? Se você for como a maioria das pessoas, quanto mais velho fica, mais rápido o tempo passa. Você provavelmente não tem muito tempo extra para refletir sobre o propósito da vida — afinal, já é difícil o bastante dar conta do cotidiano.

Para muitas pessoas, a experiência de viver durante uma pandemia trouxe à consciência as grandes ideias de viver de acordo com seus valores. A incerteza inevitável da vida e da morte durante uma crise torna a reflexão particularmente importante. Dedicar um pouco de tempo a parar e pensar sobre o sentido da sua vida e sobre como quer vivê-la é útil e, às vezes, pode mudá-la. Quer tenha TPB ou não, descobrir o que é mais importante para você o ajudará a formar metas para o futuro, o que, por sua vez, mitigará suas lutas frequentes.

CUIDADO

Pensar no quadro geral é bastante opressor para as pessoas com TPB, então as encorajamos a trabalhar nos exercícios que apresentamos nesta seção com um terapeuta — e fazê-lo gradualmente ao longo do tempo.

Encontrando suas prioridades pessoais

Para esclarecer o que você valoriza, pense no que deseja de sua vida. Há vários assuntos importantes a considerar. Alguns dos tópicos que descrevemos nesta seção podem não lhe interessar, e outros podem não ser relevantes ou possíveis em sua vida. Não é preciso responder a todas as perguntas que fazemos aqui, mas a lista de prioridades pessoais, segundo nossas instruções numeradas, suscita alguns assuntos nos quais pensar.

DICA

Considere escrever suas ideias e respostas às nossas perguntas em um caderno ou dispositivo eletrônico. Anotar seus pensamentos ajuda a esclarecê-los e será útil quando você quiser desenvolver sua declaração de missão pessoal. Se estiver trabalhando com um terapeuta, ter um documento para consultar em sessões posteriores é de grande valia. As etapas a seguir lhe permitem olhar para o que é mais importante em sua vida:

1. Escreva cada palavra ou frase em negrito da seguinte lista de prioridades pessoais em seu caderno.

2. Pondere sobre as perguntas que seguem cada palavra ou frase em negrito.

3. **Escreva suas respostas. Se uma categoria específica não for importante para você, ignore-a ou escreva N/A (não aplicável).**

4. **Circule os cinco valores que você considera mais importantes para você.**

5. **Em seguida, reduza suas escolhas aos três valores nos quais deseja se concentrar primeiro. Sublinhe-os.**

Aqui está uma lista de prioridades pessoais para escolher:

» **Caridade:** O que a caridade significa para você? Ela faz parte da sua vida? Como você quer mudar sua vida em relação à caridade? Você passa tanto tempo ajudando os outros quanto gostaria? Como ser mais caridoso consigo mesmo?

» **Meio ambiente:** Você valoriza a conservação? Quer deixar o mundo um lugar melhor do que quando o encontrou, minimizando sua pegada de carbono? Você recicla? Tem tempo para apreciar e curtir a natureza? Como se vê em relação às criaturas vivas e às plantas? Você se preocupa com a mudança climática e deseja tomar atitudes pessoais para fazer algo a respeito?

» **Trabalho:** Como você define trabalho? O trabalho lhe dá sentido? O que fazer para mudar sua vida profissional? Está satisfeito no trabalho? Você se sustenta? Seu trabalho ajuda outras pessoas? Você já considerou um tipo diferente de trabalho que lhe pareceria mais significativo?

» **Espiritualidade:** Quais, se houver, são suas crenças espirituais? Essas crenças lhe dão conforto? Como elas afetam a maneira como você vive sua vida? Você está levando uma vida compatível com sua espiritualidade? Que mudanças deseja fazer em sua vida para torná-la mais compatível com suas crenças espirituais? Como fazê-las?

» **Comunidade:** Quem são as pessoas de sua comunidade? Você contribui com sua comunidade? Tira algo dela? O que significa ser um membro de sua comunidade? Você acha que fazer política é importante? Deseja fazer alterações com base nesses pensamentos?

» **Relacionamentos íntimos:** De quem você é próximo? Você perdeu relacionamentos por causa do TPB? Como demonstra preocupação com as pessoas de quem gosta? Seus relacionamentos o ajudam ou prejudicam?

» **Família:** Defina família para você. Quem é sua família? Você tem raiva da sua infância? Seria melhor deixar essa raiva ir embora? O que ser um membro de uma família significa para você? Você vê valor em aproximar sua família?

» **Amigos:** Você tem amigos? Valoriza a amizade? Que mudanças deseja fazer em sua vida quando pensa nelas? Está fazendo alguma coisa para aproximar seus amigos de você? Quer fazer isso?

» **Criatividade:** O que é criatividade para você? Você tem maneiras de expressar seu poder criativo? Está satisfeito com o lugar que a criatividade ocupa na sua vida?

» **Conhecimento:** Que valor você atribui ao aprendizado contínuo? Está se dando crédito por aprender a se ajudar com o TPB? Está aproveitando as oportunidades que surgem? O que quer fazer de diferente agora que pensou em aprender?

» **Lazer:** O que você gosta de fazer por diversão? Gasta tempo suficiente fazendo coisas de que gosta? Os hobbies são importantes para você? Você valoriza o lazer pelos efeitos positivos que pode ter no seu humor e na sua vida?

» **Bens:** Os bens são importantes para você? Você tem tudo o que quer? Tem tudo de que precisa? Já pensou em mudar sua relação com os bens materiais?

» **Finanças:** Você está confortável com suas finanças? Tem problemas com gastos excessivos? Está economizando para o futuro? Já pensou em economizar para uma emergência? Você tem necessidades que não estão sendo atendidas financeiramente? Pode fazer algo agora ou no futuro próximo para melhorar sua situação?

» **Saúde:** Como está sua saúde? Ela é importante para você? Você gasta tempo promovendo uma boa saúde? Você se exercita, dorme e se alimenta bem? Tem algum vício que afeta sua saúde ou seus relacionamentos?

» **Aparência:** Você gosta da sua aparência? Quão importante ela é para você? Você realmente se importa com ela? A aparência de seus amigos é importante para você? Aprendeu a aceitar as mudanças da idade em sua aparência?

» **Você:** Do que gosta em você? Você quer se aceitar? Valoriza a honestidade? Do que não gosta em você? Você se culpa por todos seus problemas e suas lutas? O reconhecimento ou o sucesso são essenciais para sua felicidade? Você acha que estar certo é importante?

CUIDADO

Não se culpe se perceber que não está vivendo de uma maneira que corresponda ao que mais valoriza. Quer você tenha TPB ou não, apenas alguns santos vivem plenamente e sempre de maneiras consistentes com seus valores.

Depois de revisar seus valores e decidir quais são os mais importantes, você está pronto para a próxima etapa — escrever uma declaração de missão pessoal.

Criando uma declaração de missão pessoal

As empresas criam declarações de missão para capturar a essência de seus propósitos, seus objetivos e suas direções. Isso ajuda os executivos a controlar se a empresa está se mantendo no caminho certo ou se desviando de sua missão principal. Uma declaração de missão também ajuda os consumidores a compreenderem o propósito e os valores de uma determinada empresa e seus produtos.

Criar uma declaração de missão pessoal de vida atinge objetivos semelhantes. Ela o ajudará a saber se você está indo para onde deseja ou se está investindo um tempo considerável em atividades que fogem de suas prioridades.

Preparando-se para criar sua declaração

Aqui estão algumas dicas para ter em mente ao se preparar para criar sua declaração de missão de vida:

» **Pense pequeno, não em termos globais.** Por exemplo, não se comprometa a eliminar a fome do mundo. Bela ideia, talvez, mas é muito difícil que uma só pessoa consiga fazer isso na vida! Em vez disso, considere ser voluntário em um banco de alimentos uma vez por semana.

» **Inclua ideias aplicáveis de pequenas maneiras na maioria dos dias.** Por exemplo, você pode ter identificado o valor de ser mais caridoso. Pode incluir em sua declaração de missão que deseja dedicar um pouco de tempo na maioria dos dias a fazer coisas boas para as pessoas ou ajudá-las de alguma maneira.

» **Concentre-se em ações específicas e positivas, em vez de dizer o que não fará.** Por exemplo, não é viável dizer que nunca mais se enfurecerá. Em vez disso, prometa elogiar os outros e praticar as habilidades de regulação emocional (veja como fazê-lo no Capítulo 16).

» **Faça uma declaração de missão curta e viável.** Normalmente, um parágrafo ou dois bastam. Não cubra muitos assuntos; lembre-se de que você sempre pode revisar e adicionar itens ao longo dos anos.

» **Concentre-se nas mudanças que gostaria de fazer em sua vida.** Essas mudanças geralmente envolvem coisas que você gostaria de fazer mais.

> » **Mude sua declaração de missão se e quando ela não parecer adequada.** Com o passar do tempo, você pode ter algo a adicionar ou a remover da lista. Afinal, os valores mudam.

Colocando sua declaração no papel

A declaração de missão de vida demanda reflexão, esforço e tempo. Faça vários rascunhos antes de ficar satisfeito com sua declaração. Sinta-se à vontade para pedir feedback de seu terapeuta ou de um amigo próximo e confiável que já conheça há um tempo. Para colocar sua declaração de missão no papel, siga estas etapas:

1. Comece revisando seus três valores essenciais mais bem avaliados.

2. Considere preencher os espaços em branco para declarações semelhantes às da lista a seguir para criar sua declaração de missão de vida:

    Como valorizo _____, pretendo _____.

    Eu irei _____ para _____.

    Eu me tornarei mais _____ até _____.

    Eu melhorarei _____ em _____.

    Eu me comprometo a fortalecer _____ por _____.

    Dedico minha vida a _____ por _____.

3. Certifique-se de cobrir cada um de seus três valores essenciais de alguma forma, mas mantenha as ações pequenas e práticas.

Dois exemplos de declaração de missão de vida

Ao preparar uma declaração de missão de vida, é útil ver o que outras pessoas fizeram. A seguinte história sobre Diana demonstra como uma declaração de missão inicial pode refletir valores em um estado de fluxo.

> **Diana**, uma dançarina talentosa em seus 20 e poucos anos, perde o emprego em um teatro musical local. Seu chefe a despediu porque ela faltava e discutia muito com outros membros do elenco. Ela é hospitalizada brevemente após uma overdose de medicamentos controlados. No hospital, foi diagnosticada com TPB e encaminhada para terapia individual e em grupo (veja no Capítulo 11 as diferentes opções de tratamento para o TPB).

Como parte do tratamento, Diana trabalha na exploração e identificação de seus valores essenciais. Ela escolhe três áreas nas quais se concentrar: amigos, trabalho e aparência. Aqui está a declaração de missão que ela elaborou:

Primeira declaração de missão pessoal de Diana: Como os amigos são importantes para mim, trabalharei para controlar minhas emoções e permanecer mais calma perto deles. Como sei que tenho sorte de trabalhar como dançarina, apreciarei o privilégio de ser mais confiável. Valorizo minha aparência, e ela é fundamental para meu trabalho, então farei dieta e me exercitarei para me manter saudável.

Ao longo de dois anos de terapia intermitente, Diana sofre várias recaídas. Suas boas intenções não a impedem de ser despedida mais duas vezes de empregos no teatro. A pressão de se apresentar no palco é muito carregada de emoção. Ela se vê desempregada, dependente dos pais e sem amigos. Frustrada e solitária, Diana busca ajuda. Seu terapeuta pede a ela que examine de novo como vive sua vida. Diana revisita a declaração de missão. "Esses valores são superficiais para mim agora", diz ela ao terapeuta. "Pareço adolescente. Eu estava focada em como eu era bonita e em agradar meus amigos. Agora só quero me sentir uma boa pessoa e manter o emprego."

Diana decide que seus valores mudaram. Ela agora quer encontrar um trabalho com o qual consiga lidar. Ela entende que precisa de um trabalho mais estruturado e menos exigente. Sua aparência se tornou muito menos importante do que antes. Após reanalisar seus valores, Diana define três novas áreas nas quais se concentrar — melhorar sua saúde mental, encontrar um emprego estável e de baixo estresse e se doar como voluntária na National Alliance for the Mentally Ill (NAMI). Ela desenvolve a seguinte declaração de missão de vida:

Segunda declaração de missão pessoal de Diana: Comprometo-me a permanecer em tratamento para me cuidar melhor. Como valorizo a independência financeira, planejo encontrar um emprego em que eu seja capaz de me manter. Como sou grata pela ajuda que recebi, quero me comprometer a ajudar outras pessoas, conectando-me a algo como o NAMI.

Observe que a primeira declaração de missão de Diana não continha declarações sobre o que ela não faria, como sentir raiva, mas se concentrou em fazer esforços positivos para permanecer calma. Ela descobriu que não estava pronta para controlar suas emoções, mas percebeu que mudar o trabalho a ajudaria. Quando ela reanalisou seus valores, depois de dois anos, voltou a se comprometer com a terapia e decidiu que queria ajudar outras pessoas. Ela sentiu que seus valores haviam evoluído de forma positiva.

A seguinte história sobre John destaca alguém que está deixando de viver de acordo com seu sistema de valores porque está tomado pela raiva.

> **John**, advogado, entra em tratamento para TPB após seu terceiro divórcio. John trabalha muitas horas, mas é financeiramente instável. Ele gasta muito dinheiro, e seus divórcios lhe custaram muito. Seu médico diz que ele precisa aprender a controlar a raiva ou acabará tendo um ataque cardíaco.
>
> John decide consultar um psicólogo para trabalhar em seus problemas. O psicólogo quer que ele examine sua vida e seus valores. John percebe que passou grande parte de sua vida com raiva de como o mundo é injusto. Ele se lembra de que, na juventude, imaginou fazer a diferença no mundo. Então decide que os três valores essenciais que são mais importantes para ele são conhecimento, comunidade e estabilidade financeira. Com esses valores em mente, ele desenvolve a seguinte declaração de missão:
>
> **Declaração de missão pessoal de John:** Eu me comprometo a gastar meu tempo perseguindo meu interesse pela política. Participarei de reuniões políticas locais e descobrirei como ser líder em minha comunidade. Colocarei 15% de minha renda em uma poupança para reconstruir minhas finanças.

John percebeu que sua declaração de missão pessoal o ajudou a esclarecer quem ele era e para onde queria ir. Percebeu que muito de seu comportamento e foco o afastavam de seus objetivos e valores reais. Após escrever sua declaração de missão, ele desenvolveu uma compreensão maior de sua identidade e de sua vida.

Encontrando Perdão e Autocompaixão

Você provavelmente terá sucesso na implementação de sua nova declaração de missão de vida com tempo, paciência e persistência. No entanto, quando está atolado pela raiva de outras pessoas, ou até de si mesmo, esses sentimentos dificultam e até impedem sua capacidade de progredir. A raiva consome muitos recursos emocionais. Mesmo uma pequena fração da energia que você dedica atualmente à raiva já o ajudaria a implementar de forma positiva sua missão de vida.

No entanto, aprender a abrir mão ou encontrar o perdão é uma tarefa perturbadoramente difícil — especialmente quando você tem bons motivos para se sentir furioso. Mas acreditamos que o perdão vale o esforço. Ao começar a considerar o perdão como um passo em direção à implementação de sua missão pessoal, pense nos dois tipos de perdão: o perdão a si mesmo e o perdão aos outros.

Perdoando-se primeiro

Muitas, talvez a maioria, das pessoas com TPB passam muito tempo se sentindo mal consigo mesmas. Elas sabem quando seus comportamentos foram inadequados ou causaram danos desnecessários a outras pessoas ou a si próprias. Com essa compreensão de suas ações, elas sentem aversão a si mesmas e se desesperam. Pensamentos típicos nessas ocasiões incluem:

» Sou um ser humano inútil.

» Estou desesperado.

» Eu não mereço viver.

» O que há de errado comigo?

Se já teve esses pensamentos, queremos lembrá-lo de um conceito importante que abordamos no Capítulo 16: só porque você sente ou pensa algo, isso não o torna verdade. Considere as seguintes etapas na próxima vez em que começar a vacilar:

1. **Reconheça e aceite a responsabilidade por ações que você agora considera prejudiciais e/ou lamentáveis para os outros ou para você mesmo.**

   Se possível, peça desculpas ou faça as pazes se suas ações envolveram outra pessoa. Se suas ações prejudicaram apenas você, peça desculpas a si mesmo.

2. **Considere o fato de que você não causou nem pediu para ter TPB.**

   O TPB é o resultado de uma série de fatores complicados e interativos, dos quais falaremos no Capítulo 4. Ninguém quer ter TPB.

3. **Perceba que você não pode mudar o passado. Nada do que fizer agora desfará suas ações anteriores.**

   Concentrar-se nos arrependimentos do passado o impede de seguir em frente. O autoabuso vira autoindulgência quando o impede de fazer mudanças positivas. Em outras palavras, quando você fica preso no autoabuso e na autoaversão, realiza pouco, e tudo o que faz é se concentrar em seus problemas.

4. **Repita o seguinte para si mesmo inúmeras vezes: "Estou onde estou. Tudo o que posso fazer é dar passos positivos agora para chegar a um lugar melhor."**

LEMBRE-SE: Perdoar a si mesmo é um processo de longo prazo. Não é algo que você decide fazer uma vez e pronto. Você está fadado a cair muitas vezes no caminho para o perdão. Mas depois de começar a perdoar a si mesmo, também deve trabalhar para perdoar os outros.

Indo do autoperdão à autocompaixão

A seção anterior sobre o perdão a si mesmo explica como se abster da culpa e se concentrar em seguir em frente. A autocompaixão envolve um nível mais profundo de aceitação. A autocompaixão surge quando você aprende a se tratar com verdadeira bondade e empatia. Uma forma de sentir autocompaixão é imaginar que você é um grande amigo seu. Na próxima vez que experimentar emoções de culpa e/ou vergonha, considere enviar para você mesmo um bilhete rápido da perspectiva de seu melhor amigo.

Ashanti tem TPB e um histórico de explosões emocionais com parentes. Após um ano de terapia, ela melhorou e aprendeu a se perdoar. Ela percebe que o TPB se originou de uma combinação de fatores biológicos, sociais e psicológicos. Agora entende que não é culpada pelas explosões, mas continua a sentir um pouco de culpa e vergonha. Seu terapeuta a incentiva a escrever um bilhete sobre essa vergonha da perspectiva de um amigo compassivo. Aqui está o que ela propõe:

> Querida Ashanti,
>
> Sei que você se sente culpada por perder o controle de vez em quando com sua família, mas quero que saiba como estou orgulhosa de todo o progresso que você fez. Entendo perfeitamente por que teve TPB. Não foi sua culpa. O que é ótimo é que você teve ajuda. É isso aí, novata! Pense um pouco nas coisas boas que faz. São muitas! Você cuida de suas sobrinhas, mesmo quando elas a desafiam. Apesar de todos os problemas que seus pais lhe causaram, você é presente. Eu gostaria de lhe dar um grande abraço. Amo você.
>
> Ashanti.

Recomendamos que de fato escreva uma carta para si mesmo, com gentileza e compaixão. Agora se dê um abraço e um tapinha nas costas. Achar autocompaixão nem sempre é fácil. É preciso prática frequente, mas aqueles que a têm conseguem uma melhor satisfação com a vida e relações melhores. O esforço vale a pena.

Aprendendo a perdoar os outros

Muitos de nossos clientes ao longo dos anos, e especialmente aqueles com TPB, relataram histórias de abusos horríveis, tempos de dor inimaginável e circunstâncias de vida chocantemente difíceis envolvendo perdas, contratempos financeiros e decepções inesperadas. Muitos desses eventos foram infligidos por pais, outros familiares ou amigos cruéis e odiosos. Estamos sugerindo seriamente que você perdoe essas pessoas?

Estamos, de fato, recomendando que faça isso. No entanto, saiba que perdoar não significa declarar como aceitáveis os atos graves perpetrados contra você. Nem o ato de perdoar significa que deve desconsiderar a importância do que lhe aconteceu. Em vez disso, o perdão envolve abandonar a raiva, o ódio e/ou o desejo de vingança que você carrega consigo como uma mochila de 90kg amarrada às suas costas todos os dias de sua vida.

Estudos mostram que aceitar o passado por meio do perdão permite que as pessoas levem uma vida mais feliz e satisfatória. Depois de libertadas do fardo da raiva, elas conseguem seguir em frente.

Você pode se perguntar como deixar para trás, como estamos sugerindo que faça. Bem, o perdão é um processo que dá muito trabalho. Aqui estão os passos que recomendamos que siga em seu caminho para o perdão:

1. **Traga à luz a memória da ofensa que alguém perpetrou contra você.**

    No entanto, quando o fizer, olhe para o evento com certa distância. Visualize o evento em uma tela, como se você estivesse assistindo a um filme sobre ele. Olhe para a ofensa da maneira mais objetiva e imparcial possível.

2. **Tire o poder do perpetrador.**

    Ao abandonar sua raiva e perdoar, você drena o poder da pessoa que o injustiçou. Imagine o agressor ficando fraco. No entanto, não imagine infligir vingança a ele.

3. **Veja-se como um negociante, não mais como uma vítima.**

    Você realiza essa tarefa imaginando-se como alguém recém-fortalecido e forte, em oposição a alguém indefeso e fraco.

4. **Perdoe.**

    Novamente, quando você perdoa, não declara que as ações do perpetrador foram certas, aceitáveis ou corretas. Em vez disso, decide deixar para trás. Dê a si mesmo o direito de buscar a vida que teria se o evento nunca tivesse ocorrido.

> **NESTE CAPÍTULO**
> » Tendo empatia pelos outros
> » Compreendendo como suas palavras e ações afetam as pessoas
> » Superando a defensiva
> » Praticando ações positivas

Capítulo **18**

Colocando-se no Lugar das Outras Pessoas

Se você tem TPB, suas amizades são tumultuadas, caóticas e insatisfatórias, e os relacionamentos íntimos são difíceis e desafiadores. O Capítulo 8 analisa algumas das principais razões por trás dessas dificuldades. Nós o encorajamos a lê-lo antes deste se você se sentir pronto para melhorar seus relacionamentos.

Boas relações têm inúmeros benefícios para as pessoas em geral. Pesquisas mostram que pessoas com redes de apoio têm melhor saúde mental e física, bem como uma vida mais longa. Na verdade, ter pessoas com quem conversar também protege contra a perda de memória precoce. Com tantos benefícios naturais, construir relações melhores deve ser uma parte importante de seu plano para superar o TPB.

Neste capítulo, detalhamos a importância fundamental de compreender as perspectivas alheias e mostramos como fazer isso usando algumas estratégias-chave. Também mostramos como entender melhor a forma como suas emoções e seus comportamentos afetam os outros. Em seguida, discutimos como reconhecer e minimizar a atitude defensiva ao nos relacionarmos com os outros. Por fim, apresentamos algumas de nossas habilidades interpessoais favoritas para ajudá-lo a criar relacionamentos melhores com amigos, familiares, colegas e até mesmo estranhos.

Pesando os Pontos de Vista Alheios

A principal habilidade interpessoal é a capacidade de compreender que, embora outras pessoas, como você, tenham pensamentos, opiniões e emoções, eles nem sempre estão de acordo com os seus. Quando você não consegue entender as situações dos outros, corre um alto risco de ofendê-los, desrespeitá-los, magoá-los ou irritá-los. Você também pode entediar as pessoas ao falar sobre seus próprios problemas e não perceber as pistas de que é hora de se conectar com elas.

Essa habilidade interpessoal envolve tanto a compreensão de que outras pessoas têm pensamentos e sentimentos particulares quanto a apreciação de que elas têm várias motivações e intenções que nem sempre afirmam aberta e explicitamente. Compreender perspectivas e ideologias alheias lhe permite o seguinte:

>> Ter empatia com as outras pessoas.

>> Entender o que os outros fazem.

>> Mudar seu comportamento em resposta à forma como os outros respondem.

>> Prever como as outras pessoas provavelmente reagirão a você.

>> Compreender as nuances das conversas, como sarcasmo, humor e provocação.

>> Ajustar o que você diz de acordo com o feedback das outras pessoas.

PAPO DE ESPECIALISTA

Os termos *simpatia* e *empatia* são usados de forma intercambiável, mas têm significados muito diferentes. A simpatia ocorre quando você compartilha um sentimento de carinho ou preocupação por um indivíduo ou mesmo um grupo de pessoas. Por exemplo, você pode simpatizar com a situação dos sem-teto. A empatia, por outro lado, envolve ser capaz de se ver na situação de outra pessoa. Você pode ser empático porque vivenciou um evento semelhante em algum momento de sua vida ou porque se coloca no lugar do outro. Por exemplo, você pode sentir uma verdadeira alegria quando um amigo é promovido. Empatia é uma habilidade de pensamento avançada, que varia entre as pessoas — algumas parecem ser naturalmente mais empáticas do que outras.

Projeção: Pensar que os outros sentem o que você sente

Pessoas que têm TPB desenvolvem estratégias de enfrentamento que se revelam bastante autodestrutivas em longo prazo. Um desses métodos de enfrentamento envolve tomar os próprios sentimentos ou qualidades dolorosos e negativos e *projetá-los* nas outras pessoas. Ao fazer isso, elas esperam evitar seus sentimentos ruins, dando-os a outra pessoa.

Alguns exemplos de projeção

Para esclarecer o conceito de projeção, aqui estão alguns exemplos de como as pessoas com TPB a usam como forma de lidar com a dor dos sentimentos negativos:

> **Amir** acredita que está terrivelmente fora de forma e nunca conseguirá ficar. A ideia de não ter um bom corpo o apavora. Ele constantemente reclama de sua esposa, que ela está fora de forma e muito gorda. Ele grita com ela quando ela compra bolachas para seus filhos. Ele usa a projeção para se defender de sua autoimagem corporal dolorosa.

> **Kaylee** fica dominada pela raiva após uma discussão com um colega de trabalho. Ela chega em casa e conta à sua colega de quarto o que aconteceu, que pergunta se ela não está exagerando um pouco. Kaylee diz à colega de quarto para guardar sua opinião se só consegue ficar com raiva e criticar. Kaylee interpreta mal a pergunta da colega e a vê como uma crítica por causa de sua própria raiva sobre a situação.

> A mãe de **Olivia** fica assustada e preocupada quando ela fica fora a noite toda. Uma manhã, quando Olivia chega em casa, sua mãe está sentada na cozinha e pergunta: "Onde você esteve? Eu estava desesperado de preocupação." Olivia grita com a mãe: "Toda vez que fico fora você me trata como se eu fosse uma vagabunda." Olivia vê a preocupação da mãe como uma crítica, porque ela tem vergonha do próprio comportamento.

Amir, Kaylee e Olivia se sentem mal com uma de suas qualidades pessoais — imagem corporal ruim, raiva exagerada e lascívia sexual, respectivamente. No entanto, todos os três criticam os outros para que não tenham que lidar com sua angústia e vergonha. Ao fazer isso, as pessoas que se relacionam com eles se sentem injustamente caluniadas e não entendem por que estão sempre recebendo ataques críticos.

Reduzindo ocorrências de projeção

Se você tem tendência a projetar suas próprias emoções nas outras pessoas, pode reduzi-las com a prática. No entanto, combine seus próprios esforços com o trabalho da terapia para obter o máximo de eficácia.

O processo de redução da projeção começa com o aumento da *autoconsciência*, ou observação e avaliação honesta de suas emoções. Reveja seu passado, as interações difíceis com os outros. Pergunte a si mesmo se você estava acusando os outros de terem sentimentos que refletiam o que você sentia por si mesmo. Nesse caso, busque evitar que esse padrão arruíne ou interfira em seus relacionamentos atuais e futuros.

Além disso, é preciso entrar em sintonia com suas emoções, especialmente a raiva e a fúria. Observe as reações (como tensão muscular no peito, ombros ou mandíbula, aumento da frequência cardíaca, rubor e suor) que ocorrem em seu corpo antes de você dizer algo crítico ou de atacar outra pessoa. Quando essas sensações físicas o atingirem, demore a dizer qualquer coisa a todo custo! Atrasar sua reação inicial o ajudará a respirar lenta e profundamente algumas vezes, em vez de estourar.

Depois de atrasar sua reação, pergunte-se:

» Será que estou chateado *comigo mesmo*?
» Algo me fez sentir envergonhado recentemente?
» Estou com medo de alguma coisa?
» Estou preocupado com que alguém me abandone?

Se responder sim a qualquer uma dessas perguntas, sua raiva está mais relacionada às suas próprias preocupações do que à outra pessoa. Faça uma das seguintes afirmações alternativas, ou menos provocadoras, em vez de atacar:

» Estou me sentindo descontrolado agora; preciso me concentrar em você.
» Antes de prosseguirmos com isso, preciso fazer uma pausa.
» Tenho algumas coisas em que pensar antes de comentar sobre isso.
» Entendi seu lado e prometo que discutirei isso quando eu estiver melhor.

DICA Ficar zangado com os outros por causa de seus próprios sentimentos de vergonha e raiva de si mesmo é um hábito antigo. Mudar esses padrões duradouros exige muito tempo e prática — para não falar do esforço. Dê a si mesmo um tempo e não espere resultados instantâneos.

Praticando a tomada de perspectiva

Embora não presumir que outras pessoas sentem o que você sente sobre si mesmo seja uma habilidade importante a dominar, a tomada de perspectiva também requer que se saiba como compreender o estado de espírito das outras pessoas — em outras palavras, seus pensamentos e sentimentos. Nas seções a seguir, daremos uma olhada em algumas estratégias para trabalhar essa habilidade.

Revezando

Quando as emoções esquentam, a intensidade da angústia tende a consumir todo seu foco e sua atenção. E, infelizmente, as emoções frequentemente esquentam em pessoas com TPB. Pense no cérebro com pouco limite de espaço — quando fica cheio de emoção, as habilidades de pensamento ficam sobrecarregadas.

Nessas horas, é difícil lutar contra a tentação de falar sem parar com quem se dispuser a ouvir sobre o que você está sentindo. Mas, se você cair nessa tentação, não perceberá se a pessoa com quem fala ficar inquieta, entediada e/ou exausta.

Uma forma de lutar contra essa tentação é se esforçar para "revezar" na maioria das conversas, senão em todas. Assim como os pais ensinam os filhos a compartilhar e se revezar, é preciso aprender a se revezar ao conversar com outras pessoas. No processo, você aprenderá muito sobre o que a pessoa com quem está falando está pensando e sentindo.

Uma boa regra prática é buscar ocupar metade do tempo da conversa e deixar que a pessoa com quem estiver conversando ocupe a outra. Fazer perguntas o ajudará a atingir esse objetivo, e abordaremos essa estratégia na próxima seção.

Fazendo perguntas

Quando você mostra interesse pelas pessoas, é muito mais provável que elas se interessem por você. As perguntas não apenas mantêm as conversas fluindo, mas mostram ao outro que você está interessado nele e no tópico em questão. Use as respostas para inferir o que a outra pessoa pode estar pensando.

Ao fazer perguntas, ouça atentamente as respostas. Considere acompanhar a resposta com outra pergunta relacionada ao que ouviu. Novamente, isso mantém a conversa e o interesse em ambas as partes. Veja a seção "Escutando", posteriormente neste capítulo, para obter mais informações sobre esse assunto.

Quando as pessoas responderem às suas perguntas, evite ver as intenções delas como maliciosas e faça o possível para conter as respostas defensivas. Na seção "Diminuindo a Defensividade", obtenha mais informações sobre esse problema.

Talvez você esteja se perguntando que tipo de pergunta fazer às pessoas com quem fala. Embora quase todas as perguntas sejam úteis, sabemos que você pode querer alguns exemplos para se embasar. A lista a seguir, embora longe de ser exaustiva, é aplicável a muitas situações diferentes:

- » Você me conta mais sobre isso? (Descubra o amor com essa.)
- » Como você conheceu isso?
- » Essa é uma das coisas que o movem?
- » Como você se sente sobre isso?
- » Conte-me algo sobre você. (Ok, essa não é exatamente uma pergunta, mas cumpre o mesmo objetivo.)

> Você já tinha se deparado com algo assim antes na sua vida?

> Como você lida com esse tipo de coisa?

LEMBRE-SE

Esforce-se para fazer as perguntas em um tom gentil e curioso. Evite qualquer sugestão de sarcasmo ou inclinação acusatória. Isso anula o propósito de desenvolver e manter bons relacionamentos.

Considerando motivações e significados alternativos

Pessoas com TPB tendem a interpretar mal os significados e as intenções das palavras alheias. Com frequência, inferem intenções distorcidas e agressivas do que os outros falam. Esse erro de interpretação é a *suposição distorcida*. Depois de fazer uma suposição distorcida, um contra-ataque é quase inevitável.

Trabalhe com seu terapeuta para revisar algumas de suas conversas anteriores que não deram certo. O terapeuta o ajudará a desenvolver interpretações menos distorcidas e julgadoras, mais prováveis de estarem corretas.

Os exemplos a seguir, na Tabela 18-1, mostram como alguém com TPB facilmente faz suposições distorcidas sobre declarações relativamente neutras de outras pessoas. A tabela também mostra exemplos de interpretações sem julgamento das mesmas declarações.

TABELA 18-1 Suposições sobre Declarações Neutras

Declaração Neutra	Suposição Distorcida	Suposição sem Julgamento
Você recebeu o e-mail hoje?	Ele está dizendo que nunca faço nada se não me lembrarem.	Ele está apenas curioso sobre as mensagens.
Como está se sentindo hoje?	Ele está dizendo que pareço doente e acabado.	Ele realmente quer saber como me sinto.
Poxa, chegar à loja está demorando muito.	Ele está dizendo que não dirijo rápido o suficiente.	Ele tem razão. O trânsito está muito ruim hoje.

Se você faz suposições distorcidas, provavelmente tem muitas interações negativas. Essas suposições não apenas o deixam infeliz, como aumentam o estresse da sua vida. Além disso, suposições distorcidas afetam a qualidade de todos seus relacionamentos.

DICA

Ocasionalmente, essas suposições se mostram verdadeiras. Em outras palavras, às vezes as pessoas realmente expressam hostilidade. No entanto, você não tem nada a perder por acreditar nas suposições sem julgamento. Na maioria das vezes, a suposição sem julgamentos está certa, e, ao conter a suposição distorcida — evitando, assim, um contra-ataque —, você evita transformar uma conversa inocente em um desastre argumentativo. Sem mencionar que você também pode manter ou melhorar seus relacionamentos.

A história de Bridget ilustra a tendência reflexiva que muitas pessoas com TPB têm de fazer suposições distorcidas sobre as motivações alheias. Se você é assim, avalie algumas conversas acaloradas que já teve (como Bridget faz com seu terapeuta) para identificar suposições mais realistas e positivas, sem julgamentos.

> **Bridget** faz terapia com o Dr. Rodriguez duas vezes por semana. Agora ela está trabalhando para melhorar sua capacidade de compreender os outros. Ela conta ao Dr. Rodriguez um incidente que teve com uma amiga na semana passada.
>
> "Então, minha amiga me ligou e perguntou se eu queria fazer compras", explica Bridget. "Falei que sim, mas não naquele dia. E minha amiga disse que ia sem mim. Isso me deixou furiosa, como se eu merecesse um fora por não fazer o que ela queria quando queria. Eu disse a ela que tudo bem, para chamar outra pessoa. Então ela pareceu surpresa por eu ter ficado brava e me perguntou o que havia de errado comigo. Ela não só me abandonou, como insinuou que sou louca. Não entendo. Por que as pessoas são más comigo?"
>
> "Bridget, vamos usar o que você acabou de me dizer para praticar o ponto de vista de outra pessoa. Primeiro, sua amiga pediu que você fosse às compras. Diga-me o que ela quis dizer com isso", pergunta o Dr. Rodriguez, gentilmente.
>
> "Isso é fácil, ela queria que alguém fosse fazer compras com ela", responde Bridget.
>
> "O que esse convite diz sobre o que ela sente por você?"
>
> "Acho que significava que ela queria que eu fosse fazer compras."
>
> Rodriguez investiga mais: "Você acha que significa que ela queria sua companhia? Que ela gosta de você?"
>
> Bridget responde: "Sim, ela queria passar um tempo comigo. E suponho que isso signifique que ela gosta de mim. Eu nunca tinha pensado nisso assim."
>
> "Então, você diz a ela que não pode ir, e ela diz que irá sem você. O que isso quer dizer?"
>
> "Isso significava que ela não se importa comigo", responde Bridget.
>
> "É mesmo? Existe algum outro motivo para ela ter dito isso?", pergunta Dr. Rodriguez.

"Não sei. Acho que ela queria dizer que precisava fazer compras naquele dia. Certo, como você disse 1 milhão de vezes, talvez não tenha nada a ver com não gostar de mim. Mas ela não tinha o direito de me chamar de louca."

Rodriguez diz: "Não tenho certeza se ouvi quando você me contou isso. Você disse que ela perguntou o que havia de errado com você. Ela poderia estar tentando transmitir algum outro significado?"

"Não consigo pensar em nada. Ela foi muito rude."

"Bem", continua Dr. Rodriguez, "É possível que ela estivesse expressando frustração com você? Em outras palavras, ela pode ter ficado confusa e chateada com sua raiva e simplesmente não sabia o que fazer com ela? Ela estava necessariamente dizendo que você é louca?"

Bridget hesita e diz: "Hmm, acho que isso é possível. Você observou que tendo a ver o pior significado possível no que as pessoas dizem. Você realmente acha que ela estava apenas frustrada comigo?"

"Sim, com certeza. Você passou de uma conversa sobre compras para acusá-la de abandono por nada. Essa suposição faz sentido para você, porque ser abandonada é um de seus principais medos. Mas as outras pessoas não entendem o quão delicado é esse assunto para você."

Bridget reflete por um momento e diz: "Uau, você me deixou com muita coisa em que pensar!"

Bridget interpretou mal sua amiga, e essa interpretação errônea a levou a acusá-la de querer cortar relações. Quando a amiga perguntou a Bridget "O que há de errado com você?", ela entendeu como se a chamasse de louca. Seu terapeuta a ajuda a ver as outras maneiras mais realistas de interpretar a conversa.

Como Bridget, as pessoas com TPB costumam ser razoavelmente boas em ler os outros, mas aumentam muito a negatividade na maioria das conversas. Se uma declaração *pode* se tornar negativa, elas farão isso. Pessoas com TPB veem até comentários neutros como tingidos de hostilidade.

LEMBRE-SE Sentimentos, mesmo os fortes e negativos, não são bons e nem ruins. Você tem o direito de sentir o que sente. O que importa é a forma como escolhe agir em resposta a seus sentimentos.

Seu Impacto sobre os Outros

As pessoas com TPB não apreciam totalmente, nem mesmo reconhecem, como seu comportamento afeta as pessoas que se preocupam com elas. Como suas emoções avassaladoras consomem sua atenção, elas não prestam atenção às reações das outras pessoas. Essas falhas de comunicação são parte do *ciclo de expressão-desconexão-rejeição*, que começa quando as pessoas com TPB se concentram abertamente em expressar suas próprias emoções e preocupações. À medida que suas conversas avançam, outras pessoas sentem falta de se conectar com elas e, como resultado, podem rejeitá-las.

Na verdade, se você tem TPB, corre um alto risco de ser rejeitado pelas outras pessoas. Sejamos honestos. No entanto, o motivo dessa rejeição não é você ser uma pessoa horrível. É porque você não entende como seu comportamento e suas palavras afetam os outros.

DICA

Um modo de começar a entender seu impacto sobre as pessoas é observando o rosto delas. Pratique perceber expressões diferentes. Veja se consegue descobrir a diferença nas expressões faciais quando as pessoas estão cansadas, entediadas, irritadas, entusiasmadas, tristes, neutras, felizes e *verdadeiramente* nervosas. Também preste atenção aos tons de voz e gestos. Comece essa prática com pessoas que estiverem falando com outras e, em seguida, aplique suas habilidades às pessoas que estiverem falando com você.

Embora perceber seu impacto sobre as outras pessoas seja um passo importante para atingir seu objetivo geral de compreendê-las melhor, trabalhe também para reduzir a atitude defensiva. Se não entende bem o que é isso, leia a próxima seção.

Diminuindo a Defensividade

A *defensividade* é o hábito de repelir ataques, agressões e críticas percebidos com declarações retaliatórias. Não estamos falando sobre ataques físicos. Estamos falando sobre os momentos em que você percebe que as pessoas o criticaram. Pessoas com TPB reagem a esses ataques reais ou imaginários com contra-ataque, o que inclui culpar os outros e inflamar os ânimos da conversa, permeando suas palavras com sarcasmo e hostilidade.

LEMBRE-SE

Lembre-se de que qualquer pessoa que esteja sentindo uma raiva intensa é muito menos capaz de pensar ou perceber as interações com precisão do que alguém que esteja se sentindo calmo e relaxado. As respostas das pessoas que estão com muita raiva são inadequadas em 99,2% das vezes — bem, nós inventamos esse número, mas você entendeu. Quando você está fora de si, suas habilidades de pensamento simplesmente não estão em sua capacidade total. As três estratégias a seguir o ajudarão a combater a atitude defensiva.

Tirando o "eu" das interações

Pessoas defensivas concentram sua atenção em si mesmas. Elas não necessariamente acreditam que são melhores ou mais importantes do que os outros, mas acreditam, em certo sentido, que o mundo gira em torno delas.

Em outras palavras, elas estão constantemente sob os holofotes — mas esse holofote pode brilhar com muita intensidade. Considere que, quando tudo na vida tem um significado pessoal, todas as coisas boas e ruins que acontecem afetam seus sentimentos e seu humor.

Levar as coisas para o lado pessoal é um problema comum de comunicação, especialmente para pessoas com transtornos da personalidade, incluindo o TPB. Aqui estão alguns exemplos desse problema em ação:

» Uma cliente de um restaurante fica furiosa por ter que esperar mais pelo serviço ao ser informada de que há garçons afastados da equipe e não há funcionários suficientes para atender a todos em tempo hábil. Ela é tão rude com o garçom que os outros à mesa ficam constrangidos. O garçom se desculpa e explica que eles estão com poucos funcionários, mas a cliente se recusa a aceitar as desculpas. Em vez disso, ela sente que o restaurante não se importou em atendê-la.

» Um motorista fica furioso quando a travessia de um trem atrasa seu trajeto para o trabalho. Sua pressão arterial sobe quando ele observa o trem passar à sua frente. Ele se pergunta por que os trens sempre parecem interromper seu trajeto quando ele já está atrasado.

» Um médico socorrista liga para um neurologista para marcar uma consulta com ele e age com sarcasmo e fúria quando o neurologista faz algumas perguntas antes da marcação. O socorrista se sente insultado porque o neurologista não aceitou de primeira sem ter nenhuma informação.

» Um homem fica furioso quando o teclado de seu computador para de funcionar. Depois de substituí-lo, a raiva interfere em sua capacidade de voltar a trabalhar. Ele acredita que problemas com computadores acontecem com ele com muito mais frequência do que deveriam.

O principal problema em todos os quatro exemplos é que cada pessoa acredita que o incidente, de alguma forma, tem um significado negativo *pessoal*. Mesmo eventos aleatórios, como falhas de computador e travessias de trens, tornam-se pessoais. Se você tende a personalizar os eventos como as pessoas desses exemplos o fazem, é hora de trabalhar nessa questão. As etapas a seguir o ajudarão com isso.

1. **Desacelere e respire duas ou três vezes, lenta e profundamente.**

2. **Pergunte a si mesmo se o evento irritante está realmente centrado em você ou se é apenas uma circunstância ou azar.**

3. **Pergunte a si mesmo se ficar chateado e com raiva terá algum benefício para você.**

4. Pondere se sua raiva pode machucar alguém ao redor ou a você mesmo.

5. Considere dizer a si mesmo: "Acontece. Nem tudo diz respeito a mim."

Imaginando um amigo do seu lado

Ao longo dos anos, alguns de nossos pacientes descobriram que nossa segunda técnica é surpreendentemente útil para derrotar a atitude defensiva. Essa técnica lhe pede para imaginar um *observador objetivo* sentado a seu lado lhe dando orientações e conselhos sábios. A tarefa do observador é perceber quando você estiver se sentindo irritado, com raiva ou ameaçado. Nessas ocasiões, o observador deve oferecer alguns conselhos úteis, como os seguintes:

» Desacelere. Você piorará as coisas se falar agora.

» O que você tem a perder presumindo que essa pessoa não o está atacando?

» Vamos tentar algo diferente do usual desta vez, ok?

» Estou aqui para ajudar, lembra? Em vez disso, diga algo positivo.

» Quantas vezes a explosão ajudou a situação?

» O que essa pessoa pensará e sentirá se você disser isso? Como você se sentiria se alguém lhe dissesse isso?

» Que tal você tentar elogiá-lo, em vez de destruí-lo, como gostaria?

Depois de ouvir o conselho de seu observador objetivo, trabalhe duro para segui-lo! Essa técnica é muito eficaz se você praticá-la. É improvável que funcione bem nas primeiras vezes que aplicá-la, mas, com o tempo, você ouvirá essas palavras calmantes vindo do observador com cada vez mais frequência.

DICA

Algumas pessoas anotam as frases anteriores em um cartão e as leem todos os dias para lembrar a seu observador objetivo de usá-las quando as coisas começarem a degringolar.

Sabendo se desarmar

Uma ótima alternativa a ficar na defensiva é *se desarmar*. Quando perceber alguém o criticando, desarmar-se mantém as coisas calmas, em vez de fomentar uma escalada. Desarmar-se é fazer o oposto do que você gostaria de fazer: em vez de contra-atacar, você busca um *fragmento de verdade* no que a outra pessoa acabou de lhe dizer. Quando expressa concordância real com uma pequena parte (às vezes até mesmo com tudo) do que alguém disse, mantém o diálogo e gradualmente solta o vapor da panela de pressão que estava prestes a explodir.

Desarmar-se não significa se entregar ou mentir para a pessoa com quem está falando. Em vez disso, representa uma tentativa honesta de descobrir algo sobre a perspectiva da outra pessoa que você possa realmente apoiar. A Tabela 18-2 mostra como usar a técnica em resposta a vários tipos de críticas. Para esses exemplos, usamos situações que soam claramente críticas mesmo para nós. No entanto, você também pode usar a neutralização quando não tiver certeza de sua percepção.

TABELA 18-2   **Desarmando a Defensividade**

Crítica	Resposta Desarmada
Você está gritando demais com as crianças.	Às vezes eu grito. É uma das razões para eu fazer terapia. Fico frustrado com facilidade. Mas tente me dizer isso com mais delicadeza, se puder.
Você está gastando muito dinheiro com bobagens.	É algo que preciso observar e ao qual estou me dedicando. Espero que usar o computador para controlar minhas despesas me ajude.
Outra multa por excesso de velocidade? Não acredito!	Você está certo, eu fiz isso. No entanto, esse é a primeira do ano; isso é uma grande melhora para mim.
Você sempre deixa pratos sujos e fedorentos na pia.	Entendo que você fique chateado. É que não me importo tanto quanto você com alguns pratos na pia. Podemos chegar a um meio-termo?

CUIDADO

Desarmar-se não é a resposta a abusos, físicos e verbais, tácitos e expressos. Se você está nesse tipo de situação, precisa buscar ajuda de um terapeuta, abrigo para violência doméstica ou, em situações extremas, da polícia. Às vezes as pessoas não sabem ao certo se estão sendo abusadas. Se essa situação se aplicar a você, uma visita a um profissional de saúde mental o ajudará a resolver o problema.

Vivendo Cada Vez Melhor

Pessoas com TPB às vezes não têm habilidades sociais suficientes para manter e nutrir bons relacionamentos interpessoais. A perda e o conflito caracterizam sua vida. Esta seção descreve algumas formas básicas de melhorar as interações sociais.

Se você tem TPB, recomendamos que pratique as seguintes habilidades com conhecidos ou amigos. Aumente suas habilidades interpessoais com pessoas com as quais você não tem relacionamentos intensos antes de trabalhar nos mais íntimos. Essas estratégias serão um tanto estranhas e desconfortáveis no início. No entanto, com um pouco de prática, você descobrirá que elas se tornarão uma segunda natureza.

Escutando

Escutar os outros não apenas transmite interesse, mas também ajuda a desenvolver a habilidade de ver sua perspectiva. Ouvir é uma habilidade e um hábito que você deve cultivar. Com a prática, ficará natural. Você pode achar que já é um bom ouvinte e que não precisa trabalhar nessa questão, mas, antes de tomar essa decisão, pergunte a algumas pessoas se elas acham que você poderia melhorar suas habilidades de escuta. Se elas disserem que sim, evite a defensiva!

Aqui estão algumas dicas para adquirir um melhor hábito de ouvir:

- » Não interrompa, mesmo que tenha sentimentos fortes sobre o que é dito.
- » Mantenha contato visual, mesmo que seja desconfortável.
- » Não verifique seu telefone enquanto estiver conversando.
- » Repita o que ouviu para ter certeza de que entendeu direito.
- » Não dê conselhos, a menos que seja solicitado.
- » Peça esclarecimentos se não tiver certeza do que está sendo ouvido.
- » Tente entender o que a pessoa que você está ouvindo está sentindo.

Você ficará surpreso ao ver como ouvir bem melhora seus relacionamentos. As pessoas adoram bons ouvintes.

Elogiando

Elogiar não só faz as outras pessoas se sentirem melhor, como aumenta sua autoconfiança. Você ganhará mais confiança quando as pessoas responderem positivamente a seus esforços. Estabeleça como meta fazer, pelo menos, dois elogios por dia. Você achará essa prática gratificante e valiosa. Siga estas diretrizes:

- » **Seja específico.** Não faça declarações grandiosas e gerais, como "Você é a melhor pessoa do mundo", porque a maioria das pessoas não acreditará em você. Em vez disso, encontre algo menor e mais concreto, como: "Adorei seu posicionamento naquela reunião de vendas", ou "Este jantar está delicioso".
- » **Não jogue negativos contra positivos.** Por exemplo, não diga "Adorei seu posicionamento naquela reunião de vendas, especialmente depois do trabalho horrível que você fez na semana passada", ou "Este jantar está delicioso. Seria perfeito se você conseguisse cozinhar assim todos os dias".

Se você não é de elogiar, as pessoas podem estranhar no início. Elas podem se perguntar o que está acontecendo e até reagir com um pouco de sarcasmo. No entanto, recomendamos que continue. Com o tempo, elas se acostumarão com o novo você e responderão muito bem à mudança.

Usando um travesseiro

Pessoas com TPB relatam dificuldade em ter suas necessidades atendidas pelas pessoas. Elas reclamam que os outros não as ouvem ou que não se sentem à vontade para pedir diretamente o que desejam. Temos uma estratégia que facilitará esse processo. É a técnica do *travesseiro* — em oposição a atacar. Quando você *ataca* alguém, espalha abuso, desprezo e despropósito. Qual é a probabilidade de o ouvirem e fazerem o que você quer quando recorre a ataques? Quase nula.

Com um travesseiro, no entanto, você suaviza o golpe o máximo que puder, ao mesmo tempo em que diz claramente o que deseja. Use a técnica por meio de algumas frases simples. Essas frases o ajudarão a salientar que você não é o único dono da verdade e da sabedoria no mundo. Em outras palavras, elas o farão reconhecer que seu ponto de vista pode ser um tanto falho. E, na verdade, ele sempre é — isso vale para todas as pessoas, tenham ou não TPB.

Aqui estão alguns exemplos de afirmações que o farão desenvolver a técnica do travesseiro. Elas são muito úteis quando você quiser atender às suas necessidades ou às solicitações de outras pessoas. As frases travesseiro estão em negrito:

» **Posso estar errado, mas estava me perguntando** se o que você disse tinha a intenção de me machucar.

» **Talvez eu esteja sendo excessivamente sensível,** mas não consigo prestar atenção quando você usa esse tom de voz.

» **Sei que esse pedido pode ser desconcertante,** mas estou me sentindo sobrecarregado; você se importaria de assumir tal atividade por um tempo?

» **Posso estar enganado,** mas parece que você está chateado comigo.

DICA

Não faça um uso excessivo de frases travesseiro, porque, se o fizer, as pessoas acharão forçado. Mas a técnica facilita a expressão das suas necessidades. Declarações como as anteriores também o ajudarão a sentir que está exigindo menos das pessoas. Além disso, a técnica fará com que as pessoas lhe deem mais atenção. Claro, *nós também podemos estar errados* sobre tudo isso!

> **NESTE CAPÍTULO**
>
> » Usando estratégias diferentes para monitorar seus esquemas
>
> » Vivendo com esquemas novos e mais adaptativos

Capítulo **19**

Reestruturando as Crenças Nucleares

No Capítulo 9, discutimos como a forma de perceber e interpretar os eventos influencia muito seus sentimentos sobre o que está acontecendo ao seu redor. Em um sentido muito real, suas reações emocionais decorrem, pelo menos, tanto de suas interpretações dos eventos quanto dos próprios eventos.

Esquemas cognitivos, ou as crenças nucleares que você mantém sobre si mesmo, sobre o mundo ao seu redor e sobre as pessoas com quem se relaciona são responsáveis pela sua forma habitual de interpretar os eventos. Por exemplo, um esquema comumente mantido por aqueles com TPB é o do *apego ansioso*, que reflete uma profunda convicção de que as pessoas os deixarão. Digamos que uma pessoa com um esquema de apego ansioso tenha um parceiro que trabalhe muitas horas. Ela pode acreditar que seu parceiro está tendo um caso ou tentando evitá-la. Nenhuma garantia acalma sua preocupação. Alguém com esquema de apego seguro tem muito menos probabilidade de interpretar essas longas horas como um indicativo de rejeição.

Neste capítulo, nós nos concentraremos em mudar os esquemas que o impedem de ver sua vida com clareza, apresentamos uma variedade de estratégias para começar a desafiá-los e, em seguida, trazemos técnicas para adquirir novos esquemas mais adaptativos, que o ajudarão a se sentir melhor em relação à sua vida.

Estratégias para Reestruturar Esquemas

Antes de alterar seus esquemas disfuncionais, busque compreender o que são e de onde vêm. Existem inúmeros esquemas disfuncionais, e não importa o quanto procurarmos, não há uma lista definitiva. Qualquer crença ampla, problemática e arraigada que você tenha sobre si mesmo ou sobre o mundo pode ser um esquema digno de atenção. O Capítulo 9 detalha os esquemas, incluindo o que são, de onde vêm, como funcionam e quais você provavelmente tem.

A Tabela 19-1 apresenta um breve resumo para que você não precise ir e voltar. Leia a seguinte lista de esquemas e circule os que achar que se aplicam a você. Considere examinar a lista de vez em quando para ver se esqueceu algum. Fique à vontade para alterar algumas palavras e personalizar o esquema.

TABELA 19-1 **Recapitulando os Esquemas**

Esquemas de Autoconceito		
Esquema Mal-adaptativo	Esquema Mal-adaptativo Oposto	Esquema Mais Bem Adaptativo
Cheio de direitos: Acreditar que você tem direito a tudo o que quiser e se sentir indignado quando não consegue algo.	**Não merecedor:** Acreditar que você não é digno de ter suas necessidades atendidas.	**Autoestima equilibrada:** Acreditar que suas necessidades merecem ser atendidas, mas nem sempre, nem à custa dos outros.
Superioridade: Ver-se como melhor do que as outras pessoas.	**Inferioridade:** Acreditar que você não é tão capaz ou tão bom quanto as outras pessoas.	**Autoaceitação:** Apreciar seus pontos fortes e fracos, sem se preocupar demais com eles.
Esquemas de Relacionamento		
Esquema Mal-adaptativo	Esquema Mal-adaptativo Oposto	Esquema Mais Bem Adaptativo
Apego evitativo: Acreditar que não precisa de outras pessoas e, assim, afastar os outros.	**Apego ansioso:** Acreditar que os outros têm grande probabilidade de abandoná-lo e ser excessivamente pegajoso e ciumento como resultado.	**Apego seguro:** Acreditar que amizades e intimidade são possíveis e prováveis, mas estar ciente de que algumas pessoas não são confiáveis.
Idealização: Ver novos parceiros e amigos como perfeitos e sem falhas.	**Demonização:** Acreditar que seu parceiro ou amigo é quase totalmente falho (em geral ocorre quando o esquema de idealização se mostra falso).	**Visão realista:** Acreditar que todos têm características positivas e negativas e tolerar um grau razoável de defeitos.

Esquemas Gerais		
Esquema Mal-adaptativo	Esquema Mal-adaptativo Oposto	Esquema Mais Bem Adaptativo
Seguro: Acreditar que você não precisa tomar precauções razoáveis e exibir ingenuidade.	**Perigo:** Acreditar que o mundo é altamente perigoso e se preocupar muito com a segurança.	**Razoavelmente seguro:** Entender que é preciso ter cautela, mas não permitir que o medo dite sua vida.
Previsível: Acreditar que você está completamente no controle de como tudo acontece na sua vida e, portanto, pensar que terá sucesso em qualquer coisa (geralmente ficando arrasado quando o fracasso ocorre).	**Imprevisível:** Ver o mundo como totalmente caótico e imprevisível e, como resultado, acreditar que você está impotente à mercê do acaso.	**Possibilidade:** Reconhecer que o mundo tem um grau de previsibilidade, mas que eventos aleatórios acontecem, e, como resultado, preparar-se para as possibilidades, mas acreditar que as coisas funcionam.

LEMBRE-SE Às vezes as pessoas passam de um esquema mal-adaptativo para o oposto. Outras vezes, experimentam um esquema problemático, seu oposto e, ocasionalmente, a contraparte adaptativa. O segredo é saber quais esquemas disfuncionais você experimenta com frequência e trabalhar para enfraquecê-los. Posteriormente neste capítulo, mostraremos como fortalecer os esquemas mais adaptativos.

DICA Não se culpe se perceber que frequentemente experimenta uma variedade de esquemas disfuncionais, ou mesmo todos os que mencionamos na tabela anterior. À medida que você trabalha em um ou dois esquemas disfuncionais, outros às vezes também começam a diminuir a influência sobre sua vida. Com tempo e diligência, você melhorará seus esquemas. As seções a seguir mostram algumas maneiras de iniciar esse processo de mudança.

Reconhecendo os efeitos dos esquemas em seus sentimentos

Uma das melhores maneiras de reduzir a influência que os esquemas têm em sua vida é iluminá-los e rastrear onde e quando ocorrem. Os esquemas são como baratas; preferem operar nos cantos e recônditos escuros de sua mente. Ao observar seus esquemas em ação, você compreenderá que suas reações emocionais não são uma parte inerente de quem você é — elas se originam diretamente de seus esquemas. E você não é a mesma coisa que seus esquemas.

Veja no Capítulo 16 uma discussão sobre como observar ou monitorar sua mente e suas emoções. Nesta seção, pedimos que pegue essa parte de você e examine seus próprios esquemas e os efeitos que eles têm sobre seus sentimentos.

Se começar a observar seus próprios esquemas no dia a dia, compreenderá mais plenamente por que pensa e se sente de tal maneira. Além disso, à medida que percebe que seus esquemas — não você — são falhos, a influência deles sobre você e seus sentimentos será mitigada. Observar seus esquemas requer apenas prática.

Escrever seus esquemas facilita sua capacidade de dar um passo para trás e obter uma perspectiva mais objetiva. Faça isso em um notebook ou qualquer outro dispositivo inteligente. Reveja o que escrever com a frequência que desejar.

1. **Quando se sentir angustiado, busque descobrir que evento pareceu desencadear seu sentimento.**

    Anote o evento no topo de sua página. O evento pode ser algo que realmente aconteceu ou uma imagem que chegou à sua mente. Descreva-o claramente.

2. **Divida o resto de seu papel ou arquivo em três colunas. Anote na coluna da esquerda quais pensamentos, percepções, interpretações ou significados o evento teve para você.**

    Em outras palavras, anote quais pensamentos estavam passando por sua cabeça quando o evento realmente ocorreu.

3. **Na coluna do meio, anote como você se sente sobre o evento.**

    Se tiver problemas para rotular seus sentimentos, leia o Capítulo 6, que explica as sensações corporais que os acompanham e as palavras que os descrevem.

4. **Veja a Tabela 19-1 e perceba se algum de seus esquemas mal-adaptativos se relaciona a seus pensamentos e sentimentos. Registre esse esquema, ou esses esquemas, na coluna da direita de suas anotações.**

    Anote quantos esquemas parecem estar envolvidos em resposta a qualquer evento específico. Descreva resumidamente o esquema com base em nossa definição ou ajuste a formulação dele para refletir sua realidade. Por exemplo, alguém com um esquema de superioridade pode ter essa crença apenas em relação à sua vida profissional, e não em relação aos relacionamentos íntimos.

LEMBRE-SE

Monitorar seus esquemas é como expor um vampiro à luz do Sol. Continue observando-os continuamente, e, à medida que o fizer, eles começam a murchar.

DICA

A diferença entre pensamentos e esquemas é que os esquemas são crenças gerais e amplas que continuam de evento a evento. Os pensamentos, por outro lado, são *específicos* para um determinado evento. Os exemplos a seguir, de Melissa, Amanda e Caleb, mostram como três pessoas podem vivenciar exatamente o mesmo evento, mas reagir com pensamentos e sentimentos completamente diferentes, porque cada uma delas carrega consigo um esquema diferente.

Melissa, **Amanda** e **Caleb** gostam de comer fora em restaurantes quando seus orçamentos permitem, e às vezes o serviço é ruim. Eles têm respostas e sentimentos completamente diferentes a um serviço ruim, porque cada um deles tem um esquema primário diferente: Melissa vê o evento por meio de um esquema de não merecimento, Amanda o vê pelo esquema de perigo, e Caleb, pelo esquema de direitos. As Tabelas 19-2, 19-3 e 19-4 mostram o que cada pessoa pensa e sente quando o garçom de um restaurante atrasa a entrega de suas bebidas por mais de vinte minutos.

TABELA 19-2 Monitoramento de Esquema: Melissa

Esquema e Definição	Pensamentos	Sentimentos
Não merecimento: Não espero que minhas necessidades sejam atendidas, não mereço a atenção das pessoas.	Ninguém nunca presta atenção em mim; por que esse garçom deveria ser diferente? Acho que vou para casa. Já se passaram mais dez minutos e ele não trouxe a bebida.	Eu me sinto desanimada e triste.

TABELA 19-3 Monitoramento de Esquema: Amanda

Esquema e Definição	Pensamentos	Sentimentos
Perigo: Eu me preocupo o tempo todo com a minha segurança.	Eu me pergunto se essa longa espera significa que eles deixam comida por aí até que estrague. Se eles têm um serviço tão ruim, talvez a comida seja mal preparada e ficarei doente se comê-la.	Estou ansiosa e apavorada.

TABELA 19-4 Monitoramento de Esquema: Caleb

Esquema e Definição	Pensamentos	Sentimentos
Cheio de direitos: Mereço o melhor de tudo, e é melhor que as pessoas me deem o que quero ou farei um barraco.	Não acredito que eles são tão negligentes e desleixados em seu serviço aqui. Vou reclamar com a administração, posso até escrever uma carta para o editor do nosso jornal. Não há desculpa para algo assim.	Sinto-me indignado, desdenhoso e tenso.

Os exemplos de Melissa, Amanda e Caleb ilustram como seus esquemas afetam fortemente seus pensamentos e sentimentos quando as coisas lhes acontecem. Observe que todas as três pessoas experimentaram o mesmo evento, mas seus esquemas as levaram a reações profundamente diferentes.

Expurgando esquemas disfuncionais arraigados desde a infância

As pessoas adquirem seus esquemas na infância. Nessa época, os esquemas costumam fazer muito sentido, porque representam a tentativa de sua mente de descobrir o mundo. Assim, os esquemas da maioria das pessoas representam sua maneira de interpretar como seus pais as criaram, bem como a forma como seus professores, amigos e parentes as trataram. Então, qual é o problema com os esquemas se eles são simplesmente a maneira do cérebro de dar sentido ao mundo?

Seus esquemas não são problemáticos se o mundo de sua infância foi saudável, equilibrado e razoavelmente previsível. Infelizmente, essa descrição não se ajusta à maneira como a maioria das pessoas com TPB descreve sua infância. Frequentemente, o mundo infantil das pessoas com TPB foi caótico, imprevisível e repleto de mensagens parentais extremas — mensagens excessivamente duras e exigentes (como "Você é um idiota patético e desajeitado!") e mensagens positivas irreais (como "Você é o melhor garoto do mundo; não há nada que você não possa fazer!").

Não é de surpreender que os esquemas das pessoas com TPB sejam extremos e levem a emoções avassaladoras. Dado o mundo em que seus esquemas evoluíram, essas tendências são razoáveis e, bem, bastante normais. Mas o mundo muda à medida que as pessoas crescem. No mundo adulto, a maioria das pessoas não se trata da mesma forma extrema que os pais das pessoas com TPB as tratam.

Não se desespere! Você pode usar o exercício a seguir para ajudá-lo a ver que os eventos que acionam seus esquemas hoje geralmente são mais suaves em comparação com os eventos que criaram esses esquemas em sua infância. Veja como você pode fazer isso:

1. **Faça três colunas em uma página em seu notebook ou similar.**

2. **Anote seu esquema problemático na coluna da esquerda. (Veja exemplos na Tabela 19-1.)**

    Descreva como esse esquema específico atua em sua vida. Use a definição da Tabela 19-1 ou a individualize com suas palavras. Não se esqueça de que algumas pessoas experimentam esquemas opostos em várias situações. Inclua ambos os opostos, se experimentá-los.

3. **Anote, na coluna do meio, uma ou mais lembranças da sua infância que podem ter ajudado a criar esse esquema.**

4. **Escreva na coluna da direita os eventos ou acontecimentos que tendem a desencadear esse esquema para você em sua vida atual.**

   Observe com quantos anos você se sente quando um evento aciona esse esquema.

5. **Lembre-se de que você está mais velho, que os eventos desencadeadores atuais não são tão significativos quanto os que criaram seus esquemas e que, com o tempo, sua mente verá a diferença entre eles.**

LEMBRE-SE Seja paciente; distinguir totalmente entre o antes e o agora leva tempo.

A história de Jennifer demonstra como alguém com TPB pode usar o exercício Antes e Agora para ajudar a mente a quebrar a conexão entre os gatilhos que desencadeiam certos esquemas disfuncionais hoje e os eventos que os criaram durante a infância. O formulário de Jennifer está na Tabela 19-5.

> **Jennifer**, 38 anos, é uma corretora de imóveis em terapia há uns meses. Ela tem um padrão de esquemas disfuncionais que incluem perigo, apego ansioso e uma oscilação entre direitos e não merecimento. Sua psicóloga recomenda que ela faça o exercício Antes e Agora para ver que os eventos que desencadeiam seus esquemas disfuncionais hoje são relativamente leves em comparação com suas experiências da infância.
>
> Jennifer faz o exercício Antes e Agora toda semana por cerca de dois meses. Ela constantemente compara e contrasta os eventos que moldaram seus esquemas disfuncionais na infância com os que os desencadeiam em seu mundo hoje. Ela vê que eventos relativamente triviais acionam esses esquemas agora, ao passo que os eventos que os moldaram na infância tiveram um significado muito maior, pelo menos da perspectiva de uma criança. Essa percepção ajuda Jennifer a se perdoar por ter esses esquemas e também permite que ela veja a vida atual de uma forma mais realista.

TABELA 19-5 Antes e Agora de Jennifer

Esquema Problemático	Imagens das Origens na Infância	Gatilhos Atuais
Perigo: Entro em pânico e me preocupo constantemente com minha segurança.	Nosso bairro era horrível. Havia gangues e até tiroteios. Minha mãe sempre me alertava sobre criminosos e outros perigos do mundo.	Sempre que tenho que sair de casa por mais de uma hora, para o que for, tenho uma sensação de pavor. Se um estranho me dá oi na rua, enlouqueço.

(continua)

(continuação)

Esquema Problemático	Imagens das Origens na Infância	Gatilhos Atuais
Apego ansioso: Fico com muito ciúme e pegajosa o tempo todo. Não suporto a ideia de ser abandonada, mas sempre pareço ser abandonada de qualquer maneira.	Apesar de todos seus avisos sobre os perigos do mundo, minha mãe ficava muito brava comigo sempre que eu errava. Ela saía de casa pisando forte e me deixava sozinha por horas. Eu tinha apenas 8 anos e morria de medo.	Mesmo a menor crítica ou palavra negativa de um namorado me faz sentir como se tivesse 8 anos de novo. Entro em pânico, e meu estômago dá cambalhotas. Meu pânico faz com que eu me agarre. Além disso, sempre que um namorado se atrasa alguns minutos, eu o acuso de estar com outra pessoa.
Direitos e não merecimento: Geralmente me sinto totalmente indigna e não merecedora de ter minhas necessidades atendidas. Mas, em raras ocasiões, quando alguém me nega o que quero, explodo de raiva, como se eu fosse a pessoa com mais direitos do mundo.	Meus pais viam os filhos como objetos. Eles raramente mostravam respeito por nós. Sempre que eu perguntava se podia brincar na casa de outra criança, minha mãe dizia que não tinha tempo para me levar.	Se preciso pedir um favor a alguém, raramente o faço. Eu não me sinto digna. Mas sempre que peço algo e sou rejeitada, me sinto abusada. Nessas horas, me sinto como uma criança de novo e como se as pessoas não respeitassem minhas necessidades básicas.

Analisando custos e benefícios

Mudar esquemas é uma tarefa assustadora, porque sua mente acredita fervorosamente na verdade deles e os vê como benéficos. A ideia de que sua mente acredita que os esquemas o ajudam pode lhe parecer controversa. Como alguém vê um esquema perigoso como útil? Alguns exemplos o ajudarão a entender melhor esse conceito. Na lista a seguir, descrevemos alguns dos benefícios que as pessoas veem em manter os esquemas disfuncionais. Esses benefícios geralmente vêm na forma de medos sobre o que aconteceria se as pessoas abandonassem seus esquemas.

- » **Perigo:** Se uma mulher com esse esquema opta por não acreditar mais nele, teme gravemente se colocar em um perigo desnecessário por não estar mais hipervigilante quanto à sua segurança.
- » **Inferioridade:** Imagine um profissional com esse esquema problemático. Ele decide que gostaria de desistir de seu esquema de inferioridade. No entanto, não o desafia tomando ações positivas no trabalho para progredir. Isso porque ele acredita fortemente em sua inferioridade e acredita que falhará se agir. Seu benefício imaginário para manter o esquema de inferioridade é não precisar se arriscar e acabar falhando.

> **Cheio de direitos:** Uma mulher pode ter esse esquema problemático porque está terrivelmente preocupada com que suas necessidades sejam atendidas o tempo todo. Ela teme que, caso se torne menos exigente, as pessoas pisem nela.

Felizmente, há uma saída para esse dilema — é a *análise de custo-benefício*. Uma análise de custo-benefício o ajudará a examinar seus esquemas disfuncionais e a determinar se eles são tão benéficos quanto você pensa ou se estão causando muito mais danos do que imagina.

Aqui estão as etapas específicas a seguir ao conduzir uma análise de custo-benefício de seus esquemas mal-adaptativos. Em uma página ou em seu dispositivo inteligente, faça uma linha divisória vertical no meio dela.

1. **No topo, anote um dos esquemas disfuncionais que parece atrapalhar seu caminho, junto com a definição. (Veja exemplos na Tabela 19-1.)**

   Sinta-se à vontade para individualizar a definição para descrever a maneira como esse esquema funciona em sua vida.

2. **Na coluna da esquerda, escreva todas e quaisquer maneiras concebíveis pelas quais seu esquema pareça beneficiá-lo ou protegê-lo de danos. Leve o tempo de que precisar.**

3. **Na coluna da direita, anote todas as maneiras pelas quais imagina que seu esquema problemático lhe custe algo.**

   Às vezes você pode começar revisando os benefícios e escrevendo que não são verdadeiros. Por exemplo, se tem um esquema de perigo e acredita que um dos benefícios é que ele o mantém protegido de tudo, você pode questionar se tentar evitar todos os riscos realmente funciona para alguém. Em outras palavras, existe de fato uma forma de evitar quedas de raios, desastres naturais ou outros acidentes aleatórios? A resposta é não. Portanto, seu esquema de perigo apenas o impede de viver bem o cotidiano.

4. **Reflita cuidadosamente sobre essa análise de custo-benefício.**

   Defina se o esquema oferece mais custos ou benefícios para sua vida. Discuta seus resultados com seu terapeuta.

LEMBRE-SE

A análise de custo-benefício é uma boa ferramenta, mas é apenas uma das muitas maneiras de trabalhar os esquemas. O processo leva tempo. Tenha paciência com você mesmo.

A história de Shannon demonstra como usar uma análise de custo-benefício para ver que alguns de seus esquemas disfuncionais estão mais atrapalhando do que ajudando sua vida.

Shannon é codificadora de uma startup. Ela mantém esse emprego há mais tempo do que qualquer outro nos últimos quinze anos, desde que se formou em uma escola técnica. Ela tem TPB e começou a psicoterapia há cerca de três meses. Ela e seu psicólogo, Dr. Bashan, identificaram o esquema que mais a atrapalha — o apego ansioso. Embora seu terapeuta tenha sugerido uma variedade de maneiras de começar a destitui-lo, ela resiste a testá-las.

Em uma das consultas, o Dr. Bashan diz: "Shannon, vejo que você está muito relutante em lidar com seu esquema de apego ansioso."

Shannon responde: "Sim, sei que o que você diz faz sentido, mas simplesmente não consigo praticar nada do que sugeriu."

"Na verdade, acho que você resiste por boas razões", continua o Dr. Bashan. "Acho que lhe sugeri medidas contra esse esquema antes de você estar pronta."

"Como assim, doutor? Achei que você sabia tudo e tinha todas as respostas."

Bashan levanta as sobrancelhas e diz: "Se eu estiver certo, me enganei nesse caso. Tenho recomendado que você busque mudar algo que sua mente considera benéfico. Precisamos examinar essa suposição com uma análise de custo-benefício. Vamos escrever todas as maneiras concebíveis de como seus esquemas a beneficiam. Então, veremos os custos deles."

Shannon diz: "Achei que os esquemas disfuncionais sempre eram ruins e prejudiciais. O que você está dizendo?"

"Bem, no fim das contas, eles provavelmente machucam você, mas você não os manteria se eles, pelo menos, parecessem ter alguns benefícios. Que tal tentarmos analisar os custos e os benefícios deles?", sugere gentilmente o Dr. Bashan.

A Tabela 19-6 mostra o que Shannon apresenta em termos dos benefícios do seu esquema de apego ansioso.

TABELA 19-6 **Análise de Custo-benefício do Esquema de Apego Ansioso de Shannon: Os Benefícios**

Esquema: Apego ansioso — Estou convencida de que qualquer pessoa importante para mim acabará me abandonando.	
Benefícios	Custos
Essa crença me ajuda a ficar alerta a qualquer sinal de que uma pessoa está perdendo o interesse por mim. Dessa forma, não sou pega de surpresa.	

Esquema: Apego ansioso — Estou convencida de que qualquer pessoa importante para mim acabará me abandonando.	
Benefícios	Custos
Não me machucarei tanto se estiver ciente do que está por vir.	
Esse esquema me torna muito boa em ser próxima de toda pessoa importante para mim.	
As pessoas acham que sou muito atenciosa.	

Agora Shannon vê por que ela está relutante em desistir desse esquema. Parece ter alguns benefícios incríveis para ela. No entanto, o Dr. Bashan recomenda que ela preencha a coluna denominada Custos. A Tabela 19-7 mostra a análise completa.

TABELA 19-7 **Análise de Custo-benefício do Esquema de Apego Ansioso de Shannon**

Esquema: Apego ansioso — Estou convencida de que qualquer pessoa importante para mim acabará me abandonando.	
Benefícios	Custos
Essa crença me ajuda a ficar alerta a qualquer sinal de que uma pessoa está perdendo o interesse por mim. Dessa forma, não sou pega de surpresa.	Esse esquema me deixa com ciúme e pegajosa. As pessoas não gostam disso. Sou tão hipervigilante que isso enlouquece as pessoas.
Não me machucarei tanto se estiver ciente do que está por vir.	A verdade é que acho que alguém me deixar dói da mesma forma quando prevejo isso ou não.
Esse esquema me torna muito boa em ser próxima de toda pessoa importante para mim.	Muitas pessoas disseram que fico tão perto que elas se sentem sufocadas.
As pessoas acham que sou muito atenciosa.	Esse esquema me faz sentir ridiculamente dependente das outras pessoas.
	Acho que esse esquema torna as pessoas mais propensas a me deixarem.

Shannon revê a análise de custo-benefício de seu esquema de apego ansioso e conclui: "Examinando isso, vejo que meu esquema está me prejudicando muito mais do que ajudando. Mesmo alguns dos benefícios não parecem tão benéficos quando penso neles. Preciso ser capaz de mudar esse esquema agora."

O Dr. Bashan avisa: "Bem, acho que a análise de custo-benefício é um ótimo começo. Mas não subestime o poder dos esquemas. Mudar esquemas disfuncionais e adotar novos mais positivos exige muito trabalho e esforço."

Adotando Esquemas Mais Adaptativos

A seção anterior, "Estratégias para Reestruturar Esquemas", apresenta várias técnicas para reduzir a frequência e o impacto de seus esquemas disfuncionais. Agora é hora de trabalhar para aumentar a frequência de seus *esquemas adaptativos*, ou esquemas menos extremos, que o ajudarão a se relacionar melhor com os outros, a ver o mundo de forma mais realista e a se ver mais como os outros. Aumente a frequência de esquemas adaptativos de duas maneiras — realizando ações diretas e usando flash cards de esquema.

Adotando uma abordagem direta

Ações diretas ajudam a estabelecer e reforçar seus esquemas adaptativos. São ações que você faz para fortalecer os esquemas adaptativos. Observe que todos, incluindo as pessoas com TPB, às vezes agem de maneiras coerentes com os esquemas adaptativos. Tomar ações diretas e de apoio aumenta o tempo gasto com esquemas adaptativos e diminui aquele que é perdido com os problemáticos.

Se estiver preocupado com um dos esquemas disfuncionais da Tabela 19-1, veja a Lista de Ações dos Esquemas Adaptativos, na Tabela 19-8, para fortalecer seus esquemas adaptativos nas dimensões que o afetam. Observe que essas ações da Tabela 19-8 são apenas o começo. Seja criativo e invente outras por conta própria, ou trabalhe com seu terapeuta para conceber mais possibilidades.

TABELA 19-8   Lista de Ações dos Esquemas Adaptativos

	Esquemas de Autoconceito
Esquema Adaptativo	Ações para Aumentá-lo
Autoestima equilibrada	Quando eu quiser algo, avaliarei se pedir isso incomodará alguém indevidamente. Se não, eu me obrigarei a começar a pedir.
	Verei meu amigo como um modelo a seguir. Ele pede o que quer, mas o faz com uma graça incrível.
Autoaceitação	Cometerei alguns erros intencionalmente a cada semana para me lembrar de que sou humano.
	Adquirirei o hábito de pedir desculpas quando for apropriado.

Esquemas de Relacionamento	
Esquema Adaptativo	Ações para Aumentá-lo
Apego Seguro	Ligarei para um amigo e o convidarei para almoçar comigo.
	Começarei a frequentar aquele grupo da igreja e me obrigarei a conhecer pessoas novas.
Visão realista	Farei uma lista das qualidades positivas e negativas de meus amigos enquanto tento aceitar o fato de que todos têm ambas.
	Pedirei feedback a um amigo sobre coisas que meu namorado diz antes de eu demonizá-lo. Ele tem uma visão realista das pessoas.

Esquemas Gerais	
Esquema Adaptativo	Ações para Aumentá-lo
Segurança razoável	Começarei a correr alguns riscos razoáveis em minha vida, mantendo um certo grau de cautela. Posso pedir feedback ao meu terapeuta sobre o que é razoável.
	Começarei a fazer caminhadas mais longas e interessantes. Evitarei lugares obviamente perigosos, mas me forçarei a sair sozinho.
Previsível	Testarei algumas coisas que eu julgava estarem além de meu controle. Terei um Plano B e um C se as coisas não derem certo.
	Começarei a reparar quando as coisas funcionam e quando não funcionam. Acho que esqueço as coisas que dão certo.

A Lista de Ações dos Esquemas Adaptativos, na Tabela 19-8, apenas toca a superfície das possibilidades. Use sua criatividade e/ou consulte amigos ou seu terapeuta para ter mais ideias. Algumas das ações na lista se adequarão à sua situação, mas outras, não. Mesmo que você não veja ideias relevantes para sua vida em nossos exemplos, estamos confiantes de que criará algumas por conta própria.

DICA

É importante escolher ações que você sinta que podem ser realizadas. Se for testar uma ideia que parece indomável, veja se consegue dividi-la em etapas menores. Você não ganha pontos extras por fazer etapas maiores; você ainda chega à linha do gol quando dá um pequeno passo de cada vez.

Controlando o jogo com os flash cards

Outra estratégia para fortalecer os esquemas adaptativos é usar os *flash cards de esquema*. Esses cartões organizam as informações das estratégias que descrevemos ao longo deste capítulo em convenientes cartões 4x6 — ou, se preferir, desenvolva sua versão eletrônica. Os cartões também adicionam mais um elemento: *declarações de autoaceitação*.

As declarações de autoaceitação são pensadas para você usar quando estiver saindo dos trilhos, sem conseguir fazer as alterações e as ações que deseja. Inevitavelmente, você escorregará e se desviará às vezes. Quando o fizer, apenas aceite o deslize e se perdoe por ser humano.

Veja na Tabela 19-9 as instruções completas para preencher um cartão rápido.

TABELA 19-9 **Instruções para Fazer Flash Cards de Esquemas**

Lado A	Lado B
Meu esquema problemático: Anote o nome do esquema e sinta-se à vontade para individualizar a definição.	**Meu novo objetivo de esquema adaptativo:** Anote o nome do esquema adaptativo que deseja fortalecer e se sinta à vontade para individualizá-lo.
Sentimentos: Descreva os sentimentos que você tem quando o esquema está ativo.	**Passos para alcançar o novo esquema:** Liste de uma a três etapas de ação que deseja realizar para fortalecê-lo.
Origens na infância: Descreva um ou dois incidentes da infância que criaram o esquema.	**Declarações de autoaceitação:** Quando se desviar ou deixar de implementar as mudanças desejadas, anote o que você quer dizer a si mesmo de maneira tolerante e compreensiva.
Gatilhos atuais: Anote os eventos que frequentemente acionam seus esquemas disfuncionais em seu mundo hoje.	

Os flash cards de esquemas são úteis de várias maneiras. Primeiro, eles lhe lembram do que você quer dizer ou fazer quando se desviar e exibir um dos esquemas disfuncionais. Em outras palavras, eles lhe lembram de suas afirmações de autoaceitação, o que é importante, porque os esquemas mal-adaptativos tendem a apagar todas as outras realidades. Pense nesta situação: na última vez em que você experimentou um sério revés que desencadeou seu esquema de inferioridade, você provavelmente não conseguia se lembrar de um único atributo ou habilidade positiva sobre si mesmo. Mais tarde, depois de superar o incidente, percebeu que alguns desses aspectos positivos eram mais fáceis de lembrar. Além de lhe lembrar de suas declarações de autoaceitação, os cartões-lembrete o ajudam a lembrar:

» De realizar ações para construir seus novos esquemas mais adaptativos.

» De ver a diferença entre o que desencadeia seus esquemas inadequados hoje e o que os criou em sua infância.

Preencha um cartão para cada um de seus esquemas disfuncionais e leia todos eles com frequência — especialmente quando os gatilhos do esquema o atingirem. Mas lembre-se de ser paciente consigo mesmo.

A Tabela 19-10 mostra um exemplo do cartão rápido de esquemas que **Claire**, uma recepcionista de restaurante de 38 anos, fez com seu terapeuta. Use este exemplo de cartão para orientá-lo no desenvolvimento dos seus.

TABELA 19-10   Cartão Rápido de Esquemas de Claire

Lado A	Lado B
Meu esquema problemático: Apego ansioso — me preocupo constantemente com a possibilidade de alguém importante para mim me deixar.	**Meu novo objetivo de esquema adaptativo:** Apego seguro — quero me sentir confortável estando perto das pessoas e não me sentir tão desesperada.
Sentimentos: Sinto-me assustada, com ciúme e pegajosa.	**Passos para alcançar o novo esquema:** Pararei de questionar os motivos das pessoas quando elas mudarem de planos. Trabalharei para não ser tão defensiva com as pessoas — e lerei o Capítulo 18 para obter ajuda para lidar com as críticas.
Origens na infância: Meu pai deixou minha mãe quando eu tinha 6 anos, e então minha mãe teve uma série interminável de namorados que tentavam se aproximar de mim, mas depois iam embora.	
Gatilhos atuais: Exibo esse esquema quando alguém desiste dos planos comigo, quando meu terapeuta sai da cidade e quando alguém me critica, mesmo da menor forma.	**Declarações de autoaceitação:** Sou só humana. Tenho esse problema há muitos anos; claro, escorregarei aqui e ali.

DICA Depois de preencher seus próprios flash cards de esquema, discuta-os com seu terapeuta e, em seguida, trabalhe em direção a seus novos esquemas mais adaptativos. Mas esteja pronto para alguns escorregões e quedas ao longo do caminho. Leia seus cartões com frequência.

> **NESTE CAPÍTULO**
>
> » Conhecendo os fatos sobre as medicações
>
> » Fornecendo ajuda durante os tempos difíceis
>
> » Revendo suas opções de medicação
>
> » Decidindo se deve dar uma chance às medicações

Capítulo **20**

Medicações para o TPB

Os *medicamentos psicotrópicos* são drogas que mudam o humor, o comportamento e/ou as percepções. Nas últimas décadas, o uso desses medicamentos disparou. Embora a maioria das pessoas com transtorno da personalidade borderline (TPB) tome um ou mais medicamentos psicotrópicos, surpreendentemente, poucas pesquisas apoiam o uso para o tratamento do TPB.

Neste capítulo, apresentamos o que a ciência tem a dizer sobre o TPB e os medicamentos, descrevemos várias classes de medicamentos que os médicos geralmente prescrevem ao tentar controlar os sintomas do TPB e exploramos os efeitos colaterais comuns e os custos e os benefícios dessas drogas. Por fim, oferecemos nossos conselhos e algumas reflexões sobre como dizer "não" aos medicamentos.

Testando os Medicamentos

Não existe um consenso científico sobre a eficácia dos medicamentos para o tratamento dos sintomas do TPB. No momento, nenhum estudo definitivo sugere que algum medicamento em particular cure ou mesmo elimine os sintomas do TPB. Na verdade, as diretrizes publicadas em 2009, pelo Serviço Nacional de Saúde Inglês, afirmam que o tratamento medicamentoso *não* deve ser usado especificamente para o TPB, mas que a psicoterapia deve ser sua base. Essas diretrizes foram revisadas em 2018 e consideradas atuais e válidas.

PAPO DE ESPECIALISTA

O problema é que a maioria dos estudos sobre medicamentos e TPB, até o momento, carece de rigor e de altos padrões de excelência científica. A principal preocupação é a escassez do que os cientistas chamam de *ensaios clínicos randomizados* (RCTs), que são a forma de experimentação mais aceita no mundo da ciência. O problema com os RCTs é que sua execução é demorada e cara. Em um RCT, os administradores do estudo designam aleatoriamente participantes cuidadosamente selecionados e diagnosticados para um tratamento. Por exemplo, se um estudo está analisando como a droga A melhora os sintomas do TPB, alguns participantes são atribuídos a um grupo que recebe a droga A, enquanto outros, a um que recebe uma pílula de açúcar (também conhecida como *placebo*). Um terceiro conjunto de participantes pode ser atribuído a um grupo que não recebe nenhum medicamento por um tempo. Nos estudos mais bem planejados, nem os participantes nem os médicos que administram o tratamento sabem quais participantes estão recebendo o tratamento real e quais estão recebendo o placebo. Veja mais informações no box "Mais Pesquisas sobre Medicamentos para o TPB".

Outros problemas na pesquisa de medicamentos e TPB incluem vastas inconsistências entre os estudos. Essas inconsistências tornam a comparação e o contraste dos estudos extremamente difíceis. Os estudos variam na duração do tratamento, nas formas de medir a melhora e nas maneiras de recrutar participantes.

Alguns estudos ocorreram ao longo de um período de cinco semanas, enquanto outros ocorreram ao longo de um período de seis meses. Em termos de medição da melhora, alguns estudos usaram o autorrelato do paciente; outros, pontuações em testes psicológicos; e ainda outros, classificações fornecidas pelo médico que administrou os medicamentos. Em termos de métodos de recrutamento, alguns estudos recrutaram pessoas por meio de anúncios em jornais, enquanto outros usaram pessoas que estavam em terapia. De alguns estudos, poucas pessoas participaram; de outros, muitas desistiram no meio. Por fim, os estudos também variam em termos de financiamento: em alguns casos, os fabricantes dos medicamentos em estudo o financiam, o que tem levado muitos profissionais a questionar os resultados pela possibilidade de conflito de interesses.

DICA

O resultado final diz que médicos e pacientes devem usar medicamentos para TPB com cautela. Embora muitas pessoas se beneficiem muito da medicação psicotrópica, ter TPB não significa que ir à farmácia é uma boa ideia. A maioria dos profissionais de saúde mental concorda que a terapia psicológica é a melhor forma de tratamento para o TPB. No entanto, a seção a seguir examina as razões pelas quais os médicos às vezes consideram os medicamentos para o tratamento do TPB.

> **MAIS PESQUISAS SOBRE MEDICAMENTOS PARA O TPB**
>
> A Cochrane Collaboration, uma organização global sem fins lucrativos que pesquisa literatura científica e avalia a qualidade das pesquisas feitas sobre vários transtornos, oferece gratuitamente na internet análises delas, em inglês, fáceis de entender. Acesse `www.cochrane.org/reviews` e pesquise o transtorno pelo qual se interessa. O relatório recente da colaboração sobre o TPB conclui que as evidências científicas atuais não apoiam o tratamento do TPB com medicamentos. O renomado especialista em TPB Joel Paris concorda. Em seu livro recente, *Treatment of Borderline Personality Disorder*, 2ª edição (Guilford Press), Paris argumenta que os médicos muitas vezes dão às pessoas com TPB muitas prescrições. Mas ele conclui que, quando os médicos consideram medicamentos para o TPB, os antipsicóticos mais novos e de baixa dosagem podem ter um valor acessório para alguns pacientes.
>
> A Federação Mundial das Sociedades de Psiquiatria Biológica, um grupo internacional de especialistas, publicou diretrizes para o tratamento do TPB em 2007. Esse grupo também descobriu que a pesquisa que apoia o uso de medicamentos específicos para o TPB tem sido esparsa, mas, como Paris, o grupo sugere que certos medicamentos podem ser úteis para controlar alguns sintomas do TPB.

Obtendo Ajuda dos Medicamentos

LEMBRE-SE Os especialistas concordam que as terapias psicológicas destinadas a tratar o TPB continuam a ser as abordagens mais bem-sucedidas para quem sofre com ele. No entanto, às vezes é útil associar medicamentos ao tratamento psicológico.

CUIDADO Às vezes os medicamentos servem como ferramentas poderosas para pessoas com TPB. No entanto, a maioria das pessoas com TPB que opta por tomar medicamentos não obtém tanto alívio como esperavam. Normalmente, os medicamentos para o TPB conferem apenas um alívio limitado para uma gama limitada de sintomas, e todos os medicamentos psicotrópicos têm efeitos colaterais negativos significativos. Por esse motivo, a melhor forma de tratamento é aquela que se concentra principalmente na psicoterapia.

DICA Pacientes e prescritores ficam felizes quando um medicamento reduz os sintomas. No entanto, pesquisas mostram que muitos dos efeitos positivos relatados da medicação para o TPB se devem a um *efeito placebo*, que ocorre quando uma pessoa espera e acredita que algo funcionará, e essa esperança ajuda os pacientes a melhorarem em curto prazo. Isso explica por que medicamentos que parecem estar funcionando para o TPB perdem a eficácia com o tempo.

Casos em que considerar a medicação

Seu médico pode optar por prescrever a medicação por causa de outros transtornos ou sintomas que estejam ocorrendo ao mesmo tempo que o TPB. Assim, se uma ou mais das seguintes situações ocorrerem, seu médico pode considerar a medicação:

- » **Você tem TPB e um transtorno depressivo maior.** Pesquisas descobriram que a psicoterapia é um tratamento eficaz para a depressão. No entanto, para algumas pessoas, a medicação é um complemento adequado a ela.

- » **Você tem TPB e crises de ansiedade e/ou pânico graves e debilitantes.** A psicoterapia é um tratamento altamente eficaz para esse problema, mas um número limitado de pacientes acha que a medicação os ajuda a progredir.

- » **Você tem TPB e transtorno bipolar.** Os médicos quase sempre pedem medicamentos quando uma pessoa tem transtorno bipolar, anteriormente conhecido como transtorno maníaco-depressivo. Para obter mais informações sobre esse transtorno, leia o livro de Candida Fink e Joe Kraynak *Bipolar Disorder For Dummies*, 3a edição (Wiley).

- » **Você começa a ouvir vozes ou a ver coisas que não existem e/ou tem pensamentos bizarros e paranoicos.** Os medicamentos ajudam a tratar esses sintomas, no entanto têm efeitos colaterais significativos e raramente devem ser usados por longos períodos para o TPB (veja na seção "Caixinha de Remédios" mais informações sobre as opções de medicamentos). Se você tem TPB (e não esquizofrenia), não deve precisar tomá-los por muito tempo, porque as pessoas com TPB raramente apresentam esses sintomas por longos períodos.

- » **Você corre o risco iminente de ferir a si mesmo ou a outra pessoa.** Se você for a um pronto-socorro para se tratar por causa de um comportamento perigoso, a equipe médica lhe dará medicamentos para acalmá-lo.

> **Seus sintomas particulares levam seu médico a determinar que testar um medicamento seria benéfico.** Às vezes, profissionais de saúde mental experientes têm motivos para testar um determinado medicamento, especialmente quando outros tratamentos falharam. No entanto, nunca se sinta pressionado a fazer algo contra sua vontade. Para garantir que as pessoas com TPB se sintam confortáveis com o tratamento sugerido pelo médico, nós as encorajamos — e àqueles que se preocupam com pessoas prestes a tomar alguma medicação — a se informar sobre os prós e os contras dele.

Precauções a considerar

Antes de iniciar qualquer regime de medicação, faça um check-up geral. Seu médico deve pedir um exame de sangue para verificar a função da tireoide, os níveis de colesterol, a condição hepática e outros riscos à saúde que influenciam a opção de medicação. Em alguns casos, seu médico pode pedir um *eletrocardiograma* (ECG), um teste indolor que verifica o quão rápido e regular seu coração bate.

Mantenha seu provedor de cuidados primários informado sobre qualquer tratamento que esteja recebendo, incluindo psicoterapia ou medicação. Antes de tomar qualquer medicamento, converse com seu médico sobre o seguinte:

> Quaisquer condições físicas que você tenha, incluindo as seguintes:
> - Diabetes.
> - Síndrome metabólica.
> - Hipertensão.
> - Doenças cardiovasculares.
> - Doença hepática.
> - Mau funcionamento da tireoide.
> - Doença renal.
> - Dores crônicas.
> - Enxaquecas.
> - Alergias.
> - Desequilíbrios hormonais.
> - Menopausa.
> - Artrite.
> - Câncer.

>> Outros medicamentos (prescritos ou sem receita) que esteja tomando.

>> Vitaminas, ervas ou suplementos dietéticos que tome regularmente.

>> Consumo pesado de cafeína (e/ou bebida energética).

>> Se usa drogas ou álcool.

>> Tabagismo.

>> Caso esteja grávida, planejando uma gravidez ou amamentando.

>> Histórico de saúde mental de sua família.

>> Medicamentos anteriores que você não tolerou bem.

>> Medicamentos anteriores que você achou úteis.

CUIDADO Informe ao médico qualquer pensamento suicida que você tenha atualmente ou que tenha experimentado no passado. Isso inclui todas as tentativas de suicídio ou automutilação em que tenha se envolvido. Alguns medicamentos têm potencial para aumentar o pensamento suicida. Além disso, certos medicamentos são letais quando tomados mesmo em um pequeno nível de overdose.

Caixinha de Remédios

Nesta seção, resumimos os medicamentos que os médicos costumam prescrever para tratar os sintomas associados ao TPB. No momento, entretanto, as evidências de que os medicamentos ajudam diretamente são, na melhor das hipóteses, limitadas. No entanto, a maioria das pessoas com TPB toma algum tipo de medicamento. Então, saber quais opções estão disponíveis é importante tanto para as pessoas com TPB quanto para aquelas que se preocupam com elas. Lembre-se de que os pesquisadores estão constantemente desenvolvendo novos medicamentos e conduzindo novos estudos sobre os efeitos colaterais e os benefícios gerais deles. Para obter as informações mais recentes sobre medicamentos e seus efeitos colaterais, converse primeiro com seu médico. Veja mais informações sobre medicamentos, em inglês, em: www.webmd.com e www.mayoclinic.org.

CUIDADO Pessoas com TPB tentam e cometem suicídio em uma taxa alarmante, portanto, os médicos que tratam o TPB devem sempre considerar a letalidade de uma overdose de qualquer medicamento que prescreverem.

PAPO DE ESPECIALISTA Em um pequeno estudo com pessoas com TPB, os pesquisadores deram a um grupo de pacientes um grama de ácidos graxos ômega-3 (encontrados no óleo de peixe), e a outro grupo, placebos (pílulas de açúcar). Após oito semanas, os pesquisadores descobriram uma redução dos sintomas de depressão e agressão no grupo que tomou ácidos graxos ômega-3, mas não naquele que tomou placebos. Os ácidos graxos ômega-3 podem, em última análise, ser uma opção eficaz e segura para tratar a depressão e a agressividade em pessoas com TPB, mas no momento são necessárias muito mais pesquisas.

Antidepressivos

Um dos medicamentos mais comumente prescritos para as pessoas com TPB são os *antidepressivos*, que são drogas que aumentam a disponibilidade de certos neurotransmissores (ou substâncias químicas que ajudam as células nervosas a se comunicar) no cérebro. Esses neurotransmissores afetam o humor, a energia, a agressividade, a impulsividade, a atenção, a motivação, a excitação e o apetite. Os antidepressivos são prescritos para pessoas com TPB com bastante frequência, no entanto, os pesquisadores descobriram que eles não são especialmente úteis para melhorar o humor das pessoas que têm TPB.

LIÇÕES DOS NOSSOS PRIMOS

Evidências consideráveis ligam concentrações mais baixas do comunicador químico do cérebro serotonina a uma variedade de transtornos mentais, incluindo depressão e ansiedade. A pesquisa também associa problemas na função da serotonina com agressão impulsiva. Além disso, a agressão impulsiva costuma ser um sintoma do TPB.

Para entender melhor de onde vem a agressão impulsiva, os pesquisadores estudaram a conexão entre os genes e o ambiente inicial em macacos rhesus, porque os seres humanos compartilham mais de 90% de sua composição genética com eles. Durante a pesquisa, os cientistas descobriram que alguns macacos têm um gene que, quando ativado, afeta as concentrações de serotonina. No entanto, quando os macacos com esse gene foram criados por suas próprias mães, o gene não pareceu afetar os níveis de serotonina. Por outro lado, quando foram criados por outros macacos (não por suas próprias mães), o gene parecia desencadear níveis mais baixos de serotonina.

Além disso, macacos criados por outros macacos (não pelas mães) eram mais propensos a se tornarem impulsivamente agressivos do que os criados pelas mães. Macacos agressivos lutavam com outros em sua tropa e tinham melindres com os mais velhos. Quando adolescentes, eram expulsos de seus bandos ou se tornavam párias sociais. Aparentemente, os primeiros fatores ambientais interagiam com os fatores genéticos e levavam a problemas comportamentais posteriores. Esse cenário se parece um pouco com o que acontece com pessoas que desenvolvem TPB — um ambiente infantil abaixo do ideal aumenta a probabilidade de que um risco genético seja ativado.

ISRS

Os médicos prescrevem inibidores seletivos da recaptação da serotonina (ISRS) para pessoas com TPB. Os ISRS aumentam a disponibilidade de serotonina no cérebro. Embora a maioria das pessoas com TPB não tenha depressão clássica, algumas pesquisas mostram que os ISRS ajudam a diminuir a raiva e a impulsividade. Uma vantagem importante a considerar ao usar essa medicação é o baixo risco de overdose. Os ISRS levam de uma a quatro semanas para fazer efeito.

Lembre-se das seguintes preocupações ao considerar os ISRS:

CUIDADO

» Os efeitos colaterais incluem ganho de peso, tontura, boca seca, dor de estômago, insônia, apatia, diminuição da libido, dores de cabeça, perda de peso, tremores, suor e ansiedade. Os efeitos colaterais diminuem após um mês e podem ser controlados com outros tratamentos médicos.

» Não pare de tomar um SSRI abruptamente. Interromper o uso muito rapidamente causa problemas como dores de cabeça, náuseas, sudorese, problemas para dormir, sonhos assustadores, febre e calafrios.

» Estudos ligaram os ISRS a uma maior probabilidade de pensamentos suicidas e tentativas em crianças, adolescentes e adultos jovens. Os médicos precisam monitorar o humor com cuidado sempre que alguém começa um novo medicamento, especialmente os mais jovens.

» Uma condição com risco de vida, a *síndrome serotoninérgica*, pode ocorrer quando há muita serotonina no corpo. Outro tipo de antidepressivo — os inibidores da monoamina oxidase (IMAO) — leva a essa condição quando você o toma ao mesmo tempo que os ISRS (veja mais informações sobre o IMAO na próxima seção). Além disso, alguns medicamentos para enxaqueca, analgésicos e suplementos dietéticos aumentam o risco de síndrome serotoninérgica.

Uma grande variedade de ISRS se tornou disponível nas últimas duas décadas. Muitas vezes, as pessoas precisam testar mais de um para descobrir o que funciona melhor para elas. Seja paciente e trabalhe com seu terapeuta ao tentar ISRS pela primeira vez.

Outros antidepressivos

Como os ISRS são relativamente seguros e pesquisas limitadas apoiam seu uso para o TPB, outros tipos de antidepressivos são menos usados. No entanto, na busca por alívio, os médicos às vezes prescrevem antidepressivos que afetam outros neurotransmissores ou gerações anteriores de antidepressivos. Esses outros tipos de antidepressivos incluem:

- » **IRSN:** Os inibidores duplos da recaptação da serotonina-noradrenalina (IRSN) atuam aumentando os níveis dos neurotransmissores serotonina e noradrenalina.

- » **IRND:** Os inibidores da recaptação da noradrenalina-dopamina (IRND) aumentam a disponibilidade dos neurotransmissores noradrenalina e dopamina. Os médicos às vezes usam um dos medicamentos desta categoria para ajudar as pessoas a pararem de fumar ou para tratar o transtorno de deficit de atenção e hiperatividade (TDAH). Para mais informações sobre TDAH, leia *AD/HD For Dummies*, de Jeff Strong e Michael O. Flanagan (Wiley).

- » **Tricíclicos:** Os médicos raramente prescrevem tricíclicos, uma variedade mais antiga de medicamentos, para pessoas com TPB, porque uma overdose é fatal. Os efeitos colaterais também são consideravelmente piores do que os de outros medicamentos mais refinados, e incluem boca seca, tontura, queda de pressão arterial e visão turva.

- » **IMAO:** O tipo mais antigo de antidepressivos, os IMAO têm efeitos colaterais sérios e perigosos, incluindo picos perigosos na pressão arterial. Como resultado, os médicos não os usam com frequência.

Neurolépticos

Pesquisadores desenvolveram os *neurolépticos*, também chamados de *drogas antipsicóticas*, para ajudar pessoas com esquizofrenia, mas os médicos agora os usam para outros problemas, incluindo o TPB. As seções a seguir descrevem as duas classes de medicamentos antipsicóticos, que são os típicos e os atípicos.

CUIDADO

Um efeito colateral raro, mas sério, das drogas neurolépticas é a *síndrome maligna neuroléptica*. Ela causa febre, delírio e rigidez muscular, e pode causar coma e ser fatal. Antigamente, os cientistas pensavam que a NMS ocorria apenas em reação às drogas antipsicóticas típicas mais antigas. No entanto, os médicos relataram casos de NMS em pessoas que tomam os antipsicóticos atípicos mais novos. Se esses sintomas se desenvolverem em você ou em alguém de quem goste que está tomando antipsicóticos, procure atendimento médico imediatamente.

Antipsicóticos típicos

Antipsicóticos típicos já existem há um tempo, e os médicos costumam usá-los em salas de emergência para acalmar as pessoas. Esses medicamentos não são uma boa escolha para pessoas com TPB, porque o TPB é crônico. O uso de longo prazo de antipsicóticos típicos leva a efeitos colaterais perturbadores.

A *discinesia tardia* é um efeito colateral especialmente preocupante dos antipsicóticos típicos, que envolve movimentos repetitivos e descontrolados. Pessoas com esse efeito colateral fazem caretas, estalam os lábios ou têm movimentos rápidos do corpo, braços e pernas. Frequentemente, não conseguem controlar os dedos e podem parecer que estão tocando um piano imaginário. Como resultado, as pessoas que já têm um sofrimento emocional grave acabam com uma condição física extremamente difícil de tolerar. Infelizmente, o tratamento desse efeito colateral leva um tempo considerável e nem sempre é bem-sucedido. Embora existam dois novos medicamentos que pareçam reduzir os sintomas da discinesia tardia, mais estudos são necessários para compreender totalmente sua eficácia e segurança.

Outro efeito colateral preocupante que ocorre principalmente com medicamentos antipsicóticos típicos é a *akanthisia*. As pessoas que apresentam esse efeito colateral descrevem um estado desesperado de inquietação interior, agitação e ansiedade. O tratamento começa com a interrupção do uso do medicamento antipsicótico atípico e a experimentação de outros medicamentos para reduzir os sintomas.

Antipsicóticos atípicos

Os pesquisadores desenvolveram esses novos neurolépticos com a esperança de diminuir o risco de efeitos colaterais como a discinesia tardia, mas ainda não está claro até que ponto esse objetivo foi alcançado. Pesquisas limitadas sugerem que os antipsicóticos atípicos têm um efeito calmante e reduzem a impulsividade. Os pesquisadores concluíram alguns ensaios positivos com pacientes que têm TPB, mas, novamente, as pesquisas são limitadas.

CUIDADO

O FDA alerta que os antipsicóticos atípicos levam a um ganho de peso substancial, hiperglicemia ou diabetes. Além disso, alguns relatórios sugerem que esses medicamentos aumentam o risco de insuficiência cardíaca súbita. Portanto, não tome esses medicamentos sem considerar os custos e os benefícios.

Estabilizadores de humor

Os *estabilizadores de humor*, também conhecidos como *anticonvulsivantes* ou *medicamentos anticonvulsivantes*, são medicamentos que previnem convulsões recorrentes em pessoas com epilepsia. Além disso, porém, eles equilibram o humor e, como resultado, são uma escolha frequente para pessoas com transtorno bipolar. Alguns estudos sugeriram que os estabilizadores de humor diminuem as explosões de raiva, a desregulação emocional e a impulsividade em algumas pessoas com TPB. As pesquisas sobre esse tema também são limitadas.

CUIDADO — Não ignore as desvantagens dos estabilizadores de humor ao considerá-los para você ou para alguém de quem gosta. Em primeiro lugar, ao tomá-los, as pessoas precisam ser monitoradas de perto para possível toxicidade. E, segundo, uma overdose de estabilizadores de humor pode ser fatal.

Medicamentos ansiolíticos (tranquilizantes menores)

CUIDADO — Muitas pessoas com TPB relatam níveis leves a graves de ansiedade e insônia. Em busca de alívio, alguns profissionais recomendam sedativos como os benzodiazepínicos. No entanto, esses medicamentos são altamente viciantes, e algumas pessoas com TPB apresentam aumento de ideação suicida e transtornos emocionais. Portanto, raramente são indicados para o tratamento dos sintomas do TPB.

Problemas com a Estratégia da Polifarmácia

Enfermeiros, médicos, psicólogos e psiquiatras desejam ajudar seus clientes com TPB. No entanto, muitos deles não têm treinamento em conduzir psicoterapias complicadas projetadas para o TPB. Quando um paciente procura a ajuda de um médico, ele escolhe uma ferramenta na caixa de ferramentas farmacêuticas que acredita que ajudará. Se esse medicamento ajudar minimamente, um segundo medicamento é selecionado. Depois, um terceiro; e talvez um quarto ou quinto.

Pesquisas descobriram que essa estratégia de *polifarmácia* é uma prática comum em todo o mundo, apesar de desaconselhada pelas diretrizes de tratamento. Isso porque todos os medicamentos para o TPB têm efeitos colaterais. Além disso, as pesquisas simplesmente não apoiam o valor da prescrição de vários medicamentos para o TPB.

PAPO DE ESPECIALISTA — Em um recente estudo internacional, os pesquisadores analisaram uma grande amostra de pessoas que tinham TPB. Eles descobriram que quase 90% estava tomando pelo menos um medicamento. Mais da metade tomava três ou mais. Os autores concluíram que isso fornece evidências de que há um uso excessivo de medicamentos para o TPB. Essa polifarmácia ocorre apesar das poucas evidências de que a medicação é um tratamento eficaz para o TPB.

PROCURANDO MELHORES RESULTADOS

Devido a décadas de frustração por não ver eficácia em tratar o TPB com medicações, alguns médicos sugeriram que o TPB se divide em subgrupos. Esses subgrupos ajudam os prescritores a escolher com mais cuidado os medicamentos que funcionam melhor para pacientes específicos. Os seguintes subgrupos foram propostos:

- **Zangado e impulsivo:** Proposta de tratamento com ISRS e medicamentos antipsicóticos atípicos de baixa dosagem. Os ácidos graxos ômega-3 também auxiliam esses pacientes.
- **Altamente reativo emocionalmente e altamente sensível à rejeição:** Proposta de tratamento com baixas doses de antipsicóticos atípicos, ISRS e estabilizadores de humor.
- **De pensamento peculiar:** Proposta de tratamento com medicamentos antipsicóticos atípicos de baixa dosagem.

Embora a abordagem de direcionar medicamentos a subtipos específicos, em última análise, seja bastante útil, ainda não chegamos lá. É interessante notar que todos os três subgrupos sugerem o uso de medicamentos antipsicóticos atípicos de baixa dosagem, o que levanta a questão sobre como agrupar assim pacientes com TPB auxilia a prescrição. É necessária uma pesquisa considerável sobre essas ideias.

Decidindo Tomar Medicações

A qualidade de vida das pessoas com TPB pode ser muito ruim. Como descrevemos no Capítulo 3, algumas experimentam mudanças repentinas de humor e têm graves problemas interpessoais. Outras se machucam, e algumas acabam se matando. Assim, é compreensível que as pessoas busquem formas de acabar com seu sofrimento. Se tomar um medicamento curasse o TPB, todos os envolvidos ficariam maravilhados, sem dúvida. Infelizmente, os pesquisadores ainda não encontraram um medicamento que elimine toda a dor do transtorno.

Portanto, seja realista em relação aos medicamentos. Se seu tratamento inclui tomar medicamentos, mantenha contato próximo com seu médico ou psiquiatra para que ele monitore os efeitos em seu humor e em sua saúde em geral. Quando você tomar medicamentos, aconselhamos que faça o seguinte:

- Seja paciente. Alguns medicamentos levam várias semanas para ser totalmente eficazes.
- Informe-se. Saiba quais efeitos colaterais esperar e discuta minuciosamente os benefícios e riscos com seu médico.
- Tome o medicamento conforme prescrito. Não interrompa a medicação repentinamente sem consultar seu médico, pois podem ocorrer problemas sérios. Nunca tome mais do que a quantidade prescrita.
- Não beba álcool nem use outras drogas ao tomar medicamentos para o TPB.
- Se sentir efeitos colaterais graves, consulte seu médico sobre a possível redução ou eliminação de alguns dos medicamentos.
- Informe ao médico todos e quaisquer efeitos colaterais que sentir com um medicamento, incluindo efeitos colaterais sexuais, mesmo que se sinta envergonhado com isso. Às vezes os efeitos colaterais diminuem com o tempo; em outras, seu médico prescreverá um medicamento diferente para lidar com os efeitos colaterais ou adicionará outro medicamento para diminuir os efeitos colaterais do primeiro medicamento.
- Perceba que, se você acha que dado medicamento pode ser útil, mas seu médico discorda, ele tem um bom motivo. Muitas pessoas com TPB procuram medicamentos que tenham potencial para criar dependência. No final, eles acabam causando mais danos do que benefícios.
- Esteja ciente de que tomar medicamentos adicionais não terá um resultado satisfatório. Quanto mais medicamentos você toma, mais efeitos colaterais são esperados.
- Se você discordar de seu médico, busque uma segunda opinião. No entanto, evite a tentação de buscar médicos indefinidamente, porque isso é como procurar o médico perfeito, o que não existe.

LEMBRE-SE

Estudos mostram que a psicoterapia tende a funcionar melhor do que a medicação para o TPB. Lembre-se de que a psicoterapia demora um pouco. Não espere milagres da medicação, porque isso só gera frustração. Em algum momento no futuro, esperamos, os pesquisadores encontrarão uma opção de medicação mais eficaz para o tratamento do TPB.

5
Lidando com Quem Tem TPB

NESTA PARTE...

Aprenda a se relacionar com quem tem TPB.

Estabeleça limites em seus relacionamentos.

Decida se é melhor ficar ou partir.

Compreenda os primeiros sintomas de crianças e adolescentes que podem desenvolver TPB.

Saiba como se relacionar com um amigo que tem TPB.

> **NESTE CAPÍTULO**
>
> » **Compreendendo os comportamentos decorrentes do TPB e seus efeitos**
>
> » **Mantendo todos seguros quando o TPB faz parte de uma relação**
>
> » **Saindo de um relacionamento com alguém que tem TPB**
>
> » **Decidindo ficar junto**

Capítulo 21
Cônjuges com TPB

"Você tem o direito de permanecer calado. Tudo o que disser pode e será usado contra você." Isso não o lembra alguma coisa? Bem, você não está preso — só está com alguém que tem transtorno da personalidade borderline (TPB). Você pode até sentir que está sozinho em uma relação que desafia a lógica e a razão.

Viver com TPB, seja em você ou em alguém que ame, é como caminhar sobre uma ponte velha sobre um riacho. Algumas tábuas são sólidas e seguras, enquanto outras balançam e ameaçam jogá-lo riacho abaixo. Você nunca sabe como será o próximo passo — uma situação que o deixa confuso e desequilibrado. Além disso, parceiros de pessoas com TPB muitas vezes se sentem manipulados, criticados, incompreendidos e amedrontados. No entanto, muitas pessoas com TPB são bastante interessantes, amorosas, criativas e cativantes. Não é de admirar que seus parceiros queiram continuar a se relacionar com elas.

Este capítulo é para o marido, a esposa, o parceiro ou namorado de alguém com TPB. Se você tem TPB, pode ler este capítulo para entender melhor os sentimentos confusos que seu parceiro tem. Os terapeutas que trabalham com familiares de pessoas com TPB também se beneficiarão da perspectiva particular deste capítulo.

Para começar este capítulo, discutimos comportamentos borderlines comuns. Para quem vive com alguém com TPB e o ama, explicamos como manter a segurança emocional e física da relação e apresentamos estratégias para lidar com comunicações difíceis. Também damos algumas dicas sobre como avaliar se você deve ou não permanecer na relação e falamos sobre como encerrar com segurança um relacionamento com alguém que tem TPB, se decidir fazê-lo. Por fim, damos algumas dicas sobre como se manter em um relacionamento com alguém que tem TPB, se for a melhor opção para você.

Compreendendo o Comportamento Borderline nos Relacionamentos

Se seu parceiro tem TPB, você precisa entender a natureza do transtorno antes de tentar melhorar a relação, obter ajuda profissional para entender seus próprios sentimentos ou até mesmo decidir encerrar o relacionamento. Recomendamos que leia os Capítulos de 3 a 10 para avaliar as complexidades daquilo com o que está lidando. A maioria dos não profissionais não sabe muito sobre o TPB, portanto, muitos parceiros começam a questionar sua própria sanidade quando se relacionam com pessoas que têm TPB.

Esta seção discute alguns dos comportamentos de TPB mais problemáticos que tornam desafiador manter um relacionamento com alguém com o transtorno. Discutimos como são esses comportamentos, e, nas seções subsequentes, daremos ideias para lidar com eles. Esperamos que isso o ajude a se ancorar na realidade novamente.

LEMBRE-SE

As atitudes das pessoas com TPB não são conscientes e intencionais. Seus problemas têm um longo histórico subjacente e estão enraizados na biologia e nas experiências da primeira infância. Apresentamos as informações a seguir para ajudá-lo a entender melhor as pessoas com TPB e a lidar com os desafios de seu comportamento de forma mais eficaz.

Indo a extremos

A maioria das pessoas, tenham ou não TPB, tem boas qualidades e algumas não tão boas. Mas as pessoas com TPB não têm facilidade em ver essa complexidade. Em vez disso, a mente delas se concentra em um ou outro extremo a cada momento, portanto, elas veem seus parceiros como anjos ou demônios — e não muito algo entre os dois. Um dia seu parceiro o verá como a pessoa mais maravilhosa que já existiu, e no outro (às vezes, na próxima hora), ele o verá com total desprezo.

A seguinte história sobre o relacionamento de Anthony com Beth, que tem TPB, ilustra como alguém com TPB passa de um comportamento adorável e sedutor para um comportamento demonizador e odioso em um piscar de olhos.

Desde seu divórcio, há dois anos, Anthony não tinha ficado sério com ninguém — até agora. Ele conheceu **Beth** algumas semanas atrás, mas já está perdidamente apaixonado. Ela é bonita, inteligente e charmosa. Ela o adora. Eles ficaram íntimos logo, para o deleite de Anthony. E, desde o segundo encontro, são praticamente inseparáveis.

Beth liga e manda mensagens para ele durante o dia, e todas as noites eles ficam juntos, quando os dois filhos pequenos de Anthony não estão em casa. Assim que conseguiu a guarda compartilhada, ele estabeleceu a regra de que nenhuma mulher passaria a noite quando seus filhos estivessem com ele. Beth não gosta dessa regra, mas ele julga que ela tem que entender.

Em uma quarta-feira, Anthony espera com os outros pais na frente da escola primária. O celular dele vibra — Beth lhe envia uma mensagem: "Onde você está?" Ele responde: "Com os meninos." Ela envia outra mensagem: "Ok, nos vemos depois." Anthony presume que ela quer dizer quinta-feira depois do trabalho. Mais tarde, naquela noite, em casa, os filhos terminam o dever de casa enquanto Anthony limpa a cozinha. Beth usa sua chave e entra na casa. "Papai, quem é ela?", perguntam em uníssono os filhos de Anthony.

"Ah, oi, Beth, eu não esperava você", diz Anthony enquanto estende a mão para ela, impedindo-a de beijá-lo como de costume.

Beth enfia a mão em uma sacola de supermercado e tira um bolo de sorvete. "Achei que as crianças gostariam de fazer um lanche enquanto conversamos lá em cima no seu quarto", sugere ela.

"Hmmm, Beth, isso é uma péssima ideia. Eu adoraria, mas acho muito cedo para meus filhos lidarem com algo assim", diz Anthony em uma voz suave.

"Ah, já entendi! Esse relacionamento não é tão importante para você. Você ainda deve ser apaixonado pela sua ex-mulher!", dispara Beth, saindo.

No dia seguinte, Beth envia flores para Anthony no trabalho. Anthony se sente feliz, mas ao mesmo tempo confuso.

Se Anthony decidir permanecer no relacionamento com Beth, pode esperar muito mais mudanças sísmicas nas emoções e comportamentos dela. Como outras pessoas com TPB, Beth vai de um extremo a outro em segundos. Algumas pessoas com TPB parecem não ter nenhuma memória das explosões de ódio do dia anterior.

O tratamento do silêncio

Algumas pessoas com TPB lidam com a raiva recusando-se a se comunicar. Para seus parceiros, esse silêncio parece extremamente abusivo. Os olhares frios e as recusas de falar contrastam fortemente com as fachadas amigáveis que apresentam aos outros. Pessoas com TPB podem brincar alegremente com crianças ou flertar com garçons, embora sem fazer contato visual com os parceiros. Os parceiros muitas vezes ficam sem entender o que fizeram para merecer esse tratamento do silêncio — talvez eles não tenham dobrado um par de calças corretamente, tenham colocado molho de salada demais ou acharam que seu cabelo estava feio. Não importa o quão triviais sejam os motivos, eles não sabem como consertá-los, porque seus parceiros com TPB se recusam a dizer o que os está incomodando.

Pessoas com TPB empregam essa estratégia do silêncio quando seus parceiros querem se comunicar com eles. O silêncio dá às pessoas com TPB uma ilusão de poder, que podem usar para esconder a vulnerabilidade que sentem. O silêncio permite que controlem a distância e a proximidade que têm em seus relacionamentos.

Bradford, recém-diagnosticado com TPB, é casado com Selma há cerca de doze anos. A história deles ilustra a crueldade sutil do tratamento do silêncio.

> "Como foi a reunião com seu chefe?", pergunta Selma ao marido, **Bradford**, quando ele entra em casa. "Ele se desculpou por ter sido injusto com você?"
>
> Bradford bate a porta e joga a pasta no chão, espalhando papéis. O cachorro deles se encolhe, e Selma diz: "Acho que não foi nada bom. Você está bem?"
>
> Em vez de responder, Bradford vai até a geladeira e puxa um recipiente com sobras de espaguete. Ele começa a enfiar o espaguete frio na boca, pingando molho no queixo. Selma faz outra tentativa de se comunicar: "Ei, querido, há algo que eu possa fazer? Posso pegar algo para você beber?"
>
> Bradford vira as costas para ela e termina as sobras. Em seguida, ele pega uma caixa de sorvete do congelador e termina o que sobrou em quatro colheradas enormes. Selma, sabendo o que vem a seguir, suspira e diz: "Tudo bem, Bradford, vou ao mercado. Precisa de alguma coisa?"
>
> Ele não responde e vai para o banheiro. Ela ouve o chuveiro ligar. Provavelmente, quando ela voltar, ele estará dormindo.

Quando está estressado, Bradford, como muitas pessoas com TPB, acha difícil falar abertamente sobre seus sentimentos. Em vez disso, ele se fecha e mostra sua angústia ao parceiro. Após doze anos de casamento e muita terapia, Selma consegue se livrar da situação saindo de casa.

Antes de prosseguirmos, queremos explicar uma coisa: o tratamento do silêncio é abusivo. É uma das ações mais cruéis que as pessoas com TPB praticam contra as pessoas que mais as amam. Os destinatários — geralmente parceiros — se sentem diminuídos, impotentes, desamparados, confusos e dilacerados (veja a seção "Sentindo-se rejeitado e abandonado" para obter mais informações sobre esses sentimentos). O silêncio viola a essência da intimidade e da confiança.

LEMBRE-SE

Se seu parceiro abusar de você com o silêncio ou com qualquer outra coisa, procure terapia para ajudá-lo a descobrir o que está acontecendo e o que fazer.

Gaslighting

Gaslighting é um termo que vem do filme de 1940 *Gaslight*. No filme, o personagem principal, Gregory, manipula as lâmpadas a gás da casa de uma mulher para que elas diminuam e ela pense que foi do nada. A manipulação a faz acreditar que está imaginando o escurecimento, o que a leva a questionar sua própria sanidade.

Hoje, gaslighting significa fornecer informações falsas ou distorcidas com a intenção de interromper a capacidade de alguém de confiar nos próprios sentidos, capacidade de raciocínio e memória de eventos. Pessoas com TPB podem não estar conscientes de seus comportamentos de gaslighting, mas muitas vezes distorcem fatos, retêm informações ou reescrevem a história para que seus parceiros não confiem mais em suas próprias reações e memórias. Ao fazer seus parceiros se sentirem mais ansiosos e inseguros, as pessoas com TPB se sentem mais confiantes de que seus parceiros não os deixarão — esse sentimento se torna a motivação para seus comportamentos de gaslighting.

John, que tem TPB, usa o gaslighting para confundir e perturbar a esposa, Zoe. John começa movendo deliberadamente algumas latas de lixo que Zoe preparou para a festa. Isso prepara o terreno para sua próxima façanha, convidar uma ex-namorada para a festa.

> "A comida parece maravilhosa; o fornecedor fez um ótimo trabalho", comenta Zoe com o marido, **John**. "As pessoas chegarão em breve."
>
> John concorda. "Onde estão as latas de lixo para as pessoas jogarem pratos e copos?"
>
> "Coloquei uma na despensa, e a outra está do lado de fora, no pátio", Zoe ouve o primeiro carro subir e espia pela despensa, sem encontrar nenhuma lata de lixo. Ela verifica o pátio e também não consegue ver a outra. "Você mexeu nas latas de lixo?", pergunta ela a John.
>
> "Não, você provavelmente se esqueceu de colocá-las no lugar. Vá cumprimentar nossos convidados. E tente ser legal e não me envergonhe", rebate John.

Na porta, Zoe vê Ellen, a ex-namorada de John. "Ellen!", diz ela, estendendo-lhe a mão. "Fico feliz em ver você." Zoe não se lembra de John ter dito a ela que convidou Ellen, mas sabe que não deve perguntar.

John sai da garagem com as duas latas de lixo. Ele coloca uma na despensa e outra no pátio. Zoe começa a se perguntar se ela realmente as colocou para fora. Ela se sente abalada com as latas de lixo e a ex-namorada. Sabe que será uma noite difícil.

Como você pode ver na história de John e Zoe, quando as pessoas com TPB questionam as percepções e memórias dos parceiros, eles começam a questioná-las também. A realidade parece mudar sob seus pés. Isso porque é difícil para a pessoa sem TPB entender o propósito dos comportamentos de gaslighting. Especificamente, o gaslighting é pensado para fazer alguém se sentir inseguro e menos propenso a deixar o relacionamento por causa dessa dúvida.

Iniciando o isolamento

O isolamento, como o gaslighting, é uma forma de diminuir o poder de um parceiro. O apoio social e as conexões fazem com que as pessoas se sintam mais confiantes e seguras. Pessoas confiantes e seguras confiam em seus próprios julgamentos e sabem a diferença entre um comportamento aceitável e um ultrajante. Pessoas com TPB tentam isolar seus parceiros de amigos, parentes e outras fontes de apoio — como resultado, seus parceiros se sentem menos seguros e menos confiantes, o que, por sua vez, significa que eles ficam menos propensos a deixá-las. Pessoas com TPB provavelmente não têm consciência de suas tentativas de isolar seus parceiros, mas o resultado é o mesmo.

O isolamento ocorre lenta e insidiosamente ao longo do tempo. Pode ultrapassá-lo antes mesmo de saber o que o atingiu. Se você não tem certeza se ficou isolado ou não, considere as seguintes questões:

» Você acha o comportamento de seu parceiro tão constrangedor que evita sair com outras pessoas?

» Você tem medo de contar a amigos e parentes próximos a verdade sobre a natureza de seu relacionamento?

» Seu parceiro questiona você sobre para onde vai, quanto tempo ficará fora e com quem sairá de casa?

» Você se sente sufocado pelo seu parceiro?

» Seu parceiro despreza seus amigos e familiares?

» Seu parceiro encontra maneiras de interferir em seus planos de ver outras pessoas?

DICA Se depois de revisar essas perguntas você ainda não tiver certeza se ficou ou não isolado, considere procurar aconselhamento para falar sobre sua situação. Ter uma fonte confidencial para ajudá-lo a separar a realidade dos efeitos do TPB o ajudará a se tornar mais capaz de lidar racionalmente com o que está acontecendo.

Agitando o presente

Se seu parceiro tem TPB, você já notou que a atmosfera em torno de sua relação é carregada de eletricidade. Seu parceiro fica furioso, às vezes sem motivo aparente. Seu parceiro também pode reagir a eventos com um toque de drama.

Pessoas com TPB têm uma grande dificuldade em controlar suas emoções. (Veja no Capítulo 6 mais informações sobre emoções explosivas.) Algumas pessoas descrevem as pessoas com TPB como viciadas em drama e perigo. A viagem de seu parceiro nessa montanha-russa emocional pode causar espasmos em seu estômago e deixá-lo com medo e desamparado.

A história de David descreve como algumas pessoas com TPB anseiam por excitação, embora seus comportamentos de risco assustem as pessoas de quem gostam.

> A chuva e o vento são tão fortes que carros e caminhões param no acostamento, esperando que o tempo melhore um pouco. Os limpadores de para-brisa de **David** estão no máximo, mas a visibilidade é quase zero. "David, você não pode dar uma segurada?", pergunta Ben: "Estou ficando com medo."
>
> "Não me interrompa, Ben. Preciso me concentrar na direção", responde David secamente.
>
> O vento aumenta, e o carro desliza momentaneamente para a outra pista. Ben afunda em seu banco, apavorado, mas quieto. David aumenta a velocidade — zangado com o tempo, mas também entusiasmado com as condições perigosas. Ben se sente impotente; essa não é a primeira vez que seu parceiro faz algo para assustá-lo.

Ben, o parceiro de David, aprendeu com o tempo que, quando reclama dos comportamentos arriscados de David, este explode. Ben se sente impotente para alterar o comportamento do parceiro. Também sente vergonha de contar a alguém sobre suas preocupações. Ele se sente inseguro e preso na relação.

Expressando direitos

Pessoas cujos parceiros têm TPB geralmente se sentem pressionadas a atender às demandas implacáveis e inflexíveis deles. Elas sentem que devem dançar as melodias de seus parceiros, porque são as únicas músicas audíveis no relacionamento. Pessoas com TPB normalmente se sentem no direito de ter suas necessidades atendidas, não importa o quão triviais ou importantes sejam. No entanto, não entendem como suas demandas implacáveis afetam seus parceiros.

Se você tentar resistir às exigências do parceiro, ele provavelmente aumentará a aposta e se tornará ainda mais exigente. Em algum momento, você se pega cedendo. Infelizmente, quando cede, você reforça o padrão de comportamento, tornando mais provável que ele ocorra novamente.

A seguinte história sobre Heather ilustra como alguém com TPB parece egoísta por ser incapaz de ver que faz exigências excessivas ao parceiro.

> **Heather** é auxiliar de laboratório em uma clínica movimentada. Ela chega em casa cansada.
>
> "Sam, o que você fez para o jantar? Estou cansada", diz ela ao marido. Sem esperar por uma resposta, ela reclama: "Você não acredita no dia que tive. Os pacientes tiveram que esperar uma hora no laboratório, e meu chefe ficou rabugento o dia todo. Traga-me uma cerveja."
>
> Heather deita no sofá tirando os sapatos. "Você me ouviu? Onde está o controle remoto? Eu já disse que odeio meu trabalho? Não sei por que você não me dá mais apoio. O que diabos você está fazendo?"
>
> Sam murmura baixinho: "Eu também tive um dia ruim."
>
> "O que você disse? Sam, eu preciso de um banho. Abra o chuveiro para mim? Vou jantar mais tarde. Ei, cadê minha cerveja? Sam? Sam, por que essa atitude?"
>
> "Já vou, Heather, deixe-me abrir uma cerveja para você e preparar seu banho."

Sam se sente abatido e abandonado. Se você perguntasse a Heather como Sam se sentia, ela não saberia dizer. Pessoas com TPB têm dificuldade em se colocar no lugar das outras pessoas. (Veja no Capítulo 8 mais informações sobre este sintoma específico de TPB.) Em vez disso, elas se concentram nos próprios desejos e nas próprias necessidades.

Agindo impulsivamente

Se sua parceira tem TPB, você notará que ela age sem pensar. Ela pode se cortar, beber até ficar embriagada, consumir drogas arriscadas, ameaçar ou tentar o suicídio, apostar, furtar em lojas ou fazer compras de modo irresponsável. (Veja no Capítulo 5 mais informações sobre a natureza da impulsividade e o TPB.) Depois de um tempo, você pode até descobrir que está ficando insensível a alguns desses episódios ultrajantes. Por outro lado, pode nunca se acostumar a eles, e seu coração disparar repetidamente. Nada do que você faz parece ajudar a desacelerar ou interromper o ciclo de impulsividade.

A seguinte história sobre Sandra, uma jovem com TPB, e seu namorado, Aaron, mostra como um padrão de raiva, bebida e automutilação destrói um relacionamento.

> **Sandra** fica com ciúme quando pega o namorado trocando mensagens de texto com uma amiga. "Como se atreve?!", grita ela. "Você é nojento."
>
> "Do que você está falando? Ela é só uma amiga do trabalho. Veja o que escrevi. Não há nada de romântico acontecendo", responde Aaron. "Qual é o problema? Não fiz nada."
>
> "Eu não preciso olhar o que você escreveu. Estou farta de seus flertes. Não aguento mais. Vou sair para me acalmar", Sandra pega a bolsa e as chaves.
>
> "Por favor, Sandra, não faça nada estúpido. Você sabe que da última vez que saiu, ficou bêbada e acabou se sentindo muito mal no dia seguinte. Você teve sorte de não ter sido parada por beber e dirigir. Você não deve dirigir se for ao bar." Aaron se levanta e vai até Sandra.
>
> "Nem chegue perto de mim", diz Sandra, saindo furiosa. "Eu faço o que eu quero. Você não manda em mim." Ela bate a porta da frente ao sair.
>
> Aaron volta a enviar mensagens de texto para a amiga e imagina o dia em que finalmente terá coragem de deixar Sandra.
>
> Sandra vai ao bar do bairro e começa a beber. Depois da quarta bebida, o barman, que a conhece bem, chama Aaron para ir buscá-la. Aaron chega e encontra Sandra apoiada em um jovem, obviamente desconfortável, no bar. Ele espera conseguir levar Sandra para casa sem outra cena.

Como Aaron, parceiros de pessoas com TPB às vezes resgatam seus entes queridos de situações de risco. O comportamento impulsivo e arriscado também inclui escapadas sexuais que pouco fazem para preencher o vazio da pessoa com TPB, mas que causam grande dano ao relacionamento.

Sentindo-se rejeitado e abandonado

Estar envolvido com alguém que tem TPB é um desafio. Pessoas com TPB temem o abandono, mas também temem o envolvimento. Então, em um momento, elas se apegam a um relacionamento e, no outro, correm ou se afastam com raiva.

A seguinte história sobre Andrew e Anita ilustra os comportamentos oscilantes de um homem com TPB e seus efeitos para a nova esposa.

"Você está linda esta noite, Anita", diz **Andrew**, abraçando a esposa e dando um beijo em seus lábios. "Gosto da maneira como arrumou o cabelo, e esse vestido é deslumbrante. É ótimo ter uma jovem e adorável esposa para exibir."

"Obrigada, Andrew, sei que essa festa com seus colegas de trabalho é importante e queria que você se sentisse orgulhoso de mim", diz Anita enquanto ajeita o cabelo e pega a bolsa.

Andrew não responde a princípio. Ele começa a se perguntar por que Anita teve que estragar um bom elogio. Seu bom humor azeda. Ele se afasta dela enquanto fala. "Você acha que preciso de uma esposa para me fazer ficar bem na frente dos meus colegas?"

"Não, Andrew, claro que não. Eu só queria agradar você", responde ela, intrigada com o tom da pergunta. "Não vamos a muitas festas em que temos que nos vestir bem e, hum, não sei. Me desculpe se eu disse algo errado."

"Então agora você está me dizendo que não levo você a festas suficientes. Tento agradá-la, mas você é tão superficial e mimada que nada do que faço basta", Andrew desce as escadas até a cozinha.

Anita o segue e diz: "Andrew, do que você está falando? Só quero estar perto de você. Quero que possamos conversar e ser felizes."

Andrew enche a sala silenciosa com sua fúria. Anita balança a cabeça. "Eu estou louca?!", pensa ela consigo mesma:

Anita não entende o que aconteceu. Andrew começou caloroso e próximo, mas depois ficou com medo. O que o assustou? Talvez a ideia de que, se ele a ama demais, ela pode deixá-lo. Ou talvez um vislumbre de ela flertando na festa. Ou o medo de que o rejeite por alguém melhor. O grande medo de abandono de Andrew se baseia em um profundo sentimento de inferioridade. Esse medo o faz afastar Anita.

Interpretando mal as ameaças à autoestima

Pessoas com TPB têm sentidos frágeis de quem são e quanto valem. Sua delicada autoestima se despedaça facilmente. Parceiros de pessoas com TPB às vezes machucam o senso de identidade de seus entes queridos, muitas vezes sem saber que estão fazendo isso. Pessoas com TPB podem interpretar como prejudiciais comentários feitos com intenção benigna. A mente de alguém com TPB tece uma teia complexa pronta para captar quaisquer observações fugazes e distorcê-las.

A seguinte história sobre Alyssa, uma mulher com TPB, e Mark, seu ficante, é um exemplo de como uma pergunta inocente pode rapidamente se transformar em uma ameaça à autoestima de alguém com TPB.

"Uau, este bife está suculento e macio. Perfeito. Como está sua massa, **Alyssa**?", pergunta Mark.

"Fantástica", responde ela. "Obrigada por me trazer a este restaurante. Adoro conhecer novos lugares", diz Alyssa enquanto sorri.

"Estou feliz por finalmente estarmos saindo. Há muito tempo que vejo você no trabalho. Achei que você nunca sairia comigo. Estou feliz por tê-la chamado, e mais feliz por você ter aceitado", diz Mark, enquanto sorri também.

"Sabe, eu era casada até o ano passado. Fiquei longe dos homens por um tempo. Minha separação foi difícil, e eu precisava trabalhar para conseguir um lugar melhor", confidencia Alyssa. "Mas estou pronta agora para voltar à ativa, e sair com você parece um começo perfeito. Conte-me um pouco sobre você."

"Bem, trabalho nesta empresa desde que terminei o MBA, tem um tempo. Espero ficar aqui mais alguns anos. A empresa tem sido boa para mim. Fui nomeado gerente distrital no ano passado", diz Mark. "E você, quais são suas esperanças e sonhos?"

O rosto de Alyssa fica sério, ela é inundada de tristeza. "Esperanças e sonhos. Isso foi jogado pela janela quando meu casamento acabou. Eu queria uma família. Agora não tenho nada."

"Ah, Alyssa, me desculpe por ter tocado no assunto. Acho que fui indelicado. Eu estava falando sobre o futuro, não sobre o passado. Espero não ter chateado você", diz Mark enquanto pega a mão dela sobre a mesa.

Ela afasta a mão e diz: "Não seja condescendente comigo, Mark. Só porque você é perfeito não significa que tem o direito de esfregar isso na minha cara."

"Alyssa, meu Deus, eu não quis dizer... não sei o que dizer, estou um pouco confuso. A gente pode recomeçar?", pergunta Mark sinceramente.

"Não, Mark. Acho que não. Na verdade, vou embora. Obrigada pelo jantar."

Mark deixa o dinheiro na mesa e leva Alyssa para casa. Ele fica chocado quando ela o convida para entrar e tomar uma bebida. Então recusa, sabiamente.

Alyssa começou a noite de bom humor, e o interesse de Mark a lisonjeou. Apenas perguntando sobre suas esperanças e sonhos, Mark desencadeou uma cascata de reações de autoaversão em Alyssa. Ela mergulhou em um abismo e respondeu com raiva: "Não seja condescendente comigo, Mark." No momento em que chega em casa, entretanto, já superou a explosão e está pronta para uma interação sexual. Essa história ilustra como facilmente — e sem saber — você pode perfurar a autoestima de uma pessoa com TPB.

Segurança Emocional e Física

Ter um relacionamento com alguém com TPB se torna um desafio máximo quando você alia segurança emocional e física. Você provavelmente se preocupa com a segurança de seu parceiro se ele toma parte em comportamentos impulsivos e autodestrutivos, como se cortar, queimar e até mesmo ações suicidas. Você também pode ter preocupações legítimas sobre ser você mesmo abusado, seja esse abuso emocional ou físico. As seções a seguir dão algumas ideias para lidar com esses comportamentos prejudiciais (muitos dos quais descrevemos nas seções anteriores).

DICA

Recomendamos que você busque terapia para si mesmo se tiver um relacionamento próximo com alguém que tem TPB. Esse conselho é particularmente válido se seu parceiro se envolve em autoabuso ou abuso contra você ou contra outras pessoas de sua família. Esses problemas representam ameaças complexas e desafiadoras, que sobrecarregam a capacidade de enfrentamento de qualquer pessoa.

Lidando com o autoabuso de seu parceiro

Nada é mais doloroso do que assistir a seu parceiro se envolver em atos de autodestruição. Você provavelmente se sente culpado, responsável, frustrado ou até com raiva quando vê esses comportamentos em alguém que ama. Mas é importante identificar os próprios limites. Você não é a causa dessas ações e nem pode servir como terapeuta de seu parceiro. Não argumente, racionalize e nem discuta essas questões voláteis. Seu parceiro *não* será receptivo à lógica durante uma explosão.

Agora que dissemos o que não deve ser feito, aqui estão algumas ideias sobre o que fazer:

» Lembre seu parceiro de quaisquer estratégias alternativas de enfrentamento que ele possa ter anotado. (Veja os Capítulos 15 e 16 para exemplos de planos de preparação para emergências e cartões.) No entanto, não sugira estratégias alternativas pela primeira vez durante uma explosão potencialmente violenta ou explosiva. Em vez disso, pratique com antecedência.

- » Lembre-se de que as ações de seu parceiro não dizem respeito a você. Em outras palavras, não as leve para o lado pessoal.
- » Permaneça calmo.
- » Calmamente, diga a seu parceiro que você sairá por um tempo — se os comportamentos não parecerem fatais. Essa ação funciona melhor quando você já disse a seu parceiro que planeja sair por um tempo quando ele se envolver em autoabusos graves.
- » Chame uma ambulância ou a polícia se o comportamento começar a se transformar em violência.
- » Lembre seu parceiro das estratégias de enfrentamento que já funcionaram.
- » Ligue para seu terapeuta e marque uma consulta para discutir suas opções para o futuro.

O que você não pode fazer é assumir a responsabilidade pelas ações de seu parceiro. Obviamente, evite manter armas em locais de fácil acesso, mas saiba que é impossível se livrar de todos os objetos pontiagudos ou armas em potencial.

Saber o que fazer quando você é o alvo do abuso

Raramente as pessoas com TPB fazem mal a seus parceiros de forma consciente e intencional. Em vez disso, elas respondem aos medos com uma incrível intensidade emocional e agem em autodefesa. Mas suas intenções não importam tanto, porque os resultados são os mesmos para seus parceiros, quer pretendessem magoá-los ou não.

CUIDADO

Se você teme por sua segurança física, o único bom plano é pegar as crianças envolvidas, pegar alguns documentos importantes (se tiver) e sair de casa. Não ameace ir embora; apenas faça isso e chame a polícia — de preferência depois de sair de casa, estando em um local seguro.

Quer seu parceiro pretenda ser malicioso ou não, ser abusado nunca é ok. Se você não tem certeza se o comportamento de seu parceiro passou dos limites, procure terapia para ajudá-lo a pensar. O abuso tem uma ampla variedade de formas, incluindo induzir a culpa, ignorar, isolar, ser excessivamente exigente e dar tratamento do silêncio (veja a seção "Compreendendo o Comportamento Borderline nos Relacionamentos" para mais exemplos). Para tornar as situações mais difíceis, o abuso nem sempre é fácil de reconhecer. Além disso, ele tende a aumentar lentamente com o tempo.

DICA

Quer você tenha procurado terapia para si mesmo ou não, terá um controle melhor sobre o que está acontecendo mantendo um registro secreto das interações entre você e seu parceiro. Pessoas com TPB podem fazer você se sentir louco, e um relato objetivo de suas interações o ajudará a encontrar clareza. O segredo é escrever exatamente o que cada um de vocês disse e o que aconteceu, quase como se estivesse fazendo um relatório policial. Com o tempo, ao revisar suas compilações, você perceberá melhor quanto abuso tem se permitindo receber.

Se você tem um terapeuta e vocês dois concluem que permanecer em seu relacionamento é o melhor caminho por enquanto, aqui estão algumas estratégias para minimizar o número de agressões verbalmente abusivas:

- Iniba sua própria raiva; expressá-la só aumentará o conflito.
- Não discuta e nem tente racionalizar.
- Não revide, mas não concorde que você merece o abuso.
- Se você falar, mantenha a conversa simples. Fique focado no presente.
- Expresse empatia pela provável emoção subjacente: medo, ansiedade ou vulnerabilidade. Por exemplo, você pode dizer: "Imagino que você esteja se sentindo muito assustado. Estou aberto para falar sobre seus medos."
- Diga a seu parceiro: "Não consigo lidar com esse problema agora. Preciso dar uma caminhada."
- Não aceite a culpa pela explosão. O comportamento abusivo não é aceitável, mesmo quando algo que você disse o desencadeou.
- Não ameace sair de vez. Você sempre pode decidir fazer isso mais tarde.
- Combine de falar mais tarde, quando todos se sentirem mais calmos.
- Concorde em discordar.
- Não reforce o ataque recapitulando ou implorando.

Além disso, depois que o abuso verbal diminuir, não aceite desculpas. Em vez disso, diga a seu parceiro que o episódio o machucou e que você deseja que ele se esforce para minimizar esses incidentes.

Afastando-se do TPB

Parceiros de pessoas com TPB pensam em terminar o relacionamento. A maioria admite vacilar entre o amor e o ódio, paralelamente aos sentimentos vacilantes de seus parceiros borderlines. Às vezes, parceiros desejam que todo o problema simplesmente desapareça, e alguns até fantasiam que seus parceiros com TPB morrem. Terminar é difícil, mas romper laços com alguém com TPB vai além, sendo também assustador e lancinante.

Debatendo a decisão

Decidir se deve permanecer em um relacionamento com um parceiro que tem TPB costuma ser surpreendentemente difícil. Mesmo que você tenha sofrido abusos e conflitos inimagináveis, seu parceiro pode ter sido charmoso, inteligente, amoroso, atencioso e generoso em muitas outras ocasiões. Muitas pessoas com TPB sentem quando você pensa em uma separação e, em resposta, aumentam o afeto. Além disso, você pode sentir uma terrível culpa e/ou preocupação por seus filhos, por seu parceiro ou por você mesmo. Então, como sair desse dilema?

Uma excelente maneira de encontrar clareza em decisões difíceis como essa é conhecida como *técnica da cadeira*. Use-a para descobrir o que fazer quando não conseguir resolver nada em sua cabeça. O procedimento é bastante simples:

1. **Coloque duas cadeiras semelhantes frente a frente.**
2. **Chame uma das cadeiras de *ficar no relacionamento*.**
3. **Chame a outra de *sair do relacionamento*.**
4. **Sente-se na cadeira *ficar* primeiro.**

   Fale em voz alta para o outro lado imaginário de você sentado na outra cadeira. Explique por que permanecer no relacionamento é o melhor caminho agora. Aponte todos os argumentos que já usou e observe como se sente.

5. **Agora mude e sente-se na cadeira *sair*.**

   Argumente contra o que acabou de dizer e acrescente quaisquer motivos adicionais para o porquê de precisar terminar o relacionamento. Observe como se sente.

6. **Repita. Em outras palavras, continue trocando de cadeira até sentir que esgotou a discussão.**
7. **Considere refazer esse exercício várias vezes até se sentir decidido, seja qual for a decisão.**

Os profissionais de saúde mental há décadas usam essa técnica para ajudar as pessoas a saírem de suas situações mais difíceis. Use-a para uma variedade de dilemas de sua vida. A história a seguir sobre Julia esclarece como essa estratégia funciona na prática.

> Julia é casada com **Thomas**, que tem TPB, há sete anos. Thomas abusou verbalmente dela incontáveis vezes. Ele nunca bateu nela, mas ela ficou terrivelmente assustada com a intensidade de sua raiva. Ele tem sido violento com o cachorro deles e socou as paredes.

Thomas exala doçura, charme e afeto, mas seu abuso emocional esgotou a autoestima, a energia e a felicidade de Julia. Thomas e Julia consultaram quatro terapeutas para aconselhamento de casais; as coisas melhoram por uns meses e depois se deterioram novamente. O último terapeuta diagnosticou Thomas com TPB e previu que, se ele não conseguisse ajuda para si mesmo, o casamento não duraria.

Portanto, Julia procura um terapeuta para ajudá-la a decidir o que fazer. Seu terapeuta sugere a técnica da cadeira. Aqui está o que Julia pensa na primeira vez que tenta a técnica:

Ficar: Thomas é muito amoroso. Ele me dá tudo o que quero e é mão aberta. Ele é gentil com os outros — especialmente com estranhos. Fala com qualquer pessoa quando quer. Ele parece ser amigo de muitas de suas ex-namoradas. Sempre viajamos e conhecemos muitas partes exóticas do mundo. E eu me importo com ele. Ele precisa de mim.

Sair: Você nunca sabe quando Thomas perderá a paciência. Às vezes é com coisas triviais. Já organizei festas quando ele estava bravo, e ele foi embora. Ele não trata meus amigos e familiares com respeito (dá um show quando sente que precisa — mesmo em público). Não tem amigos — apenas conhecidos. Acho que ele ainda vê algumas de suas ex-namoradas em busca de apoio, mas nunca admitirá isso. Ele flerta com estranhas na minha frente e nega que está fazendo isso. Em algumas de nossas viagens, fica com raiva e retraído. Sim, me importo com ele, mas, em algum nível, não confio nele e nem o conheço. Acredito que esteja ferido, mas não consigo alcançá-lo. Sim, ele precisa de mim, mas tem medo de se aproximar — é como se estivéssemos em dois mundos separados.

Ficar: Quando avalio o que eu disse, parece superficial. Tipo, ficarei com ele porque às vezes ele é legal. Mas a verdade é que não confio nele. Nunca sei quando posso desagradá-lo. Ok. Essa deveria ser a cadeira escolhida, mas estou perdendo o controle. O que isso quer dizer?

Sair: Quer dizer que estou lutando para me agarrar à ideia de ficar, mas isso é cada vez menos o que quero fazer. Realmente acho que a generosidade dele com o dinheiro é tão importante? Por que ainda estou aqui?

Ficar: Porque tenho medo.

Sair: Pelo menos estou no caminho certo. Mas por que estou tão assustada? Não tenho amigos?! Também tenho um bom trabalho. E sei que minha família me ajudará.

Ficar: Eu vi como ele trata a ex-mulher; não quero ser tratada daquela forma.

Sair: Sim, isso não será divertido. Mas não posso lidar com isso?

Ficar: Estou ficando sem ter o que dizer.

Julia repete esse exercício mais cinco vezes nas duas semanas seguintes. Cada vez, os argumentos para a cadeira *ficar* ficam mais fracos. Ela consulta um advogado, que a orienta sobre como deixar a relação com segurança.

Como Julia, muitas pessoas mantêm os relacionamentos porque seus parceiros com TPB são apaixonantes, excitantes, afetuosos e generosos. Mas, quando a maré muda, elas lutam para conciliar o contraste. Amigos e familiares às vezes só têm acesso ao lado bom e externo da pessoa que tem TPB. O fato de amigos e familiares acharem que o parceiro com TPB é maravilhoso deixa o parceiro que não tem o transtorno se sentindo um pouco louco ao ouvir pessoas que são muito importantes para ele elogiando o parceiro, que ele acha que pode estar abusando dele verbal, emocional e/ou fisicamente.

Abandonando relacionamentos abusivos se decidir fazê-lo

Não estamos tentando lhe dizer para deixar seu parceiro que tem TPB. No entanto, se sua interpretação da técnica da cadeira, que discutimos na seção anterior, disser que precisa terminar, considere mais uma questão: sua segurança. Recomendamos que siga as seguintes diretrizes se o abuso físico ou emocional grave for uma parte importante de seu relacionamento:

- Não diga ao parceiro que você planeja terminar.
- Converse com seu terapeuta e com seu advogado sobre os recursos locais (incluindo abrigos para violência doméstica).
- Reúna uma sacola com cópias de documentos importantes, como números de contas, certidões de nascimento, registros de saúde, registros escolares, apólices de seguro e sua certidão de casamento, bem como um conjunto de chaves do carro e da casa.
- Faça uma mala com alguns conjuntos de roupas para você e seus filhos.
- Guarde essas sacolas em um lugar em que seu parceiro não encontre ou na casa de um amigo ou vizinho.
- Saque um pouco de dinheiro e guarde-o em algum lugar seguro.
- Se seu parceiro abusivo descobrir que você está planejando ir embora, você corre um risco maior de sofrer abuso, então tome cuidado.
- Se estiver usando a internet para planejar ir embora, certifique-se de sair do navegador, excluir o histórico e desligar o computador quando terminar.

- » Melhor ainda; use o computador de uma biblioteca pública.
- » Considere usar um código com filhos e amigos para que saibam quando precisarem pedir ajuda.
- » Não recorra a drogas ou álcool para ter coragem.
- » Deixe uma nota explicando como entrar em contato com você por meio de seu advogado.
- » Não tenha um último confronto. Saia quando seu parceiro estiver fora de casa, em um momento que seja improvável ele voltar durante sua saída.

CUIDADO Sabemos que muitas dessas recomendações parecem rudes ou mesmo drásticas, no entanto, se você realmente corre o risco de sofrer abuso com base no histórico, não seguir essas etapas pode colocar sua segurança em sério risco.

LEMBRE-SE É extremamente importante evitar que seus filhos sejam expostos a conflitos violentos. Testemunhar a violência prejudica as crianças.

Abandonando relacionamentos não abusivos se decidir fazê-lo

Por outro lado, nem todo relacionamento com alguém que tem TPB é gravemente abusivo. Às vezes as pessoas decidem deixar um relacionamento apenas porque ele é insatisfatório. Se estiver em uma situação semelhante, considere as seguintes diretrizes:

- » Planeje com antecedência. Discuta questões legais com um advogado antes de falar com seu parceiro.
- » Se tiver certeza de sua decisão, não faça mais tentativas de reconciliação.
- » Permaneça calmo. Transmita sua mensagem com clareza, mas não repetidamente. Seu parceiro não precisa de uma explicação elaborada. Mantenha a mensagem simples, curta e focada.
- » A menos que os problemas de seu parceiro tenham diminuído e se tornado mais amenos com o tempo, recomendamos que você evite mais contato após a partida. Obviamente, no caso de filhos e guarda compartilhada, não há escolha.
- » Quando você contar a seu parceiro sobre sua decisão, não permita que suas negociações ou promessas o detenham.
- » Em seguida, saia logo após ter conversado com seu parceiro. Ficar na casa pode ser arriscado, mesmo que o abuso nunca tenha ocorrido. Considere ter alguns amigos ou parentes disponíveis como garantia se as coisas piorarem.

» Espere que seu parceiro com TPB fique extremamente chateado e perturbado, por causa de seus medos de abandono. *Essa reação não é culpa sua, e você não pode evitá-la.* Você pode receber um bombardeio de e-mails, mensagens de texto, súplicas, ligações, ameaças de suicídio e até perseguição. Consulte um terapeuta para obter ajuda com esses problemas. Talvez você precise informar a polícia sobre comportamentos ameaçadores por parte de seu ex-parceiro.

Depois de terminar, você passará por algum grau de luto pela perda do que poderia ou deveria ter sido. Pessoas com TPB podem ser amorosas, excitantes e interessantes, então a perda é grande, mesmo que você tenha certeza de que precisava ir embora. Novamente, sugerimos consultar um terapeuta se achar difícil lidar com as emoções do término do relacionamento.

Permanecendo no Relacionamento

Às vezes, manter o relacionamento faz sentido. Novamente, nem todo mundo em um relacionamento com alguém que tem TPB deve ir embora. Existem motivos válidos para permanecer. As razões para ficar são pessoais e diferentes em cada caso. No entanto, os motivos comuns para ficar incluem os seguintes:

» Você tem uma forte crença no valor do compromisso com o relacionamento, seja ele baseado em motivos religiosos ou morais.

» A terapia parece estar ajudando seu parceiro com TPB a, pelo menos, fazer mudanças constantes ao longo do tempo.

» Você acredita no valor de uma história compartilhada de longo prazo e tem esperança para o futuro.

» Seu parceiro não é física e nem emocionalmente abusivo.

» Você gosta muito de muitos aspectos do relacionamento e da pessoa.

» Existem mais dias bons do que ruins.

» Seu parceiro é um pai maravilhoso e você não quer separar a família.

» Seu parceiro parece melhorar com o passar dos anos, mesmo sem terapia.

CUIDADO

Só porque você tem um bom motivo — ou mais — para permanecer, certifique-se de considerar todos os aspectos do relacionamento. Converse sobre isso com seu terapeuta. Em qualquer caso, nunca é normal aceitar abusos graves.

O que o amor tem a ver com isso?

Se você está em um relacionamento com alguém com TPB, provavelmente se apaixonou por uma pessoa que era interessada em você, excitante e generosa. Durante o namoro, essas qualidades positivas cimentaram seu vínculo. Você pode ter sentido que estava no topo do mundo, e esse sentimento pode ter continuado por muito tempo. Mas, em algum ponto, a pessoa com TPB demonstrou os comportamentos difíceis discutidos neste capítulo.

Essa mudança é confusa, e você quer voltar no tempo, quando seu parceiro era apaixonado, animado e generoso. É por isso que é tão difícil perder a esperança.

A boa notícia é que, com a terapia adequada, com o tempo, as pessoas com TPB melhoram. Se esperar, você descobrirá que a pessoa por quem se apaixonou retornará.

Aguardando o longo prazo

Vamos supor que, por todas as razões certas, você tome a decisão de manter um relacionamento de longo prazo com alguém que tem TPB. Você pode tomar medidas para melhorar esse relacionamento e seu próprio bem-estar emocional:

- » **Entenda o máximo possível sobre o que é TPB, de onde vem e o que significa.** Comece com este livro, revise fontes importantes na web e leia outros livros sobre TPB. Veja no Apêndice recursos adicionais importantes.

- » **Obtenha seu próprio terapeuta.** Esse profissional de saúde mental o ajudará a manter o equilíbrio e a compreender suas lutas de maneira construtiva.

- » **Desenvolva uma rede de apoio de amigos e familiares.** No entanto, não se apoie neles para sessões de reclamação excessivas. Às vezes, amigos e familiares podem tentar convencê-lo a tomar uma posição ou outra a respeito de permanecer no relacionamento. Ouça educadamente, mas converse com seu terapeuta para ter uma perspectiva mais objetiva.

- » **Mantenha-se saudável.** Faça uma boa dieta e exercícios regularmente, aconteça o que acontecer. A meditação também é uma boa ferramenta. (Veja no Capítulo 16 mais informações sobre meditação.)

- » **Mantenha o foco em fazer as coisas funcionarem.** Mas dê a si mesmo permissão para reavaliar se uma tendência ruim ou um comportamento particularmente problemático emergir.

Tomar a decisão de permanecer em um relacionamento com alguém que tem TPB é um desafio. Ao mesmo tempo, recompensas também são possíveis.

> **NESTE CAPÍTULO**
>
> » Procurando sinais de alerta de TPB
> » Vendo os sintomas mais sérios
> » Jogando fora uma tábua de salvação e se salvando
> » Lidando com ameaças sérias
> » Ficando ao lado de um amigo

Capítulo 22
Amigos com TPB

Nunca vimos uma pessoa com transtorno da personalidade borderline (TPB) usar uma camiseta que anuncia ao mundo: "Eu tenho TPB!" Ok, uma ou duas dessas camisas provavelmente estão por aí em algum lugar, mas elas definitivamente não são comuns. Pensando bem, talvez devêssemos fazer uma e ganhar milhões — ou talvez não.

Milhares, senão milhões, de pessoas vivem neste mundo sem divulgar seus diagnósticos para colegas de trabalho e até amigos. Pessoas com TPB não necessariamente se destacam na multidão. Elas se parecem com todos os outros, afinal, não têm nenhum sinal físico externo do transtorno e, em muitos dias, em muitas situações, não agem de maneira diferente das outras pessoas.

No início de um relacionamento, as pessoas com TPB não têm grandes problemas sociais. Na verdade, às vezes são especialmente charmosas e interessantes. É comum uma pessoa se tornar amiga de alguém com TPB sem ter a menor ideia de que ele tem um transtorno da personalidade. Mais tarde, eventos e emoções tomam direções inesperadas.

Neste capítulo, daremos uma olhada nos primeiros sinais de TPB em uma amizade. Exploramos alguns dos problemas que podem se tornar mais sérios e problemáticos. Em seguida, fornecemos algumas dicas sobre como ajudar seu amigo sem cair nas corredeiras perigosas. Vemos como lidar com ameaças sérias à sua segurança ou de alguém de quem goste e como encerrar um relacionamento com alguém com TPB se você decidir fazê-lo. Por fim, se decidir permanecer amigo de alguém que tem TPB, damos algumas dicas para manejar essa amizade.

Reconhecendo Sinais de TPB

Quanto mais cedo você detectar sinais de TPB em um novo amigo, melhor. Reconhecer que um amigo tem TPB no início de seu relacionamento o ajudará a evitar assumir compromissos excessivos e/ou se envolver em uma amizade que pode oprimi-lo.

LEMBRE-SE Caso esteja se perguntando, não estamos sugerindo que evite qualquer relacionamento com alguém que tenha TPB. No entanto, sugerimos que aprenda o máximo que puder sobre o transtorno e seus efeitos nas pessoas que o têm. Se você sabe no que está se metendo antes de se envolver fortemente em um relacionamento com alguém com TPB, definirá limites, aprenderá a não levar tudo para o lado pessoal e decidirá o quanto se envolver.

Então, que sinais procurar em uma nova amizade? Os seguintes sinais de alerta o ajudarão a determinar se deseja ou não levar seu novo relacionamento um pouco mais devagar do que os outros.

» **Muita proximidade:** Seu novo amigo revela detalhes incomumente íntimos no início do relacionamento.

» **Muita bajulação:** Você sabe que é uma boa pessoa e tudo mais, mas quando um novo amigo começa a lançar elogios a torto e a direito, pode ser um problema. Não se deixe levar por elogios.

» **Muito tempo:** Você gosta de passar muito tempo com um novo amigo, mas, como a maioria das pessoas, tem uma vida ocupada. Desconfie de pedidos de mais contato muito frequentes.

» **Muitas mensagens de texto/telefonemas:** Sim, nossos filhos enviam muitas mensagens de texto, e às vezes nós também fazemos isso, mas um novo amigo com TPB pode fazer isso quarenta vezes por dia. Cuidado com esse contato excessivo.

» **Muita sondagem:** Você deseja compartilhar sua vida com os amigos — mas não com todos seus amigos —, e a confiança evolui lentamente com o tempo. Se seu novo amigo lhe fizer muitas perguntas pessoais no início, preste atenção ao sinal de alerta.

» **Não confiável:** Alguém com TPB cancela ou chega atrasado a eventos, encontros etc. Esse problema não é grande coisa, a menos que ocorra sempre. Se um novo amigo cancela encontros com frequência, entenda que esse comportamento indica falta de respeito pelo seu tempo. Cancelar excessivamente ou chegar atrasado também é sinal de transtorno da personalidade narcisista. (Veja no Capítulo 3 mais informações sobre esse e outros transtornos de personalidade.)

» **Muito crítico:** A maioria das pessoas com TPB não critica um amigo no início de uma relação. No entanto, se seu novo amigo se entrega a muitas críticas ásperas de outros amigos ou relacionamentos anteriores, você pode ser o próximo.

» **Longa história de amizades rompidas:** Se você parece ser o único amigo que essa pessoa tem no momento, e se seu amigo tem vários amigos do passado, há algo de errado, não?!

CUIDADO

A lista anterior de sinais não é, de forma alguma, um método para diagnosticar seus amigos! Esses sinais são apenas características que podem causar problemas em seu novo relacionamento em algum momento. Um verdadeiro diagnóstico de TPB requer um profissional. Se iniciou uma amizade que exibe vários dos sinais de advertência, recomendamos que proceda de forma lenta e cautelosa.

A história de Becca mostra como alguém pode facilmente entrar em um relacionamento destrutivo com alguém que tem TPB. Becca nunca conheceu alguém com esse transtorno antes e se vê enredada por algo que ela não entende.

> Becca nota **Amber** de pé, sozinha, no início da trilha. Becca faz parte de um grupo de caminhadas para solteiros há alguns meses. Lembrando como é difícil se enturmar no início, ela vai até Amber e se apresenta. Amber sorri amplamente e diz que se sente nervosa por se juntar a um grupo de solteiros. "Meu divórcio foi finalizado na semana passada, então aqui estou", diz Amber. "Espero encontrar um novo grupo de amigos. Meu ex-marido convenceu a todos que conhecemos de que sou louca e bebo demais. Então não só perdi meu casamento, mas também todos meus amigos."
>
> Becca responde: "Lamento ouvir isso. Saiba que conhecerá muitas pessoas aqui. Tentamos misturar nossas atividades. Às vezes fazemos caminhadas locais e muito trabalho voluntário consertando trilhas. Alguns de nós esquiam no inverno também."
>
> "Becca", Amber lhe dá um abraço. "Estou tão feliz por ter conhecido você. Sei que seremos melhores amigas. Caminha comigo para conversarmos? Preciso contar uma coisa."
>
> "Claro, Amber", diz Becca, receptiva. "Vou apresentá-la a alguns dos outros. O que você tem a me dizer?"

"Bem", começa Amber. "Quero que saiba quem é meu ex-marido, caso haja algum problema."

"Ah, meu Deus, Amber, ele abusou de você?"

"Não, mas ele ficou muito bravo. Ele é advogado, um advogado muito proeminente, e estava bravo comigo. Veja, quando estávamos juntos, bem, o sexo era muito bom. Mas ele trabalhava em horas loucas, e você sabe o que acontece. Também fiquei entediada e sozinha. Então saí uma noite e conheci um cara. Começamos a nos ver. Amigos, sabe. Nada sério. Então meu ex descobriu. Eu disse a ele que era sexo casual, que eu ainda o amava. Mas ele ficou tão bravo que não pude evitar. Acabei contando sobre os outros casos que tive enquanto ele trabalhava. Ele não tinha o direito de se divorciar de mim. Eu era uma boa esposa, você não concorda, Becca?"

Becca não tem certeza se realmente concorda com Amber, mas diz: "Bem, acho que todos nós temos problemas."

Amber agarra a mão dela. "Eu sabia que você entenderia. Que tal sairmos depois da caminhada e tomarmos alguns drinks? Olha aquele cara ali, ele é uma gracinha. Com quantos desses caras você saiu?"

Becca se sente um pouco desconfortável, mas gosta de sair para beber com novos amigos, então diz: "Claro, acho que vai ser divertido. Só saí com alguns desses caras e apenas como amigos."

Nas semanas seguintes, Becca começa a passar mais e mais tempo com Amber, e seus sentimentos inquietantes aumentam. Ela não sabe o que fazer.

Becca não sabe para onde levar esse relacionamento. Amber chegou perto demais rápido demais. E contou detalhes incomumente íntimos sobre sua vida para uma estranha. Por fim, vangloriou Amber, dizendo: "Sei que seremos melhores amigas." Se Becca soubesse o que procurar e reconhecesse os sinais de alerta nos comportamentos de Amber, poderia ter uma ideia melhor do que fazer. Ela poderia não sair para beber com ela depois da caminhada, ou ter confiado em sua sensação de desconforto e encerrado o relacionamento antes de começar.

DICA

Se um novo conhecido como Amber aparecer, você, ainda assim, pode decidir começar uma amizade. No entanto, recomendamos que proceda devagar e com cautela. Se concordar com uma amizade, estabeleça alguns limites desde o início. Por exemplo, não marque encontros frequentes e seja cauteloso sobre o que compartilhar com seu novo amigo sobre sua vida pessoal.

Descobrindo Quando Você Está Vulnerável à Influência do TPB

Assim como uma mariposa é atraída pela luz, algumas pessoas são atraídas pela intensidade emocional de uma pessoa com TPB. Essas pessoas se enquadram em um dos cinco grupos básicos. Esses grupos não são bem pesquisados, mas correspondem a observações do senso comum:

- **Ajudantes e cuidadores:** Ajudantes e cuidadores querem consertar as pessoas. Infelizmente, o melhor amigo zeloso não pode resolver os problemas daquele com TPB e muitas vezes fica magoado, sentindo-se explorado ou frustrado.

- **Pessoas com baixa autoestima:** Quem tem baixa autoestima deseja se sentir melhor consigo mesmo. Ele é seduzido pela bajulação que as pessoas com TPB dão, especialmente nos estágios iniciais da relação. Mas sua autoestima sofre muito quando a bajulação se transforma em desdém.

- **Pessoas que se sentem entediadas:** Alguns indivíduos têm uma necessidade de ter um pouco mais de excitação do que outros. Eles são atraídos para um relacionamento com alguém com TPB porque é emocionante. Eles anseiam por novas experiências, às vezes arriscadas, e esse anseio pode causar problemas para ambos.

- **Pessoas solitárias e vazias:** Algumas pessoas se sentem solitárias. Talvez sejam novas na cidade, não tenham habilidades sociais ou simplesmente não tenham encontrado bons contatos. São vulneráveis à intimidade rápida oferecida por alguém com TPB. Mais uma vez, a proximidade se transforma em desprezo.

- **Apego ansioso:** Algumas pessoas têm um forte sentimento de insegurança em relação a seus relacionamentos pessoais. Esse problema surge na infância, quando podem ter experimentado interrupções frequentes ou rompimentos em relacionamentos íntimos. A pessoa com TPB oferece uma grande dose de adoração e afeição, o que é irresistível para aqueles com apego ansioso. Infelizmente, muitos relacionamentos terminam com outro apego interrompido.

Aqueles que são atraídos por pessoas que têm TPB compartilham alguns problemas semelhantes, como vazio, ansiedade, busca de sensações, preocupação com o abandono etc. De modo geral, muitas pessoas relativamente normais têm alguns elementos em comum com aquelas que têm transtornos da personalidade, como o TPB, mas não apresentam tantos sintomas ou nos mesmos níveis de intensidade. Seu funcionamento diário não é prejudicado. Em outras palavras, todo mundo tem problemas.

LEMBRE-SE — É importante avaliar amigos em potencial no início de uma relação. Terminar cedo um provável relacionamento problemático é muito mais fácil do que fazer isso depois que a amizade se aprofundou. Pessoas que não têm TPB podem desenvolver relacionamentos afetuosos com seus amigos que têm TPB. Infelizmente, os custos às vezes aumentam, o que pode exigir o fim da amizade. Isso machuca vocês dois. Quanto mais intenso for o relacionamento nos estágios iniciais, mais importante será realizar essa avaliação com antecedência e com cuidado.

Detectando Sintomas Graves

Você pode ter conhecido um novo amigo, aparentemente o melhor, e não ter visto nenhum sinal de transtorno da personalidade. Ou talvez tenha ignorado os sinais. Ou talvez seu amigo fosse melhor do que a maioria em manter seus problemas fora de vista no início. Algumas pessoas com TPB se tornam adeptas de esconder seus problemas, embora, com o tempo, suas tentativas falhem.

Alguém ou algo acabará desencadeando os sintomas do TPB de seu novo amigo. O gatilho pode ser algo tão simples como você não ter tempo suficiente para ficar com ele um dia, o que o leva a temer o abandono. Ou uma confusão na comunicação que se transforma em raiva. A única exceção é a pessoa com TPB que emergiu de um tratamento altamente bem-sucedido — nesse caso, ela não tem mais nada a esconder.

Em algum momento de seu relacionamento, seu amigo pode começar por um caminho repleto de comportamentos repreensíveis. Você se sente exausto, sugado por um enorme redemoinho alimentado por comportamentos inexplicáveis, culpa, preocupação e confusão. Não tenha medo, estamos prestes a lhe lançar uma tábua de salvação. A lista a seguir cobre muitos dos sinais graves do TPB (veja na próxima seção ideias para lidar com esses sintomas nefastos):

» **Demandas excessivas:** Agora estamos falando de demandas sérias aqui. Por exemplo, seu amigo pode começar simplesmente pedindo mais alguns favores do que a maioria de seus outros amigos. Mas, então, os pedidos se transformam em demandas mais intensas, como ligações no meio da noite para lidar com problemas emocionais graves. Ou uma exigência de que você o leve ao pronto-socorro para evitar uma tentativa de suicídio.

» **Expectativas de que você escolha um lado:** Pessoas com TPB têm muitos conflitos em seus relacionamentos íntimos, então tome cuidado se seu amigo bombardeá-lo com detalhes sobre esses conflitos e pedir que fique do lado dele.

LEMBRE-SE

Pessoas com TPB relatam erroneamente o que está acontecendo em seus relacionamentos por causa de sua tendência de ver as pessoas como boas ou más. Não seja manipulado para ficar do lado dele em conflitos com seus parceiros. Você não estava lá, então não sabe o que aconteceu.

» **Raiva inesperada:** Muitas pessoas com TPB têm dificuldade em regular suas emoções. Pequenos problemas rapidamente se transformam em explosões.

» **Abuso de substâncias:** Muitas pessoas gostam de beber socialmente. A moderação é difícil para pessoas com TPB. Desconfie de amigos que se embebedam com frequência ou que usam drogas perigosas. O abuso de medicamentos também é comum em pessoas com TPB.

» **Riscos desnecessários:** Se seu amigo é um motorista imprudente, pratica esportes muito arriscados ou faz qualquer coisa que o assusta, isso pode ser resultado do TPB. Não seja seduzido a se juntar a ele.

» **Automutilação:** Se seu amigo tem comportamentos autodestrutivos, como se cortar, queimar ou se autoinfligir qualquer tipo de dor, ele tem um problema sério. Ameaças de suicídio se enquadram nessa categoria, não as banalize.

CUIDADO

Se seu amigo ameaçar suicídio, sugira que ele consulte um profissional imediatamente. Se ele se recusar a obter ajuda, decidir a gravidade da ameaça não depende de você — ligue para o SAMU para obter ajuda.

Lidando com Amigos com TPB

Portanto, o que fazer se seu amigo foi diagnosticado com TPB ou se demonstra sinais graves, como os da seção anterior? Basicamente, lidar com um amigo com TPB recai em duas categorias — o que você pode fazer e o que não pode.

O que fazer

Um amigo com TPB pode ser engraçado, gentil, entusiasmado, brilhante e interessante. Você pode querer manter um relacionamento com um amigo com TPB por ele exibir essas qualidades. Mas esse mesmo amigo também pode parecer tirar vantagem de você e envolvê-lo em situações doentias. Para permanecer amigável, mas não se sentir pisoteado, considere os seguintes pontos:

» **Mantenha a calma.** É provável que um amigo com TPB o provoque de vez em quando com um comportamento desafiador. Se você fica irritado ou zangado, só piora as coisas. Por outro lado, a calma transmite uma boa mensagem a ele. Permanecer calmo, entretanto, não significa que você não possa estabelecer limites razoáveis com seu amigo.

» **Estabeleça limites razoáveis.** Saiba quais são seus limites pessoais. Às vezes as pessoas com TPB podem fazer você pensar que seus limites são excessivos, senão um pouco malucos. Se você está confuso sobre seus próprios direitos e limites como amigo, pergunte a alguém que não tem TPB para ter um feedback. Outra boa maneira de avaliar suas decisões sobre limites é perguntar a si mesmo o que diria a outra pessoa em sua situação. Depois de definir o que é razoável, estabeleça e persista. Falar sem agir só convida ao abuso.

» **Lembre-se de que seu amigo não é intencionalmente malicioso.** Pessoas com TPB não buscam irritá-lo e magoá-lo de propósito. O TPB tem raízes profundas na infância, cultura e biologia. As pessoas não optam por desenvolver TPB. Portanto, despersonalize o comportamento desagradável de seu amigo — lembre-se de que não é pessoal com você.

» **Mantenha suas expectativas razoáveis.** É claro que você deseja apreciar as qualidades positivas de seu amigo, mas também deve esperar um certo grau de crítica, desaprovação, rejeição e imprevisibilidade. Conforme descrevemos no item anterior, você precisa saber o que é aceitável para você e, quando vir algo que não é, saber como responder. Não espere que as pessoas com TPB demonstrem apenas suas qualidades positivas o tempo todo.

» **Pense em quais informações compartilhar.** Você pode ter alguns amigos de confiança com os quais se sente mais à vontade para compartilhar seus segredos mais profundos. Em geral, não recomendamos esse grau de abertura e confiança com alguém que tem TPB. Infelizmente, a impulsividade associada ao transtorno levará a brechas na confiança. Pessoas com TPB podem concordar em manter algo em segredo, mas falar sem pensar mais tarde.

A seguinte história sobre Haley e Michelle demonstra o tipo de definição de limites que às vezes é necessário estabelecer com um amigo que tem TPB.

> Haley é uma boa amiga de **Michelle** há anos. Elas trabalham no centro da cidade e costumam se encontrar para almoçar. Embora Michelle tenha TPB, está sempre se esforçando para resolver seus problemas e faz terapia há quatro anos.
>
> Haley se exercita três vezes por semana em uma academia local. Um dia, na hora do almoço, Michelle pergunta a Haley se ela pode começar a malhar com ela. A amiga concorda. Ao longo dos próximos meses, Michelle cancela no último minuto e, quando aparece, chega atrasada. Em outras ocasiões, ela pede a Haley para mudar os horários, e Haley tenta fazer isso, mas se irrita e começa a evitar Michelle.

Em seguida, Haley reavalia seu compromisso e a amizade com Michelle. Ela pensa em algumas das qualidades positivas de Michelle, como seu grande senso de humor, sua disposição para ajudar quando necessário e seu conhecimento político. No entanto, percebe que precisa estabelecer limites com a amiga sobre a academia para não a rejeitar.

Haley decide que seguirá sua agenda, sem contar com a presença da amiga. Ela diz a Michelle que, para se manter saudável, precisa ir à academia três vezes por semana em determinados horários. Se Michelle se atrasar, Haley continuará sem ela. Se Michelle quiser mudar o dia e a hora, Haley não aceitará, a menos que seja conveniente para ela. Michelle fica zangada com a definição de limites da amiga, mas concorda, não tendo outra escolha. Haley mais tarde estabelece limites com Michelle sobre várias outras questões em seu relacionamento.

Se você tem um amigo com TPB, considere cuidadosamente as questões que poderia melhorar definindo limites, como Haley fez. Você não pode fazer exigências absurdas de seu amigo, mas tem o direito de se defender, de não aceitar abusos e de não permitir que outra pessoa atropele seu tempo e sua programação.

LEMBRE-SE

Amizades são vias de mão dupla. Você pode não receber tanto de um amigo que tem TPB quanto de outros, mas precisa obter algo de positivo do relacionamento para que ele seja saudável. Amizades são escolhas — se você se sentir preso a uma amizade, converse com um amigo, um conselheiro espiritual ou até mesmo procure uma terapia para descobrir o que está acontecendo.

O que não fazer

Pessoas com TPB buscam o apoio de outras sempre que podem. Elas sentem um sofrimento emocional profundo e crônico e procuram desesperadamente por alívio. Em muitos casos, pedir favores e conselhos especiais aos amigos é comum. Às vezes elas até imploram aos amigos que intervenham em seu nome nos conflitos. Como amigo de alguém com TPB, você pode facilmente se sentir absorvido pela amizade e sentir uma intensa culpa por nem sempre estar ao lado do seu amigo.

Cobrimos o que você pode fazer para ajudar a manter um relacionamento com alguém com TPB na seção anterior e agora oferecemos alguns conselhos sobre o que evitar nessa mesma amizade.

» **Não seja o terapeuta de seu amigo.** Em geral, você quer ajudar seus amigos. Provavelmente até os aconselha de vez em quando. Mas lhe daremos alguns conselhos — não assuma o papel de terapeuta do seu amigo! Mesmo quando achar que sabe o que seu amigo deve fazer, não dê o conselho, porque as pessoas com TPB precisam de muito mais do que sugestões sobre o que fazer. Quando você começa a agir como um terapeuta, se sente oprimido e exausto.

> **Não faça mediação entre alguém com TPB e outras pessoas.** Pessoas com TPB entram em vários conflitos com outras pessoas — colegas de trabalho, cônjuges, parceiros e amigos. E, quando o fazem, tentam reunir apoio para sua causa. Elas podem pedir que você intervenha em seu nome ou atue como mediador. Não concorde com tais pedidos. Você não é um mediador treinado e, como amigo, não pode levar objetividade e neutralidade para o jogo.

A seguinte história sobre Brandon e Peter ilustra como as pessoas com TPB convencem seus amigos a intervir em seus problemas pessoais. Brandon começa a tentar ajudar seu amigo Peter e depois se arrepende. Lembre-se de que a situação raramente é tão preto no branco quanto alguém com TPB a descreve.

>Brandon e **Peter** se sentam um ao lado do outro na orientação de novos assistentes médicos. Peter está mudando de emprego para ficar mais perto de casa, e Brandon é recém-formado. No final do dia, eles descobrem que ambos são jogadores ávidos de golfe. Eles trocam contato e marcam um encontro de golfe para a semana seguinte.
>
>A amizade de Brandon e Peter cresce rapidamente, apesar das obrigações familiares e agendas lotadas. Um dia depois do golfe, Peter conta a Brandon que está tendo problemas com a esposa. Surpreso, Brandon pergunta o que está acontecendo. Peter diz a Brandon: "Dou tudo para minha esposa, mas não basta; ela quer que eu concorde com uma casa grande. Não podemos pagar, mas ela não me ouve."
>
>Brandon tem quase certeza de que sabe quanto Peter ganha, porque os dois estão na mesma posição no mesmo hospital. Ele pergunta a Peter: "O que ela quer? Uma mansão?"
>
>"Não, ela quer uma casa de quatro quartos com um quarto familiar para as crianças", responde Peter.
>
>"Bem, você consegue pagar por isso com seu salário e bônus, Peter", diz Brandon.
>
>"Eu poderia, mas ela tem problema com gastos. Está fora de controle. Brandon, você falaria com ela? Eu simplesmente não consigo me comunicar com ela, e ela o respeita", implora Peter.
>
>"Poxa, Peter, eu me sentiria estranho falando com sua esposa sobre os gastos dela. E nem sei o que falar", responde Brandon.
>
>Peter responde: "Você só tem que dizer a ela que ela não deve procurar novas casas nessa economia. Conte um pouco sobre orçamento. Nada profundo, só isso."

Relutante, Brandon concorda. A esposa de Peter fica zangada, porque o marido discutiu os problemas deles com outras pessoas. Primeiro, ela diz a Brandon que não é da conta dele. Então diz que não é a primeira vez que Peter usa os amigos para resolver seus problemas de casamento.

Durante a conversa com a esposa de Peter, Brandon descobre que Peter tem um sério problema de jogo e que foi diagnosticado com TPB. Brandon não sabe em quem acreditar. Ele se arrepende de ter se envolvido.

Peter, como muitas pessoas com TPB, às vezes manipula as pessoas para resolver seus problemas pessoais. Ele não conta toda a verdade, e Brandon se vê perdido. Portanto, evite se meter nos conflitos de seus amigos, mesmo quando eles fazem você se sentir culpado ou responsável por isso.

Lidando com Situações Perigosas

Quando você é amigo de alguém com TPB, raramente vê os momentos mais sombrios. Pessoas com TPB às vezes mantêm seus sintomas escondidos de certas pessoas por longos períodos. No entanto, quanto mais próxima sua amizade se torna, maior é a probabilidade de seu amigo com TPB deixar transparecer seus verdadeiros sentimentos.

Os momentos mais difíceis e assustadores são aqueles em que seu amigo com TPB ameaça se machucar ou se matar. Como conseguir ajudar seu amigo sem se machucar? Os seguintes pontos dão uma ideia:

» Saiba que a automutilação e as ameaças de suicídio são sintomas comuns do TPB. Você não é responsável pela dor de seu amigo.

» Diga a seu amigo que você entende que ele está sofrendo e que a ameaça de se machucar faz parte da doença.

» Tente distrair seu amigo e o encoraje a fazer algo que o ajudou no passado.

» Afaste-se. Não se emocione nem tente usar a lógica para descobrir a situação.

» Recuse-se a testemunhar o autoabuso ou a automutilação.

» Consiga ajuda. Se acha que seu amigo pode agir perigosamente, peça ajuda. Se seu amigo tiver um terapeuta, comece por aí. Não espere. Seu amigo fez uma ameaça, e você deve levá-lo a sério. Não hesite em chamar a polícia se realmente temer pela vida dele.

> Obtenha informações e estude o TPB (comece lendo o restante deste livro). Se decidir manter a amizade, considere entrar em um grupo de apoio para famílias e amigos de pessoas com transtornos mentais, como a National Alliance for the Mentally Ill (NAMI). (Para obter mais informações sobre esse grupo, acesse `www.nami.org`, em inglês.)

Terminando um Relacionamento

Se está em um relacionamento com alguém que tem TPB, pode decidir interromper o relacionamento em algum momento. Seu amigo pode tê-lo esgotado com exigências e pedidos de conselho e ajuda ou com o drama diário. Se decidir terminar o relacionamento, você pode se perguntar como fazer isso e lutar contra a culpa por abandonar alguém que tem tantas necessidades. Cobriremos essas questões nas próximas seções.

Indo embora

Você provavelmente pode pensar em inúmeras maneiras de deixar uma amizade — afinal, Paul Simon apareceu com cinquenta maneiras de deixar um amante. Seu ponto era que qualquer método funciona, e isso é verdade também quando você está deixando alguém com TPB. Mas oferecemos alguns conselhos específicos a serem considerados quando decidir encerrar um relacionamento com um amigo que tem TPB.

> **Primeiro, considere o que chamamos de negligência benigna.** Em outras palavras, diga não algumas vezes, esteja mais ocupado do que o normal, não tenha pressa em responder e fique menos disponível. Com um pouco de sorte, isso funcionará. Se não, continue lendo.

> **Torne a mensagem curta e clara.** Não recite uma longa lista de razões; alguém com TPB provavelmente não ouvirá e nem processará de qualquer maneira.

> **Não discuta com seu amigo.** No momento em que disser que está terminando a amizade, seu amigo não será capaz de ouvir a lógica ou o raciocínio adjacente.

> **Fale com seu amigo em um lugar público.** Esse conselho parece um pouco injusto, afinal, seu amigo pode se emocionar e ter vergonha de se expressar na frente de outras pessoas. No entanto, você fica mais seguro quando as pessoas estão por perto. Se tiver certeza absoluta de que seu amigo não tem histórico de raiva ou violência, considere uma conversa particular.

- **Escrever uma carta ajuda.** Especialmente se seu amigo já mostrou raiva ou outros sinais de potencial para a violência, comunique-se por escrito.

- **Não enrole.** Depois de tomar a decisão de encerrar o relacionamento, não deixe seu amigo convencê-lo a desistir. Pessoas com TPB odeiam se sentir abandonadas, então seu amigo pode tentar todos os tipos de maneiras para convencê-lo a permanecer. Lembre-se de antemão de que você tomou sua decisão e que a cumprirá — não importa o que seu amigo diga ou faça. Enrolação só prolongará a dor de vocês dois.

- **Mantenha a calma.** Seu amigo pode ficar muito emocionado, seja por choro, seja por medo, seja por raiva. Pratique o que for dizer e como, sozinho ou com outro amigo, antes do confronto.

- **Não volte mais tarde.** Seu amigo pode surpreendê-lo e ficar calmo, aceitando o que você tem a dizer. Nesse tipo de situação, a tentação de reconsiderar aumenta. Talvez seu amigo tente se reconectar em algumas semanas ou meses. Mais uma vez, se seus motivos para encerrar o relacionamento forem sólidos, não se deixe seduzir para reingressar no relacionamento.

LEMBRE-SE Terminar amizades nunca é uma coisa divertida de se fazer, mas você tem o direito de esperar que uma amizade o faça se sentir bem. Não deixe que uma amizade o faça se sentir infeliz. Afinal, a vida é curta demais para isso.

Lutando contra a culpa

A maioria das pessoas que decide encerrar qualquer amizade sente uma certa culpa ao fazê-lo, mas aqueles que encerram relacionamentos com pessoas com TPB se sentem especialmente culpados, porque seus amigos precisam de muita ajuda. Eles podem pensar que foram responsáveis por encorajar e promover o relacionamento, e isso pode ser verdade. Mas mesmo quando você desempenhou um papel importante em levar essa pessoa para sua vida, não fica para sempre em dívida com seu amigo. Considere os seguintes pontos:

- Você provavelmente não percebeu que seu amigo tinha TPB quando o relacionamento começou. E, mesmo que tivesse percebido, não previu o impacto destrutivo que a amizade teria em sua vida.

- Você tem direito a ter amizades que não o deixem em constante estado de preocupação.

- Mesmo que seu amigo com TPB tenha feito muitas coisas maravilhosas por você, você não pode concluir que deve a essa pessoa uma amizade vitalícia em troca. Muitas pessoas com TPB são habilidosas em se expor de maneiras extraordinárias aos amigos, especialmente no início de um relacionamento, mas com frequência infligem um tributo emocional enorme de outras maneiras.

» Sua culpa pode transbordar se seu amigo ameaçar se machucar ou cometer suicídio quando você tentar terminar o relacionamento. Perceba que tais ameaças equivalem a uma chantagem emocional. Você não pode se considerar responsável pelo comportamento autodestrutivo de outra pessoa. Consulte um terapeuta se você se sentir oprimido na relação ou por encerrá-la. Além disso, leia a seção "Lidando com Situações Perigosas", anteriormente neste capítulo.

LEMBRE-SE

Não recomendamos que você termine um relacionamento com alguém que tem TPB em todos os casos. Algumas dessas amizades fornecem um equilíbrio razoável de características boas e ruins, que, no geral, valem a pena.

Ficar com um Amigo que Tem TPB

Como já dissemos muitas vezes neste livro, as pessoas com TPB às vezes são verdadeiramente fascinantes, afetuosas, criativas e interessantes. Elas podem ser ótimas companheiras. Portanto, se decidir manter a amizade por essas razões, crie limites fortes e conheça seus próprios limites. Entenda que existem custos e também benefícios. Finalmente, lembre-se de que, com um tratamento eficaz, as pessoas com TPB melhoram. O relacionamento pode valer seu tempo e esforço. A decisão é sua.

> **NESTE CAPÍTULO**
>
> » Reconhecendo os primeiros sinais de alerta de TPB
> » Dando uma olhada nas causas
> » Obtendo a ajuda de que você precisa
> » Amando e estabelecendo limites ao mesmo tempo
> » Cuidando de você e de todos os outros

Capítulo **23**

Filhos com TPB

Pessoas da área de saúde mental costumavam debater se era apropriado diagnosticar alguém com transtorno da personalidade borderline (TPB) e/ou outros transtornos da personalidade durante a adolescência. As pesquisas dos últimos anos estabeleceram amplamente esse debate em favor de permitir tal diagnóstico durante a adolescência, quando os sintomas são crônicos e estáveis há mais de um ano. No entanto, alguns médicos permanecem relutantes em fazer esse diagnóstico durante a adolescência.

Os que se opõem a fazer o diagnóstico argumentam que o TPB consiste em um padrão de relacionamentos instáveis, impulsividade e mau humor (conforme discutido no Capítulo 3), todos os três comportamentos relativamente comuns em adolescentes. Portanto, os próprios sintomas que sugerem o transtorno são comportamentos normais de adolescentes. Além disso, os adolescentes ainda estão desenvolvendo a personalidade e mudam bastante ao longo dos anos. Finalmente, eles afirmam que dar um diagnóstico de TPB é estigmatizante.

Os médicos a favor de fazer um diagnóstico de TPB durante a adolescência afirmam que os tratamentos para TPB durante a adolescência são eficazes e, sem um diagnóstico, seriam menos acessíveis. Além disso, embora os adolescentes sem o transtorno às vezes ajam sem pensar, tenham problemas com os relacionamentos e lutem com a identidade, a maioria não se encaixa nos critérios completos para um diagnóstico de TPB. Mas, quando atendem a eles, é importante que recebam tratamento.

Neste capítulo, examinamos os primeiros sinais de alerta do TPB, discutimos alguns fatores de risco que os pais devem conhecer e aconselhamos sobre como obter ajuda. Por fim, damos algumas dicas aos pais de crianças e adolescentes que podem estar desenvolvendo TPB.

Os Primeiros Sinais de Alerta

As diferenças entre pessoas de 2, 12 e 18 anos são enormes. As crianças crescem, amadurecem e mudam rapidamente. Ao mesmo tempo, algumas consistências ocorrem ao longo das idades. Uma mãe pode descrever o filho de 2 anos como destemido porque ele corre, em vez de andar, sobe em coisas e faz muitas travessuras. Esse mesmo menino com 12 anos pode mostrar o mesmo traço de destemor, mas suas ações podem ter mudado para escalada, esqui aquático e sair sozinho em longas caminhadas. Aos 18 anos, ele pode se interessar por esportes radicais, não mostrar medo de falar em público e demonstrar uma independência incomum. O traço de destemor, como muitos traços, continua ao longo da vida do menino, mas se mostra de maneiras diferentes em várias idades.

Muito parecido com o destemor do exemplo anterior, as emoções excessivamente reativas, um dos principais sintomas do TPB, também aparecem no início da vida de uma criança. Crianças com essa característica podem ter dificuldade em ir para a cama sem ter um acesso de raiva, ter problemas para compartilhar coisas com outras crianças e ficar extremamente passionais quando são separadas de seus cuidadores. Na idade escolar, as crianças com instabilidade emocional podem ficar aborrecidas demais ao receberem feedback negativo, se envolverem em brigas frequentes com os colegas quando discordarem deles e ter crises de raiva quando estiverem frustradas. Adolescentes com essa instabilidade emocional podem ter acessos frequentes de raiva, ansiedade ou fúria. A partir desses exemplos, é notório que certos traços podem persistir ao longo da infância, adolescência e idade adulta.

No entanto, nem todas as características permanecem estáveis ao longo do tempo. Um menino destemido pode se tornar um adulto ansioso depois de passar por um evento traumático. Ou uma menina reativa emocionalmente pode conquistar controle sobre suas emoções com uma paternidade eficaz ou uma boa psicoterapia. E a mudança continua sendo possível ao longo da vida. Sempre há esperança.

Comportamentos problemáticos

CUIDADO

Mesmo que você seja um profissional de saúde mental, nunca é uma boa ideia tentar fazer um diagnóstico de seu próprio filho ou de outro familiar!

A lista a seguir representa comportamentos e reações preocupantes que seus filhos podem apresentar de vez em quando. Mesmo que seu filho não tenha sido diagnosticado com TPB, vale a pena verificar e abordar estes sintomas.

» **Reações emocionais intensas:** A menor frustração as desencadeia. Seu filho pode ter uma reação exagerada quando perde o ônibus, tira 7 em um teste, esquece o dever de casa ou não tem permissão para ficar fora até tarde. A reação emocional a eventos como esses inclui chorar, gritar, se sacudir, ter um ataque ou praguejar.

» **Defesa em resposta a desprezos percebidos:** Seu filho criança ou adolescente pode responder com muita raiva, explosões ou desânimo quando não é escolhido para um time ou uma peça da escola, um amigo não o convida para uma festa, um professor o critica ou experimenta uma rejeição semelhante.

» **Pensamento paranoico:** Quando seu filho adolescente entra no refeitório da escola e vê que o colega com quem queria se sentar não separou um lugar para ele, pode responder com indignação e ciúme pela suposta rejeição. Comportamentos como esse indicam um estilo de pensamento paranoico. Outros exemplos de responder a situações de maneira paranoica incluem acreditar que os outros estão conspirando contra ele, que os professores o estão perseguindo ou se preocupar que as pessoas estejam sempre olhando para ele.

» **Cortes:** Se já viu cicatrizes, feridas abertas ou outros sinais de corte ao longo dos braços, pernas ou torso de seu filho, procure um profissional de saúde mental o mais rápido possível. A única exceção é se ouvir uma história lógica, plausível e coerente que explique as marcas — e não perceber o reaparecimento delas.

» **Outros tipos de automutilação:** Outros sinais de automutilação incluem queimaduras, marcas de alfinetes e ações "acidentais" repetidas que resultam em lesões corporais. Entenda que seu filho talvez não seja capaz de revelar esses comportamentos e pode muito bem mentir para impedir que você saiba o que está acontecendo. Na maioria das vezes, os adolescentes encobrem comportamentos de automutilação para evitar a vergonha intensa de deixar os pais saberem de seus problemas.

» **Relacionamentos intensos e instáveis:** Certo, os adolescentes costumam ter relacionamentos bastante instáveis, mas a maioria deles tem algumas amizades que duram anos. Se seu filho tem um padrão de fazer amigos, sentir-se incomumente intenso em relação a eles e depois abandoná-los por motivos inexplicáveis, procure ajuda. Outros adolescentes podem mostrar um medo intenso do abandono por parte de seus amigos e familiares.

» **Mudanças de humor severas:** Mais uma vez, os adolescentes tendem a mostrar mau humor, no entanto, esse sintoma refere-se à passagem do desespero absoluto à euforia total. Os humores mudam rápida e intensamente e, em geral, são incompatíveis com a situação.

» **Ameaças de violência:** As crianças às vezes dizem que "odeiam" os pais. Ocasionalmente, podem até gritar que querem matá-los. No entanto, se seu filho começar a destruir propriedades, atacar você ou ameaçar com violência amigos ou professores, leve essas ameaças a sério. Recomendamos que você e seu filho consultem um profissional de saúde mental com urgência.

» **Autoimagem e senso de identidade instáveis:** A maioria dos adolescentes luta contra esse problema, no entanto, quando contam apenas com as opiniões dos colegas para determinar como se sentem sobre si mesmos e desconsideram outras evidências, sua autoimagem oscila descontroladamente. A identidade deles costuma ser ameaçada ou intensificada por uma única "curtida" ou comentário nas redes sociais. Esses adolescentes às vezes também lutam com mudanças rápidas na identidade sexual. Não importa a identidade sexual que um adolescente escolha; são mudanças rápidas e instáveis que indicam confusão e problemas emocionais.

» **Transtornos alimentares:** Os transtornos alimentares (que muitas vezes ocorrem com o TPB) variam desde a preocupação excessiva com o ganho de peso até a limitação drástica da ingestão de alimentos, a compulsão alimentar (comer quantidades incomumente grandes de comida de uma vez) até purgação (vômito autoinduzido ou uso excessivo de laxante), e até se exercitar excessivamente para controlar o peso. Se notar esses ou outros sinais de transtornos alimentares em seu filho, procure avaliação profissional, pois eles podem ser fatais.

» **Busca de sensações/impulsividade:** Adolescentes e impulsividade andam juntos como batatas fritas e ketchup, no entanto, o tipo de impulsividade de que estamos falando aqui é mais extremo do que o da maioria dos adolescentes. Muitos adolescentes experimentam um ou dois incidentes de furto em uma loja, mas ser pego uma vez geralmente encerra seus experimentos. A impulsividade problemática em adolescentes se refere a comportamentos como furtos repetidos e graves em lojas, comportamentos sexuais promíscuos, direção incomumente imprudente, gastos descontrolados, abuso de substâncias pesadas (em oposição à experimentação) e danos frequentes à propriedade. Novamente, muitos adolescentes batem o carro de vez em quando, mas você deve se preocupar se ocorrerem acidentes de carro como resultado de uma direção selvagem e imprudente. Se não tiver certeza se o comportamento de seu filho se enquadra nessa categoria, consulte um profissional.

Buscando um diagnóstico

Muitas crianças às vezes mostram esse tipo de resposta ou comportamento passional. As crianças passam por estágios ou têm reações ao estresse que parecem extremas. Além disso, os adolescentes apresentam muitos dos sintomas do TPB em algum ponto. Qual adolescente não é, pelo menos ocasionalmente, impulsivo, dramático, emocionalmente reativo e irritável? Para que um profissional de saúde mental diagnostique adolescentes com TPB, os sintomas devem ser exagerados e fora do comum, e devem persistir em várias situações. Em outras palavras, só porque seu filho é rebelde e rabugento, não significa que tenha TPB.

Os pais desejam compreender e ajudar seus filhos, no entanto, eles amam tanto seus filhos que não conseguem ser totalmente objetivos na imagem que têm deles.

DICA Se seu filho criança ou adolescente mostrar alguns dos sinais de alerta que descrevemos na seção anterior, consulte um profissional de saúde mental com experiência em diagnosticar crianças e adolescentes. Embora um profissional experiente possa evitar dar um diagnóstico de TPB a uma criança ou adolescente, você precisa entender que algum tipo de tratamento ainda será útil. Converse com o terapeuta sobre os tipos de tratamento disponíveis.

Observando os Fatores de Risco

Sugerimos que você leia o Capítulo 4 para obter informações detalhadas sobre os vários fatores de risco do TPB, especialmente se seu filho exibir alguns dos sinais de alerta que descrevemos na seção "Comportamentos problemáticos", deste capítulo. Se seu filho não apenas mostra comportamentos perturbadores semelhantes aos do TPB, mas também vários fatores de risco para desenvolver TPB, suas preocupações devem aumentar. Nesse caso, procure um profissional o quanto antes. Os fatores de risco mais graves são:

» **Conflitos familiares:** Divórcios, conflitos conjugais graves, dificuldades financeiras e mudanças frequentes são exemplos de fatores estressantes que podem afligir as famílias — especialmente as crianças.

» **Genética:** Se um dos parentes próximos de seu filho tem TPB ou algum outro transtorno mental sério, os riscos de seu filho desenvolver um aumentam.

» **Abuso ou trauma:** Se seu filho foi abusado por um ou mais pais, outros parentes, colegas ou professores, o risco de ocorrência do TPB aumenta.

» **Separação ou perda precoce:** Crianças que experimentam a perda de um pai, irmão ou outro parente próximo, especialmente várias vezes, têm um risco maior de desenvolver um problema emocional sério, como o TPB.

» **Paternidade inadequada:** Às vezes, quando os pais são muito jovens ou quando seus próprios pais foram modelos desafiadores e difíceis, eles simplesmente não sabem como ser pais de maneira eficaz. A paternidade ineficaz também aumenta os riscos de ocorrência de TPB em seu filho.

Observe que alguns desses fatores de risco estão diretamente relacionados aos pais, tanto como resultado de conflito parental quanto de má educação deles ou abuso. Isso significa que estamos culpando os pais pelo TPB dos filhos? Em uma palavra, a resposta é: não. As causas do TPB são muitas, e descobrir uma específica para qualquer pessoa é impossível.

No entanto, também não estamos deixando os pais de lado. Se você sente que explodiu com seus filhos com mais frequência do que gostaria, não sabia como lidar com as emoções desafiadoras deles e/ou esteve em um casamento de alto conflito, será benéfico consultar um profissional de saúde mental para assistência. Criar filhos é uma tarefa difícil, e a maioria dos pais às vezes se sente inadequada. Quando seu filho mostra sinais de um transtorno emocional, a dificuldade da tarefa aumenta exponencialmente — quer você tenha contribuído para ele ou não.

LEMBRE-SE

Mesmo que você não tenha sido um pai perfeito (seja lá o que isso signifique), e mesmo que tenha contribuído para o problema de seu filho, agora é a hora de entrar em ação. Faça parte da solução, não apenas do problema.

Encontrando a Ajuda Certa

Há poucos estudos que analisaram o tratamento de adolescentes com TPB. Esses estudos sugerem que os mesmos tipos de tratamento que funcionam com adultos, com algumas modificações, têm sucesso com adolescentes. No entanto, os estudos permanecem esparsos. Há algumas razões para isso. Em primeiro lugar, continua a haver relutância por parte dos profissionais em diagnosticar menores de 18 anos com TPB. Em vez disso, eles costumam diagnosticar crianças que apresentam sintomas de TPB com outros transtornos mais "apropriados para crianças". Portanto, seu filho pode apresentar sintomas de TPB, mas receber um diagnóstico de outro transtorno, em vez de TPB. Além disso, muitos adolescentes carecem de maturação intelectual para compreender e se beneficiar ao máximo da psicoterapia. Por fim, adolescentes com problemas nem sempre comparecem à terapia. Então você já imagina por que é tão difícil estudar o que funciona para eles.

Por causa da relutância mencionada em atribuir aos adolescentes um diagnóstico de TPB, os seguintes diagnósticos são comuns para adolescentes com sintomas semelhantes aos do TPB:

» **Transtorno de conduta:** Padrão de comportamento que inclui destruição de propriedades, agressão a pessoas e animais, violação de regras e fraude.

» **Transtorno desafiador opositivo:** Crianças com esse transtorno apresentam um padrão de comportamento hostil, incluindo discutir com adultos, irritar-se facilmente, culpar os outros e ser suscetíveis ou irritáveis.

EDIÇÃO ESPECIAL PARA CRIANÇAS COM TPB

Crianças e adolescentes com sintomas de TPB têm problemas na escola. Se os problemas emocionais de seu filho prejudicam seu aprendizado, ele pode se qualificar para receber ajuda ou acomodação na escola sob a proteção da educação especial. A categoria de *prejudicado emocionalmente* permite que seu filho faça parte de um programa individualizado na escola para melhor atender as suas necessidades. Para se qualificar, seu filho deve passar por uma avaliação educacional e psicológica completa. Um professor, um psicólogo escolar e outros profissionais da escola completam essas avaliações.

Várias organizações de pais o ajudarão a entender melhor os programas de educação especial que muitas escolas públicas oferecem. Acesse um dos seguintes sites para obter mais informações, em inglês:

- `www2.ed.gov/parents/needs/speced/resources.html`
- `www.pacer.org`
- `www.wrightslaw.com`
- `www.parentpals.com`
- `www.cec.sped.org`

» **Transtorno explosivo intermitente:** Envolve agressões verbais explosivas frequentes, acessos de raiva, gritos ou brigas, com a agressão física ocorrendo frequentemente envolvendo propriedades, animais e pessoas. Essas explosões são impulsivas e muito desproporcionais ao evento desencadeador.

» **Transtorno bipolar:** É um diagnóstico complicado, que inclui alternâncias de mania (sentir-se grandioso, dormir mal ou falar muito rápido) e depressão. Veja no Capítulo 3 mais informações ou leia *Bipolar Disorder For Dummies*, de Candida Fink e Joe Kraynak, 3ª edição (Wiley).

» **Transtorno de deficit de atenção e hiperatividade:** Inclui problemas para controlar impulsos, esperar, concentrar-se, interrupção alheia, inquietação e erros descuidados.

Mais de um terço dos adolescentes hospitalizados por motivos psiquiátricos apresentam pelo menos algumas características de TPB. Uma minoria deles receberá o diagnóstico de TPB nos anos posteriores, mas a maioria não receberá. No entanto, você pode usar as mesmas estratégias que os profissionais usam para tratar o TPB para tratar muitos dos sintomas de outros transtornos.

LEMBRE-SE

Obter o diagnóstico correto é menos importante do que obter uma boa ideia dos sintomas de seu filho criança ou adolescente. Se seu filho apresentar sintomas de TPB, procure um profissional de saúde mental para tratá-los. Se seu filho adolescente tem problemas com abuso de substâncias, é necessário procurar um programa ou terapeuta especializado em abuso de substâncias na adolescência. Se seu filho adolescente age impulsivamente, busque alguém que o ajude a desenvolver um plano de comportamento ou, possivelmente, um profissional que determine se seu filho tem TDAH ou algum outro tipo de problema de impulsividade. Além disso, se seu filho apresenta sintomas de depressão, é preciso procurar um profissional com experiência em lidar com depressão juvenil.

Amor Bandido

Se um de seus filhos apresenta sintomas graves de TPB, ele se torna facilmente o centro do universo familiar. Você pode se pegar considerando como cada atividade, decisão ou plano o afetará. Ele aprovará sua decisão ou ela desencadeará uma tempestade de raiva rebelde? Se você sair à noite, seu filho ficará seguro? Ele machucará o bebê, como ameaçou fazer algumas vezes? Você quer fazer a coisa certa para todos os envolvidos — o que inclui você, seu filho com transtorno mental e o restante da família. Você quer mostrar amor e apoio a seu filho, mas também deve estabelecer limites. Fazer as duas coisas não é fácil.

Apoiando sem acatar

Alguns pais acham que, com bastante amor, resolverão os problemas emocionais dos filhos. Eles se preocupam com a possibilidade de prejudicar a autoestima dos filhos se não lhes dedicarem sentimentos positivos incondicionais. Eles hesitam em mostrar desaprovação, temendo que isso desencadeie raiva, automutilação ou suicídio. Então eles os elogiam sempre que podem e dão desculpas para a irritação dos filhos. Eles pisam em ovos em relação ao mau comportamento dos filhos e defendem os filhos das críticas que os professores, treinadores e pais de outras crianças fazem.

Infelizmente, esses esforços são equivocados. As crianças não se beneficiam de não terem que lidar com a realidade de seu comportamento. Os pais que dão desculpas e protegem os filhos apenas adiam as consequências inevitáveis — relações rompidas, automutilação, abuso de substâncias ou mesmo prisão. Assim, filhos cujos pais os protegem de assumir a responsabilidade por suas ações têm muito mais probabilidade de ser responsabilizados no tribunal da vida — chefes, amigos e até juízes.

Uma razão pela qual os pais lutam para repreender os filhos com sintomas de TPB é que os filhos tornam isso muito difícil. Em muitos casos, eles se enfurecem e depois mudam para um modo afetuoso e amoroso (por um tempo, pelo menos) quando você lhes dá o que querem.

PAPO DE ESPECIALISTA

Os psicólogos chamam esse fenômeno de *reforço negativo*. O reforço negativo ocorre quando você retira algo desagradável após a ocorrência de um comportamento. Considere um adolescente gritando e esperneando para usar o carro da família. O pai quer que o barulho e o drama parem. Frustrado, joga as chaves do carro para ele. A gritaria e os gritos param no ato, e o filho vai embora com um sorriso malicioso. A cessação da gritaria é altamente recompensadora para os pais, mas aumenta as chances de o ciclo se repetir. É assim que funciona o reforço negativo. Em suma, filhos com sintomas de TPB se livram da raiva quando você lhes dá o que querem, e, como resultado, você se sente reforçado por ceder.

LEMBRE-SE

A autoestima sólida se baseia na realidade, não em elogios e exaltações falsos. A confiança vem do trabalho árduo e do acompanhamento. As crianças não aprendem nenhum desses conceitos importantes quando você atende constantemente às suas demandas.

É importante dizer a seus filhos — mesmo àqueles com sintomas graves de TPB — que você os ama, no entanto, também precisa avisá-los quando seus comportamentos forem inaceitáveis. Essa estratégia é chamada de *estabelecer limites*.

Estabelecendo limites

Crianças com sintomas de TPB costumam ter acessos de raiva, desobedecer às regras e parar de ouvir os pais. Por sua vez, os pais ficam zangados e frustrados quando os filhos se recusam a fazer o que eles pedem. Obviamente, esse tipo de situação não é bom para pais ou filhos. Mas como definir limites se não o fez de forma consistente até esse ponto?

Temos algumas sugestões para lidar com comportamentos típicos do TPB:

» **Peça ajuda.** Se estabelecer limites não era algo natural para você no passado, um terapeuta o ajudará muito nisso. Os terapeutas o guiarão pelo processo de estabelecer limites para seu filho com problemas emocionais e colocarão seus pés no chão quando estiver incerto sobre como fazê-lo. Recomendamos um terapeuta que tenha sido treinado em *terapia cognitivo-comportamental,* que envolve o ensino de novas maneiras específicas de pensar e se comportar, bem como estabelecer limites e consequências para o comportamento.

» **Seja específico.** Diga a seu filho exatamente o que você quer que ele faça ou não. Não diga a ele para parar de ser um pirralho; em vez disso, diga que você quer que ele fale sem deboche.

» **Seja direto.** Declare consequências explícitas para o comportamento inadequado. Por exemplo, diga a seu filho que você reterá uma quantia específica da mesada para cada infração à nova regra.

» **Seja firme.** Depois de criar uma regra, siga em frente. Não fale só por falar — isso só piora as coisas. Não defina uma regra ou consequência que você não poderá cumprir. Portanto, por exemplo, não proíba a TV se não houver uma forma de desligá-la quando você não estiver em casa.

» **Mantenha a calma.** Se você sentir raiva, afaste-se da situação e lide com ela quando se acalmar. Pessoas com sintomas de TPB precisam de um modelo de calma e capacidade de lidar com emoções difíceis. Afinal, você não quer modelar um comportamento de TPB.

» **Não dê muitas explicações.** Explique o motivo da regra ao defini-la. Diga uma vez e não se envolva em diálogos passionais sobre os motivos toda vez que ocorrer um comportamento inadequado. Não dê sermões — seu filho sabe os motivos.

» **Não dê ouvidos a argumentos.** Esse ponto desenvolve o anterior. Os filhos adoram usar argumentos como "Todo mundo faz isso", "Você não é justo" ou "Meu irmão não precisa fazer isso" e assim por diante, para induzir à culpa e convencê-lo de que você está sendo ilógico. Ser sugado por esses argumentos torna as coisas piores, porque seu filho sente que pode influenciá-lo ou controlá-lo quando você continua envolvido na discussão.

DICA

Além de seguir as sugestões anteriores, recomendamos que leia *O Método Kazdin: Como educar crianças difíceis*, de Alan Kazdin e Carlo Rotella, e *Seu Adolescente Desafiador: 10 passos para resolver conflitos e reconstruir seu relacionamento*, de Russell Barkley e Arthur Robin. Esses livros fornecem muitas informações sobre como lidar com as dificuldades de crianças e adolescentes com comportamentos semelhantes aos decorrentes do TPB.

Você pode estar se perguntando como se manter firme quando seu filho atinge níveis inacreditáveis, como ameaçar ferir os irmãos — ou até ameaças de suicídio.

Gostaríamos muito de lhe dar algumas soluções rápidas e fáceis para esses dilemas, mas a verdade é que não há. Crianças e adolescentes com TPB muitas vezes aprendem a colocar seus pais em vínculos enlouquecedores e insolúveis e, assim, acabam exercendo um poder chocante sobre todos na família. Há algo que você possa fazer para desatar esse nó de marinheiro? Leia nossas sugestões na próxima seção.

Lidando com uma criança perigosa ou fora de controle

Nem pense em tentar lidar com problemas e ameaças que envolvam danos físicos em potencial sem procurar a ajuda de um terapeuta qualificado. Seu terapeuta o ajudará a desenvolver um plano até mesmo para as piores ameaças.

DICA

Se seu filho faz uma dessas ameaças graves pela primeira vez — e você ainda não envolveu um terapeuta —, considere fazer uma avaliação em um pronto-socorro. Sim, é provável que você tenha uma espera longa e tediosa. No entanto, essa espera por si já é uma consequência útil para seu filho por ter feito a ameaça. Se seu filho fez a ameaça para manipulá-lo, você diminui a probabilidade de que ele tente algo semelhante novamente com essa consequência. Se a ameaça de seu filho era séria, você está no lugar certo para receber tratamento imediato. Em ambos os casos, o pronto-socorro o encaminhará para um terapeuta competente.

Além disso, considere algumas das seguintes opções para lidar com ameaças e comportamentos perigosos e fora de controle:

- » **SAMU:** Se você tem medo de um perigo iminente, ligue para a emergência.

- » **Tratamento hospitalar:** Seu terapeuta ou o pronto-socorro geralmente organiza esse tratamento para estabilizar a criança fora de controle e providenciar o próximo estágio do tratamento. Os profissionais de saúde mental não costumam encorajar o tratamento hospitalar de forma repetida.

- » **Tratamento residencial:** Nos EUA, nesta abordagem, raramente usada, as crianças são enviadas para um ambiente residencial controlado, por um longo período (pelo menos um mês). Nesses ambientes, as crianças recebem terapia individual, terapia de grupo, treinamento de habilidades sociais, terapias diversas, educação e consequências estruturadas para seu comportamento. Os profissionais de saúde mental não recomendam essa abordagem com tanta frequência quanto algumas outras, principalmente por causa de seus altos custos e resultados incertos.

- » **Acolhimento familiar:** Nos EUA, nesta abordagem, os pais abrem mão temporariamente da custódia dos filhos para que pais adotivos, treinados em lidar com problemas emocionais sérios, melhorem o comportamento. Embora um tanto radical, essa estratégia salva vidas em casos raros e graves. Nos Estados Unidos, o governo pode pagar pelos custos. Busque o departamento relevante em seu estado (como Departamento de Crianças, Jovens e Famílias, Departamento de Serviços Humanos ou Departamento de Serviços Sociais e de Saúde) para descobrir se seu estado oferece esse tratamento gratuito ou, pelo menos, tem um auxílio para tal.

- » **Colégios internos terapêuticos:** Novamente, nos EUA, esta estratégia é bastante cara, no entanto, essas escolas são preparadas para lidar com problemas comportamentais e emocionais complicados, de modo que os benefícios dessa forma de tratamento às vezes superam os custos.

- » **Programas de terapia na natureza:** Nos EUA, estes programas duram de um a dois meses e envolvem ensinar as crianças a se dar bem com outras pessoas em condições desafiadoras. As crianças também aprendem habilidades para aumentar a confiança por meio de atividades físicas, como cordas, escalada e vida ao ar livre. Eles podem fornecer uma pausa muito necessária para os pais e, às vezes, ensinam aos adolescentes habilidades cooperativas de sobrevivência. (Observe o aviso após esta lista.)

» **Outras locações fora de casa:** Às vezes um tio carinhoso, avô ou amigo próximo da família pode estar disposto a cuidar de seu filho com transtorno emocional por um tempo. Se seu filho tem um relacionamento bom e sólido com essa pessoa, e ambas as partes estão dispostas, esta opção pode ser útil.

CUIDADO

Sempre que qualquer locação for considerada para um adolescente com comportamento fora de controle, faça sua parte. Procure avaliações ou reclamações online. Houve vários processos judiciais sobre abuso de jovens em alguns programas na natureza. Além disso, alguns internatos terapêuticos foram considerados ineficazes. Revise as qualificações da equipe em termos de licenciamento e quaisquer reclamações éticas. A qualidade desses programas varia. Converse sobre essa opção com seu terapeuta ou com o terapeuta de seu filho, que orientará essa decisão.

CUIDADO

Seja qual for a opção que escolher, o objetivo é encontrar o cuidado e a assistência que farão com que todos seus familiares se sintam seguros. Não deixe uma criança com sintomas graves de TPB colocar você ou seus outros filhos em perigo.

Tempo de tela e redes sociais

A idade média para as crianças nos EUA obterem seu primeiro smartphone é 10 anos, e essa média está tendendo a cair. Crianças com idades entre 8 e 12 anos passam cerca de 4 a 6 horas por dia em suas telas. Os adolescentes passam de 7 a 9 horas.

Não é de se admirar que a influência do tempo de tela no bem-estar emocional tenha sido questionada. As pesquisas são claras: quanto mais tempo crianças e adolescentes passam em suas telas, mais as seguintes preocupações aumentam:

» Dificuldade em completar tarefas.
» Controle limitado das emoções.
» Diminuição da curiosidade em relação à vida.
» Problemas para fazer amigos.
» Argumentatividade.
» Aumento da ansiedade e depressão, especialmente entre adolescentes.

- » Capacidade reduzida de adiar as recompensas.
- » Atenção reduzida.

Obviamente, o tempo de tela também tem benefícios. A programação educacional e a pesquisa são exemplos convincentes. A capacidade de as pessoas se comunicarem em todo o mundo e manterem contato com amigos e familiares também foi uma dádiva. Portanto, não recomendamos remover as telas. No entanto, preste atenção à quantidade total e à qualidade do tempo dedicado a essa atividade.

DICA

A American Academy of Pediatricians recomenda o seguinte:

- » Não há tempo de uso para crianças com menos de 2 anos, exceto para bate-papo por vídeo com a família.
- » Crianças em idade pré-escolar devem ter permissão para assistir a uma programação de alta qualidade de apenas uma hora por dia.
- » Não se deve permitir que a mídia interrompa o sono, os exercícios, o tempo com a família e outros momentos importantes de adolescentes. Não há um limite definido para o tempo de tela, mas deve-se prestar atenção se os comportamentos de vida positivos têm espaço.

CUIDADO

Crianças com desafios emocionais são especialmente vulneráveis ao cyberbullying e ao tempo excessivo de tela em geral. Os pais devem monitorar ambos os problemas.

Cuidando de Todos os Outros: Incluindo Você Mesmo

Presumimos que você tenha garantido a segurança de sua família, bem como a de seu filho com problemas emocionais. A segurança vem em primeiro lugar. Mas, depois de estabelecer a segurança básica, atenda às necessidades de todos na família, não apenas as de seu filho com sintomas de TPB. Muitas vezes, um casamento ou parceria se acaba pelo estresse de ter um filho com sintomas graves de TPB.

Você não pode deixar seu filho com problemas emocionais agir como um buraco negro que suga toda a atenção, foco e satisfação da família. Cuidar de uma criança difícil exige energia. Uma forte parceria e conexão familiar ajudam você a recarregar as baterias. Nesse sentido, certificar-se de que a família se envolve em um número razoável de atividades prazerosas é importante — quer a criança com sintomas de TPB as acompanhe ou não.

Paternidade de Adultos com TPB

A maioria das pessoas com filhos adultos pode olhar para trás em seus anos como pais e pensar em muitas coisas que mudariam se pudessem. O arrependimento é especialmente comovente quando seu filho adulto tem TPB. Sem dúvida, você pode compilar uma longa lista de erros que cometeu.

Mas uma coisa que você não pode fazer é compensar seus possíveis erros ao tentar consertar a vida de seu filho adulto. Se tentar fazer isso, você pode piorar as coisas. Seu filho agora é um adulto e deve ser responsável por sua própria vida e recuperação.

Ainda assim, é provável que seu filho adulto com TPB peça sua ajuda, financeira, emocional ou prática. Aqui estão nossos conselhos para você:

» Certifique-se de que seu filho esteja em tratamento antes de pensar em ajudar.

» Se decidir fornecer ajuda, essa ajuda deve ser *limitada* e discutida com o profissional envolvido no tratamento de seu filho.

Lembre-se de que limitar sua ajuda é, na verdade, para benefício de seu filho adulto, porque as pessoas com TPB precisam descobrir como viver sua própria vida. A dependência contínua apenas reforça seus velhos padrões.

» Nunca tente ser terapeuta ou conselheiro de seu filho.

Sim, lidar com um filho adulto com TPB — ou com qualquer filho com TPB — é extremamente difícil e exaustivo, no entanto, ao seguir nossas sugestões, você melhorará a habilidade de seu filho de lidar com a situação. E você pode preparar o caminho para obter o tratamento adequado para ele. Finalmente, você pode melhorar o ambiente para toda a família, não permitindo que os problemas de seu filho dominem.

NESTE CAPÍTULO

» Vivendo o luto pela infância perdida

» Definindo limites para pais com TPB

» Obtendo apoio de outras pessoas

Capítulo **24**

Pais com TPB

Criar filhos saudáveis exige sacrifício, energia e compromisso, e os pais com TPB normalmente não têm os recursos necessários para fornecer um ambiente saudável para os filhos. Essa falta de recursos não significa que eles não possam ser pais maravilhosos — às vezes. Mas, com frequência, ficam sobrecarregados pelos próprios problemas emocionais e negligenciam ou, no pior dos casos, maltratam os filhos.

Se seu pai tem TPB, você provavelmente tem mais do que sua cota de memórias difíceis. Você pode se lembrar de ocasiões em que se sentiu abandonado ou teve de assumir responsabilidades excessivas. Também pode se lembrar de aventuras emocionantes ou períodos em que seus pais o colocaram em um pedestal. Um pai com TPB pode alternar entre ser o melhor dos melhores os pais e o pior dos piores — ter um pai com TPB é uma montanha-russa emocional.

CUIDADO

Não recomendamos tentar diagnosticar nenhum familiar com TPB ou com qualquer outro transtorno emocional. Embora apresentemos informações sobre os sintomas do TPB no Capítulo 3, comparar os comportamentos de seus pais a esses sintomas não é um diagnóstico. Mesmo descrever seu pai a um profissional não pode resultar em um diagnóstico formal, porque os profissionais não podem diagnosticar alguém sem vê-lo. No entanto, este capítulo é útil para filhos adultos que estão cientes de que seus pais apresentam características semelhantes às do TPB ou para aqueles que sabem que os pais foram diagnosticados por um profissional.

Depois de crescer, você deve lidar com as memórias de sua infância, bem como com quaisquer problemas contínuos com seus pais. Neste capítulo, mostramos como aceitar o que aconteceu e como superar o passado quando um de seus pais tem ou teve TPB. Descrevemos como entender um pai que tem TPB e como definir expectativas realistas para seu relacionamento com ele. Também damos ideias sobre como estabelecer limites para viver uma vida sem caos. Oferecemos alguns conselhos para obter suporte que o ajudará a encontrar um lugar melhor. Finalmente, damos algumas dicas sobre como aumentar sua própria resistência emocional.

DICA

Neste capítulo, usamos majoritariamente *pai* tanto para pai quanto para mãe, de modo genérico, em vez de *pais*, porque ser criado por uma pessoa com TPB é muito mais comum do que por duas. Obviamente, exceções a essa regra aparecem de vez em quando.

Vivendo o Luto pela Infância Perfeita

Talvez você assista à televisão ou a filmes e veja histórias de famílias maravilhosas, quase idílicas — compostas de filhos e pais que brincam juntos, conversam, resolvem problemas juntos e mostram ternura e amor uns pelos outros. Talvez você se sinta enganado, porque, diferentemente dessas famílias da TV, a sua era instável e cheia de conflitos. Bem, as famílias da televisão e do cinema não são reais. A maioria das famílias reais tem altos e baixos, pontos fortes e fraquezas.

Mas, se você cresceu em uma família com um pai que tem TPB, seus altos podem ter sido maiores e seus baixos certamente foram menores do que os da maioria. O caos e o estresse provavelmente permearam a atmosfera. Você tem um bom motivo para sentir que perdeu algo. As seções a seguir o ajudarão a compreender os efeitos que seus pais com TPB causaram em você. Nem todos terão tido a mesma experiência, porque os sintomas de TPB variam de pessoa para pessoa. Ao explorar o impacto que o TPB teve em sua infância, você pode superar seu passado e começar a viver uma vida melhor para si mesmo no presente.

O impacto do TPB nos filhos

Filhos criados por pais com TPB correm maior risco de sofrer de depressão, abuso de substâncias, problemas de comportamento e outros transtornos emocionais do que os criados por pais sem transtorno da personalidade. Esse alto risco faz sentido quando você considera que os sintomas do TPB de seus pais provavelmente os expõem a conflitos crônicos, ameaças de violência, abuso de substâncias e emoções imprevisíveis durante a infância.

As interações entre mães ou pais com TPB e seus filhos impactam negativamente o desenvolvimento normal. A Tabela 24-1 lista algumas maneiras comuns de os pais com TPB se relacionarem com seus filhos e alguns dos impactos que esses padrões têm nestes.

TABELA 24-1 Impacto de Pais com TPB nos Filhos

Comportamentos Típicos de Pais com TPB	Possíveis Efeitos nos Filhos
Relacionamentos instáveis: Um pai com TPB pode mudar de parceiro várias vezes.	A imprevisibilidade leva a sentimentos de intensa insegurança, ansiedade e preocupação, bem como ao medo do abandono.
Explosões de raiva: Os pais com TPB têm discussões inflamadas, explosões de temperamento e até mesmo violência ou abuso.	Esse modelo parental pode impedir que os filhos aprendam a regular suas próprias emoções. Eles ficam extremamente agressivos, ansiosos ou deprimidos.
Cisões: Os pais com TPB podem esbanjar elogios e amor aos filhos em um dia e bombardeá-los com culpas, críticas e desprezo no outro.	Essa cisão pode levar os filhos a terem uma autoestima instável — sentindo-se melhor do que os outros às vezes e muito pior em outras.
Problemas para entender os outros: Os pais com TPB podem não ter a capacidade de ler e compreender seus filhos e, portanto, não ter empatia.	Os filhos têm dificuldade em compreender suas próprias emoções e as dos outros.
Dissociação: Os pais podem estar em outro mundo e ser incapazes de atender às necessidades dos filhos.	As crianças se sentem negligenciadas e podem, no final das contas, desenvolver uma sensação de privação emocional ou, às vezes, compensar com permissividade.
Impulsividade: Os pais com TPB podem ceder ao abuso de substâncias, jogo, promiscuidade ou outros comportamentos impulsivos.	As crianças podem sentir uma preocupação avassaladora ou exibir, elas próprias, comportamentos semelhantes.
Automutilação: Alguns pais com TPB apresentam autoabuso por meio de tentativas de suicídio, suicídio real ou automutilação.	As crianças podem ficar deprimidas ou desenvolver comportamentos semelhantes.
Carência: Os pais com TPB podem ser incapazes de cumprir suas próprias obrigações diárias e, portanto, voltar-se para os filhos e sobrecarregá-los com responsabilidades excessivas.	Essas crianças podem desenvolver ansiedade ou mesmo transtorno obsessivo-compulsivo. Também podem ficar ressentidas e com raiva.
Violação de limites: Os pais com TPB violam os limites pai/filho, exigindo que os filhos se tornem seus melhores amigos e até atendam mais às necessidades emocionais dos pais do que às próprias.	Essas crianças podem se concentrar abertamente nas necessidades de outras pessoas ou ficar tão confusas sobre seus papéis que lutam para interagir bem com os colegas.

LEMBRE-SE Os pais têm TPB por vários motivos, incluindo fatores biológicos, sociais e psicológicos. (Veja no Capítulo 4 mais informações sobre as causas do TPB.) A maioria dos pais deseja criar filhos saudáveis, mas um transtorno da personalidade como o TPB atrapalha. Apresentamos essa tabela para que você entenda melhor como pode ter sido afetado por seu pai problemático, não como munição para culpá-lo.

Você pode notar que muitos dos efeitos nos filhos mostrados na Tabela 24-1 são consistentes com os sintomas emergentes do TPB. Essa tendência faz sentido, porque ter um pai ou mãe com TPB aumenta a probabilidade de os filhos o desenvolverem. O risco também aumenta para a maioria dos outros transtornos emocionais, como ansiedade e depressão.

LEMBRE-SE Ao mesmo tempo, você precisa perceber que pode ter um pai com TPB e acabar sem nenhum problema emocional grave. O TPB tem muitas causas, portanto, prever quem o terá com base apenas nos pais é impossível. Você pode não ter herdado os genes relevantes ou pode ter tido influências positivas que atenuaram suas chances de desenvolver o transtorno.

Revendo seu relacionamento com seus pais

A seção anterior ilustra como o TPB em um pai afeta os filhos de várias maneiras. No entanto, ainda mais valioso é entender exatamente como *seu* pai com TPB (ou traços semelhantes ao TPB) afetou você e *sua* infância. Com toda a probabilidade, você experimentou pesar por causa desses efeitos ou o fará em algum momento no futuro. Afinal, ter um pai com TPB significa que você perdeu algo muito significativo — especificamente a infância que todas as crianças desejam ter.

E, a menos que você tenha ajuda profissional para resolver esse problema, esse processo de luto ainda virá à tona.

Aceitando o luto com as perguntas de exploração do luto

Comece a resolver o luto revisando todas as facetas do relacionamento que você teve ou ainda tem com seu pai com TPB. Considere responder às seguintes perguntas de exploração do luto sobre esse relacionamento:

» Como foi sua infância com esse pai?
» O que você valorizava em seu pai e o que era problemático para você?
» O que aprendeu com seus pais (incluindo coisas boas e ruins)?
» Que ressentimentos você carrega hoje de seu relacionamento com esse pai?

> E por aquele pai pelo qual você se sente grato?

> Como sua vida seria diferente hoje (de boas e más maneiras) se seu pai não tivesse tido TPB?

> Que coisas seus pais não poderiam prover para você e que recebeu por meio de outra pessoa (como seu outro pai, um amigo, outro parente ou um professor)?

DICA

Analisar com atenção as lembranças do passado, como álbuns de fotos antigos, boletins escolares, cartas ou diários há muito esquecidos, facilita sua revisão.

Reserve um tempo para refletir sobre suas respostas a essas perguntas. Observe seus sentimentos ao fazer isso. Você pode sentir alguma angústia ou dor ao ponderar sobre essas questões. Discutir suas respostas e seus sentimentos com um amigo de grande confiança ou talvez com seus irmãos (se você se sentir próximo deles) pode ser útil para você. Se seus sentimentos são especialmente dolorosos ou difíceis, considere procurar ajuda profissional para resolvê-los.

LEMBRE-SE

O objetivo do luto é avaliar plenamente o significado de seu relacionamento com um pai problemático. À medida que entende essa relação — as partes boas e as complicadas —, você descobre que é mais capaz de se desapegar e seguir em frente. Carregar ressentimento e raiva só lhe causa dano — apegar-se a essas emoções não muda seu passado nem seu futuro.

Expressando seus sentimentos

Depois de processar completamente seu relacionamento de infância, considere escrever uma carta para seu pai com TPB. Não recomendamos enviar a carta, porque a questão não é mudar seu pai nem o fazer pedir desculpas. Em vez disso, a intenção é lhe dar uma saída para você expressar seus sentimentos. Por outro lado, se estiver trabalhando com um terapeuta que recomende o envio de uma carta desse tipo, considere fazê-lo.

A seguinte história sobre Ella, agora com 32 anos, ilustra o que pode acontecer quando um filho adulto reflete sobre sua infância com uma mãe que tem TPB.

> **Ella** se lembra de comemorar seu 12º aniversário na sala de emergência de um hospital. Sua mãe havia tomado outra overdose de medicamentos, e a espera em uma noite de sábado foi longa. Enquanto a mãe estava inconsciente em uma maca, algumas enfermeiras souberam de seu aniversário e compraram um bolo para ela na máquina de venda automática. Elas pegaram algumas velas de aniversário usadas no posto de enfermagem e cantaram parabéns para ela por volta das 2h. A mãe de Ella havia sido diagnosticada com TPB, e essa foi sua 4a hospitalização após tentar suicídio.

Anos e muitas sessões de terapia depois, Ella ainda tem questões com a mãe, mas agora ela se sente pronta para dizer adeus ao ressentimento e à raiva que envenenaram sua vida. Depois de revisar suas respostas às perguntas de exploração do luto, ela escreveu esta carta para a mãe:

Querida mãe,

Você está bem? Sei que não ligo muito para você e, quando vejo seu nome no identificador de chamadas, não atendo. Você provavelmente se sente muito magoada com isso, e eu sinto muito.

Lembro-me de toda a terapia familiar que fizemos quando eu era adolescente. Nunca parecíamos capazes de conversar um pouco sem que uma de nós ficasse brava. Perdi muitos anos sem conseguir superar minha raiva e meu ressentimento.

Mas ultimamente estou melhor e queria tirar algumas coisas do meu peito. Primeiro, não há nada mais assustador para uma criança do que ter uma mãe tentando se matar. Eu não consigo nem sequer mensurar o quão assustada eu ficava. Ao mesmo tempo, eu ficava furiosa com você, com os médicos que pareciam não ajudar e com todas as outras pessoas do mundo. Eu sentia muita raiva e medo. Era mais ou menos assim que eu me sentia — o tempo todo.

Nunca tinha pensado no quanto você deve ter sofrido também, e eu me culpava por não poder ajudá-la. Agora entendo que não pude ajudar ou entender; eu era muito jovem. Aprendi muito sobre o transtorno da personalidade borderline e agora vejo que você provavelmente fez o melhor que pôde e que eu não poderia fazer nada para ajudá-la. Eu me lembro de como você era divertida quando se sentia bem. Sei que você tentou. E algumas vezes você foi bastante presente. Talvez em algum momento eu tente ligar para você, de vez em quando, mas por enquanto preciso manter um pouco de distância.

Com amor, Ella.

Embora Ella se sentisse pronta para escrever essa carta para a mãe, ela não a enviou, porque a mãe continuava instável. Ela se sentiu melhor depois de escrever a carta, embora não tenha mudado nada, mas isso lhe permitiu se livrar de um pouco da amargura e do ressentimento. Sua dor pela infância perdida começou lentamente a diminuir.

Seguindo a Vida

Você não pode refazer o passado, mas pode permanecer preso nele para sempre se não descobrir como perdoar e deixá-lo para trás. Perdoar não significa esquecer ou dizer que tudo o que aconteceu é ok. Perdoar significa se permitir seguir em frente.

E agora? Você é um adulto com a própria vida para tocar. Se seu pai com TPB ainda lhe causa conflitos e turbulências, você tem trabalho pela frente. É necessário estabelecer limites melhores para proteger a si mesmo e a vida que está vivendo agora, quer envolva amigos, trabalho, um parceiro e/ou seus próprios filhos.

Definindo limites

As pessoas estabelecem *limites* em torno de si mesmas e de suas vidas para evitar que os outros interfiram constantemente. Quando você tem clareza sobre seus limites, os outros geralmente os respeitam. Por exemplo, temos limites sobre chamadas telefônicas — não atendemos o telefone depois das 22h, a menos que o identificador de chamadas mostre um amigo próximo ou familiar. Atendemos porque esses amigos e familiares sabem que não gostamos de atender ao telefone tarde, a menos que seja algo muito importante ou urgente. Nossos amigos e familiares respeitam esse limite que estabelecemos.

As pessoas estabelecem limites em torno de uma variedade de questões, incluindo necessidades de espaço, tempo a sós, privacidade e intimidade. Pessoas com TPB nem sempre entendem os limites interpessoais ou a necessidade de respeitá-los, portanto, talvez você precise ser incomumente claro ao comunicar suas expectativas a pais que têm TPB.

Para definir limites com um pai com TPB, considere os seguintes problemas:

» **Decida o que é importante.** Pergunte a si mesmo o que você deseja definir como limite. Algumas pessoas consideram seu tempo pessoal primordial. Outras acham que a privacidade é crucial. Algumas podem decidir que qualquer contato com os pais é tóxico. Lembre-se, o que é importante para você é decisão *sua*.

» **Imponha seus direitos.** Isso é difícil de entender para os filhos adultos. Como adulto, você tem o direito pleno de conduzir sua própria vida. Você e somente você pode ser o juiz final do que precisa e deseja. Seus amigos, seu outro pai, seus irmãos ou outras pessoas podem pressioná-lo a resgatar seu pai com TPB. Você provavelmente já percorreu esse caminho muitas vezes antes e só encontrou um beco sem saída após outro. Portanto, decida o que funciona para você. Faça da *sua* vida sua prioridade.

» **Dê o recado.** A imprecisão, a ambiguidade e a falta de clareza não ajudam a estabelecer bons limites. Transmita sua mensagem o mais claramente possível e não faça rodeios. Você também não precisa ser mesquinho ou rancoroso. Você pode dizer a um pai: "Não atenderei mais a seus telefonemas no trabalho. Se necessário, bloquearei. Meu trabalho não pode ser interrompido." Ou talvez diga a seu pai: "Você não pode beber nas festas de aniversário dos meus filhos. Se chegar com bafo de álcool, insistirei para que saia. Pedirei um carro e não o deixarei dirigir. Tô falando sério!" Você também pode dizer a seu pai: "Não discutirei mais meu casamento com você."

E você não precisa explicar por que está estabelecendo esses ou quaisquer outros limites. Não estamos lhe dizendo quais limites definir, mas é preciso deixá-los claros e explícitos, como nos exemplos anteriores.

» **Lide com as consequências emocionais.** Não espere que seu pai celebre seus novos limites. É provável que seu pai com TPB se sinta insultado ou rejeitado por você. Ele pode tentar chantageá-lo culpando você. Não o deixe persuadi-lo a mudar de ideia. Abrir uma fresta da porta incentiva seu pai a invadir, deixando você se sentindo soterrado e violado.

» **Ajuste seus limites conforme o necessário.** Definir limites com um pai problemático não é preto no branco. Você pode sentir necessidade de colocar mais barreiras quando seu pai estiver se comportando especialmente mal. Em alguns casos, ele pode melhorar com o tempo, o que permite que você afrouxe um pouco os limites. Em outras ocasiões, suas necessidades podem mudar, o que o levará a colocar barreiras mais altas ou mais baixas.

Definir limites claros pela primeira vez é desafiador. Leia na próxima seção ideias sobre como obter apoio para seus esforços.

DICA

Existem tratamentos eficazes para o TPB. Se seu pai não foi tratado ou se não obteve sucesso, reserve um tempo para procurar alguns recursos. Apresente suas descobertas a seu pai, mas apenas uma vez. Não é sua responsabilidade fazê-lo seguir adiante. Como se costuma dizer, você pode conduzir um cavalo até a água, mas não pode obrigá-lo a bebê-la.

Solicitando apoio

Viver com alguém que tem TPB é muito difícil. Ser filho de alguém com TPB pode ser extremamente doloroso. Pense em uma criança pequena levando um curativo para um pai que se cortou propositalmente. Os sentimentos de impotência e terror são avassaladores. Você não precisa se perguntar por que filhos adultos de pais com TPB correm maior risco de ter problemas emocionais.

Portanto, se você sofre, saiba que não está sozinho. Outros seguiram o mesmo caminho e passaram por ele. Consiga ajuda. Aqui estão algumas opções:

- » Procure terapia com um profissional com experiência em lidar com o TPB.
- » Junte-se a grupos de apoio e aprenda sobre o transtorno que atrapalhou sua vida.

Veja, no Apêndice, sites e recursos adicionais.

Tornando-se mais resiliente

Seu objetivo não deve se concentrar em ter uma vida perfeita. Isso não existe. Pessoas resilientes já enfrentaram muitos contratempos. No entanto, quando se deparam com tempos difíceis, têm a capacidade e a determinação para seguir em frente. Mesmo depois de vários obstáculos ou fracassos, elas trabalham para aprender com essas experiências e se tornam mais fortes. A boa notícia é que a maioria das pessoas com infância desafiadora acaba bem: elas têm resiliência.

Perceba que ter uma infância difícil pode ter até algumas vantagens. Lidar com um pai com TPB o ajuda a compreender e a sentir empatia pelos outros. Às vezes até abre caminho para torná-lo emocionalmente mais forte. O segredo é evitar se sentir como uma vítima indefesa e compreender que origens difíceis têm muito a lhe ensinar sobre como lidar com a adversidade.

> **NESTE CAPÍTULO**
>
> » Reconhecendo os primeiros sinais
> » Deixando de lado seu ego e se concentrando no cliente
> » Estabelecendo limites sérios — e cumprindo-os
> » Cuidando de você mesmo

Capítulo 25
Pacientes com TPB

A complexidade do transtorno da personalidade borderline (TPB) pode causar arrepios na espinha de alguns terapeutas de saúde mental. Os clientes com TPB apresentam vários problemas, incluindo comportamentos impulsivos, problemas de relacionamento, abuso de substâncias, desregulação emocional e alto risco de suicídio. Na verdade, 10% das pessoas com TPB acabam cometendo suicídio. O profissional de saúde mental responsável pelo tratamento sente muita angústia e dor quando a vida de um cliente termina assim.

Não é de admirar que muitos terapeutas se sintam despreparados para enfrentar os desafios de uma pessoa com TPB. Outros terapeutas, sem saber, aceitam pessoas com TPB em suas práticas e se envolvem em um relacionamento complexo e emaranhado, que acaba saindo do controle. Assim, eles se pegam fornecendo um apoio desmedido, abrindo grandes exceções ou se sentindo irritados e aborrecidos com seus pacientes com TPB, mesmo sem saber bem o porquê.

Ao mesmo tempo, tratar pessoas com TPB é recompensador de maneiras únicas. As mudanças podem ocorrer mais lentamente do que em outros casos, e os obstáculos podem parecer mais assustadores. Mas perseverar e dar a alguém com TPB as ferramentas e as habilidades de que precisa para ter uma vida melhor dá a você, terapeuta, a oportunidade de usar todos seus talentos e treinamento. E nada é mais satisfatório do que ver a vida de alguém mudar com a sua ajuda.

Neste capítulo, fornecemos algumas diretrizes para reconhecer precocemente o TPB em seus pacientes. Discutimos como entrar em contato com seus próprios pensamentos e sentimentos, bem como evitar que interfiram na terapia que está fazendo. Também observamos a importância de estabelecer limites razoáveis para todos seus pacientes, incluindo aqueles com TPB. Por fim, recomendamos várias maneiras de cuidar de si mesmo. Os terapeutas precisam ter certeza de atender às suas próprias necessidades de várias maneiras, se desejam ter a energia e as reservas de que precisam para cuidar de pacientes desafiadores.

Detectando o TPB nos Estágios Iniciais da Terapia

Quanto mais cedo você souber que um novo paciente tem TPB, maior será a probabilidade de você ser capaz de manejar as complexidades terapêuticas envolvidas. No entanto, muitos pacientes com TPB o escondem de seus terapeutas. As razões variam de pessoa para pessoa, mas, em parte, os pacientes com TPB temem a rejeição vinda de você, seu novo terapeuta. Esse medo não é infundado, porque alguns terapeutas preferem não trabalhar com esses pacientes. Assim, alguns pacientes com TPB relatam ter sido rejeitados por vários terapeutas no passado.

LEMBRE-SE

Se não se sentir confortável para tratar o TPB, explique antes de iniciar um relacionamento terapêutico. Não fazer isso pode causar danos desnecessários ao cliente, exacerbando as preocupações com o abandono. E uma entrevista por telefone ou um acordo para uma sessão de avaliação antes de iniciar a terapia o impede de contratar alguém que não deveria.

Nossa razão para recomendar que detecte o TPB no início da terapia tem menos a ver com a necessidade (ou desejo) de evitar trabalhar com pacientes com TPB e mais com maximizar sua consciência do que pode ser *complicado* para o paciente, como:

- Medo de abandono.
- Autoestima altamente instável.
- Problemas de identidade.
- Sentimentos de vazio.
- Necessidade de estimulação constante.
- Problemas de abuso de substâncias.
- Problemas com limites.
- Fúria.

- Sentimentos de direitos.
- Desregulação emocional.
- Tendências para se envolver em automutilação.
- Conflitos nos relacionamentos.
- Dissociação.

Veja no Capítulo 3 mais detalhes sobre os sintomas do TPB. Quando estiver ciente de que seus pacientes com TPB têm uma tendência para qualquer um desses problemas, siga um curso mais cuidadoso em seus diálogos terapêuticos com eles. Saber o que evitar e o que abordar em seus diálogos com pacientes com TPB ajuda a prevenir rupturas no processo terapêutico.

Sugerimos que considere a possibilidade de que os clientes *podem* ter TPB quando exibem os seguintes comportamentos, especialmente nas primeiras sessões:

- Relatam que seus terapeutas anteriores não os entendiam.
- Dão-lhe uma longa lista de terapeutas anteriores inadequados.
- Dizem que seus problemas são grandes demais para serem resolvidos.
- Perdem, cancelam ou alteram compromissos, especialmente no último minuto.
- Desejam condições especiais, como compromissos após o expediente ou descontos.
- Tentam fazer as sessões irem além do tempo.
- Idealizam você — o novo terapeuta — ou um terapeuta anterior (incluindo comportamentos sedutores sutis ou flagrantes).
- Tratam você — o novo terapeuta — como um amigo especial ou falam de um terapeuta anterior nesses termos.
- Parecem excessivamente sensíveis a seu humor ou estado de saúde.
- Fazem perguntas aparentemente inocentes sobre sua família.
- Tentam fazer contato fora da terapia, como esbarrar em você em lojas ou eventos locais.
- Revelam conhecimentos sobre você que não são amplamente sabidos.
- Relatam comportamentos suicidas e ameaças anteriores.
- Relatam comportamentos anteriores de automutilação, como cortes.

Obviamente, os itens anteriores não representam uma lista de verificação de diagnóstico para o TPB, pois presumimos que você já conheça os fundamentos para tal. Mas, se não tiver certeza sobre o diagnóstico de um caso especialmente complexo, procure orientação e consulta profissional. Caso precise, encaminhe o cliente a um psicólogo com experiência para uma avaliação psicológica completa antes de prosseguir com o tratamento.

CUIDADO

Além de procurar esses sinais em seus pacientes, você precisa entrar em sintonia com seus próprios sentimentos. Você pode começar a revelar informações pessoais sem nem mesmo saber por quê. Ou se sentir atraído ou muito afetuoso por alguns clientes com sintomas de TPB. Você pode acabar perdoando cancelamentos de último segundo e acatando pedidos especiais. Perceba seus pensamentos e sentimentos, especialmente os semelhantes aos que mencionamos. Claro, você se preocupa com seus clientes, mas deve ter cuidado quando sentir algo fora do comum.

Se não controlar seus sentimentos, pode facilmente cair na armadilha de desenvolver um relacionamento impróprio.

DICA

Trabalhar como terapeuta de saúde mental pode ser um trabalho solitário, especialmente quando você tem um consultório particular. Por motivos legais e éticos, não pode ir para casa e contar à sua família como foi seu dia. Você tem que manter suas experiências diárias para si mesmo, o que às vezes é uma tarefa difícil. Recomendamos que todos os profissionais de saúde mental tenham grupos de supervisão de pares (com colegas) ou consultas regulares com outros profissionais. Fazer isso é uma parte importante da manutenção de boas práticas, mas é especialmente crucial ao trabalhar com clientes com TPB.

Mantendo a Objetividade

Nós, como a maioria dos terapeutas de saúde mental, encontramos clientes que pedem ajuda e, ao mesmo tempo, dizem que estão desamparados. Pessoas com TPB apresentam tais contradições. As primeiras sessões podem soar como o seguinte:

- » Me salve; você não pode fazer isso.
- » Ajude-me; estou indefeso.
- » Posso confiar em você mais do que em qualquer pessoa no mundo; não vou lhe dizer como me sinto.
- » Dê-me ferramentas; eu as quebrarei.
- » Dê-me suporte; encontrarei maneiras de testá-lo.
- » Nunca me deixe; odeio você.

- » Seja legal comigo; vou destruí-lo.
- » Você não pode me ajudar; você é minha única esperança.
- » Farei qualquer coisa por você; eu vou me matar.

Algum desses cenários lhe parece familiar? Você tem uma sensação de enjoo na boca do estômago? Nós entendemos. Ser terapeuta de alguém com TPB é uma tarefa muito difícil.

No entanto, se você tem medo de lidar com problemas de TPB como esses, precisa obter terapia e/ou supervisão, porque evitar ter qualquer paciente com TPB em sua prática é muito difícil. Afinal, vários estudos estimam que cerca de 10% de todos os pacientes ambulatoriais têm TPB. E a realidade é a de que 25% ou mais dos terapeutas acabam perdendo um ou mais pacientes por suicídio. Essa porcentagem é maior para psicólogos e ainda maior para psiquiatras, que atendem muito mais pacientes.

Se essas estatísticas lhe criam um medo avassalador, considere outra ocupação. No entanto, supondo que você esteja interessado em tratar até mesmo os pacientes difíceis com TPB (afinal, está lendo este livro), considere algumas questões. Primeiro, 90% das pessoas com TPB não cometem suicídio. Segundo, a terapia ajuda as pessoas com TPB, assim como o tempo. Terceiro, o resultado de qualquer cliente, com ou sem diagnóstico do transtorno, em última análise, tem tanto a ver com os esforços dele quanto com os do terapeuta. As próximas seções o ajudarão a manter a objetividade que é tão crítica ao lidar com clientes desafiadores.

Mantendo o ego de terapeuta na prateleira

Em geral, os terapeutas adoram ajudar as pessoas, o que é um dos principais motivos para serem terapeutas! Fornecer às pessoas os cuidados, o apoio e a orientação terapêutica de que precisam para reduzir seu sofrimento e ajudar a tornar a vida delas mais plena e significativa são partes muito gratificantes do trabalho.

No entanto, fornecer psicoterapia às pessoas não pode significar aumentar seu próprio ego. Sim, você quer se sentir bem com o que faz e, sim, provavelmente se sente melhor consigo mesmo quando seu trabalho árduo é compensado. Mas não pode medir seu próprio valor pelo desempenho de cada cliente na terapia.

LEMBRE-SE

A psicoterapia é uma via de mão dupla. Como terapeuta, você só pode definir as condições ideais para aumentar a probabilidade de os clientes fazerem mudanças úteis na vida deles. Quando alguém não tira proveito de sua ajuda, você precisa saber que não é um mau terapeuta ou um ser humano indigno.

Em outras palavras, se permitir que seu ego se enrede nos relacionamentos que tem com seus clientes que têm TPB, perderá a objetividade de que precisa para ser um terapeuta eficiente. Ao permitir que seus sentimentos pessoais assumam o controle, você permitirá que os limites se confundam à medida que se sentir cada vez mais frustrado, aborrecido e chateado com seu cliente desafiador.

Se permitir que seus sentimentos substituam seus pensamentos objetivos, pode acabar fazendo exatamente o que seus clientes de TPB mais temem (mas esperam, ao mesmo tempo): abandoná-los abruptamente por causa de sua própria luta emocional. Como alternativa, você pode se permitir ficar enredado em um relacionamento impróprio e antiético, que varia de se tornar um amigo íntimo a construir uma ligação sexual. Em última análise, qualquer relacionamento se mostra prejudicial para qualquer cliente — especialmente para aqueles com TPB. Se você duvidar da veracidade dessa afirmação, pergunte a alguns de seus colegas que já trataram de transtornos da personalidade graves o que pensam sobre o assunto.

Além de manter seu ego e seus sentimentos sob controle, você também precisa compreender o que é razoável esperar de um relacionamento terapêutico se quiser ser um terapeuta eficaz. Discutiremos esse tópico na próxima seção.

Mantendo as expectativas do terapeuta dentro dos limites

Todo terapeuta precisa entender o que esperar de uma carreira como profissional de saúde mental. Algumas das vantagens que pode esperar de tal carreira incluem um salário razoavelmente bom, algum grau de autonomia sobre seu horário de trabalho, respeito na comunidade, estímulo intelectual e uma variedade de colegas interessantes com quem trabalhar. Mais importante do que isso, entretanto, é a grande satisfação que os terapeutas relatam sentir após terem desempenhado um papel na melhoria da vida de seus clientes.

LEMBRE-SE

Por outro lado, o que você não pode esperar dessa carreira é carinho, apoio, amizade ou uma grande gratidão dos clientes. Muitos podem se sentir gratos, mas muitas vezes não expressam essa emoção totalmente. Alguns clientes podem sair após algumas sessões sem fornecer nenhum feedback. Para outros clientes, você pode plantar sementes que só germinarão anos após o término de seu trabalho. Na verdade, muitos clientes podem repetir suas ideias algumas semanas ou meses depois de você oferecê-las pela primeira vez, atribuindo-as a seus próprios insights — uma situação que é maravilhosa, porque significa que eles estão fazendo progresso!

Compreendendo os Limites

Os psicoterapeutas precisam de limites, ou podem perder o controle sobre alguns dos relacionamentos que mantêm com os clientes. De modo geral, você precisa discutir uma série de questões e limites com novos clientes, bem como fornecer um formulário para que eles assinem declarando que entendem e concordam com eles. Os detalhes desses limites variam de terapeuta para terapeuta, mas sua lista deve incluir uma revisão dos seguintes itens:

» **Pontualidade:** Estabeleça algumas expectativas quanto a chegar pontualmente. Claro, tráfego ou outros atrasos inesperados surgem ocasionalmente, mas você pode lidar com esses problemas caso a caso.

» **Pagamento:** Receba os pagamentos diretos ou do plano de saúde que o cliente deve no momento do serviço ou cobre-o regularmente. Seja qual for o método que escolher, certifique-se de examiná-lo com seu novo cliente. Permitir que as contas se acumulem significativamente é um grande erro.

» **Políticas de cancelamento/não comparecimento:** Cada terapeuta decide como lidar com esse problema, mas você precisa expor os detalhes de sua política no início da terapia e explicar que espera que seu novo paciente a siga.

» **Disponibilidade fora da sessão:** Essa questão é especialmente controversa no campo da saúde mental, e os profissionais debatem sobre como lidar com ela. Não temos uma resposta simples, mas seja qual for sua política, deixe-a clara para cada novo cliente. Todos os clientes precisam saber o que fazer em caso de emergência, portanto, certifique-se de que sua política inclua esses casos.

» **Relacionamentos:** Os profissionais de saúde mental desencorajam fortemente os relacionamentos que vão além de terapeuta-cliente e não os consideram éticos. No entanto, o problema pode ser bastante sutil e desconcertante. Como regra geral, não tenha nenhum tipo de relação com os clientes fora da terapia que inclua transações financeiras, amizades, sexo, trocas de outros serviços ou favores.

» **Revelações:** O que os terapeutas decidem revelar sobre si mesmos aos clientes — se decidem revelar alguma coisa — é outra área controversa. Encorajamos os terapeutas a procurarem supervisão e consulta com colegas sobre esse assunto. Se decidir revelar criteriosamente algumas histórias pessoais ou anedotas, certifique-se de que sejam limitadas. Além disso, certifique-se de contar histórias pessoais apenas por razões terapêuticas sólidas — nunca o faça por suas próprias necessidades.

> **Trocas:** Embora alguns grupos profissionais considerem essa prática aceitável em algumas circunstâncias, desencorajamos a troca (aceitar itens ou serviços em troca de terapia) em geral. O processo pode azedar rapidamente.

> **Presentes:** Os clientes muitas vezes se sentem muito gratos a seus terapeutas e, às vezes, querem expressar sua gratidão com pequenos presentes. Guloseimas caseiras (bolachas e similares), uma caixa de chocolates, um café e um cartão são aceitáveis. No entanto, deixe claro que não pode aceitar presentes caros, por mais bem-intencionados que sejam.

Além disso, os terapeutas ou as instituições para as quais trabalham devem fornecer a cada novo cliente um formulário de consentimento que discuta expectativas razoáveis da terapia, objetivos terapêuticos apropriados, questões de confidencialidade, direitos do cliente e obrigações dos profissionais para com seus clientes.

CUIDADO

Limites, regras e fronteiras parecem bastante diretos e simples no papel, no entanto, esses problemas podem rapidamente se tornar muito complexos e confusos na prática. Alguns de seus clientes complicarão as coisas em algum ponto. Pessoas com TPB às vezes têm um jeito primoroso de romper barreiras, deixando você perplexo. Veja a história de Linda e seu terapeuta, Jim, na seção "Lidando com Limites" como um exemplo de uma tentativa sutil de cruzar limites.

DICA

O melhor conselho que podemos dar é se certificar de documentar todas as questões relacionadas a limites, buscar orientação e consultoria contínuas e ter cuidado. Além disso, recomendamos fortemente que leia *Ethics in Psychotherapy and Counseling: A practical guide*, 5a edição, de Kenneth People e Melba Vasquez (Wiley), no qual há um extenso conteúdo sobre os limites terapêuticos.

Lidando com Limites

Os terapeutas às vezes são pegos em redes de negatividade ou, alternativamente, ficam tentados a cruzar as fronteiras com os pacientes. Quando uma dessas situações acontece, o tratamento se transforma em uma batalha de vontades, em vez de ser um relacionamento de ajuda. Essas armadilhas prendem todos os terapeutas de vez em quando, mas é possível minimizá-las de várias maneiras. Algumas diretrizes para evitá-las incluem o seguinte:

> **Não fique na defensiva.** Você pode se tornar o símbolo de tudo o que há de errado na área de saúde mental na mente de seu cliente. Ou o equivalente a mãe, pai, ex-parceiro, professor ou outra pessoa do cliente

que lhe causou grande angústia ou decepção. Em qualquer caso, os clientes o criticarão, às vezes de forma muito agressiva. Repare que a crítica não é pessoal na maioria dos casos e, quando o é, você precisa estar aberto para ouvi-la. Você pode aprender algo com a agitação de seu cliente. O contra-ataque defensivo de sua parte leva rapidamente a uma ruptura terapêutica irreparável.

» **Procure algo para validar.** Quase toda crítica contém um pouco de verdade. Concentre-se em encontrar a parte da crítica com a qual concorda. Procure motivos para o cliente se comportar de maneira autodestrutiva, seja com você, seja com outras pessoas. Em geral, há uma razão, que não é totalmente irracional!

» **Seja empático.** Mesmo quando se sentir aborrecido ou irritado, é possível encontrar algo nas palavras do cliente pelo qual sentir empatia. Expresse essa empatia e compreensão ao cliente.

» **Peça mais informações ao cliente.** Mesmo quando você se sentir atacado, peça esclarecimentos. A maioria das pessoas se acalma quando você parece genuinamente interessado em compreender totalmente suas preocupações.

» **Ouça seus instintos.** Se você se sentir desconfortável, enjoado, pressionado ou intimidado, precisa diminuir o ritmo, recuar um pouco e refletir. Seus sentimentos estão tentando lhe dizer algo — tente descobrir o que é esse algo. Não se enrede em um caos que pareça fora de controle.

» **Coloque um problema na prateleira por um tempo.** Às vezes um problema pode ser tão complexo que o cliente não está pronto para ouvir nada do que você tem a dizer. Nesses casos, dizer algo como o seguinte é perfeitamente aceitável: "Entendo como você está se sentindo agora. Você estaria disposto a dar uma outra olhada nesse problema em uma sessão futura? Tenho a sensação de que estamos um pouco presos nesse momento."

LEMBRE-SE

Os terapeutas são seres humanos e, como tal, são imperfeitos. Se você se sentir confuso ou chateado, dê um passo para trás e peça mais esclarecimentos ao cliente. Sua orientação e suas respostas não precisam ser instantâneas.

A seguinte história sobre Jim, um assistente social experiente, ilustra algumas das lutas de limites que um terapeuta pode enfrentar com seus clientes. Jim começa a travar batalhas com sua paciente, Linda. Ele também se vê expressando sentimentos de amizade sem nem mesmo entender por quê. Ele busca a ajuda de seu diretor clínico, que pede uma gravação da sessão de terapia.

DICA

Às vezes, como terapeuta, é interessante levar um supervisor para ajudá-lo a entender melhor um cliente específico e o que fazer para ajudá-lo. Você pode aprimorar essa supervisão usando sessões gravadas em vídeo ou áudio. A maioria dos pacientes ou clientes concorda com a gravação se o único uso for para supervisão clínica. À medida que a sessão avança, o cliente logo esquece que a câmera ou gravador ainda está lá.

Aqui está um diálogo parcial de uma sessão de Jim com Linda.

> **Jim (o terapeuta):** Olá, Linda, fico feliz em ver você hoje. Ouvi dizer que você estava no pronto-socorro nesse fim de semana, depois de se cortar. Estou feliz que não esteja internada.
>
> **Linda (a cliente):** Você tem sorte de eu estar viva. Não graças a você ou ao seu hospital idiota. Eles me fizeram esperar quatro horas antes que alguém me atendesse. Quando consegui falar com o médico, estava tão cansada que só queria ir para casa e dormir.
>
> **Jim:** Bem, já conversamos sobre isso antes, Linda. Às vezes, apenas esperar um pouco até que os sentimentos opressores desapareçam a mantém segura. Você nem sempre precisa ir ao hospital.
>
> **Linda:** Quer saber, Jim? Você é uma cadelinha do plano de saúde, tentando manter os custos baixos recusando pacientes psiquiátricos.
>
> **Jim:** Isso não é verdade, Linda. Fazemos o que é bom para nossos pacientes. Minha obrigação é mantê-la segura. Não economizar.
>
> **Linda:** Não seja condescendente comigo. Estou nessa há muito tempo. Antes eu conseguia uma cama e alguns dias de descanso no seu hospital. Agora está cheio de criminosos sem-teto. As pessoas que realmente precisam de ajuda são mandadas para casa.
>
> **Jim:** Linda, isso não é justo comigo. Você sabe que estou tentando ajudá-la.
>
> **Linda:** Não é justo?! Olha, venho aqui há anos, e esse é o tratamento que recebo de você?
>
> **Jim:** Ok, Linda, podemos parar por aqui? Acho que nós dois precisamos dar um passo para trás e entender o que está acontecendo.
>
> **Linda:** Ah, entendo, você finalmente se cansou e quer se livrar de mim como cliente. Certo?
>
> **Jim:** Não, não, de jeito nenhum. Gosto muito de você. Sério. Mas você não está me ouvindo nem percebendo que estou tentando ajudá-la.
>
> **Linda:** Você realmente gosta de mim? Aposto que nem mesmo tomaria uma xícara de café comigo se me encontrasse na rua.

Jim: Não é verdade. Claro que eu tomaria. Eu me importo com você.

Linda: Bem, isso é reconfortante.

O supervisor de Jim ouve esse segmento da gravação. Ele pergunta a Jim quando ele acha que as coisas saíram dos trilhos pela primeira vez. Refletindo, Jim percebe que seu primeiro erro ocorreu quando Linda disse a ele que teve que esperar por quatro horas e estava exausta. Como Jim estava na defensiva, falhou em expressar empatia por sua situação. Então, quando ela o chamou de "cadelinha do plano de saúde", ele discutiu com ela. Em vez disso, ele deveria ter encontrado uma forma de concordar que planos de saúde às vezes são frustrantes.

Jim descarrilou ainda mais quando argumentou diretamente com a cliente, dizendo-lhe que o que ela disse era falso e injusto com ele. Seu erro deu a Linda a oportunidade de perguntar se ele se importava o suficiente com ela para tomar um café algum dia. Jim estava totalmente perturbado e, não querendo piorar as coisas, concordou com seu pedido vago de considerar a violação de limites.

Jim e seu supervisor discutem algumas abordagens alternativas (que observamos no início desta seção) para trabalhar com Linda em sessões futuras. O supervisor ressalta que essas ideias nem sempre funcionam, mas ajudarão Jim a manter os limites apropriados. Mesmo que Jim e Linda não consigam restaurar seu relacionamento terapêutico, as abordagens alternativas de Jim enviarão a Linda uma mensagem mais apropriada, que pode ajudá-la em uma terapia futura, se ela decidir procurar. Se eles puderem reparar seu relacionamento terapêutico, melhor. Aqui está uma transcrição parcial da sessão seguinte.

Jim: Se não há nada urgente acontecendo em sua vida com o qual precisemos lidar imediatamente, gostaria de propor que conversemos um pouco sobre nossa sessão da semana passada. Tudo bem para você?

Linda: Lamento ter mexido no seu caso sobre o pronto-socorro e chamado você de cadelinha. Sei que você se preocupa comigo.

Jim: Bem, Linda, quero dizer que fiquei um pouco na defensiva e não deveria. Você tem todo o direito de expressar suas opiniões, sejam elas negativas, sejam positivas.

Linda: Gosto quando um homem admite seus erros, Jim.

Jim: Deixa-me explicar. Peguei o caminho errado, o que pode ter prejudicado nosso relacionamento terapêutico. Eu estava me sentindo desconfortável em discutir com você, então mudei o rumo.

Linda: Ah, não, Jim. Eu realmente confio em você agora. Sei que se preocupa comigo de uma maneira especial. Sou mais do que uma cliente comum para você.

Jim: Linda, eu me importo com você da mesma forma que me importo com todos meus clientes. Quero ser capaz de ajudá-la a se ajudar. Sinto muito por ter me expressado mal.

Linda: O que você quer dizer com se expressar mal?

Jim: Bem, quando concordei com você sobre considerar tomar um café se a encontrasse em algum lugar, não estava pensando. Na verdade, fazer algo assim extrapolaria um limite, o que simplesmente não acho uma boa ideia.

Linda: Quê?! Eu não estava pedindo para você ter um caso comigo, é só um café. Pelo amor de Deus!

Jim: Eu entendo que o café parece muito inocente e trivial. Só tenho como regra não socializar de nenhuma forma fora da terapia com nenhum de meus clientes. Eu me preocupo com vocês, mas a terapia acontece no consultório.

Linda: Puxa, você é incrivelmente tenso.

Jim: Parece um pouco rígido. Talvez seja, mas descobri que funciona melhor assim para mim.

Linda: Então você realmente não acha que sou especial, é isso?!

Jim: Todo mundo é especial, Linda. E você também é.

Linda: Isso soa muito leviano para mim, Jim.

Jim: Entendo. Mas você sente que pode aceitar o que estou dizendo e continuar trabalhando comigo?

Linda: Acho que sim. Mas vou pensar nisso e falo com você.

Na sessão de supervisão de Jim seguinte, seu supervisor o elogia por seu trabalho. Ele relata que Jim manteve a calma, procurou maneiras de concordar com o que Linda disse sem endossar tudo e manteve seus limites com firmeza. Ele diz a Jim que acha que o relacionamento pode estar perto de voltar aos trilhos, mas só o tempo dirá.

LEMBRE-SE Quando você comunica seus limites com clareza e honestidade, a maioria dos clientes entende a mensagem. Se os clientes não conseguem aceitar o que você está dizendo, abrir mão de seus limites só piorará as coisas.

Continue Se Cuidando

Um componente importante de cuidar das outras pessoas envolve cuidar de si mesmo. Muitos terapeutas deixam a vida se desequilibrar. Eles se preocupam excessivamente com seus clientes, trabalham por uma quantidade de horas represensível e se depreciam quando os clientes não melhoram como eles achavam que deveriam. Para as pessoas que passam grande parte da vida focadas em atender às necessidades de outras pessoas (em outras palavras, você!), cuidar de si mesmas e atender às suas próprias necessidades nem sempre é tão fácil quanto parece. Aqui estão algumas sugestões que oferecemos a você, terapeuta, para se cuidar:

- **Procure apoio social.** Passe um tempo com amigos e familiares acolhedores.
- **Tenha hobbies e participe de atividades externas.** Experimente algumas atividades novas, como caminhadas, viagens e artesanato.
- **Exercício.** Você diz a seus clientes para se exercitarem, não é? E você? Experimente uma variedade de ideias até achar alguma atividade de que goste.
- **Aprenda coisas novas.** Faça aulas para adultos em uma universidade local.
- **Leia novos livros.** Claro que você lê livros e artigos profissionais, mas considere ler algo fora de sua área, para se divertir.
- **Priorize sua saúde.** Manter-se saudável exige energia, tempo e comprometimento. Pratique o autocontrole.

OS PRESENTES DE TRABALHAR COM PESSOAS QUE TÊM TPB

Fazer terapia com clientes que têm TPB é bastante recompensador. Pessoas com TPB são brilhantes, intuitivas e perceptivas, e frequentemente levam uma vida interessante. As sessões de terapia podem ser animadas e profissionalmente desafiadoras.

Se decidir trabalhar com aqueles que têm TPB, recomendamos uma terapia baseada em evidências. Veja exemplos no Capítulo 11. Certifique-se de ler vários livros e artigos sobre a terapia que escolher e obter educação continuada para aprimorar suas habilidades. Além disso, é crucial obter supervisão ao iniciar um novo método terapêutico ou com um novo cliente. A boa notícia é que as habilidades que aprender poderão ser aplicadas, quando apropriado, a outros problemas de saúde mental.

Por fim, ver melhorias nesses casos desafiadores é gratificante. Perseverar em longo prazo melhorará os sintomas e levará a uma maior estabilidade. Vidas na frente!

6 A Parte dos Dez

NESTA PARTE...

Pratique formas rápidas de se acalmar.

Encontre coragem para se desculpar e ser sincero.

Evite a armadilha de receber ajuda ineficaz ou mal orientada.

> **NESTE CAPÍTULO**
> » Usando seus sentidos para se acalmar
> » Interrompendo suas emoções com uma variedade de atividades
> » Mudando o cenário para melhorar seu humor

Capítulo **26**

Dez Formas Rápidas de Se Acalmar

Pessoas com transtorno da personalidade borderline (TPB) se tornam intensamente passionais. Elas podem reagir com grandes emoções a pequenos fatores de estresse, como esperar na fila de um supermercado, ficar presas em um engarrafamento ou ouvir feedback negativo. As psicoterapias para o TPB ajudam os pacientes, ensinando-lhes habilidades para regular as emoções negativas. Aqui estão algumas dicas rápidas para controlar as emoções intensas. Escolha algumas e experimente.

DICA

A maioria das pessoas precisa de muita prática antes que algumas dessas estratégias se tornem eficazes. Pratique-as quando *não* estiver desequilibrado.

Tirando o Fôlego do Mal-estar

A respiração profunda ajuda a acalmar. Quando estão em uma situação de perigo, as pessoas respiram rapidamente, mas de forma superficial. No Capítulo 16, discutimos a meditação na respiração, um bom método que você pode usar para se acalmar. No entanto, obter resultados máximos com a meditação requer prática.

Este é um método de respiração fácil e rápido que o ajudará a dissipar o sofrimento. Pratique-o em qualquer lugar, a qualquer hora.

1. Esvazie seus pulmões expirando.
2. Respire fundo; sinta o ar fluindo pelo nariz, passando para o peito e, finalmente, expandindo o abdômen.
3. Prenda a respiração por alguns segundos.
4. Expire muito lentamente pela boca — tente empurrar todo o ar para fora.
5. Repita 10 vezes as etapas de 1 a 4.

Apaziguando as Emoções Fortes

Você às vezes sente que precisa "ficar frio", como as pessoas dizem? O resfriamento do corpo pode extinguir os sentimentos "quentes". Tente esta estratégia:

1. Pegue um cubo de gelo no freezer.
2. Segure-o com uma das mãos e pressione-o contra o punho.
3. Quando sua mão ou punho começar a doer, troque de mão e segure-o contra o outro punho.
4. Repita as etapas de 1 a 3 até que o cubo de gelo derreta.
5. Se ainda estiver reativo, repita o processo com outro cubo, mas em geral um funciona.

Ditando o Ritmo

Esse método envolve um pouco de exercício. Se você tem problemas de saúde ou não se exercita há um tempo, verifique com seu médico se esta estratégia pode ser testada.

1. Compre uma corda de pular ou faça-a você mesmo.
2. Pegue um cronômetro e marque 45 segundos.
3. Agora, pule corda por 45 segundos.

    Se estiver em boa forma, pule por 2 minutos.
4. Conte seus pulos para manter sua mente longe de outras coisas.

Após terminar, você não pensará no que o estava incomodando. Você pensará em recuperar o fôlego!

Dissipando a Tristeza

A massagem terapêutica é um tratamento médico reconhecido há séculos. Sua popularidade cresceu nas últimas décadas como uma forma de relaxar. Outrora um prazer para ricos, a massagem terapêutica oferece benefícios físicos e mentais para muitas pessoas diferentes hoje.

Normalmente, um terapeuta profissional realiza as massagens. No entanto, se você não tiver tempo ou dinheiro para pagar um profissional, faça uma minimassagem. Pegue um pouco de loção ou óleo e esfregue-o nos pés e tornozelos. Certifique-se de massagear cada dedo do pé e cada calcanhar. Faça o mesmo nos ombros, cotovelos e mãos. Ahhhh, sinta o relaxamento!

Navegando para Se Distrair

Se seu trabalho consiste principalmente em ficar sentado em frente ao computador o dia todo, essa estratégia pode não ser uma boa ideia. Mas, para muitas pessoas, trinta minutos de navegação na web podem ser muito divertidos. Pesquise um tópico de seu interesse, como destinos de férias, planejamento financeiro, casas à venda na sua vizinhança ou animais de estimação exóticos e encontre uma fascinante gama de informações na ponta dos dedos. Concentrar sua mente em algo despreocupado ou interessante ajuda a acalmá-lo.

Lendo (ou Ouvindo) um Bom Livro

Ler pode tirar sua mente de seus problemas e colocá-la em outro mundo. Se você gosta de ler, tenha sempre alguns livros disponíveis. Para a maioria das pessoas, ler exige mais concentração do que assistir à televisão, o que, em geral, torna os livros mais eficazes para distrair sua mente do que programas de TV. Além disso, você não encontrará comerciais em livros. Nossa preferência é um livro de não ficção para a tarde e um bom mistério para as noites.

Derretendo-se com um Filme

Os filmes também podem levá-lo para outro lugar. Você pode comprar um filme, alugar, assistir a um em um canal a cabo ou até mesmo baixar um da internet. Seja qual for o método que escolher, faça um pouco de pipoca para acompanhar — com baixo teor de gordura, nada de manteiga. Hmmmmm, crunch, crunch, crunch.

Brincando de Melhorar o Humor

Se você tem filhos ou netos, reserve um tempo para brincar com eles. Vá a um parque ou pegue um jogo de tabuleiro. Seus filhos adorarão ficar com você, e seu humor também se beneficiará ao brincar. Afinal, ficar de mau humor ao jogar amarelinha ou capturar a bandeira é muito difícil! Chame seus sobrinhos e primos e se ofereça para cuidar deles por algumas horas para que seus pais tenham uma folga. Se você não tem filhos por perto, brinque com um cachorro ou com outro animal. Os cães adoram brincar. Se você não tem um cachorro ou outro animal de estimação, voluntarie-se para passear com os cães do abrigo de animais local. Ou considere dar um lar temporário para um cachorro que esteja aguardando adoção. Os cães podem ladrar e assustar seu mau humor a qualquer hora.

Procurando um Amigo

Se você já assistiu ao clássico game show *Quem Quer Ser um Milionário?*, sabe tudo sobre a tábua de salvação que permite que os participantes liguem para um amigo quando precisam de ajuda. Quando você está chateado, seus amigos podem ser uma verdadeira tábua de salvação. No entanto, tome cuidado para não permitir que seu mau humor faça com que você ataque seu amigo por não o ouvir bem o suficiente ou por não concordar 100% com você. Diga a seu amigo que você só quer desabafar um pouco. Se começar a ficar com raiva de seu amigo, interrompa a conversa — você não quer aumentar suas aflições.

CUIDADO Tenha cuidado para não exagerar nessa estratégia, porque você não quer esgotar seus amigos. Amizades se sustentam apenas quando são vias de mão dupla.

Dando uma Volta

Há alguns anos, escrevemos o livro *Seasonal Affective Disorder For Dummies* [Transtorno Afetivo Sazonal Para Leigos, em tradução livre] (Wiley). O Transtorno Afetivo Sazonal (TAS) é um tipo de depressão associada aos dias curtos de inverno. Uma das melhores maneiras de diminuir o mal-estar do TAS é saindo de casa.

Mesmo se você não tiver TAS, sair de casa ajuda a melhorar seu humor. Dê um passeio em um belo parque ou em uma rua que tenha casas interessantes. Vá a um parque de cães e observe-os correndo. Participe de um evento esportivo ao ar livre. Faça o que fizer, basta dar uma volta.

> **NESTE CAPÍTULO**
>
> » Expressando seus sentimentos para alguém de quem você goste
>
> » Dando um presente atencioso para mostrar que você se importa
>
> » Honrando outra pessoa contribuindo para uma instituição de caridade

Capítulo **27**

Dez Formas de Se Desculpar

Temos uma grande compaixão pelas pessoas com transtorno da personalidade borderline (TPB), pois sabemos que emoções dolorosas permeiam a vida delas. Culpa e arrependimento são duas emoções especialmente poderosas que costumam atormentá-las.

Também sabemos que as pessoas que amam alguém com TPB muitas vezes se sentem terrivelmente magoadas e confusas. Algumas têm um otimismo infinito de que seus entes queridos melhorarão. Outras desistem e seguem em frente. De qualquer forma, as pessoas com TPB se sentem melhor quando assumem a responsabilidade pessoal pelo papel que desempenharam em ferir as pessoas que se preocupam com elas. Parte de melhorar envolve ser capaz de dizer às pessoas que você machucou: "Me desculpe." Este capítulo apresenta dez formas de dizer a seus entes queridos que você está arrependido.

Dizendo as Palavras em Voz Alta

Um modo simples, mas às vezes extremamente difícil, de comunicar remorso é dizer as palavras em voz alta. Para algumas pessoas, dizer que está arrependido parece impossível. Se você se sentir oprimido por esse desafio, converse com seu terapeuta. Faça o role play em uma sessão. Em seguida, pergunte a si mesmo:

» O que significa sobre mim, como pessoa, dizer que estou arrependido?

» Como dizer que estou arrependido ajuda a mim e a outras pessoas?

LEMBRE-SE Dizer que está arrependido sugere que você é uma pessoa corajosa — alguém que confessa seus erros. Isso pode ajudar a quem você magoou, assim como a si mesmo. Embora dizer que está arrependido não remova os erros, é um movimento na direção certa — em particular se você se comprometer com seu crescimento contínuo.

Pedindo Desculpas

Dizer que está arrependido é só meio caminho andado. A outra metade é pedir desculpas. Parece muito fácil, certo? "Me desculpe."

Pessoas que foram magoadas por pessoas com TPB provavelmente ouviram "Estou arrependido" ou "Me desculpe" mais de uma vez. O pedido de desculpas deve ter embutida uma promessa explícita ou tácita de trabalhar para tornar a vida melhor para você e para a pessoa que você magoou. Em outras palavras, quando as pessoas com TPB pedem perdão, devem estar iniciando ou recebendo tratamento e aprendendo as habilidades que melhorarão seus relacionamentos. Afinal, pedir perdão é uma promessa de trabalhar para reduzir a dor.

Demonstrando com Atos

Você já ouviu a expressão "Ações falam mais do que palavras"? Bem, como escritores, não concordamos 100%, mas na busca por fazer as pazes, você precisa pensar nesse conceito.

Por exemplo, considere fazer uma missão para alguém de quem você goste e acha que pode ter magoado com seus comportamentos impulsionados pelo TPB. Essa tarefa pode envolver pegar as compras, encher o tanque de gasolina, ir ao correio, pegar as crianças na escola ou levar os formulários de imposto ao contador. A tarefa não precisa ser difícil, mas deve ser algo que seu parceiro, parente ou amigo geralmente faça sozinho.

Mandando Flores

Quase todo o mundo gosta de flores, e receber flores de alguém de quem você gosta é melhor ainda. Você não precisa gastar uma fortuna. Um pequeno arranjo do supermercado alegra o humor e transmite seu sentimento. Se não puder pagar o arranjo ou o buquê, compre uma única flor.

Enviando um Cartão

Um cartão também é uma forma atenciosa de expressar seus sentimentos, seja para pedir perdão, seja para dizer a alguém como ele é especial. Você pode comprar um cartão de papel ou acessar a internet e encontrar um eletrônico. Certifique-se de passar um tempo olhando e lendo o cartão antes de enviá-lo. Você não quer enviar a seu parceiro um cartão com nome de outra pessoa, por mais fofo que seja.

Fazendo Tarefas

Novamente, a tarefa não precisa ser grande coisa. Apenas se certifique de que isso envolva algo que seu amigo, parceiro ou membro da família geralmente tenha que fazer. Por exemplo, você pode limpar a garagem, preparar um jantar especial, pagar as contas, lavar o carro, fazer entregas em casa ou preencher documentos financeiros. O que quer que escolha fazer por alguém de quem você gosta, faça-o sem reclamar ou se gabar do que fez.

Escrevendo Seus Pensamentos

Escrever seus pensamentos é uma das maneiras mais significativas de mostrar e explicar seus sentimentos. Seu ente querido apreciará o tempo que você passou pensando nele. Aqui estão algumas dicas:

- » Nunca envie nada que você escreveu no meio da noite sem revisar pela manhã.
- » Não envie uma carta que seja basicamente autodefesa e justificativa.
- » Não escreva sua carta depois de beber ou se drogar.
- » Lembre-se de que, quando você escreve algo, a pessoa que receber, quem quer que seja, pode guardá-lo para sempre.

Encontrando um Poema

Às vezes você não consegue se expressar de uma forma que descreva totalmente seus sentimentos ou paixões. A poesia passa uma mensagem. Se você não lê poesia desde o colégio (tudo bem, cerca de 90% da população não o faz), vá a uma biblioteca ou livraria e leia por algumas horas com uma xícara de café. Quer você entenda ou não tudo o que lê, alguns dos poemas certamente o inspirarão.

Pegue o livro na biblioteca ou compre-o na loja. Copie o poema com sua melhor caligrafia ou digite-o no computador. Adicione alguns comentários sobre o significado do poema para você e o que pensa sobre a pessoa a quem o entregar. Envie o poema e seus comentários para a pessoa que você pode ter ferido.

Enviando um Presentinho

Pequenos presentes são outra forma de expressar seus sentimentos. De muitas maneiras, detalhes são melhores do que grandes demonstrações. Grandes presentes têm restrições implícitas, quer você pretenda isso ou não. Pequenos presentes, em particular aqueles que tenham um significado especial para a pessoa que você ofendeu, têm muito mais poder e, ainda assim, não têm amarras.

DICA

Se você deseja expressar seu pesar ou tristeza a seu terapeuta, recomendamos evitar presentes, sejam eles pequenos, sejam grandes. Muitos terapeutas trabalham sob códigos éticos que desencorajam a aceitação de presentes, e, de qualquer forma, eles não são necessários. Simplesmente expresse seus sentimentos verbalmente ou por escrito.

Fazendo as Pazes

Às vezes suas ações de muito tempo atrás continuam a atormentar sua mente com culpa e arrependimento. É comum que a pessoa que você feriu tenha se mudado, morrido ou simplesmente não esteja disponível para você fazer as pazes diretamente. Nesses casos, considere criar um plano para fazer as pazes, pelo menos, consigo mesmo.

Esses planos podem implicar fazer uma contribuição para outras pessoas. A contribuição pode ser dar dinheiro, reservar um tempo ou fornecer um serviço especializado a alguém ou a um grupo de pessoas que precisem de ajuda. Algumas de nossas atividades de caridade favoritas incluem se tornar passeador de cães na Humane Society, trabalhar em um banco de alimentos, dar aulas particulares a pessoas que desejam aprender inglês e participar de uma coleta de lixo comunitária. Você também pode doar dinheiro para um grupo que seja importante para você ou para a pessoa com quem for fazer as pazes. Ligue para instituições locais para obter mais possibilidades. Você não pode desfazer o passado, mas pode se sentir melhor sobre quem está se tornando hoje ao contribuir com os outros.

DICA

Dizer que está arrependido, pedir perdão e fazer as pazes só são úteis quando você firma o compromisso de tornar as coisas melhores — não uma promessa de perfeição, mas um esforço sincero.

NESTE CAPÍTULO

» Esperando muito e muito rápido
» Negligenciando todas as opções
» Escolhendo formas erradas de lidar

Capítulo **28**

Dez Coisas que Você Não Deve Fazer

A té aqui, neste livro, dissemos o que deve fazer quando você ou alguém que conhece tem transtorno da personalidade borderline (TPB). Agora que estamos chegando ao final do livro, reservamos um pouco de espaço para algumas dicas sobre o que não fazer. Alguns desses itens são inofensivos e podem fornecer um pequeno alívio da dor, depressão e desconforto. No entanto, você não encontrará nenhuma pesquisa que prove que qualquer uma das técnicas a seguir é abrangente o bastante para lidar com o TPB.

LEMBRE-SE

O TPB é um transtorno mental sério. É importante obter ajuda adequada. Veja no Capítulo 11 os tipos de tratamentos e profissionais para lidar com ele e a Parte 4 para uma exploração das possibilidades de tratamento.

Esperando Soluções Rápidas

Lamentamos se você esperava ler este livro e ficar curado do TPB. O tratamento eficaz do TPB leva tempo. Na maioria dos casos, o tratamento leva pelo menos um ano e geralmente mais. O TPB é um transtorno complexo que requer um trabalho árduo consistente. Não se deixe enganar por alguém que promete uma solução rápida. Você não encontrará nenhuma cura milagrosa de dez dias para o TPB — pelo menos nenhuma que realmente funcione.

Por outro lado, as pessoas com TPB que estão prontas para olhar para todos seus sintomas de uma forma honesta e trabalhar duro para melhorá-los podem desfrutar melhorias significativas com bastante rapidez. Não é de surpreender, no entanto, que quebrar velhos hábitos e aprender permanentemente novas e melhores maneiras de viver leve um tempo considerável.

Ficando Paralisado

Quando as pessoas com TPB nos dizem que tentaram de tudo para melhorar e nada funcionou, sabemos que elas estão paralisadas. Como muitas opções de tratamento surgiram ao longo dos anos, poucas pessoas realmente tentaram todos eles — se é que alguma o fez. Assim, dizemos aos nossos clientes que não fazer nada é, na verdade, tomar a decisão de permanecer na mesma.

Nunca conhecemos ninguém com TPB que ame ter o transtorno. Se você tem TPB, encontrará programas para ajudá-lo. Se mora em um local em que nenhum terapeuta é treinado no tratamento de TPB, considere pedir a um terapeuta local para solicitar supervisão de alguém que tenha conhecimento e experiência com o transtorno para que você obtenha a ajuda de que precisa. O resultado final: você encontrará um tratamento para o transtorno e se sentirá melhor.

Considerando a Quiropraxia

A maioria dos quiropratas acredita que a coluna vertebral e a saúde geral estão relacionadas. Pessoas que procuram quiropratas relatam alívio de dores de cabeça, nas costas, no pescoço e de outras dores musculares ou esqueléticas. Em geral coberto por planos de saúde, esse tipo de assistência médica ganhou popularidade ao longo do tempo. No entanto, alguns quiropratas prometem muito mais do que o alívio das dores físicas — alguns prometem melhorias na saúde mental. A medicina quiroprática tem seu lugar no tratamento de muitos problemas de saúde, no entanto, nenhuma pesquisa o justifica como um tratamento para o TPB. Portanto, sinta-se à vontade para procurar esse tipo de tratamento para as dores físicas do seu corpo, mas não espere que ele cure o TPB.

Furando Tudo

A energia interna desequilibrada é a premissa por trás da acupuntura, uma antiga medicina chinesa que muitos acupunturistas treinados ainda praticam hoje. O tratamento com acupuntura consiste na inserção de agulhas muito finas em diferentes locais do corpo para reequilibrar o fluxo de energia. Muitas pessoas afirmam que a acupuntura ajuda a diminuir as dores crônicas físicas e mentais. Pesquisas limitadas também respaldam o uso da acupuntura para abuso de substâncias.

Aconselhamos você a não fazer da acupuntura um tratamento primário para o TPB porque simplesmente não existem evidências para respaldar sua eficácia nesse tratamento. No entanto, se você achar que ela ajuda a reduzir a dor ou o estresse, ou a melhorar seu humor, por todos os meios, considere-a além de seus outros tratamentos.

Procurando um Coach

Gostamos de coaches. Eles podem ajudá-lo a manter o foco em seus objetivos e torcer por seus esforços. No entanto, o TPB é um transtorno mental sério, e o tratamento requer profissionais altamente qualificados e treinados em terapias específicas para o seu cuidado.

Nós o encorajamos a adiar a contratação de um coach até que tenha se beneficiado de um tratamento profissional de saúde mental. Se decidir que deseja um coach, certifique-se de falar com seu terapeuta primeiro.

Preenchendo o Vazio com Comida e Bebida

Um dos sintomas do TPB é uma forte sensação de vazio interior. Se você sofre desse sintoma, sente que algo importante está faltando. (Veja no Capítulo 7 mais informações sobre esse sintoma específico do TPB, e no Capítulo 17, como tratá-lo.) Com frequência, as pessoas que experimentam esse vazio esperam que comida ou bebida o preencha. Infelizmente, essa abordagem não funciona. Além disso, depois de comer ou beber demais, as pessoas com TPB acrescentam culpa e remorso ao prato de sentimentos negativos.

Essa sensação comum de vazio não é uma fome do corpo; é uma fome da mente. Trabalhar para melhorar a si, os relacionamentos e levar uma vida significativa dará conta dessa fome — não comer ou beber.

Indo com Tudo

A maioria das pessoas chega à terapia com grandes expectativas. O simples fato de passar pela porta pela primeira vez para obter ajuda pode despertar sentimentos de otimismo e esperança, e esses sentimentos positivos podem ser muito fortes. Gostaríamos de ter uma varinha mágica que pudesse consertar instantaneamente as pessoas que entram em nosso consultório, mas quebrar velhos hábitos e aprender novos leva tempo — não é mágica.

Para obter o máximo de sua terapia, você precisa encontrar o equilíbrio entre aprender a aceitar onde está no presente e onde deseja estar à medida que avançar. Tentar ir muito rápido, com tudo, só atrapalha sua progressão.

LEMBRE-SE

Acalme-se. Dê a si mesmo o espaço para trabalhar com seus problemas. Lembre-se de que a tartaruga vence a corrida com persistência e trabalho duro — aja assim.

Recorrendo ao Misticismo

Algumas pessoas acreditam que podem prever o futuro, resolver crimes e curar pessoas olhando uma bola de cristal. Alguns desses clarividentes anunciam que podem derrotar a depressão e aliviar o estresse diário. Depois de navegar na web por cerca de uma hora, descobrimos muito mais do que queríamos saber sobre os poderes dos cristais. Aparentemente, diferentes cristais têm diferentes poderes. Um site sugeriu colocar um determinado cristal em um copo de água durante a noite e bebê-la no dia seguinte como um tônico.

Bem, se você quer ver pedras brilhantes, vá em frente, mas não espere curar o TPB com cristais. Você simplesmente não encontrará nenhuma evidência que prove que a contemplação de cristais cure a doença.

Fazendo Terapias Erradas

Ao longo deste livro, promovemos a obtenção de psicoterapia para o TPB. De longe, os tratamentos que revisamos são suas melhores apostas para melhorar. No entanto, algumas abordagens de psicoterapia não parecem ser eficazes ou ainda não foram bem pesquisadas para o tratamento do TPB. Recomendamos que você escolha um terapeuta que conduza tratamentos baseados em evidências visando o TPB.

Agora, não estamos dizendo que alguns desses outros tratamentos não geram benefícios, mas sim que não temos informações suficientes para dizer que o fazem. Você compraria um novo tipo de aquecedor para sua casa se ele nunca tivesse sido testado? Ou um carro nas mesmas condições? A ideia vale para a terapia.

DICA

Pergunte aos terapeutas em potencial como eles tratam o TPB e que terapia usam. Se não puderem responder a essas perguntas, encontre outra pessoa. Eles devem pelo menos mencionar uma ou mais das abordagens de tratamento que discutimos no Capítulo 11.

Esperando que Medicamentos Curem

Os pesquisadores estão constantemente desenvolvendo novos medicamentos. No futuro, os cientistas poderão encontrar um medicamento que ajude substancialmente ou até mesmo cure o TPB, mas neste momento não existe tal medicamento. Pessoas com TPB às vezes se beneficiam de medicamentos para sintomas específicos, mas você deve usá-los apenas em conjunto com a psicoterapia.

Apêndice
Recursos para Você

Neste apêndice, listamos uma variedade de livros, sites e organizações, em inglês, que fornecem informações úteis sobre o transtorno da personalidade borderline (TPB). Não pretendemos que esta lista seja abrangente, mas acreditamos que você achará seu conteúdo útil.

Livros para o Público em Geral

- *Borderline Personality Disorder Demystified Revised Edition: An essential guide for understanding and living with BPD*, de Robert O. Friedel e Linda Friedel.
- *Como Lidar com o Transtorno de Personalidade Limítrofe — Borderline: Guia prático para familiares e pacientes*, Martin Bohus, Markus Reicherzer e outros.
- *Corações Descontrolados. O jeito borderline de ser*, Ana Beatriz Barboza Silva.
- *I Hate You — Don't Leave Me: Understanding the borderline personality*, de Jerold Kreisman e Hal Straus.
- *Mentes que Amam Demais: O jeito borderline de ser*, Ana Beatriz Barboza Silva.
- *Pare de pisar em ovos: Como agir quando alguém que você ama tem transtorno de personalidade borderline*, Paul Mason, Randi Kreger, e outros.
- *The Borderline Personality Disorder Survival Guide*, de Alex Chapman e Kim Gratz.
- *The Borderline Personality Disorder Workbook: An integrative program to understand and manage your BPD*, de Daniel Fox.
- *The Dialectical Behavior Therapy Skills Workbook: Practical DBT exercises for learning mindfulness, interpersonal effectiveness, emotion regulation & distress tolerance*, de Matthew McKay, Jeffrey Wood e Jeffrey Brantley, 2a edição.
- *The Essential Family Guide to Borderline Personality Disorder: New tools and techniques to stop walking on eggshells*, de Randi Kreger.

Livros para Profissionais

- *Affect Regulation, Mentalization, and the Development of the Self*, de Peter Fonagy, Gyorgy Gergely, Elliot Jurist e Mary Target.
- *Aplicando a Terapia Comportamental Dialética: Um guia prático*, de Marsha Linehan e Kelly Koerner.
- *Manual do Bom Manejo Clínico para Transtorno de Personalidade Borderline*, de John Gunderson e Paul Links.
- *Mentalization-Based Treatment for Personality Disorders*, de Anthony Bateman e Peter Fonagy.
- *Terapia Cognitiva dos Transtornos da Personalidade*, de Aaron Beck, Denise Davis e Arthur Freeman.
- *Terapia do Esquema: Guia de técnicas cognitivo-comportamentais inovadoras*, de Jeffrey Young, Janet Klosko e Marjorie Weishaar.
- *The Handbook of Dialectical Behavior Therapy: Theory, research, and evaluation*, de Jamie Bedics.
- *The Schema Therapy Clinician's Guide*, de Joan Farrel, Neele Reiss e Ida Shaw.
- *Treatment of Borderline Personality Disorder: A guide to evidence-based practice*, de Joel Paris, 2a edição.
- *Treinamento de Habilidades em DBT: Manual de terapia comportamental dialética para o terapeuta*, de Marsha Linehan.

Sites nos quais Obter Mais Informações

Como você sabe, a internet muda constantemente. No entanto, os seguintes sites, em inglês, já existem há um tempo e fornecem algumas informações de qualidade sobre o TPB e outros transtornos emocionais e de personalidade:

- **Academy of Cognitive Therapy** (www.academyofct.org): Esta organização promove a pesquisa e a prática da terapia cognitiva para o tratamento de todos os tipos de transtornos de personalidade. A organização certifica terapeutas com essa abordagem e lista profissionais em todo o mundo.

- **American Psychiatric Association** (www.psych.org): Esta organização é formada por médicos especialistas e oferece informações sobre o TPB e outros transtornos mentais.

- **American Psychological Association** (www.apa.org): Esta organização profissional e científica oferece uma série de folhetos e informações sobre o TPB e outros transtornos emocionais.

- **Association for Behavioral and Cognitive Therapies** (www.abct.org): Esta organização profissional promove o treinamento, a pesquisa e o desenvolvimento de tratamentos cientificamente validados para transtornos emocionais, incluindo o TPB. O site fornece referências para terapeutas qualificados em todo o mundo.

- **Borderline Personality Disorder Resource Center** (https://bpdresourcecenter.org): Este site, patrocinado pelo New York-Presbyterian Hospital e pelo University Hospital of Columbia e Cornell, contém estatísticas, pesquisas e recursos para profissionais e familiares de pessoas com TPB.

- **BPD Central** (www.bpdcentral.com): Enfoca o TPB e fornece grupos de apoio, links para outros recursos e informações para a escolha de terapeutas de TPB nos Estados Unidos e em algumas outras áreas do mundo.

- **Mayo Clinic** (www.mayoclinic.org): Contém uma grande quantidade de informações ao paciente sobre questões de saúde física e mental.

- **National Alliance for the Mentally Ill** (www.nami.org): É a maior organização de familiares, amigos, profissionais e pessoas com transtornos mentais nos EUA. Oferece apoio e educação para famílias e apoiadores.

- **National Education Alliance for Borderline Personality Disorder** (www.borderlinepersonalitydisorder.com): Este site abrangente contém informações sobre TPB para familiares e profissionais e fornece uma programação atualizada de conferências e uma lista de livros recomendados.

- **National Institute of Mental Health** (www.nimh.nih.gov): Este site oferece materiais educacionais, resumos de pesquisas e uma vasta gama de estatísticas sobre várias questões de saúde mental, incluindo o TPB. Também publica ensaios clínicos para vários problemas de saúde mental.

- **Psychcentral** (www.psychcentral.com): Este site fornece uma ampla gama de informações sobre questões psicológicas, incluindo o TPB. Também abriga um grande número de blogs interessantes relacionados à psicologia e é um dos sites relacionados à psicologia mais visitados.

» **Psychology Today** (www.psychologytoday.com): Este site tem uma lista de terapeutas por código postal e muitos artigos sobre uma ampla gama de tópicos, incluindo o TPB.

» **Verywellmind** (www.verywellmind.com): Este site está repleto de artigos sobre saúde mental, incluindo diagnóstico, tratamento e como viver com TPB.

» **WebMD** (www.webmd.com): Este site é basicamente uma enciclopédia médica online. Abrange questões de saúde física e mental. É um ótimo recurso para descobrir os sintomas e tratamentos para quase tudo o que você imaginar, incluindo o TPB.

Índice

A
abordagem Gunderson-Zanarini, 36–37
abuso
    de substâncias, 58, 90
    sexual, 66–67
ácidos graxos ômega-3, 287
ações diretas, 276
acontecimentos
    personalizar os, 96
acupuntura, 383
adiar a recompensa, 209
adolescência, 38, 70, 103
Adolph Stern, psicanalista, 36
adrenalina, 188
agorafobia, 51
agressão impulsiva, 287
akanthisia, 290
alucinações, 138
amizade, 374
amnésia dissociativa, 135
análise de custo-benefício, 169, 273
animais, 374
ansiedade
    generalizada, transtorno de, 51
    social, transtorno de, 51
Antes e Agora, técnica, 271
apego
    ansioso, 127–129, 265
    evitativo, 25, 127–129
    seguro, 25, 127, 265
arrependimento, 375
assistentes sociais, 156
atração por pessoas com TPB
    grupos básicos, 321–322
autoabsorção, 73
autoabuso, 308
autoaceitação, 25, 125
autoafirmação de enfrentamento, 211
autocompaixão, 248
autoconsciência, 253
autocontrole, 24
autodepreciação, 166
autoestima, 9, 26, 307–316
    equilíbrio, 124
autoimagem, 32
automutilação, 31, 81–90, 333–334
    causas, 86
    tipos, 85

B
benefícios de curto prazo, 206
Big Five, modelo (FFM), 27
biologia, 60
busca de sensações, 81–90, 212

C
caos desorganizado, 68–69
capacidade de regular as emoções, 103–104
check-up geral, 285
ciclo de expressão-desconexão-rejeição, 259
cisão, 123
ciúmes, 112
cleptomania, 90
coaching, 383
comportamentos
    dramáticos ou erráticos, 43
    impulsivos, 10, 30–31
    parassuicidas, 89
compreensão gentil, 234
compulsão, 53
conscienciosidade, 24
controle das emoções, 222
crenças nucleares, 265–279
crianças, 374
culpa, 159
culturas, 69

D
dano ao relacionamento, 305
declarações de autoaceitação, 277
defensividade, 259–262
delírio psicótico e desconfiança paranoica, 137
depressão, 55
desarmar, 261
desculpa, 182

desregulação emocional, 38, 91–98, 290
detonadores de desculpas, 167
diagnósticos
    comuns, 336
    controvérsia, 36
    na adolescência, 331
discinesia tardia, 290
discriminação, 175
dissociação, 11, 33, 134–135
doenças cardiovasculares e derrames, 13
dor emocional insuportável, 86

E
ego, 148
elogio, 263
emoções
    autorrelatadas, 95
    primárias, 92
    primitivas, 93
    reconhecer e expressar, 98
    regulação das, 23
empatia, 252
empoderamento
    senso de, 221
endorfina, 87
ênfase no self, 73
ensaios clínicos randomizados (RCTs), 282
escoriação, transtorno de, 53
esquema
    adaptativos, 276
    cognitivos, 119–132
        cheio de direitos, 124
        de apego seguro, 127
        de autoconceito, 124
        de competência, 121
        de demonização, 128–129
        de idealização, 128
        de imprevisibilidade, 131
        de inferioridade, 125
        de não merecimento, 124
        de perigo, 130
        de possibilidade, 131

de previsibilidade, 131-132
de segurança, 130
de superioridade, 125-126
de visão realista, 128
otimismo, 120
pessimismo, 120
razoavelmente seguro, 130
de inferioridade, 278
disfuncionais, 266, 276
esquizofrenia paranoide, 137
estigma, 184
estratégia de polifarmácia, 291
estresse, 187-190
controle do, 189
estressores psicológicos, 75
saúde física, 188
estudos
prospectivos, 63
retrospectivos, 63
eventos
personalizar os, 260
excessos, 112
exercícios, 192, 372
explosões de raiva, 290
exposição prolongada, terapia, 166

F
família
membros com TPB, 346
pais com TPB, 346-347
suporte, 177
fatores de risco, 11, 335
biológicos, 76
culturais e sociais, 59, 77
psicológicos, 75
filhos com TPB, 118
ameaças físicas, 340-341
comportamentos e reações preocupantes, 332
definir limites, 339
diagnóstico, 334
fatores de risco, 335
sinais, 332
tratamento, 336
filmes, 373
flexibilidade cognitiva, 22-23
fobias, 52

freios cerebrais, 9-10
frustração
tolerar a, 23, 209

G
gaslighting, 301-316
gênero e diagnóstico, 54
genética, 60
Gordon Alport, 27-28

H
habilidades muito desenvolvidas, 103
herdabilidade para o TPB, 60
hipersensibilidade, 13
humor, 53

I
id, 148
identidade, 99-107
definição, 100-101
e infância, 102-103
self, 102
senso de, 102
impulsividade, 38, 82-83, 199-200, 290, 304-316
como controlar, 23, 206-207
como monitorar, 200
comportamentos críticos, 82-84
desacelerar, 206-212
distração, 209
e riscos, 212
estratégias, 209
exercícios para, 201-202
inadaptabilidade, 22
incesto, 66
individualismo, 72-74
infância
difícil ou traumática, 59
impacto do TPB, 346
influências
negativas, 75
sociais, 69
amigos e colegas, 70
redes sociais, 70
vizinhança, 69
inibidores da monoamina oxidase (IMAO), 288
insônia, 228
interações sociais
melhoria, 262-264
internação clínica, 145
invalidação emocional, 63-65

J
jogo patológico, 90
jovens, 288

L
leitura, 373
lidar com fogo, técnica, 210-211
limites, 115
como estabelecer, 339
luto, 8

M
mania e hipomania, 56
massagem terapêutica, 373
medicamentos, 13
ajuda dos, 283-284
antidepressivos, 287
antipsicóticos, 289-293
casos de uso, 284
estabilizadores de humor, 290-293
expectativas, 293
ISRS, 288
neurolépticos, 289-293
psicotrópicos, 155-157, 281-293
testes, 281-282
meditação, 227-232
na respiração, 371
medo, 159
do abandono, 9, 32, 116
mentalização, 148
mente observadora, 234
e mente crítica, 235
misticismo, 385
modelo biopsicossocial, 59
dos transtornos mentais, 74
moderação, 26
mortalidade acidental, 13
morte por violência, 13
mudança radical, 7
mutismo seletivo, 52

N
narcisismo, 25, 125
neurose, 36
neurotransmissores, 61

O
obesidade e diabetes, 12
observador objetivo, 261
organização, 189
oscilações emocionais, 31

P
pânico, transtorno de, 51
papel de vítima, 165
paralisado, 382
paranoia, 136–137
parceiros
    de alguém com TPB, 297–316
parentalidade, 63
pensamentos, 10–11
    negativos, 237
perda de inibição, 84
perdão, 249
perdas, 162
personalidade, 8–11, 19–28
    abertura, 21
    autoaceitação, 25
    como caracterizar, 20
    conscienciosidade, 24
    definição, 19, 20
    e eficiência interpessoal, 24–25
    e percepção da realidade, 26
    e recompensas, 23
    e regulação emocional, 23
    e resiliência, 25
    flexibilidade, 22
    moderação, 26
    saudável e doentia, 20–28
picos emocionais, 210
placebo
    efeito, 283
prejudicado emocionalmente, categoria, 337
problemas de identidade
    técnicas de manejo, 100
processamento cognitivo, terapia, 166
procrastinação, 167–168
projeção, conceito, 253
psicose, 11, 36, 58, 133
psicoterapia, 15–16, 158
psiquiatra, 155
purgação, 334

Q
quiropraxia, 383

R
raiva, 112
    reflexiva, 231
reações negativas
    de terceiros, 175
recompensas, 23
    esperar por, 24
reforço negativo, 339
regulação emocional, 217–218
relacionamento, 9, 24–25, 36
    abusos, 309–316
    ameaças à autoestima, 307–316
    bom, 251
    drama, 303–316
    e tecnologia, 72
    exigências, 304–316
    extremos, 298–316
    gaslighting, 301–316
    impróprio e antiético, 360
    impulsividade, 305–316
    isolamento, 302–316
    oscilações, 32
    segurança física e emocional, 308–316
    silêncio, tratamento do, 300–316
    terminar o, 313–316
relaxamento muscular progressivo, 222
resfriamento do corpo, 372
resiliência, 25
    biológica, 67
respiração, 371
risco de lesão física ou morte, 166
ritmo circadiano, 194
ruminação, 71

S
saúde
    física, 157
    sistema de, 14
sedução, 112
sensação de vazio, 32
senso de controle sobre a vida, 196
sentimento
    versus realidade, 219–237

sentimentos
    de arrependimento, 207
    de otimismo e esperança, 384
serotonina, 61, 287
simpatia, 252
sinais
    e sintomas, 29–58
    graves do TPB, 322
síndrome
    maligna neuroléptica, 289
    serotoninérgica, 288
sintomas, 157
sistema
    executivo, 62
    límbico, 61
sofrimento
    modernidade, 74
solução rápida, 382
suicídio, 12, 88–90
superego, 148
suposição distorcida, 256–257

T
tabagismo, 12
técnica da cadeira, 311–313
telas e redes sociais, 342
tempestade emocional, 97
tempo, 196
teoria
    da mente, 102
    psicanalítica, 148
terapia
    início da, 356
    limites, 361
    mitos, 162–163
tolerar o mal-estar, técnicas, 215–237
transtorno
    alimentar, 226
    bipolar, 56
    da personalidade
        antissocial, 43
        dependente, 46
        esquiva, 45
        esquizoide, 40
            esquizofrenia, 43
            habilidades sociais, 41
            interações sociais, 41
        esquizotípica, 41
        e transtornos emocionais, 50
        histriônica, 44

narcisista, 45, 319
obsessivo-compulsiva (OCPD), 48
  transtorno obsessivo-compulsivo (TOC), 49
paranoide, 40
de acumulação, 53
de ansiedade, 51
de deficit de atenção com hiperatividade (TDAH), 57
de deficit de atenção e hiperatividade (TDAH), 289
de despersonalização/desrealização, 135
de estresse agudo, 52
de estresse pós-traumático (TEPT), 52
dismórfico corporal, 53
dissociativo de identidade, 134
mentais agudos, 50
não especificado da personalidade, 47
Transtorno Afetivo Sazonal (TAS), 374

tratamento, 144, 157
abordagem transdiagnóstica, 150
como se sentir confortável, 171–172
do silêncio, 301
medicamentos, 151
medo do, 160
mitos, 162
previsibilidade emocional e resolução de problemas (STEPPS), 150
psicoterapia focada em transferência (TFP), 148
sigilo, 160
terapia baseada em mentalização (MBT), 147
terapia cognitiva, 148–149
terapia cognitivo-comportamental, 149
terapia comportamental dialética (DBT), 146
terapia de aceitação e compromisso (ACT), 150
terapia de grupo, 144

terapia do esquema, 149
terapia focada na compaixão (CFT), 151
terapia metacognitiva (MCT), 150
trauma na infância, 66
travesseiro, técnica do, 264
tricotilomania, 53

V

valores essenciais, 245
vazio emocional, 81
vitimização, 166–167
volatilidade emocional, 10
vulnerabilidade biológica, 62

Z

zona
  cinzenta, pensamento, 10
  de conforto, 22

Projetos corporativos e edições personalizadas dentro da sua estratégia de negócio. Já pensou nisso?

Coordenação de Eventos
Viviane Paiva
viviane@altabooks.com.br

Assistente Comercial
Fillipe Amorim
vendas.corporativas@altabooks.com.br

A Alta Books tem criado experiências incríveis no meio corporativo. Com a crescente implementação da educação corporativa nas empresas, o livro entra como uma importante fonte de conhecimento. Com atendimento personalizado, conseguimos identificar as principais necessidades, e criar uma seleção de livros que podem ser utilizados de diversas maneiras, como por exemplo, para fortalecer relacionamento com suas equipes/ seus clientes. Você já utilizou o livro para alguma ação estratégica na sua empresa?

Entre em contato com nosso time para entender melhor as possibilidades de personalização e incentivo ao desenvolvimento pessoal e profissional.

PUBLIQUE
SEU LIVRO

Publique seu livro com a Alta Books.
Para mais informações envie um e-mail para: autoria@altabooks.com.br

/altabooks   /alta-books   /altabooks   /altabooks

CONHEÇA OUTROS LIVROS DA **PARA LEIGOS**

Todas as imagens são meramente ilustrativas.

- Feng Shui para leigos
- Geologia para leigos
- Investindo em Criptomoedas para leigos
- Hábitos de Sucesso para leigos
- Anatomia & Fisiologia para leigos
- Airbnb para leigos
- Design Thinking para leigos
- Day Trading para leigos

ALTA LIFE Editora · ALTA NOVEL · ALTA/CULT EDITORA · ALTA BOOKS EDITORA · alta club

ROTAPLAN
GRÁFICA E EDITORA LTDA
Rua Álvaro Seixas, 165
Engenho Novo - Rio de Janeiro
Tels.: (21) 2201-2089 / 8898
E-mail: rotaplanrio@gmail.com